N잡러
컨설턴트 교과서

N잡러
컨설턴트 교과서

초판 1쇄 인쇄 2022년 03월 14일
초판 1쇄 발행 2022년 03월 21일

지은이 김영기, 이준호, 김형환, 김남식, 이승관, 신봉섭, 박옥희, 양석균, 김정혁,
김희철, 강미영, 김용수, 김형준, 문성식, 최유재, 박정옥, 양정숙, 임권순,
이명옥, 권오선, 이성순, 안수현, 김숙자, 김상길, 송준원, 김세진
펴낸이 김민규

편집 배태두 | **디자인** 김민지

펴낸곳 브레인플랫폼(주)
주소 서울특별시 서초구 법원로3길 19, 2층 (서초동)
등록 2019년 01월 15일 제2019-000020호
이메일 iprcom@naver.com

ISBN 979-11-91436-14-3 13320

* 이 책은 저작권법에 따라 보호를 받는 저작물이므로 무단전재 및 복제를 금지하며,
이 책 내용의 전부 및 일부를 이용하려면 반드시 저작권자와 브레인플랫폼(주)의 서면동의를
받아야 합니다.

* 잘못된 책은 구입하신 서점에서 바꾸어 드립니다.

100세 시대와 디지털 대전환의 시대, N잡러 길잡이

N잡러 컨설턴트 교과서

김영기 · 이준호 · 김형환 · 김남식 · 이승관 · 신봉섭
박옥희 · 양석균 · 김정혁 · 김희철 · 강미영 · 김용수
김형준 · 문성식 · 최유재 · 박정옥 · 양정숙 · 임권순
이명옥 · 권오선 · 이성순 · 안수현 · 김숙자 · 김상길
송준원 · 김세진

"한 가지로는 부족해, 이젠 N잡러가 뜬다!"

N잡러 = 복수를 뜻하는 'N' + 직업을 뜻하는 '잡' + 사람을 뜻하는 '러'

'N잡러'란 2개 이상 복수를 뜻하는 'N'과 직업을 뜻하는 'Job', 사람을 뜻하는 '~러(er)'가 합쳐진 신조어로 '여러 직업을 가진 사람'이란 뜻이다. 본업 외에도 여러 부업과 취미활동을 즐기며 시대 변화에 언제든 대응할 수 있도록 전업(轉業)이나 겸업(兼業)을 하는 이들을 말한다.

'N잡러'는
복수를 뜻하는 'N'
직업을 뜻하는 '잡'
사람을 뜻하는 '러'

'복수의 직업을 가진 사람'을 나타내는 N잡러 현상

사실 N잡러는 소수 계층이 향유하던 특권이었다. 업계에서 20년 이상의 경력을 가진 구루들이 은퇴 후 여러 회사에 자문을 제공하는 형태가 과거부터 존재했었다. 특히 빠르게 성장하는 스타트업에서는 이런 분들의 경험과 지혜가 절실히 필요하다. 하지만 그들을 풀타임으로 고용하기에는 자금적 여력이 없는 것이 현실이다. 그래서 회사에서는 실무자를 두고, 이런 구루들에게 자문을 구하는 방식을 채택한 것이다. 대신 구루들은 한 회사에 종속되지 않고 여러 회사와 관계를 맺었다. 그렇

게 정보의 허브가 되면서 인사이트와 영향력을 눈덩이처럼 불려 나갔다. (본문 中)

"행운이란 준비가 기회를 만나는 것"
(로마 철학자 세네카)

최근의 3대 메가 트렌드인 '100세 시대', '4차산업혁명 시대', '위드 코로나 시대'는 이미 '평생직장'이라는 기존의 직업관과는 완전히 다른 '평생직업'이라는 새로운 패러다임의 변화를 예고하고 있다.

'일자리가 최고의 복지'라는 철학을 바탕으로 이 책의 필자인 26명의 N잡러들은 인생 후반전을 위해 저마다의 준비와 노력으로 새로운 직업들을 하나둘씩 쌓아가는 N잡러들이다.

"나이는 숫자에 불과하다. 사람은 기회만 있으면 도전해야 한다"
(대표저자 김영기)

이분들의 직업을 살펴보면, 너무나 다양하고 복잡하지만 저마다의 직업에서 경험과 노하우를 바탕으로 본인이 좋아하는 직업들을 계속 쌓아가서 평생 한곳의 직장이 아니라 다직업을 가진 멀티플레이어이다. 이 저자들이 살아가는 N잡러의 세계는 안전한 일자리와 고수익은 아닐지라도 기대 이상의 수입을 올리고 있는 N잡러가 많다는 사실이다.

왜냐하면, 새로운 직업을 계속 발굴하여 쌓아 가다 보면 어느 순간 여러 개의 직업을 가진 N잡러가 되어 있어 몇 개의 직업이 없어진다고 해도 한 곳의 평생직장같이 불안하지 않고 즐기면서 살아갈 수 있는 경쟁력을 갖추고 있기 때문이다. (본문 中)

이 책의 저자들은 대부분 평범한 N잡러이다. 이분들의 공통점은 하나같이 '도전과 열정으로 직업이 다양한 N잡러들'이다.

"인생은 도전과 성공의 연속, 실패를 즐기며 열정적으로 도전하자."
(대표저자 김영기)

이 책의 N잡러 저자들은 '위드코로나 시대', '4차산업혁명 시대', '100세 시대'라는 패러다임 변화에 대해 미리 준비하고 도전하여 N잡러라는 성과를 이룬 각자 나름의 경험과 노하우를 이 책에 기술한 것이다.

이 책이 독자분들의 인생을 설계하고 준비하는데 마중물이 되기를 기대하며 100세 시대를 살아가는 N잡러들에게 이 책을 바친다.

2022.03.09

대표저자 김영기 외 25명 dream

목차

서문   004

▸▸▸ **1장 | N잡러 시대 개막과 N잡러의 길** …………………… 김영기

    1. N잡러 시대 개막   016
    2. N잡러의 정의 및 의미   024
    3. 'N잡러 컨설턴트'의 길   028

▸▸▸ **2장 | 위드코로나 시대 '일거리(Role) 창출 전문가 N잡러'들을 마스터 트레이닝하다** ………… 이준호

    1. N잡러 질문, 일하는 장소의 제약이 없는 긱 경제 사회의 꽃 'N잡러=질문러'   044
    2. N잡러 컨설케이션, 컨설팅과 교육으로 체득할 수 있도록 N잡러를 트레이닝한다   051
    3. N잡러 컨설케이터, MECE하게 생각하고 모자이크 커리어로 승부한다   060

▸▸▸ **3장 | N잡러 아이콘, 희망을 품다_행복전도사 이야기!** ………… 김형환

    1. 생애변화와 일자리 이슈   072
    2. 일자리 중심의 행복한 미래설계   080
    3. N잡 직업인(N잡러) 활동 이야기   089

▸▸▸ **4장 | N잡러 누구나 할 수 있다** ………………………… 김남식

    1. 취미가 특기로 특기가 수익을 창출한다면?   100

    2. N잡러가 되기 위한 방법은?　　　　　　　　　　　　　　103
    3. 직업으로서 N잡러는?　　　　　　　　　　　　　　　　106
    4. 지속가능한 N잡러는?　　　　　　　　　　　　　　　　108
    5. 내 삶을 즐기는 N잡러는?　　　　　　　　　　　　　　110

▶▶▶ 5장 | NCS기반 N잡러 컨설턴트의 성공전략 ·············· 이승관
    1. NCS기반 N잡러 컨설턴트의 역할　　　　　　　　　　　118
    2. NCS기반 N잡러 컨설턴트의 요건　　　　　　　　　　　121
    3. NCS기반 N잡러 컨설턴트의 기대　　　　　　　　　　　133

▶▶▶ 6장 | 건설기술인의 N잡러 컨설턴트 ······················· 신봉섭
    1. 건설기술인과 N잡러의 길　　　　　　　　　　　　　　146
    2. 건설기술인의 N잡 프리랜서　　　　　　　　　　　　　147
    3. 강의실에서의 N잡러 컨설팅　　　　　　　　　　　　　155
    4. 인생 2막 N잡러를 생각하며…　　　　　　　　　　　　164

▶▶▶ 7장 | 불안의 시대, N잡(Job)으로 탈출하자 ··············· 박옥희
    1. N잡(Job)으로 불안의 파고를 서핑하자　　　　　　　　172
    2. 불안의 시대　　　　　　　　　　　　　　　　　　　　174
    3. 변화의 파고　　　　　　　　　　　　　　　　　　　　179
    4. N잡러로 가는 미라클 모닝　　　　　　　　　　　　　185

▶▶▶ 8장 | 고객 만족 맞춤형 컨설팅 실행력 강화하기_
　　　　　근본 원인 찾기와 해결 시스템 중심 ················ 양석균
    1. 들어가기　　　　　　　　　　　　　　　　　　　　　196
    2. 고객의 전형적인 요구사항 4가지　　　　　　　　　　　197
    3. 고객의 니즈 파악과 근본 원인 도출하기　　　　　　　203
    4. 바람직한 형태로의 접근, 어떻게 해야 하나?　　　　　208
    5. 고객이 실행할 수 있는 컨설팅 시사점　　　　　　　　217

▶▶▶ 9장 | N잡러 컨설턴트 입문, 나도 할 수 있다 ············· 김정혁
    1. 프롤로그　　　　　　　　　　　　　　　　　　　　　226

2. 인생 2막 준비된 N잡러 컨설턴트　　228
3. 대학 강단에서 라이선스　　230
4. N잡러 컨설턴트 지금부터 시작　　234
5. N잡러 컨설턴트 시작과 도전　　236
6. 10년 후 나의 모습　　241
7. 에필로그　　244

▶▶▶ 10장 | 내 열정이 울림이 되길 기대하면서… ⋯⋯⋯⋯⋯⋯ 김희철

1. 오늘도 일을 해야 하는 이유　　252
2. 한계란 한개(?) 없는 사람들의 핑계다　　258
3. '일' - 운명인가, 저주인가?　　263
4. N잡러를 꿈꾸는 모든 이에게　　267

▶▶▶ 11장 | N잡러의 트렌드 이해와 지침서 ⋯⋯⋯⋯⋯⋯⋯⋯ 강미영

1. 긱 이코노미(Gig-Economy) 이해　　274
2. 뉴노멀(New Normal) 시대와 N잡러　　276
3. 빅블러(Big Blur) 현상　　278
4. N잡러의 실전적 자기관리　　285
5. N잡러의 성공 요건　　287
6. N잡러가 되기 위한 스킬(Skill)　　289

▶▶▶ 12장 | N잡러 컨설턴트 교과서_ 나는 N잡러를 꿈꾸지 않았다! ⋯⋯⋯⋯⋯⋯⋯⋯ 김용수

1. 직업에 대한 정의　　298
2. '일'을 하는 이유　　300
3. 'All In' 과 'Multi In'의 특징　　304
4. N잡러 - 필수인가, 선택인가?　　310

▶▶▶ 13장 | N잡러 컨설턴트 교과서_기술사 자격증 1,000% 활용법 (정부기관 심사평가위원 활동하기) ⋯⋯⋯⋯⋯⋯ 김형준

1. 정부기관 심사평가위원이란?　　318
2. 나의 위원 활동현황　　327
3. 나는 럭셔리 인생 2막을 심사평가위원으로 준비했다　　335

4. 정부기관 심사평가위원 양성 코치　　　　　　　　337

14장 | N잡러 컨설팅 방법론　　　　　　　　문성식
1. 왜 N잡러인가?　　　　　　　　344
2. 커리어 회복 탄력성　　　　　　　　346
3. 창직과 N잡러　　　　　　　　347
4. N잡러 컨설팅 방법론　　　　　　　　348

15장 | 은퇴 후, N잡러로 살아가기　　　　　　　　최유재
1. 지금은 N잡러의 시대　　　　　　　　366
2. 나는 N잡러다　　　　　　　　368
3. 이제부터 '진짜 내 인생'을 살자　　　　　　　　377

16장 | 스마트폰으로 시작하는 N잡러　　　　　　　　박정옥
1. 나는 스마트폰으로 출근한다　　　　　　　　388
2. 당신은 가장 강력한 콘텐츠다　　　　　　　　390
3. 유튜브로 재생하다　　　　　　　　392
4. 1인 미디어 배워보자, 놀아보자, 일해 보자　　　　　　　　395

17장 | N잡러 스마트창업 기획자　　　　　　　　양정숙
1. 신중년 50대 무자본 쇼핑몰 창업　　　　　　　　406
2. 경험으로 시작된 제2의 직업_강사, 컨설턴트　　　　　　　　413
3. 스마트창업 기획자　　　　　　　　416

18장 | ONE잡러에서 N잡러로　　　　　　　　임권순
1. 나는 N잡러가 아니었다　　　　　　　　422
2. N번째 잡, 크리에이터　　　　　　　　424
3. 개인적인 것과 창의적인 것　　　　　　　　429

19장 | AI와 공존하는 시대에 필요한 능력　　　　　　　　이명옥
1. AI의 가치 이해하기　　　　　　　　437
2. 창의적 사고를 습관화하기　　　　　　　　442

3. 핵심을 통찰하는 능력 갖추기   458

▶▶▶ 20장 | N잡러 컨설턴트의 대두와 시대적 요구 ······ 권오선

1. 'N잡러 컨설턴트'란?   466
2. 'N잡러 컨설턴트'의 사명과 역할   481
3. 4차산업혁명 시대와 'N잡러 컨설턴트'의 동행   495

▶▶▶ 21장 | 메타버스 시대! N잡러, 메타버스 유통 플랫폼 전략 ······ 이성순

1. 이제는 N잡러 트렌드가 대세다   522
2. 메타버스 시대! N잡러의 경쟁력 향상 방안은?   525
3. 누구나 N잡러가 될 수 있다   527
4. 미래 'N잡러 수익원 창출' 방향은?   532

▶▶▶ 22장 | 인문학도를 위한 N잡러_ 침묵한 학이시습지(學而時習之)의 부활 ······ 안수현

1. 인문학의 저주?   548
2. 리버럴 아트(Liberal Arts)와 리버럴 사이언스(Liberal Science)의 공존   549
3. N잡러로서의 공자   552
4. 학력사회와 보험   561
5. 순혈주의에 거부하다   564
6. 취업활동에 있어서 인문학도의 메리트(Merit)와 디메리트(Demerit)   566
7. 인문학 카타르시스(Catharsis)   573

▶▶▶ 23장 | N잡러, 부자 되는 길 ······ 김숙자

1. 대한민국에서 N잡러로 산다는 것   582
2. N잡러, 스스로를 진화시켜라   591

▶▶▶ 24장 | N잡 시대에 무엇을 하며 살 것인가? ······ 김상길

1. 들어가는 말   602
2. N잡 시대   605
3. N잡 시대 직업에 대한 전망과 준비   606
4. 마무리하는 글   609

25장 | **N잡러를 위한 세무회계** ········· 송준원

1. 종합소득세 신고란?   616
2. N잡러를 위한 종합소득세 신고   619
3. N잡러를 위한 4대 보험 파악   629

26장 | **N잡러의 수익 모델** ········· 김세진

1. 경제적 자유를 갈망하는 N잡러의 탄생   638
2. 아이템의 탐색과 적용   640

1장

N잡러 시대 개막과 N잡러의 길

김영기

1. N잡러 시대 개막

1) N잡의 역사

최근 N잡러 시대가 활짝 열렸다고 한다. N잡의 역사를 보면 N잡은 오래전부터 존재하였던 것 같다. 넓은 의미의 N잡은 멀티플레이어, 투잡족, 프리워커, 멀티프리랜서 등을 포함한 본업 외에 다른 일을 하는 사람을 의미하는 것이다.

N잡러는
복수를 뜻하는 'N'
직업을 뜻하는 '잡'
사람을 뜻하는 '러'

캐리(Brunch)의 포트폴리오 인생매거진의 「N잡러에 대한 고찰: 단지 파편화된 노동일까?」에서 N잡러의 역사에 대하여 '소수 계층만 누려왔던 특권'이라고 말하면서 다음과 같이 정리하였다.

'복수의 직업을 가진 사람'을 나타나는 N잡러 현상

사실 N잡러는 소수 계층이 향유하던 특권이었다. 업계에서 20년 이상의 경력을 가진 구루들이 은퇴 후 여러 회사에 자문을 제공하는 형태가 과거부터 존재했었다. 특히 빠르게 성장하는 스타트업에서는 이런 분들의 경험과 지혜가 절실히 필요하다. 하지만 그들을 풀타임으로 고용하기에는 자금적 여력이 없는 것이 현실이다. 그래서 회사에서는 실무자를 두고, 이런 구루들에게 자문을 구하는 방식을 채택한 것이다. 대신 구루들은 한 회사에 종속되지 않고 여러 회사와 관계를 맺었다. 그렇게 정보의 허브가 되면서 인사이트와 영향력을 눈덩이처럼 불려 나갔다.

또한, 연예인들은 대표적인 N잡러로 활동해 온 계층이다. 그들은 본인의 명성을 이용하여 사업 아이템을 홍보하며 영향력을 확장해 나갔다. 어쩌면 연예인에게 N잡이란 인기가 한순간이란 것을 알고 있어 채택한 생존의 수단이기도 했다. 물론 과거에는 사업을 하면서 쫄딱 망한 부정적 케이스도 종종 있다. 하지만 최근에는 리스크를 적게 가져가면서도, 인플루언서를 이용해 사업을 확장시키는 긍정적 케이스가 더 많다. 어쩌면 소속사에서도 연예 활동만 지원하는 것 보다, 사업 전략을 교육하고 그에 대한 수익을 배분하는 것이 훨씬 레버리지 할 수 있는 방안일 것이다.

물론, 위에 설명한 소수 계층의 직업 스타일은 당시 N잡러로 불리지 않았다. 보편적 직업의 형태가 아니었기 때문에, 그것들을 명명할 특별한 용어가 존재할 필요성도 적었다. 이처럼 N잡은 하나의 코어가 단단하게 잡힌 계층에게 주어진 특혜와 같은 삶이었다.

N잡러는 예전부터 존재해 왔다는 설도 있지만, 본업 외에 다른 직업을 가지고 있다는 점에서 단순히 생계를 위한 투잡족(Two-Job族)과는 차원이 다를 수 있다. 2019년 5월 9일 자 시사저널 한다원 기자의 「움직이는 1인 기업, 2030 파고드는 'N잡러'들」이라는 기사에 의하면 다음과 같다.

N잡러는 본업 외 다른 일을 하는 이른바 투잡족과는 다르다. 본업 외에 다른 일을 한다는 점에선 같다. 하지만 투잡족은 단순히 생계를 위해 대리운전, 편의점 등의 파트타임(Part-Time) 일자리를 여러 개 갖는 저임금, 임시직 노동자들이 대부분이었다.

최근 등장한 N잡러는 경제적 소득 외에도 본업에서는 충족할 수 없는 개인의 자아실현을 중시한다. 생계유지를 위해 여러 곳에서 일하는 투잡족과 달리 N잡러는 퇴근 후 1인 크리에이터 활동을 위해 수십만 원을 들여 유튜브 용 방송 장비를 장만하는 등 취미로 시작한 활동을 전문분야로 확산한다.

서울대 소비트렌드분석센터 관계자는 '두 가지 이상의 직업을 가진 N잡러라는 새로운 부류가 등장했다'며 "N잡러는 생존형 업무를 병행하는 투잡족과 달리 본업에서 채워지지 않는 자아실현을 위해 관심 있는 분야에 도전하는 경향이 크다"고 분석했다.

N잡러는 '긱 경제'(Gig-Economy)와도 맞물린다. 긱 경제는 스마트폰 애

플리케이션이나 SNS 등 디지털 플랫폼에 기반한 신종 일자리와 고용 형태를 뜻한다. 디지털 시대의 N잡은 1인 혹은 시간 단위까지 원하는 만큼, 또 하고 싶은 일을 할 수 있을뿐더러 육아, 학습 등 개인 변수에 맞게 근무 강도와 시간을 조절할 수 있다.

이러한 흐름은 이미 세계적인 추세. 컨설팅 기업 맥킨지는 오는 2025년까지 긱 경제가 창출하는 부가가치가 전 세계 국내총생산(GDP)의 약 2%에 해당하는 2조7000억 달러에 달할 것으로 내다봤다. 전 세계 5억 4,000만 명 정도가 단기 일자리를 통해 실업 기간 단축이나 추가 소득을 확보할 수 있다는 긍정적인 전망도 나왔다.

상대적으로 위계질서가 강한 국내 기업의 조직문화가 N잡을 부추긴다는 주장도 있다. 어학원 인터넷 강사 박아무개 씨(25)는 번역 일을 병행하는 N잡러다. 번역, 통역 등 업무 의뢰가 들어오면 퇴근 후 또는 주말에 시간을 내 추가 업무를 한다. 박 씨는 '기존 업무 외에 커리어를 확장시킬 수 있다는 생각에 번역, 통역 일이 들어오면 무조건 하려고 한다'며 '시간만 있다면 N잡을 하라고 주변 친구들에게 추천하고 있다'고 말했다.

N잡러는 개인의 취미 또는 흥미를 살리는 데 초점을 맞춘다. 최근에는 특히 동영상, 유튜브 채널, 팟캐스트 등이 활성화되면서 광고와 조회 수로 부수입을 얻는 1인 방송 크리에이터가 직장인들 사이에서 인기다. 대표적인 콘텐츠는 '브이로그(VLOG)'다. 브이로그는 비디오(Video)와 블로그(Blog)의 합성어로, 자신의 일상을 동영상으로 기록하는 영상 콘텐츠다.

낮에는 디자이너로, 저녁에는 SNS 1인 마켓 운영과 유튜브 브이로거로 활동하는 직장인 차아무개 씨(27)는 '퇴근 후 스트레스를 풀기 위해 어렸을 때부터 해 보고 싶고, 좋아했던 영상 제작을 취미로 시작했다'며 '취미생활을 직업화하면서 부수입도 얻고 직장 스트레스도 풀 수 있어 꾸준히 할 수 있는 여건이 주어진다면 앞으로도 N잡을 이어갈 생각'이라고 말했다.

플랫폼 노동 확산은 일자리 창출에 효과가 크다. 다만 질 낮은 일자리를 양산한다는 문제도 뒤따른다. 플랫폼 노동자는 자영업자 혹은 특수고용자 신분으로 분리돼 고용 안정성이 보장되지 않고, 수입도 일정하지 않다. 특수고용형태 노동자들을 위한 사회적·고용 안전망이 강화돼야 한다는 주장이 지속적으로 제기되는 것도 이 때문이다.

2) N잡의 확산

캐리(Brunch)의 포트폴리오 인생매거진의 「N잡러에 대한 고찰: 단지 파편화된 노동일까?」에 따르면 N잡의 확산은 다음과 같다.

N잡러가 본격적으로 대중적인 언어로 편입된 것은 2018년을 시점으로 거슬러 올라간다. 네이버 데이터랩 통계를 보면 2017년 9월에 처음으로 등장하여, 2018년 4월을 기점으로 폭발적으로 버즈량이 증가하였다. 당시 대도서관과 같은 억대 연봉의 유튜버가 등장하면서, 유튜브로 제2의 수익을 노려보는 열풍이 뜨거운 한 해였다.

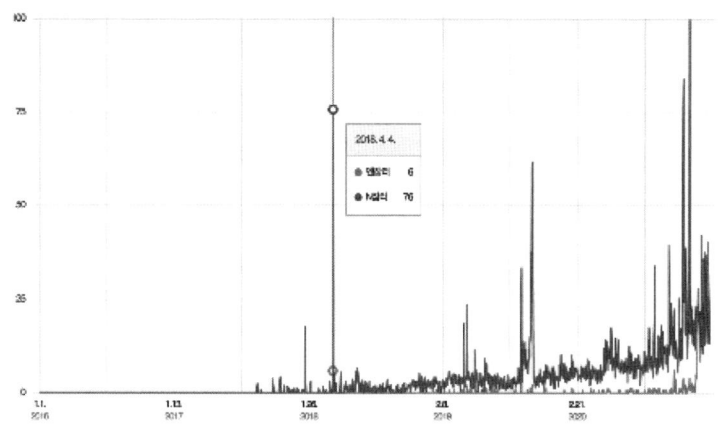

엔잡러 네이버 데이터랩 키워드 통계

　　유튜브와 같은 대형 플랫폼의 등장은 N잡의 형성이 가능해지는 촉진 제였다. 페이스북은 이용자가 올린 콘텐츠를 기반으로 광고수익을 혼자 독식하였다. 하지만 유튜브는 그 수익을 크리에이터와 나누겠다고 자처하였다. '페이스북러'라는 용어는 존재하지 않지만, '유튜버'는 직업의 고유 명사로 불리게 된 이유다. 이 외에도 '크몽, 숨고, 클래스101'과 같이 개인의 재능을 수익화할 수 있는 마켓 플레이스가 무수히 등장했다. 이렇게 N잡은 플랫폼 노동자의 또 다른 말로 불릴 수 있다

　　바야흐로 대한민국 대부분 사람들이 경험하지 못한 '100세 시대'와 패러다임이 급변하는 인공지능과 블록체인 기반의 '4차산업혁명 시대'를 맞이하여 '평생직장'의 불확실성이 점점 커지고 있다.

　　최근의 3대 메가 트렌드인 '100세 시대', '4차산업혁명 시대', '위드

코로나 시대'는 이미 '평생직장'이라는 기존의 직업관과는 완전히 다른 '평생직업'이라는 새로운 패러다임의 변화를 예고하고 있다.

100세 시대를 1막(0~50세)과 2막(51~100세)으로 나눈다고 가정하자. 인기 스포츠인 축구로 비유하자면 1막은 전반전이고, 2막은 후반전이다. 축구에서 후반전이 전술상 중요하듯이 우리의 불확실한 인생도 후반전이 전반전보다 더 중요할 수 있다.

오늘 이 책을 통해 우리가 던지는 화두(話頭)는 'N잡러들의 인생 후반전의 일자리 경쟁력에 관한 것'이다. 인생 2막 후반전도 '일자리가 최고의 복지'라는 철학을 바탕으로 100세 시대 인생 2막을 위해 저마다의 준비와 노력으로 새로운 직업들을 하나둘씩 쌓아가는 사람들이 N잡러들이다.

이분들의 직업을 살펴보면 너무나 다양하고 복잡하지만, 인생 1막에서의 경험과 노하우를 바탕으로 본인이 좋아하는 직업들을 계속 쌓아간다. 이들은 평생 한곳의 직장이 아니라 다직업을 가진 멀티플레이어이다. 그런데 인생 2막 N잡러는 1막 이상으로 안전한 일자리와 고수익은 아니지만 1막 이상의 수입을 올리고 있는 N잡러가 많다.

왜냐하면, 새로운 직업을 계속 발굴하여 쌓아 가다 보면 어느 순간 여러 개의 직업을 가진 N잡러가 되어 있어 몇 개의 직업이 없어진다고 해도 1막처럼 하나의 평생직장같이 불안하지 않고 즐기면서 살아갈 수 있는 경쟁력을 갖추게 되기 때문이다.

2017년 12월 28일 잡코리아 원해선 기자의 「한 가지로는 부족해! 이젠 N잡러가 뜬다!」라는 기사 중 'N잡러 왜 생겨났을까'에서 이렇게 말한다.

최근 직장인들은 일과 삶의 균형을 중시하고 있다. 이에 정해진 시간에 출퇴근을 하는 것이 아닌 유연근무제를 실시하는 기업들이 늘어나고 있는 추세다. 또 재택근무 및 프리랜서 등 고용형태도 다양해졌다. 과거와 달리, 출퇴근 시간을 조정할 수 있는 어느 정도의 여유가 늘어난 편인 데다 프리랜서 등 고용형태가 다양화되면서 한 근로자가 여러 가지 직업을 소화하는 것이 가능해진 것, 특히 4차산업혁명을 통해 노동의 환경이 효율적으로 발전하면 지금보다도 더 많은 수의 N잡러들이 생겨날 것으로 예측된다.

같은 기사의 'N잡러와 워라밸(Work&life balance)'에서는 이렇게 말한다. "N잡러와 떼어놓을 수 없는 중요 키워드는 워라밸(Work&life balance)이다. N잡러는 자발적으로 하고 싶은 여러 개의 일을 하는 사람을 칭한다. 단순 생계를 목적으로 하는 것이 아니기 때문에 워라밸은 N잡러에게 중요한 키워드가 된다. 하지만 자칫하다가는 워라밸을 무너뜨리기도 쉽다."

"N잡러의 장점이자 단점이 바쁘다는 것이다. 이는 삶의 원동력이 될 수도 있지만, 역으로 쉽게 방전될 수도 있다. 때문에 체력관리가 중요하고 '번아웃[1]' 현상을 조심해야 한다. 이를 위해 평소 일정 관리를 철저히 하고 워라밸이 무너지는 것을 예방하는 것이 좋다."라고 주장하면서 N잡러의 장단점도 기술하였다.

2. N잡러의 정의 및 의미

장승환 덕성여대 교수는 「신중년 N잡러가 경쟁력이다」에서 N잡러의 정의를 다음과 같이 하였다.

N잡러는 국어사전에 등재되지 않은 새로운 단어이다. 다만, 「매일경제 용어사전」에서는 N잡러의 정의를 2개 이상 복수를 뜻하는 'N'과 직업을 뜻하는 'Job', 사람을 뜻하는 '~러(er)'가 합쳐진 신조어로 '여러 직업을 가진 사람'이란 뜻이며, 본업 외에도 여러 부업과 취미활동을 즐기며 시대 변화에 언제든 대응할 수 있도록 전업(轉業)이나 겸업(兼業)을 하는 이들을 말한다.

또한, 기술보증기금에서는 'N잡러는 단순히 생계를 위해 여러 직업을 가지는 것이 아닌, 긴 평균 수명과 불안한 고용시장 속에서 자기만의 커리어를 쌓고 자기계발과 비전을 성취하고자 분주히 움직이는 사람들

---

1) 의욕적으로 일에 몰두하던 사람이 극도의 신체적·정신적 피로감을 호소하며 무기력해지는 현상. 포부 수준이 지나치게 높고 전력을 다하는 성격의 사람에게서 주로 나타난다.

을 말한다'라고 하였다. 즉, 여러 가지 직업을 가진 사람을 N잡러라고 할 수 있을 것이다.

시사상식사전에서는 N잡러를 다음과 같이 정의하고 있다. 2개 이상의 복수를 뜻하는 'N', 직업을 뜻하는 'Job', 사람이라는 뜻의 '러(~er)'가 합쳐진 신조어로, 4차산업혁명과 주 52시간 근무제 등 근로환경이 시대에 따라 변하면서 생긴 개념이다.

이들은 생계유지를 위한 본업 외에도 개인이 지닌 재능을 발휘하여 경제적 소득뿐만 아니라 자아실현으로까지 연결한다. 특히, '평생직장'이라는 개념이 없어진 MZ세대는 취업을 했더라도 자신이 가지고 있는 목표를 성취하기 위해 부업이나 취미활동을 즐기면서 퇴근 후 시간이나 주말을 보낸다.

한편, N잡러로서 활동하는 직업 중 대표적인 예로는 '1인 크리에이터'와 '배달 아르바이트'가 있다. 1인 크리에이터는 SNS 매체가 발달하고, 시간이나 장소의 제약이 크지 않아서 진입 장벽이 낮은 점에서 인기가 많다. 또한 '배달 아르바이트'는 일정 시간의 사전교육을 듣고 스마트폰에 앱을 설치하면 누구나 쉽게 시작할 수 있어서 많은 사람이 선호한다. 이 밖에도 비누, 향수, 방향제 등 집이나 공방에서 소소하게 만들 수 있는 물건들을 판매함으로써 자신의 취미를 또 하나의 직업으로 연

결하기도 한다.[2]

2019년 5월 9일자 시사저널 한다원 기자의 「움직이는 1인 기업, 2030 파고드는 'N잡러'들」이라는 기사에 의하면 N잡러의 의미는 다음과 같다.

플랫폼 N잡러, 부족한 고용 안정성은 한계

실제 올해 초 출범한 플랫폼 노동연대는 현행 노동법이 변화하는 사회상을 따라가지 못한다는 점을 지적했다. 플랫폼 노동연대는 출범 선언문을 통해 '플랫폼은 승자독식 경제로 독과점을 가져오며 불안정 노동 정보통제 등의 문제점을 초래한다'며 '플랫폼의 장점은 살리고 단점은 보완하는 산업·노동·복지 정책이 요구된다'고 밝혔다.

전문가들은 앞으로 N잡러가 보편적인 유형의 일자리로 자리 잡을 가능성이 크다고 전망한다. 온라인 공간이 넓어지면서 새로운 일자리가 생성되고 중견·중소기업까지 근로시간단축 제도가 시행되면 사람들이 다양한 일을 시도하는 사회적 분위기도 덩달아 조성된다는 것이다.

박남기 광주교대 교육학과 교수는 '이제는 다양한 직업군이 디지털, 온라인 공간에서 지식 공유가 가능한 시대니만큼 부담 없이 N잡을 시도하는 조건이 형성돼야 한다'며 '이를 위해 정부가 교육훈련 프로그램을 만들어 N잡이 가능하도록 기술, 역량을 향상시키는 데 도움을 줄 필요가 있다'고 지적했다.

---

2) 출처: 시사상식사전

박지순 고려대 법학전문대학원 교수는 '국내 노동법 구조에서 플랫폼 노동자들이 근로자로 보호받지 못하다 보니 업무 중 피해를 보거나 손해를 보더라도 법적 조치를 받기 어려운 게 현실'이라며 '플랫폼 근로자 증가는 세계적인 현상이고, 앞으로 N잡을 추구하는 사람들도 증가할 것이다. 한국도 이에 맞춰 노동 법규를 조속히 마련해 시대적 흐름에 적응하는 노력을 기울여야 한다'고 강조했다.

2017년 12월 28일 잡코리아 원해선 기자의 「한 가지로는 부족해! 이젠 N잡러가 뜬다!」라는 기사 중 'N잡러란?'에서 이렇게 말했다.

최근 평생직장, 평생직업이란 개념이 사라지고 있다. 이러한 트렌드가 반영되어 떠오르기 시작한 것이 바로 '엔(N)잡러(이하 N잡러)'다. N잡러란 여러 개(N)의 직업(Job)을 가진 사람(~er)을 뜻한다. 투잡족이 경제적 여유를 위해 일의 개수를 늘렸다면 N잡러는 자신의 가치를 스스로 찾고자 여러 직업을 가진다는 점에서 다른 의미를 가진다.

필자의 경우, N잡러의 의미는 인생 전반전(1~50세)에는 생각은 있었지만, 사회 분위기로 엄두를 내지 못하였다. 50대, 인생 2막(51~100세)에 들어와서 인생 1막에서 겪은 수십 년 동안의 산전, 수전, 공중전, 지하전까지 치르면서 모든 것을 잃고 마음을 비우고 새로 도전을 하니 작은 결실들이 하나씩 맺어졌다.

2022년 현재도 직업이 20여 개(경영컨설턴트, 국제공인경영컨설턴트

(CMC), 작가, 기획출판인, 대학교수, 산업체전문강사, 평가위원, 자문위원, 전문위원, 공공기관면접관, ISO9001(품질경영)/14001(환경경영) 선임국제심사원, 코치, 전문멘토, 교육기관경영자, 컨설팅사 대표컨설턴트, 저작권사업화컨설턴트, 방산컨설턴트, 언론사기자, 대학생, SNS인플루언서, 자원봉사재능기부자 등)가 넘는 N잡러에 수십 곳으로부터 수입이 들어오는 소위 말하는 멀티플레이어 N잡러로 포지셔닝이 되어 있으니 몇 개의 직장이 없어지더라도 창직을 통해 새로운 수입원을 개척하고 계속 쌓아간다면 안정적인 생활을 하는 N잡러가 되는 것이다. 물론 건강상태를 고려하여 일의 총량도 조절할 수 있어 N잡러가 참 좋다는 생각이 든다.

3. 'N잡러 컨설턴트'의 길

그동안 인생 2막 신중년 N잡러로 살아온 필자의 10년간의 경험을 중심으로 실제 했던 일과 하고 있는 일을 중심으로 대표적인 직업을 제시하고자 한다.

1) 전문 강사

필자의 강의 시작은 1999년이 처음이었다. 동국대학교 정보산업대학원 신문방송학과 석사를 졸업한 이후 우방그룹에서의 직장 동료이면서 육사 장교 출신 이정진이라는 친구가 경인여자대학교 교무처로 직장을 옮기면서 시간강사를 선발하니 한번 응시해 보라는 권유로 대학 시간강사에 난생처음으로 도전하여 경인여자대학교 디자인커뮤니케이션 전공학부에서 시작하여 2000년 겸임교수로 승진하였다.

그 당시 2년 동안 강의한 과목이 무려 5과목으로 광고크리에이티브론II, 인쇄광고디자인, 표현기법, 광고크리에이티브론I 이었다. 경인여대 교수 시절 시간강사 1년 만에 공개 경쟁강의에 나서 겸임교수로 승진했던 기억이 아직도 생생하며 기분 좋은 추억이 되었다. 그때 강의한 내용이 지금도 기억나는데 바로 '마케팅 프로세스'였다.

2001년에는 경인여자대학교에서의 시간강사 1년과 겸임교수 1년 6개월을 기반으로 세종대학교 신문방송학과의 겸임교수로 1년간 임용되어 신문방송학과 4학년을 대상으로 '홍보광고실무론'을 가르쳤는데 그 당시 필자는 세종대학교 대학원 박사과정 신문방송학과에 수학 중이었으며, 세종대학교 내에 설치된 벤처타운에 인터넷 및 커뮤니케이션 법인인 아이피알커뮤니케이션(주)를 경영 중에 있었다.

그 이후에는 창업한 법인 경영에 몰두하면서 강의는 잠깐 접어 두고 신중년 인생 2막 준비로 박사학위와 경영지도사 시험을 대비하였다.

2009년 2월 박사학위를 취득하고는 지도교수의 추천으로 수원 광교에 있는 경기대학교 행정대학원 부동산학과 석사과정에서 '부동산개론'을 1학기 동안 가르쳤으며, 2010년부터는 강남대학교 부동산학과에서

2년 동안 '부동산경영론'을 가르쳤다.

2010년 3월부터는 중앙대학교 산업교육원(현재는 평생교육원으로 변경) 학점은행제 경영학과 주말반에서 '마케팅원론'을 메인으로 '생활과 광고'라는 과목을 2015년 6월까지 5년 6개월간 외래강사로 재직하면서 최장기간 시간강사 생활을 하였다.

2010년 2월에는 호서대 재단 서울벤처대학원대학교(SUV)에 제안하여 평생교육원에 '경영지도사' 과정을 만들어 주임교수를 맡아 한국능률협회에서 배운 커리큘럼과 잘못된 교수법 등은 보완하여 대학에서는 국내 최초로 경영지도사과정을 개설하였다.

2010년 초 1기 SUV 경영지도사과정 15명을 모집하여 2010년 25회 경영지도사 최종시험에서 1명을 제외하고 88%의 합격률을 보이며 경영지도사 학원계에 이름을 떨쳤다.

2012년도에는 강남역에서 경영지도사 2차 반을 다섯 반(마케팅반 3개, 인적자원관리반 1개, 재무회계반 1개) 운영하면서 전국의 경영지도사 수험생들이 찾아 왔으며 그 당시 필자는 경영지도사 마케팅반에서 직강하면서 족집게 강사로 명명되기도 하였다.

2014년도에는 1학기에 명지전문대에서 '창업과 경영'이라는 교양과목을 한 학기 강의하였으며, 한국방송통신대학교 경영학과 소비자행동론 튜터로 1학기 동안 보조 강사로 활동하였다. 2학기부터는 한국열린사이버대학교에 창업경영컨설팅학과에서 '유망창업 아이템 분석'과 '컨설팅사례연구'를 2017년도까지 4년간 강의하였다.

2015년도 2학기에는 국제공인경영컨설턴트협회(ICMCI)의 한국대표기관인 IMC KOREA 초대 사무총장 자격으로 한국산업기술대학교에서 '글로벌 경영'을 강의하였다.

2018년 1학기에는 숭실사이버대학교 부동산학과에서 '부동산창업 성공사례연구'라는 과목으로 강의했다.

2018년 12월 1일 KCA한국컨설턴트사관학교를 설립하여 교장 겸 총괄교수를 맡고 있으며 2020년부터는 미국의 캐롤라인대학 경영학부 교수로서 지금도 재직 중에 있다.

이외에도 산업체 강의는 무수히 많은데 대표적인 강의가 2010년부터 2011년까지 서울산업진흥원(SBA) '서울시 창업스쿨 정규과정' 강의와 서울시 소상공인대상 '소상공인 창업절차'라는 주제로 창업강의를 2017년 3월부터 2019년 12월까지 3년 동안 하였으며 2020년부터 2021년 현재까지 코로나19 영향으로 중단된 상태이다.

특히 기억에 남는 강의는 2016년 6월 9일 '중앙대학교 창업보육센터 BI보육역량강화사업'으로 입주기업 대표자 대상으로 브랜드 마케팅 등 강의를 하루 8시간하고, 160만 원을 중앙대 창업보육센터로 받은 것이었다. 2022년도에도 KBS공공기관면접관 교육과정과 한국생산성본부 SIA인재선발면접관 교육과정 전임교수를 맡아 강의를 할 예정이다.

2) 컨설턴트

인생 2막을 위해서 열정을 가지고 열심히 준비한 결과 달성한 목표에도 불구하고 50대 초반인 2011년도와 2012년도는 시행착오의 연속이었으며 컨설팅 시장에 처음 진입을 위한 준비의 연속이었다.

2010년도 25기 경영지도사(마케팅분야)로 10월 6일 자격증을 취득하고 수습교육을 수료한 후 2011년 1월부터 5년간 경영지도사 등록증을 교부했으나 초기 1~2년간은 시행착오의 연속이었다. 선배 컨설턴트들이 카르텔을 형성하여 고급정보와 노하우를 독점하고 후배 컨설턴트들에게는 전혀 전수하지 않았기 때문이다.

그래서 2010년 말부터는 독자적인 개척을 위하여 2010년부터 1기 제자 경영지도사 반을 위해 개설하여 미미하게 활동해 왔던 네이버의 컨설턴트 카페에 컨설턴트에 관한 고급정보를 모아서 제자, 후배 경영지도사들에게 무상으로 베풀기로 마음먹고 2010년 하반기부터 밤잠을 거르며 정부 및 지자체와 그 산하기관들의 홈페이지 공지사항을 모두 검색했다.

컨설턴트 모집정보, 강사 모집정보, 심사평가 모집정보 등을 취득해 컨설턴트 카페에 올리기 시작하면서 필자도 제자, 후배 경영지도사들과 똑같이 지원도 하여 수십 번 떨어졌지만, 그 두 배 이상을 지원하니 하나씩 일들이 쌓이기 시작했다.

특히 소상공인컨설턴트를 할 때 선배들이나 주위 교수, 박사님들의 비아냥 섞인 비하 발언도 많았지만, 재능기부 차원에서 밑바닥부터 열심히 노력하였다.

그 결과, 2013년도에 2012년의 나에게 경영지도사 강의를 듣고 합격한 27기 경영지도사 제자가 1년 만에 억대연봉 반열에 오르는 쾌거도 맛보았다.

이렇게 인생 2막을 위해 준비한 박사학위와 경영지도사가 서서히 진가를 발휘하여 50대, 인생 2막의 시작은 순조롭게 진행되었다.

2021년 현재까지 국내 메이저급 소상공인컨설팅기관인 소상공인시장진흥공단, 서울신용보증재단, 서민금융진흥원에서 컨설턴트로 활동하면서 500개가 넘는 업체들을 컨설팅한 경험과 노하우를 축적할 수 있었다.

특히 서울특별시 소상공인종합컨설턴트인 업종닥터로 2013년도에 시작하여 2021년까지 9년 차 컨설턴트로 매년 낙오하지 않고 유지했다는 것이 무엇보다도 보람이 있다. 재능기부 차원에서 시작한 자영업 및 소상공인컨설팅이 10년 동안 500개 업체 이상 성과를 내고 있으니 감개가 무량하다.

특히 다른 컨설턴트들과 차별화된 컨설팅은 전국에서 8명밖에 없는 저작권사업화컨설턴트를 2016년 12월 한국저작권위원회에서 제1기 저작권사업화컨설턴트과정을 수료하고 2017년 충청북도 3개 업체를 시작으로 2018~2020년, 3년 동안 강원도 중소기업 대상 저작권사업화컨설팅을 진행한 것이다. 특히 2020년도에는 8명의 컨설턴트 중 2명만이 컨설팅을 수행하여 독보적인 컨설팅분야라고 생각한다.

2021년도에는 새로운 컨설턴트 영역을 개척하여 N잡러 컨설턴트의 영역을 넓혔는데, 남북하나재단의 북한이탈주민 전문위원, 현대아산 관광두레컨설팅 경영컨설턴트, 충청북도기업진흥원 소상공인컨설턴트, 서울시 서울산업진흥원(SBA) 서울혁신기술 지원단 프롭테크 컨설턴트 등이 그것이다.

현재는 그 준비를 기반으로 컨설턴트, 강사, 심사평가위원, 공공기관 면접관, 멘토, 코치로 인생 2막의 첫 10년을 잘 생활하고 있는 것 같다.

특히 2018년 12월 개교한 KCA한국컨설턴트사관학교의 공공기관 면접관 과정과 2020년 4월 개설한 KBS 면접관 과정이 결실을 맺어 1,100명 이상의 수료생을 배출하여 국내 최대 규모의 공공기관 면접관 풀(Pool)을 형성하고 있는 것은 작은 성과라고 생각한다.

또한, 그동안 42권의 연구서적을 출간하고 박사과정 2곳, 석사과정 2곳, 학사과정 2곳을 수료하고 학사과정 3번째 도전 중이라 인생 2막의 10년(51~60세)은 의미 있고 보람된 시기였다.

3) 평가위원

평가위원은 2010년 창업진흥원의 새싹기업 평가가 최초였으나 2013년도부터 본격적으로 시작하였다. 한국콘텐츠진흥원(KOCCA), 정보통신산업진흥원(NIPA), 한국산업기술평가관리원(KEIT), 한국산업기술진흥원(KIAT) 및 산하 전국 13개 지역 평가단, 중소기업기술정보진흥원(TIPA), 정보통신기획평가원(IITP), 소프트웨어정책연구원, 경기도경제과학진흥원, 농림식품기술기획평가원 등 20여 곳에 등록이 되어 있어 수시로 정부과제 평가위원으로 위촉되기도 한다. 비록 단발성이지만 '가랑비에 옷 젖는 줄 모른다'는 속담과 같이 여러 곳에 평가위원으로 등록이 되어 있으면 바쁘게 일이 주어지기도 한다.

4) 공공기관 면접관 교육 및 파견

2017년 2월 44명의 면접관을 교육하는 총괄대표로 시작하여 2018년 12월 개교한 KCA한국컨설턴트사관학교의 공공기관 면접관 과정과 2020년 4월 개설한 KBS 면접관 과정이 결실을 맺어 1,000명 이상의 수료생을 교육하여 정부의 채용 공정성과 투명성 정책에 기여하고 있다.

국내 최대 규모의 공공기관 면접관 풀(Pool)을 형성하고 있는 것은 성과라고 생각한다. 특히 NCS기반의 직무중심 기술직 면접관을 국내 최초로 도입하여 공공기관으로부터 면접관 위촉을 많이 받는 것은 고무적이라고 할 수 있다.

5) 기타 멘토, 코치, 자문위원, 전문위원, 저작권컨설턴트 등

현재 주요 수입원인 컨설턴트, 강사, 심사평가위원, 공공기관 면접관 외에도 중소기업중앙회 소기업소상공인 경영지원단 자문위원, 한국저작권위원회 저작권사업화컨설턴트, 서울기업지원센터 전문위원, ISO국제선임심사원, 언론사기자, 멘토, 코치로 인생 2막의 첫 10년을 잘 생활하고 있는 것 같다.

특히 고급정보를 베푸는 인플루언서로서 네이버 카페(회원 7,323명)와 블로그(친구 1,273명), 페이스북(친구 5,000명), 공공기관면접관 밴드(1,580명) 등 약 30개 밴드, 인스타그램(게시물 1,484개, 팔로워 1,316명, 팔로잉 4,692명), 카카오스토리, 유튜브를 통한 고급정보를 베푸는 활동은 거의 매일 일상이 되고 있다.

특히 12년째 운영 중인 '네이버 컨설턴트 카페'[3]는 신중년 일자리플랫폼 '일자리천사'로 고급 일자리 정보를 베풀고 있다. 이와 같이 필자의 인생 2막은 'N잡러 컨설턴트'가 방향성이었다.

---

3) https://cafe.naver.com/suvmc, www.s1004.org

참고문헌

- 김영기 외 22인, 『신중년, N잡러가 경쟁력이다』, 브레인플랫폼(주), 2021.
- 김영기 외 15인, 『N잡러 시대, N잡러 무작정 따라하기』, 브레인플랫폼(주), 2021.
- 캐리(Brunch), 「N잡러에 대한 고찰: 단지 파편화된 노동일까?」, 포트폴리오 인생 매거진, 2021.05.01.
- 한다원기자, 「움직이는 1인 기업" 2030 파고드는 'N잡러'들」, 시사저널e, 2019.05.09.
- 원해선기자, 「한 가지로는 부족해! 이젠 N잡러가 뜬다!」, 잡코리아, 2017.12.28.
- 매일경제용어사전, 매경닷컴(www.mk.co.kr)
- 시사상식사전, pmg지식엔진연구소

저자소개

김영기 KIM YOUNG GI

학력
- 영어영문학 학사·사회복지학 학사·교육학 학사 재학 중
- 신문방송학 석사·고령친화산업학 석사 수료
- 부동산경영학 박사·사회복지상담학 박사 수료

경력
- 미국캐롤라인대학교(Caroline University) 경영학부 교수
- KCA한국컨설턴트사관학교 교장/총괄교수
- KBS공공기관면접관과정 전임교수
- 공공기관 NCS 블라인드 전문면접관
- 정보통신산업진흥원 등 10여 개 기관 심사평가위원
- 중소기업중앙회 소기업·소상공인 경영지원단 자문위원
- 소상공인시장진흥공단 소상공인컨설턴트
- 서울신용보증재단 소상공인컨설턴트 및 창업강사
- 한국저작권위원회 저작권진단사업화컨설턴트

- (사)한국경영기술지도사회 창업창직단장
- 브레인플랫폼(주) 대표 컨설턴트
- 서울시·중앙대·남서울대·경남신보 창업 전문 강사
- 중앙대·경기대·세종대·강남대·한국산업기술대 강사 역임

자격

- 경영지도사·국제공인경영컨설턴트(ICMCI CMC)
- 사회적기업 코칭 컨설턴트·협동조합 코칭 컨설턴트
- ISO국제선임심사원(ISO9001/ISO14001)·창업지도사 1급
- 브레인컨설턴트·창직 컨설턴트 1급·국가공인브레인트레이너

저서

- 『부동산경매사전』, 일신출판사, 2009.(김영기 외 4인 공저)
- 『부동산용어사전』, 일신출판사, 2009.(김영기 외 4인 공저)
- 『부동산경영론연구』, 아이피알커뮤니케이션, 2010.(김영기)
- 『성공을 위한 리허설』, 행복에너지, 2012.(김영기 외 20인 공저)
- 『억대연봉 컨설턴트 프로젝트』, 시니어파트너즈, 2013.(김영기)
- 『경영지도사 로드맵』, 시니어파트너즈, 2014.(김영기)
- 『메타인지학습: 브레인 컨설턴트』, e경영연구원, 2015.(김영기)
- 『메타인지학습: 진짜 공부혁명』, e경영연구원, 2015.(김영기 외 2인 공저)
- 『창업과 경영의 이해』, 도서출판 범한, 2015.(김영기 외 1인 공저)
- 『NEW 마케팅』, 도서출판 범한, 2015.(김영기 외 3인 공저)
- 『브레인 경영』, 도서출판 범한, 2016.(김영기 외 7인 공저)
- 『저작권 진단 및 사업화 컨설팅(서진씨엔에스, 쿠프, 아이스페이스)』, 충청북도지식산업진흥원, 2017.(김영기 외 1인 공저)
- 『저작권 진단 및 사업화 컨설팅(와바다다)』, 강릉과학산업진흥원, 2018.(김영기)

- 『공공기관 합격 로드맵』, 렛츠북, 2019.(김영기 외 20인 공저)
- 『브레인경영 비즈니스 모델』, 렛츠북, 2019.(김영기 외 6인 공저)
- 『저작권 진단 및 사업화 컨설팅(파도스튜디오)』, 강릉과학산업진흥원, 2019.(김영기)
- 『2020 소상공인 컨설팅』, 렛츠북, 2020.(김영기 외 9인 공저)
- 『공공기관·대기업 면접의 정석』, 브레인플랫폼, 2020.(김영기 외 20인 공저)
- 『인생 2막 멘토들』, 렛츠북, 2020.(김영기 외 17인 공저)
- 『4차산업혁명 시대 AI 블록체인과 브레인경영』, 브레인플랫폼, 2020.(김영기 외 21인 공저)
- 『재취업전직지원서비스 효과적 모델』, 렛츠북, 2020.(김영기 외 20인 공저)
- 『미래 유망 자격증』, 렛츠북, 2020.(김영기 외 19인 공저)
- 『창업과 창직』, 브레인플랫폼, 2020.(김영기 외 17인 공저)
- 『경영기술컨설팅의 미래』, 브레인플랫폼, 2020.(김영기 외 18인 공저)
- 『공공기관 합격 노하우』, 브레인플랫폼, 2020.(김영기 외 20인 공저)
- 『신중년 도전과 열정』, 브레인플랫폼, 2020.(김영기 외 18인 공저)
- 『저작권 진단 및 사업화 컨설팅(더웨이브컴퍼니)』, 강릉과학산업진흥원, 2020.(김영기)
- 『4차산업혁명 시대 및 포스트 코로나 시대 미래 비전』, 브레인플랫폼, 2020.(김영기 외 14인 공저)
- 『소상공인&중소기업컨설팅』, 브레인플랫폼, 2020.(김영기 외 15인 공저)
- 『미래 유망 기술과 경영』, 브레인플랫폼, 2021.(김영기 외 21인 공저)
- 『공공기관 채용의 모든 것』, 브레인플랫폼, 2021.(김영기 외 20인 공저)
- 『신중년, N잡러가 경쟁력이다』, 브레인플랫폼, 2021.(김영기 외 22인 공저)
- 『안전기술과 미래경영』, 브레인플랫폼, 2021.(김영기 외 21인 공저)
- 『퇴직전문인력 일자리 활성화를 위한 '경영지도 및 진단전문가' 모델 사례연구』, 한국연구재단, 2021.(김영기)

- 『창직형 창업』, 브레인플랫폼, 2021.(김영기 외 17인 공저)
- 『신중년 도전과 열정 2021』, 브레인플랫폼, 2021.(김영기 외 17인 공저)
- 『기업가정신과 창업가정신 그리고 창직가정신』, 브레인플랫폼, 2021.(김영기 외 12인 공저)
- 『4차산업혁명 시대 AI 블록체인과 브레인경영 2021』, 브레인플랫폼, 2021.(김영기 외 8인 공저)
- 『ESG경영』, 브레인플랫폼, 2021.(김영기 외 23인 공저)
- 『메타버스를 타다』, 브레인플랫폼, 2021.(공저)
- 『N잡러 시대, N잡러 무작정 따라하기』, 브레인플랫폼, 2021.(김영기 외 15인 공저)
- 『10년 후의 내 모습을 상상하라』, 브레인플랫폼, 2022.(김영기 외 10인 공저)
- 『공공기관 채용과 면접의 기술』, 브레인플랫폼, 2022.(김영기 외 19인 공저)

수상
- 문화관광부장관표창(2012)
- 대한민국청소년문화대상(2015)
- 대한민국교육문화대상(2016)
- 제35회 대한민국신지식인(교육분야)인증(2020)

2장

위드코로나 시대 '일거리(Role)창출 전문가 N잡러'들을 마스터 트레이닝하다

이준호

1. N잡러 질문, 일하는 장소의 제약이 없는 긱 경제 사회의 꽃 'N잡러=질문러'

한국 사회 고용시장의 사각지대가 많이 생기고 있다. 이런 고용 제도의 사각지대를 정부, 기업, 자영업, 스타트업, 중소기업들의 리더들이 제대로 인식해서 공생하는 관점이 필요하다. 시간 단위의 일거리 창출에 초점을 둔 인소싱과 아웃소싱의 일들에 대한 명확한 구분, 각각의 일거리 기술서들을 스스로 구축해가며 일하는 장소에 구애받지 않고 디지털노마드가 되어 일하는 N잡러들의 인생과 행복 모토에 대해 생각해본다.

직장 중심의 일자리 선호는 직장 중심의 사람들과 프리랜서 폴리매스형 인재로 디지털노마드에 부합하는 일거리(Role)를 선호하는 사람들 중심으로 양분되었다.

코로나 팬데믹은 다니엘 핑크가 예견했던 프리에이전트 시대를 현실화시켰고, 마흔 살에 의도적 퇴사를 하고 마케팅 Job 트레이너의 직업적인 꿈을 서른 초반부터 성취하고 앞으로 달려오던 시점에 빅뱅이 일어나듯 깨닫게 된 것 역시 일하는 장소의 자유와 출퇴근의 자유를 느끼면서 잘할 수 있고 하고 싶은 일들 중심으로 하는 직업을 살아가는 것에 초점을 두고 준비하고 실행하며 다양한 비즈니스 분야에서의 성과와 포트폴리오를 창출해왔던 기억이다.

1950년대 이전 세대 직장인들의 커리어 패스웨이 관점에서의 행복은 은퇴 이후에 전원생활을 하고, 세계여행을 다니며, 연금을 받아가며 편하게 인생을 살고 싶다는 가치관이 지배적이었다.

1950~1960년 세대는 직장생활을 하면서 전문가로서의 커리어를 꿈꾼다. 학사, 석사, 박사를 꿈꾸며 근무하는 시간과 저녁 시간, 주말 시간을 틈틈이 투자하여 강사, 저자, 코치, 컨설턴트의 지식근로자로서 이상향적인 직장인의 꿈을 가지고 직장생활을 해왔다. 퇴직 나이 평균 52.6세와 은퇴 평균 72세 사이에 일자리가 아닌 일거리를 찾아 도전하는 신중년들로 팬데믹 시대를 버티며 새롭게 도전하는 삶을 살고 있다.

1970년대 세대는 직장생활에 무게중심을 두기보다는 시간적 자유를 추구하며 직장인 이상의 급여만 벌면 된다는 자유로운 사고방식이다. 필자처럼 목적성 있는 의도적인 퇴사를 하고 프리랜서, 1인 기업, 창업, 스타트업 등 다양한 전직(아웃플레이스먼트)의 성공사례들을 창출해가며 1개의 역할이 아닌 3개 이상의 역할로서 자신만의 일거리를 스스로 정립하고, 선도하고 그 산업, 카테고리, 일거리 분야에서 제1호가 되는 성취, 성장, 성공사례들을 만들어 가고 있다.

1980년대 세대는 취업, 창업, 스타트업, 자영업 등 가장 넓은 직업의 스펙트럼과 일로부터 노동의 가치 기준과 자산의 가치 기준, 투트랙으로 투자의 가치를 두고 시간적 자유보다는 경제적 자유를 먼저 추구하려는 경향성이 보편화된 세대다. 이들이 추구하는 N잡러의 기준은 디지털 중심의 비즈니스 안에서 영상, 디자인, 쇼핑몰, 배달아이템으로 유튜버, 크리에이터, 파워 블로그, 전자책, SNS 마케팅 중심의 기술적이고, 기능적이며, 아웃소싱적인 일거리를 크몽, 숨고 같은 프리랜서 플랫폼을 중심으로 N잡러로 활동한다.

1) 프리에이전트 시대의 뉴노멀 N잡러들의 행복의 기준과 질문들

필자가 SINCE 2002, 시너지 플래너로 마케팅 Job 트레이너라는 닉네임으로 시간적 자유를 먼저 얻고 경제적 자유를 순차적으로 얻어가며 처음에는 각이 세워지는 세분화, 전문화, 성과화 되는 포트폴리오의 비즈니스 라이프를 실천해오다가 서른아홉과 마흔아홉에 똑같이 묻게 된 질문은 다음의 질문이었다.

나는 다음 40, 50대를 어떤 일거리로 먹고살아야 할까?

30대의 삶과 40대의 삶에서 가장 큰 차이는 30대까지는 꿈을 꾸고 그 꿈을 이루고 성취하고 전문성을 더하는 것에만 집중했다면 40대의 삶은 스스로에 대한 질문, 가족에 대한 질문, 함께 일거리, 프로젝트 단위로 일하는 사람들에 대한 질문, 사회공헌에 관한 질문, 나라의 성장을 위한 질문 등에 대한 답이 필요하다.

필자는 혼자 사색, 생각, 궁리, 창조적 구상을 하기 위한 나만의 시간이나 멍때리는 시간조차도 노트와 볼펜을 준비하고 영감이 떠오를 때마다 자문자답하는 형식으로 수많은 질문에 화답을 했던 기억이 있다.

　제임스 라이언 하버드대학 학장의 질문들과 근접한 질문들을 필자 역시 사람들을 만나면서 나누던 대화 속에서 수없이 질문하고, 자문자답해봤다. 청자에게 질문을 받고 화답하는 셀프 트레이닝을 10년 가까이 습관적으로 체득하면서 컨설팅, 컨설케이션, 코칭, 멘토링, 상담, 교육의 다양한 상황, 대상, 현장에서 먼저 질문을 받고 그것에 화답하는 형식의 피드백을 수없이 해왔다.

① 잠깐 뭐라고요? (이해가 되지 않은 부분을 명확히 이해하기 위한 질문)
② 왜 그런지 궁금한데요? (다양성의 발현과 개선사항을 발견하기 위한 질문)
③ 만약에 이렇게 하면 어떨까? (아이디어에 대한 관점의 차이가 날 때 상대와의 의견 차이를 기분 나쁘지 않게 좁혀나가고 합의를 위한 질문)
④ 어떻게 도와드릴까요? (인간의 본성 중에 으뜸은 남을 돕고자 하는 마음으로 인간 DNA에 내재되어 있다. 상대방이 진심으로 잘되기를 바라는 마음으로 하는 질문)
⑤ 지금 진짜 중요한 것이 무엇인가요? (상황, 문제, 기회 앞에서 선택하고 판단하고 의사결정을 해야 하는 타이밍에 가장 많이 던지는 질문 유형이며 비즈니스적인 측면이든 개인의 라이프 스타일 측면이든 사람들이 가장 많이 물어보는 질문)
⑥ 그럼에도 불구하고 어떻게 해야 되나요? (부정적이고 두렵고 고난이

보이고 힘들 것을 아는 상황. 문제, 기회의 선택 앞에서조차 긍정 마인드로 그럼에도 불구하고 굳이 해야 하는 선택 앞에 지지를 얻어내기 위한 질문)

　필자는 위의 4번과 6번의 질문 앞에서 항상 혁신과 예스를 선택하고 40대를 치열하면서도 평온한 개인의 라이프와 비즈니스 라이프를 즐겼다. 이런 실천의 10년의 시간 속에서 발견하게 된 것은 시너지 플래너로 시작해서 N잡러로 전방위적이고 다양한 산업, 카테고리, 범주, 계층과 세대와 연대, 협력, 협업하는 다재다능한 폴리매스형 뉴노멀로 성장해 간다는 것이다. 이 시점에서 다가서 주시는 모든 분은 나에게 있어 질문 앞에 화답해주며 필자를 견인해주시는 멘토, 코치, 컨설턴트, 컨설케이터, 스승들이다.

2) 팬데믹으로 현실이 되어버린 프리에이전트 시대의 꽃 N잡러의 행복의 모토는?

　한국을 대표하는 철학자 김형석 구루가 미리 준비해놓은 무명의 묘비명 앞에서 하는 말 '행복한 인생은 무엇이라고 생각하십니까?'라는 질문에 화답하기를 "'당신 덕에 행복했었다'라는 말을 듣고 죽고 싶다"라는 아주 단순하지만 깊은 성찰의 울림이 있는 메시지였다.

　'누군가에게 무엇이 되어 당신 덕에 행복했었다'라는 기분 좋은 말을 들을 수 있는 다양한 관계의 사람들과 상호존중과 대화와 토론 나아가 지지적인 피드백으로 고객사, 고객들의 성과, 성취, 성장, 성공, 성숙을 돕는 역할자로, N잡러 의미와 가치의 지향점이라면 팬데믹으로 현실이 되어버린 프리에이전트 시대의 꽃인 N잡러로 살아가는 자체가 시간적 자유와 경제적 자유 모두를 성취해가며 사는 데 있어 한순간의 후회도 없는 라이프 스타일과 비즈니스 스타일에 새로운 이정표로 살아갈 수 있지 않을까 싶다.

행복의 기준의 핵심은 시간적 자유와 경제적 자유를 누리면서 자신의 행복의 정의, 유형들에 준한 것들을 지속적으로 라이프 스타일이나 비즈니스 스타일을 유지하는 것을 중심으로 행복감을 추구하는 것이 보편적이다.

N잡러의 행복의 모토는 시간적 자유 안에서 경제적인 부를 추구하는 유형들로 직장인, CEO, 자영업, 창업가, 스타트업 기업가들과의 관점과는 다르다고 할 수 있다.

3) '다능 박식한 폴리매스형 뉴노멀들인 N잡러'들의 자문자답 질문 리스트 엿보기

커리어 패스웨이 목적으로 한 분야에서 전문성을 쌓고 그 전문성을 중심으로 세분화, 융합화, 고도화를 해가며 우상향식 알고리즘적인 일거리, 즉 새로운 역할(Role)들을 늘려가며 자신이 원하는 일, 직업, 프로젝트, 역할, 일거리들을 자유롭게 추구하며 그 안에서 인정받고, 존중받으며 스스로 자신이 선택하고 범주화해서 N잡러 커리어 모자이크로 자신의 다재다능한 폴리매스형 인재성을 증명해가며 사는 네오피안들이다.

① 당신은 어떤 일을 할 때 가장 행복한가요?
② 그 일을 통해 얻는 보람은 무엇인가요?
③ 그 선택들은 다양하지만, 일관성 있는 역할자로서 N잡러 역할 종류는 몇 개나 되나요?
④ N잡러의 핵심가치와 역량과 스킬업된 정리된 전문성을 전수해줄 준비가 되어 있나요?
⑤ N잡러로 함께 연대하고 협력하며 협업으로 공동의 프로젝트를 어떻게 추진하고 있나요?
⑥ N잡러가 인생에 주는 가장 뜻깊은 경험은 어떤 것들이 있나요?
⑦ N잡러가 되기 위해 모델링하는 데 동기부여한 분들은 어떤 분들이 계시고 몇 분이나 계시며 그분들의 어떤 강점과 전문성을 체득해서 창직가 역할에 융합을 시키셨나요?

전방위적인 산업, 카테고리, 직업, 직무, 역할들에 많은 관심이 있는 직업이고 그들은 대화, 토론의 형식으로 적극적인 질문중심의 대화는 물론 N잡러 스스로 서비스, 비즈니스 모델 등을 고도화시키기 위한 좋은 질문, 양질의 질문, 창의적인 질문, 혁신적인 질문, 고도화시킬 수 있는 질문, 문제 해결과 상황 개선을 돕는 질문들을 평상시에 발굴하고 잘 질문하는 것이 몸에 체득되어 있어야만 가능한 직업이라고 할 수 있다.

긱 경제시대 코로나 팬데믹으로 현실이 되어버린 프리에이전트 시대에 프리랜서 위치에서 시작하는 N잡러를 선택하고 도전하는 분들이 계신다면 디큐브N잡러센터에서 활동하고 계신 마스터 트레이너, 즉 상담, 교육, 멘토링, 코칭, 컨설팅 그리고 이들을 모두 포함하여 고객사, 고객들의 상황과 애로사항, 문제점들에 전문적이고 융합적으로 응대할 수 있는 컨설케이션(컨설팅+교육) 기법을 배워보는 것을 추천해 본다.

평생학습과 평생 도전, 자신의 정년과 은퇴 시점을 생애 설계와 경력 설계를 통해 자주적이고 주도적이며 때론 프로젝트 단위의 협업을 통해 고객사&고객, N잡러, 고객사의 고객 모두 '승·승·승' 해나갈 수 있도록 보다 깊은 자아실현을 돕는 조력자의 역할들이다.

2. N잡러 컨설케이션, 컨설팅과 교육으로 체득할 수 있도록 N잡러를 트레이닝한다

직업군들의 공통점들은 직무의 정의, 특징, 프로세스, 자격사항, 역량강화, 성과기여, 성과창출, 성과 피드백의 공통적인 특징을 가지고 전체에서 부분으로 접근하는 가운데에 분업화를 기준으로 태도, 지식, 기술의 핵심가치를 중심으로 직업들이 진화해 온 것이 사실이다.

4차산업사회가 도래하면서 3차산업시대부터 진화된 공장자동화(FA)

에 IT가 접목되면서부터 정보화, 디지털화, 빅데이터화, 로봇화, ICT화, 인공지능화되어 숙련공의 일자리마저도 위협받는 사회가 되어가고 있다.

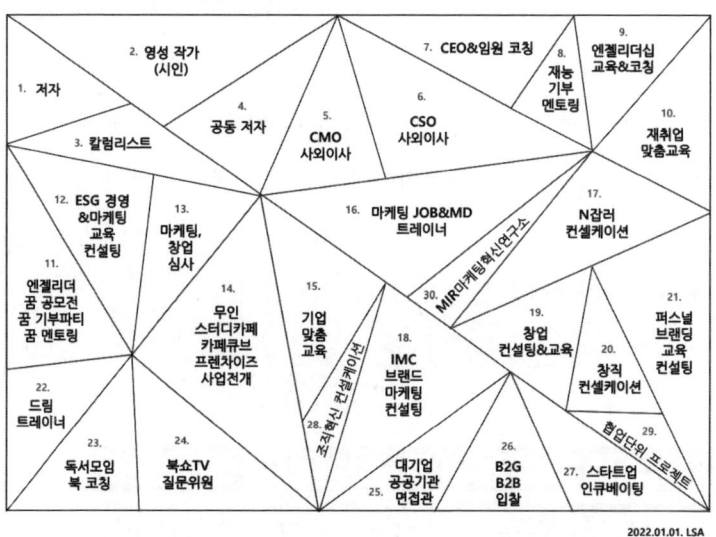

[2022 이준호의 N잡러 커리어 모자이크]

1) 'N잡러 커리어 모자이크'시대, 새로운 미래가 왔다

온라인상거래가 글로벌 플랫폼 비즈니스로 진화하고 물류창고와 e커머스의 연동으로 인해 당일배송, 새벽배송, 로켓배송까지 역사상 최고로 편리한 세상에 살고 있는 시점이다.

2000년 초반에 미래학자인 다이엘 핑크의 책 『새로운 미래가 온다』

에서 주장한 우뇌를 잘 사용하는 하이컨셉, 하이터치를 잘하는 사람들은 6가지를 잘한다. 디자인, 스토리, 조화, 공감, 유희, 의미 중심으로 하는 사람들이 새로운 미래에는 주인공이 된다는 테마의 영향력이 강한 책이었고 사람들은 저마다 새로운 미래를 대비하며 2020년대를 살아가고 있다.

필자 역시 아래의 6가지 키워드에 철저하게 준비를 해왔고 지금은 위의 기준으로 2002년에 창안해낸 시너지 플래너(Synergy Planner)를 중심으로 'N잡러 커리어 모자이크(30여 가지 세분화된 전문화·고도화된 일거리)'를 창조구상 창출해내며 경제적인 자립을 해나가고 있다. 새로운 미래가 왔고 몸에 체득된 실무전문성과 고도화된 역량으로 고객사와 고객들과 함께 해답을 찾아가는 역할들을 해나가고 있다.

① 기능만을 넘어 디자인으로 전문성을 레벨업 시켜준다.
② 단순한 주장만을 넘어 스토리를 함께 구상하고 창조해낸다.
③ 집중을 넘어 인소싱과 아웃소싱의 테스크포스팀(T.F.Team)의 조화로 프로젝트 단위의 일을 한다.
④ 논리를 넘어 고객사, 고객들과 공감하며 그 안에서 자의적 합의를 통한 일들을 전개해 간다.
⑤ 진지함을 넘어 유희, 즉 그 프로젝트 안에 성취, 효율성, 재미를 더해 함께하는 사람들이 즐겁게 일하는 상황을 함께 만들어 간다.
⑥ 물질의 축적을 넘어서 일, 프로젝트, 아웃소싱의 일에 의뢰자, 참여자, 수혜자 모두가 윈윈할 수 있는 의미를 찾아가며 일한다.

2) N잡러들의 '통합적 관점의 시너지 플래닝 사고법'

전문성의 축과 소통의 축을 기준으로 일반적, 정적인 역할과 전문적, 동적인 역할의 구분과 일방향, 수직적 소통과 양방향, 수평적 소통의 방법론의 4가지 경우의 수에 따른 지식근로자로 전문화되고 고도화된 프로패셔널들의 직업군 분류와 그 역할들을 정의 내려보면 다음과 같다.

[통합적 관점의 시너지 플래닝 사고법]

	일반적 소통 (현실적)	양방형 소통 (미래적)	
전문적 / 인사이트 아웃사이트	8% 컨설팅 (컨설턴트)	2% 컨설케이션 (컨설테이터)	동적
일반적 / 실무 실전	직무/직능 교육 (강사) 82%	코칭/멘토링 (코치/멘토) 8%	정적
	수직적 소통	수평형 소통	

(출처 : Consulaction 상표출원 2012-0017259 / MIR마케팅혁신연구소)

① 수평적 소통 1.0버전, 일반적/정적 역할과 양방향/수평적 소통의 관계: 수평적, 일반적, 정적, 현실적 주제 소통 - 코칭&멘토링(코치&멘토)

② 수평적 소통 2.0버전, 일반적/정적 역할과 일방향/수직적 소통의 관계: 수직적, 일반적, 정적, 현실적 주제 소통 - 교육 및 워크숍(강사, 워크숍 진

행자)

③ 수평적 소통 3.0버전, 전문적/정적 역할과 일방향/수직적 소통의 관계: 수직적, 전문적, 정적, 현실적 주제 소통 - 컨설팅&퍼실리테이션(컨설턴트, 퍼실리테이터)

④ 수평적 소통 4.0버전, 전문적/동적 역할과 양방향/수직적 소통의 관계: 수직적, 전문적, 정적, 현실적 주제 소통 - 컨설케이션(컨설팅+교육)&전수 컨설케이션(컨설케이터, 마스터 트레이너)

통합적 매트릭스의 통합적 관점에서 지식근로자로 성장해오면서 자신의 경험과 경험의 결과들을 자신만의 노하우와 노웨이를 중심으로 책을 집필하거나 PPT형태로 마이크로 칼리지 과정으로 지식화하여 가지고 있는 프로패셔널들 중에서도 수평적 소통의 가치와 의미를 알고 인격적이고 진정성 있게 자신의 전문성으로 경제적 자립을 해오고 있는 N잡러들의 N잡러 커리어 모자이크의 기본이 되는 것이 수평적 소통 1.0~4.0버전의 매트릭스와 차별화된 특징과 성과창출의 핵심 4가지 키워드인 성취, 성장, 성공, 성숙의 시너지효과를 창출해가는 모토이며 토대다.

호황기 비즈니스 모델의 로드맵은 비용, 흑자, 적자의 패턴을 띠지만, 불황기의 비즈니스 모델의 로드맵의 차별적인 특징은 고도화, 투자, 공존 성장의 패턴을 띠는 것이 큰 특징이다.

컨설케이션(상표출원: 2012-0017259, MIR마케팅혁신연구소)의 모토는

트레이닝, 리서치, 툴의 키워드로 각각의 태도, 지식, 역량 강화의 핵심 인재성장을 주목적으로 한다.

3) N잡러 이준호 소장 사용설명서

군대 제대를 앞두고 인생설계를 하면서 결정했던 것 중에 잘한 것은 '많이 느끼자(감), 많이 배우고(학), 익히자(습), 많이 사랑하자(애)'의 4가지 사람들과 세상을 향한 핵심 4가지였다.

개인적인 가치관의 명구는 '느끼고 배우고 사랑하자. 그 안에서 상생 나눔 실천하자'를 라이프&비즈니스 슬로건으로 걸고 커리어 모자이크 관점으로 연결, 조합, 혁신하며 깊고 넓게 알고리즘 관점으로 확장해가고 있다.

상담, 멘토링, 코칭, 컨설팅, 컨설케이션 등의 다른 방법론으로 대화를 하자고 하는 상대의 사람들에게 항상 같이 주문하는 것은 다음과 같다.

① 메모: 노트와 볼펜을 준비 및 메모 경청 원칙이다.
② 질문: 궁금한 질문을 1부터 100개까지라도 미리 정리해서 2부 정도 프린트해서 온다. 질문 없는 피드백은 단순 지식전달로 끝나서 효과성이 떨어진다.
③ 아이디어: 아이디어를 정리해서 말해라. 그래야 추가적인 아이디어, 영

감들을 공유할 수 있고, 그 아이디어를 신상품, 뉴서비스, 뉴비즈니스 모델, 기업 발전방안, 문제 해결, 성장전략 등으로 고도화가 가능하다.
④ 대화: 최하 두 번은 미팅을 해야 미션에 대한 1단계 적인 성과가 있다.
⑤ 피드백: 기간을 정해놓고 함께하는 시간이라면 대화로 주고받은 내용은 회의록을 작성하듯이 정리해서 다음 시간을 이어가는 원칙이다. 그래야 중복이 없는 효과적인 피드백이 가능하다.

위의 5가지가 기본적으로 시너지 플래너 이준호와 함께하는 사람들이 알고 사용하면 좋은 5가지 기본적인 N잡러 이준호 소장의 사용설명서다.

나는 주제가 있는 지적 수다를 좋아하며, 목적과 목표가 있는 미션 주기를 좋아한다. 무엇보다도 수평적이고 쌍방향소통관점으로 1:1 토론을 좋아한다.

일반 피드백 중심의 상담, 멘토링, 코칭, 컨설팅의 공통점 중 한 가지 더 중시하는 것은 나이, 성별, 직급, 상황의 조건들을 떼어내거나 배제하고 수평적으로 있는 그대로의 상황, 문제, 기회, 비즈니스 관련 이야기들 중심으로 스스로, 함께, 더 큰 관점으로 토론형 양방향 컨설케이션을 즐겨한다는 점이다.

2002년 '시너지 플래너(Synergy Planner)'라는 뉴닉네임의 창의적인 역할자로서 시작된 저만의 차별화된 일거리 중심의 '마케팅 Job 전문트레이너'로서 스타트하면서 스스로 배우고 익힌 좋은 습관이다.

N잡러로 살아가면서 일상은 세상과 사람들을 보기 위해 네이버의 종합뉴스를 보고, 책을 가방에 1~3권씩 가지고 다니며 출퇴근 시간, 이동 시간, 사무실, 집에서 틈틈이 2.5시간 이상 읽기를 실천하고 있다.

페북이나 블로그에 매일 단문의 글을 쓰고, 일주일에 2.5페이지 분량인 질문에 화답하는 형식의 잡지사 기획 칼럼스타일 글을 2편 정도 꾸준하게 쓰고 있다.

N잡러는 다재다능한 폴리매스형 역량가이기도 하지만 재능기부도 실천한다. N잡러는 여러 가지 경제적 숫자로 전환되는 일들을 하면서도 돈 안 되는 일이지만 재능기부 형태의 일들도 일정량 한다. 특히 청년들의 꿈 관련 상담이나 멘토링은 언제나 1순위로 시간을 할애하여 재능기부 관점으로 지원을 하고 있다.

개인이지만 개인 차원에서 자신의 재능과 역량으로 연중 일정 시간을 할애하여 청년이나 지역 대상으로 재능기부하는 것은 N잡러들이 또 다른 사회공헌 역할이라고 믿는다.

필자는 재능기부 차원에서 '엔젤리더드림CSR이너써클'에서 꿈선포 공모전, 꿈기부파티, 꿈재능기부멘토링 등을 10년째 진행하고 있다. 또한, 지식인들의 우수한 재능, 역량, 전문성을 가지고 있는 저자 중심의

'북쇼TV' 공동운영을 통해 Q&A 북쇼와 기업에 찾아가는 B2B 관점의 북쇼를 운영 중이다.

'사람이 북이다'라는 모토로 저자들의 책 이외의 인간적인 부분과 가치관, 책으로 전달하고 싶은 메시지, 책에 못다 한 이야기 등을 유튜브 채널로 공유하거나 기업의 현장에서 직장인이나 직원들을 대상으로 기업 맞춤형 북쇼를 운영 중이다.

4) 디큐브N잡러센터의 차별적 특징과 일거리(Role)창출을 통한 계층 간의 통합 지향점

미래학자 토마스 프레이가 이야기한 것처럼 대학보다는 이제 마이크로 칼리지 단위의 지식, 인사이트 전달의 시대이기 때문에 한 사람의 전문성을 10~12주 단위로 압축 정리해서 강의나 코칭, 컨설팅 형태로 공유하는 것이 보편화되는 것에 착안하여 지식인들의 전문성을 마이크로 칼리지 형태의 과정을 1인 마스터 트레이너와 소그룹으로 비대면, 대면의 강의, 코칭, 컨설팅의 방식으로 매칭해서 운영되는 '디큐브N잡러센터'의 센터장으로도 활동하고 있다.

중장기적으로는 M2O 즉 '모바일 to 오프라인공간'의 연계와 매칭, 나아가 코치와 피코치의 체계적인 매칭을 통해 신중년 전후의 지식인들에게는 프리랜서 관점의 시간 단위 코칭을 할 수 있는 기회를 얻고 수시 채용, 창업, 창직, 퍼스널브랜딩, 4차산업 신 직업군으로 전문성을 요하거나 경험 및 경력의 준비된 인재를 찾는 일거리(Role) 창출의 필요상황에서 계층 간의 통합은 물론 신중년 전후의 실무전문성과 지식, 노하우를 전수 받을 수 있도록 돕는 대한민국의 N잡러 플랫폼을 지향한다.

긱 경제시대에는 지식인들이 디지털노마드가 되어 시간 단위, 지식의 레벨단위로 돈을 버는 문화가 보편화 될 것이고 문화로 정착될 것이다. 지금부터 당신의 코치와 당신의 피코치를 찾아 디큐브N잡러센터에서 도움을 받아보는 것은 어떨까?

3. N잡러 컨설케이터, MECE하게 생각하고 모자이크 커리어로 승부한다

위드코로나가 장기화되면서 은행권 산업의 사람들은 42세 전후에 조기 은퇴가 대두하고 있다. X세대의 주축인 70년대 생이 조기 은퇴의 불안에 휩싸였다.

직장생활하면서 지속적인 자기계발을 해오던 사람들은 스스로 은퇴를 선택하고 조기에 시간적 자유 안에서 경제적 자유를 확보하기 위해 조기 은퇴를 하는 사람들도 느는 추세다.

N잡러들은 기술중심, 서비스중심, 능력중심, 지식중심의 큰 틀에서

분류되어 활동하고 있다. 필자 같은 경우는 능력과 지식 중심의 혼용 속에서 서비스로 구체화하여 산업, 카테고리, 직무 중심의 N잡러로 활동하고자 하는 사람들을 교육하고 컨설팅하는 업무도 병행하고 있다.

N잡러를 하고 싶은 이유는 많이 있지만 가장 큰 특징 두 가지는 시간적 자유 안에서 하고 싶은 일을 맘껏 하고 싶은 유형과 경제적으로 불안감을 해소하면서 더 많은 돈을 효과적으로 벌고 싶은 사람들이다. 필자처럼 두 가지 모두 희망하는 경우도 많다.

무엇보다도 N잡러의 의미와 가치는 직장생활에서 보는 여러 가지 억압된 스트레스에서 벗어나 자신이 사회생활하기 이전의 꿈이나 버킷리스트들을 성취해 보고자 N잡러를 선택하는 사람들이 증가하는 추세다.

1) 'N잡러 컨설케이터'들은 기존의 수많은 유형의 컨설턴트들과 무엇이 다른가?

기존의 컨설팅을 하는 분야의 컨설팅분야는 전문가고 컨설팅을 받는 사람은 비전문가라서 수직적인 관점에서 전문가가 제시하는 답을 받아들이는 문화라면 N잡러 컨설케이터는 혼자 하는 컨설팅도 협업으로 하는 연대의 협업 컨설팅도 수평적으로 하는 것이 원칙이라는 것이다.

포지션에 따른 역할자로서 전문가는 기존의 컨설턴트들이다. 한 분야에서 10년 이상의 실무경험을 가지고 있거나 그 분야의 학문을 깊게 연구하여 대학원, 박사학위를 취득하여 보고서 중심의 컨설팅을 한다.

역할에 따라 포지션이 결정되는 메이커스가 N잡러 컨설케이터다. 실제로 N잡러 실천가로 살아가고 있으면서 기획, 전략단의 컨설턴트 관점이 아니라 실행과 실천, 클로징 나아가 경제적인 수입을 작게나마 창출해가는 분야가 많아 기존의 커리어 패스 관점에서의 연봉을 받는 것이 아니라 커리어 모자이크 관점에서 서비스, 프로젝트 단위, 기업 단위의 메이커스로 실무전문성을 중심으로 살아가는 뉴노멀의 네오피안들이다.

꾸준하게 수입이 되는 역할의 카테고리가 3개 이상 있는 사람들로 자신의 N잡러 실전 노하우를 전수시켜주는 진짜 프로가 N잡러 컨설케이터들이다.

2) N잡러 컨설케이터는 마스터 트레이너다

기존의 컨설케이터들은 기업, 개인 단위의 자문컨설팅부터, 정부지원 프로젝트의 멘토, 코치로 활동도 한다. 나아가 교육, 강사로도 활동을 한다. 이분은 N잡러 컨설케이터들로 공통되는 부분이다.

사람과 사람 사이 전문성이 있는 사람과 피상담자로 마주하여 고객사, 고객이 원하는 컨설팅을 원하는 범주, 기간, 참여자들 단위로 돈을 버는 행위를 한다. 하지만 N잡러 컨설케이터들은 자신의 N잡러 노하우를 직접 전수해주는 마스터 트레이닝을 실천하는 것은 물론 자신의 지식, 인사이트까지 전수하며 사수와 부사수의 관계, 멘토와 멘티의 관계를 처음부터 실천한다는 것이다.

이렇게 되면 좀 더 빠르게, 하지만 조금은 더 명확하게 하여 N잡러 스스로가 선택한 산업군, 카테고리, 직무 역량들을 명확히 체득할 수 있는 것이 장점이다.

실전에서 경제적 가치를 창출할 수 있도록 A부터 Z까지 진단하고 1부터 120까지 부족하거나 필요로 하는 부분들을 부사수 또는 멘티와 나이, 학력, 직급을 때고 서로의 태도, 세대, 배경, 가치관, 인생 경험, 리더십 역량을 상호존중하며 수평적으로 N잡러 컨설케이터들에게 주어진 고객사, 고객들의 프로젝트 요구범주에 부합하는 컨설팅을 진행해간다는 것이 큰 차이다.

3) 'N잡러 컨설케이터' 선택 시 사전 체크리스트 10가지

N잡러 컨설케이터들은 자신만의 고객사, 고객중심의 사전 체크리스트를 사전에 정의하고 제시할 수 있는 창직가적인 뉴닉네임의 잡을 선도하는 오리진이어야 한다.

필자가 N잡러 컨설케이터를 하기 전 CMO사외이사, CSO사외이사, IMC마케팅 컨설케이션을 의뢰하는 고객사 및 고객들에게 먼저 사전

제시하여 먼저 고객 앞에 있는 컨설턴트에 대해 체크해 보고 고객사와 고객 입장에서 컨설팅을 희망하는 부분에 부합하는 노하우가 있는 사람인지를 충분히 생각해 보고 판단해 보도록 시간을 주고 계약을 맺고 일을 진행할 때 만족도와 효과성이 컸음을 경험해왔다. N잡러 컨설케이터 체크리스트는 다음과 같다.

(1) 상대파악, 문제점, 목적·목표의 성취

① 처음은 항상 상대파악을 먼저 한다. (N잡러 컨설케이터에 대해 학습하라.)

② 당신의 문제점을 정의 내려라. (N잡러 컨설케이션(컨설팅+교육)의 범주를 욕하는 R.F.P를 준비하고 요청한다.)

③ 당신이 추구하는 바를 정의하라. (직업적인 꿈, 미션, 비전, 목표, 요구사항(R.F.P) 등)

(2) 궁합, 공동프로젝트, 협조의 성취

④ 당신과 궁합(코드)이 맞는 N잡러 컨설케이터를 선택한다.

⑤ 쌍방 간 공동의 프로젝트를 개발하라. (다자간 '승-승-승'이 되는 프로젝트를 브레인스토밍하라.)

⑥ N잡러 컨설케이터가 필요한 것에 적극적인 협조를 해라. (주 단위로 주는 미션에 대한 기일을 지켜야지만, 시간이 절약되는 지름길이 되는 것이다. 52주의 긴 호흡을 해라.)

(3) 협력, 모니터링, 퍼포먼스의 성취

⑦ 실행단계에서 N잡러 컨설케이터를 협력으로 끌어들여라. (이것이 현명한 컨설케이션을 받는 고객사, 고객 입장에서의 중요한 역할이다.)

⑧ 진행된 사항들을 지속적으로 모니터링하라. (N잡러 컨설케이터들의 실천지식과 경험을 효과적으로 활용하기 위해서는 필수 항목이다.)

⑨ 프로젝트 퍼포먼스의 차별성을 가지고 카운셀러, 코치, 컨설턴트, 컨설케이터를 평가하라.

(4) Tip, 수평적인 관계 지속의 성장

⑩ 마지막으로 종속관계를 만들지 말고 수평적인 관계를 지속하라. (N잡러 컨설케이션 프로젝트들은 미래의 문제들을 다루는 당신의 능력과 독립성을 향상시켜야 한다. N잡러 컨설케이터에게 의존하는 것은 좋지 않다. 그리고 선택을 했다면 수평적인 관계를 지속하는 것이 지속성장에 도움이 된다.)

4) N잡러 리더십은 감사와 섬김의 엔젤리더십이다

혼자서 하는 일이기보다 N잡러들의 업무 특성상 아웃소싱 프로젝트 단위의 일들을 각각의 이해관계자로 원팀이 되어 비즈니스, 일, 프로젝트, 서비스를 추진할 때가 많다. 이럴 때 각각의 N잡러들이 가지고 있는 개인회사, 주식회사 법인은 입찰제안사, 입찰 기획자, 발표자, 프로젝트 실행사, 프로젝트 참여자, 프로젝트 컨설팅, 상담, 교육, 헤드헌팅까지 협업비즈니스 안에서 마치 한 기업처럼 원팀이 되어 새로운 역할에 부합하는 프로젝트마다 포지션이 결정되는 경우가 많다.

수평적인 리더십으로 감사와 섬김의 엔젤리더십을 기본으로 하는 N잡러 컨설케이터들은 이런 모든 부분을 포함하는 엔젤리더십을 체득해 가며 일하게 된다.

N잡러들이 프로젝트 단위로 비즈니스를 전개해 나갈 때 다음과 같은 N잡러 리더십 그룹 현상이 나타난다.

1단계: 새로운 N잡러 그룹이 형성된 초기에 사람들은 독자적으로 움직인다.
2단계: N잡러들이 곧 방향을 바꿔 가장 강한 리더를 따른다.
3단계: N잡러들이 자연스럽게 그들보다 더 강한 리더가 가는 방향으로 움직인다.

N잡러들은 수평적인 리더, 지식의 창조자, 상생과 나눔실천을 주로 하는 엔젤리더들이 많다. 이들의 모토는 1인 3역 이상의 잡을 실천하기도 하지만 연대, 협력, 협업의 일을 하기 때문에 N잡러들의 이너써클 안에서 프로젝트 단위의 그룹이 이뤄지고 그 안에서 위의 3단계를 거치면서 프로젝트 매니저(PM)가 뽑히고 리더가 가는 방향을 결정하고 리드하게 된다.

한 분야에서 커리어 패스로 전문가가 된 사람들이 N잡러에 도전하면서 그들은 컨설턴트의 기본적인 MECE(Mutually Exclusive Collectively Exhaustive의 약자, 상호배제와 전체포괄) 방법론을 자신의 커리어 모자이크로, N잡을 모자이크 크기로 세분화하여 불황기 저성장 시대에 생존과 공존을 위해 넥스트 잡으로 N잡러에 도전을 한다.

예비 N잡러들이라면 먼저 그 분야를 개척해가고 있는 N잡러 컨설케이터들처럼 N잡러 커리어 모자이크로 승부해 보자.

저자소개

이준호 LEE JUN HO

경력

- 현) MIR마케팅혁신연구소 소장
- 현) 24H러닝스터디카페-카페큐브, 디큐브랩 CEO
- 현) 창직가 활동: Synergy Planner, IMC마케팅컨설케이터, 최고시너지경영자 (CSO, Chief Synergy Officer) 사외이사
- 현) 디큐브아카데미, (주)비즈인사이트 CSO
- 현) 디큐브N잡러센터 CSO, 센터장
- 현) 임팩트그룹코리아 CSO, 소장
- 현) 디큐브커리어임팩트 CSO
- 현) (주)MD스터디 CSO
- 현) (주)취업뽀개기 CSO, 상무이사
- 현) 비전공자들을 위한-시너지마케팅대학 CSO
- 현) 미래한국 브랜드평판리포트 국장, 칼럼리스트
- 현) 사단법인 아시아모델페스티벌 조직위원회 CSO 사외이사
- 현) 대한민국베스트브랜드협회 브랜드선정 위원장

사회공헌프로그램 운영 중

- 현) 재능기부미디어-북쇼TV CSO
- 현) 대한민국2030세대의 꿈을 응원하고 후원하는 – 엔젤리더드림CSR이너써클 CSO
- 출강기관 및 브랜드마케팅컨설팅, 마케팅전반교육, 머천다이징 전반교육, 교수설계, 취업교육, 창업교육, 창직 교육, 취업캠프, 연수교육, 퍼스널브랜딩교육 등
- IMC 브랜드마케팅 혁신컨설팅(한경희 생활과학, 다원물산, SBS프로덕션, 유진로봇, 특허IPDARLIN, JMW, 아리랑이온, 워터홀릭, 주)CL바이오, 주)에실드, (재)위담한방병원 외 식품, 리테일, 패션, 화장품, 유통, 제조사, 중소/강소기업 등 180여 기업), 소상공인시장진흥공단 창업사관학교 3~4기 총괄멘토링
- 프로젝트(국제이벤트, 행사, IMC마케팅대행, 프로모션, 홈페이지, 쇼핑몰구, 모바일프로젝트, 200가지 등)
- 기업맞춤 교수설계 및 교육진행(삼성전자, 신영와코루, 아모레퍼시픽, IT, 중소기업 등 외 120여 기업)
- MD실무교육(NS홈쇼핑, CU, 신세계백화점, 이마트, 롯데백화점, 등 다수 300여 명)
- 대학교 취업캠프 및 특강 교육(상명대학교, 단국대학교, 경기대학교, 명지대, 대진대 외 20여 대학)
- 취업교육 및 커리어컨설팅(마케팅직업군, MD, BM, CM, 팀장, CMO, 창업 CEO 커리어코칭(3,000여 명/기수별 15년 지속 중))
- 문화예술마케팅 전반: 문화예술마케팅이란, 문화예술마케팅 전략, 뉴미디어 마케팅전략, 전략적 마케팅 기획과정
- 브랜드자산관리확인모델(CSC BBE)개발 – 퍼스널, 프로덕트, 컴퍼니로 세분된 브랜드 평가모델

저서

- 『불황기 저성장 시대 실전마케팅 솔루션 - 마케팅컨설루케이션』, 생각나눔, 2019.
- 『신중년, N잡러가 경쟁력이다』, 브레인플랫폼. 2021.(공저)
- 『ESG경영』, 브레인플랫폼. 2021.(공저)
- 『메타버스를 타다』, 브레인플랫폼. 2021.(공저)
- 『N잡러 시대, N잡러 무작정 따라하기』, 브레인플랫폼. 2021.(공저)

수상

- (사)한국모델협회 - 협회운영 및 아시아모델 페스티벌 공헌 감사패, 2007.
- 제2회 국제평화언론대상 - 창조경제부문 최우수상 수상, 2014.
- 대한민국베스트브랜드위원회- 컨설팅교육부문 베스트브랜드 대상 수상, 2014.
- 대한민국 인성교육 대상, 2015.
- 대한민국 교육공헌 HRD부문 대상 수상, 2016.
- 글로벌 교육브랜드 취업, 창업, 창직분야 대상 수상, 2016.

3장

N잡러 아이콘,
희망을 품다_
행복전도사 이야기!

김형환

1. 생애변화와 일자리 이슈

팬데믹 시대, 4차산업혁명 시대, 100세 시대를 살아가면서 인생 2막 행복한 삶을 위해 우리는 무엇을 어떻게 준비해야 하는가? 특히 예측 가능했던 이전의 환경변화와는 달리 기존 방식의 사전계획과 시스템으로는 대응이 불가능하고 사회 전반에 걸쳐 준비되지 않고 익숙하지 않은 혁신적이고 민첩한 대응을 요구하는 팬데믹 상황이 지속되고 있다.

준비되지 않은 100세 시대, 노후준비가 부족한 은퇴자 대다수는 기대여명의 증가와 더불어 일자리 찾기에 몰두하며 경제활동을 이어가길 간절히 희망하고 있지만 녹록지 않다.

그 어느 때보다도 불확실성이 커진 어려워진 환경을 극복하고 나도 모르는 사이에 생겨난 준비에 대한 강박증과 불안감에서 벗어나 인생 2막을 위해 희망리턴의 돌파구를 모색하자.

N잡러 시대, 필자는 다양한 일자리의 현장에서 눈부시게 빛나는 신중년의 역동적인 모습을 종종 접하고 있다. 즉, 자신감과 건강을 유지하는 비결이 가방끈의 길이와 자격증과 관계없이 관심 있고 좋아하는 전문분야를 찾아서 제2의 인생을 살아가는 신중년의 활기찬 모습에서 찾을 수 있다.

이들의 공통점은 20~30년의 풍부한 현장 경험과 경력 보유자로 평생학습 모드로 전문성을 제고하고 있으며, 자신의 강점과 장점을 살린 역량 강화로 자신만의 일터를 가꾸고 있다는 사실이다. 미래는 발전적이며 멋진 희망의 빛으로 다가온다.

변화무쌍한 환경변화와 불확실성이 증가하는 시대의 전문가 활동에는 가방끈의 길이와 자격증이 필요조건으로 유효하나 필요충분조건은 아니다. 먼저 행복한 일자리를 찾기 위해서는 자신에 대한 올바른 이해와 정체성 찾기를 통해 재능과 열정, 시장수요와 확신을 가지고 도전하자.

최근 우리를 둘러싼 주변 환경은 급속도로 빠르게 변화하고 있다. 정보통신의 발달로 많은 양의 정보를 만들어내고 있으며, 너무 많은 양의 정보들이 실시간으로 움직이고 있다.

우리의 삶 외에 미래의 일자리에도 직간접적으로 많은 영향을 미친다. 인공지능(AI)이나 자동화의 영향으로 상당수의 일자리가 감소하거나 입지가 좁아질 것이고, 반대로 새로이 생겨나거나 기존의 직업 중 입지가 더욱 넓어지고 각광받는 일자리도 예측된다.

필자는 N-Job 직업인으로 '희망의 날개를 달아주는 행복전도사'이다. 즉, 직업 멘토, 창직 멘토, 창업 멘토, 경영 닥터, 공공기관 면접관, 공공기관 전문강사, 공공기관 전문위원, 공공기관(지자체) 평가위원, 미래설계 전임교수, 칼럼 기고 및 저술활동 등을 하고 있다. 즉 꿈과 미래를 설계하고, 새로운 직업을 만들고, 창업 아이템을 사업화하고, 중소기업 및 소상공인의 지속성장과 가치를 만드는 데 도움을 주는 마중물 역할을 충실히 하고 있다.

새로운 직업을 만드는 창직과 창업의 성공과 성장을 통해 새로운 신규 일자리가 창출되는 새로운 가치를 만드는 일에 도움을 주는 역할이야말로 이 시대가 필요로 하는 가치 있고 소중한 직업임을 깊이 인식하고 큰 보람과 사명감으로 활동하고 있다.

필자가 퇴직 후 인생 2막을 준비하면서 몸소 체험한 실전경험과 다양하고 수많은 코칭 사례와 현장학습 내용과 성공 및 성장 스토리를 담았다. 그동안 필자가 얻은 경험과 교훈을 인생 2막을 준비하는 모든 분들과 공유하고 싶다. 이 책이 여러분의 행복한 인생 2막을 준비하고 희망의 날개를 펼치는 데 도움이 되길 소망한다.

1) 변화관리와 희망설계

건강수명 100세의 장수시대를 맞이하여 누구나 맞이하는 인생 2막, 행복한 미래를 위한 '변화관리와 희망설계'를 소개한다.

이제 막 은퇴를 시작한 베이비붐 세대(1955~1963년생), 체계적인 준비 없이 조기퇴직을 시작한 세대들과 더불어 고용 여건 악화로 비자발적 퇴직자[1]가 증가하고 있는 현실이 매우 안타깝고, 40~50대의 경제 허리 층이 밀려나고 있으며, 노후준비는 점점 팍팍해지고 있다.

지난해 2월 모 국회의원이 발표한 통계청 경제활동인구조사 자료를 분석한 결과에 의하면 작년 비자발적 퇴직자는 48만9000명으로 2014년 55만2000명 이후 5년 만에 최대치를 기록했다.

베이비부머의 출생연도와 연령　　　　　　　　　　　　　　　　　(단위 : 세)

출생연도	2017	2018	2019	2020	2021	2022	2023	2033
1955	62	63	64	65	66	67	68	78
1956	61	62	63	64	65	66	67	77
1957	60	61	62	63	64	65	66	76
1958	59	60	61	62	63	64	65	75
1959	58	59	60	61	62	63	64	74
1960	57	58	59	60	61	62	63	73
1961	56	57	58	59	60	61	62	72
1962	55	56	57	58	59	60	61	71
1963	54	55	56	57	58	59	60	70

[출처] 류재광(2017), '베이비부머의 은퇴 후 행복한 노후를 위한 커리어 개발',
제27차 고령사회 전문가 포럼(2017.12.5) 자료집, 한국노인인력개발원, p.14

60대 진입 / 70대 진입

모 연구소 조사에 따르면 은퇴 준비를 하고 있는 이들은 10명 중 4명뿐이었다. 근로 희망연령은 72세이지만 현실에서는 경기불황, 고용시장 악화 등 일자리 얻기가 쉽지 않은 실정이다. 기대여명의 증가와 더불어

---

1) 비자발적 퇴직자: 직장의 휴·폐업, 명예, 조기퇴직, 정리해고, 임시 또는 계절적 일의 완료, 일거리가 없어서 또는 사업부진으로 퇴직한 자

근로희망 연령은 72세이지만 양질의 일자리는 줄어드는 추세로 일용직 일자리도 얻기가 쉽지 않은 실정이다.

한 예로 최근 남구로역 주변의 새벽 인력 시장의 모습을 살펴보면, 일용직 근로자들의 대다수는 수요부족에 따라 일터와 매칭이 되지 않고 쓸쓸히 집으로 향하고 있는 상황이다.

필자 또한 비자발적 퇴직(상장기업 임원) 후 10개월 이상의 사회참여 준비 기간을 통해 크레바스(경제활동 절벽)를 지나 2012년 전문경력을 활용한 컨설팅전문가 과정 '희망설계아카데미'에 선발되어 이를 수료하고 2012년부터 소상공인 컨설팅, 창업 코칭, 중소기업 경영자문 및 현장코칭과 더불어 직업 멘토 전문자격 과정을 마치고 청소년 및 신중년 대상의 진로 직업 멘토링을 본격적으로 시작했다.

퇴직 후 현재까지 10년 동안 약 2,500회 이상의 창업자 및 소상공인 현장코칭(소상공인, 예비창업자, 중소기업 포함) 실적이 있으며, 2018년 11월 2일 소상공업진흥발전 육성공로자로 선정되어 국무총리 상을 수상했다(대한민국 소상공인대회).

2) 평생직업의 시대

4차산업혁명 시대에 살아가면서 미래는 평생직장이 아닌 평생직업의 시대, 일(Job)의 미래형 경력 곡선은 전통의 포물선 종 모양이 아닌 여러 개의 종이 편대 모양의 제2, 제3 직업을 준비해야 한다(그림참조).

전통-포물선 종 모양과 미래형-여러 개의 종이 편대 모양

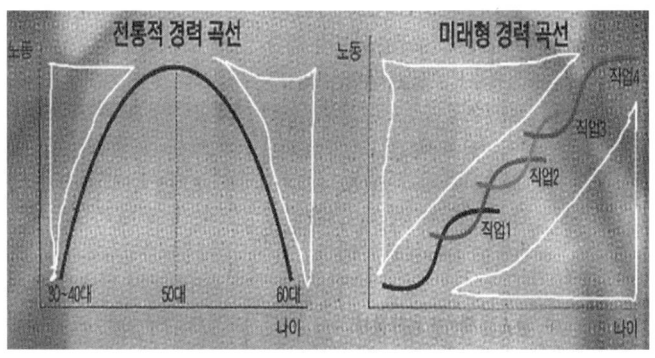

 4차산업혁명은 일자리와 우리의 삶에도 많은 영향을 미친다. 단순반복이며 정형화된 업무를 수행하는 일은 자동화나 인공지능(AI)으로 일자리가 감소되거나 입지가 좁아질 것이다. 반대로 새로운 일자리가 생기거나 기존의 직업 중 입지가 더 넓어지고 각광받는 일자리도 기대된다.

 우리 사회는 급속한 인구의 고령화로 건강수명 100세 시대를 맞이하고 있으며, 2018년 8월 말 기준으로 65세 이상 인구비율이 14%를 넘어 고령사회에 진입했다. 지금과 같은 추세라면 2026년 65세 이상 인구비율은 25%를 넘어설 것으로 전망한다.

 20대는 일자리, 30~40대는 자녀교육, 50대 이상은 건강관리와 노후준비 등이 걱정거리로 등장하고 있는 현실에서 '현재와 미래를 준비하는 변화관리는 선택이 아니라 필수'의 시대가 된 것이다.

  일부는 평소 자신의 취미나 20~30년의 장기간 익혀온 전문성을 살려 창업이나 창직, 재취업에 성공한 사례를 접할 수 있으나, 노후준비가 부족한 은퇴자 대다수는 일자리 찾기에 몰두하며 경제활동을 이어가길 간절히 희망하고 있다. 필자의 창업 및 창직, 재취업 관련 강연 및 상담의 상대적 증가가 이를 뒷받침하고 있다.

3) 코뿔소와 양

  어떤 동물이 힘의 강자일까? 두 동물 중 생존 개체 수로는 어느 동물이 많이 살아남아 있을까? 생존전략 관련 위의 두 가지 질문을 통해서 얻어지는 시사점이 흥미롭고 깊은 울림을 준다. 두 동물이 주는 살아남기 위한 핵심 교훈은 독자의 몫과 상상으로 돌린다.

  필자는 온실의 화초에서 탈피하여 경제활동의 절벽 기간을 슬기롭게 극복하고 노지의 야생화로 재탄생, 현장전문가로서 변화관리와 비전 설계를 통해 희망의 불꽃을 피우며 왕성한 활동을 하고 있다.

또한, 청소년 및 중장년층 마중물 멘토로서 사명감을 가지고 큰 보람을 느끼며 일자리 찾기와 생존지수를 높이는데 기여하고 있다. 주말까지 이어지는 현장 활동 중심의 바쁜 일정을 소화하며, N잡 직업인(N잡러)으로서 성공 스토리 만들기에 매진하고 있으며, 설렘과 두근거림으로 가슴 뛰는 행복한 인생 후반전을 디자인하고 있다.

'나를 나답게 만드는 일(Job)'을 통해 비전(Vision) 달성을 향해 하루하루가 가슴 벅차고 행복한 여행의 여정이 이어지고 있으며, 더불어 단순 반복의 퇴적이 아닌 고수 도전의 가치축적이 현장전문가로 더욱 담금질 되고 있다.

정말로 하루하루가 행복하며, 하루 중 가장 행복한 순간은 하루를 맞이하는 매일 아침 정해진 기상 시간으로, 현재까지 아침형 인간으로 생활하고 있다.

'자기 일(Job)과 주변 사람들에 대한 사랑과 봉사, 이런 긍정적 감정이 이끄는 삶 때문에 열심히 사는 사람은 자기도 행복하고 남들도 행복하게 만든다'는 사실을 깊이 체감하고 있다.

2. 일자리 중심의 행복한 미래설계

경기침체와 더불어 우리나라를 비롯한 선진국들이 수축 사회로 접어들면서 양질의 일자리가 감소하고 고용이 불안해졌다. 투잡(Job)을 찾는 직장인 크게 늘고 있고, 퇴직한 신중년 및 젊은 층으로 확대되며 인구에 회자되는 새로운 직업 형태인 'N잡러'가 등장하여 빠르게 확대되고 있다.

N잡러는 2개 이상의 복수를 뜻하는 'N'과 직업을 뜻하는 'Job', 사람을 뜻하는 '-러(er)' 합쳐진 신조어로 여러 직업을 가진 사람, 전업이나 겸업을 하는 이들은 말한다. 본래 온라인 게임에서 사용되던 부캐(부 캐릭터) 용어가 일상생활의 말로 재정의되어 활용되고 있는 현상과도 일맥상통한다.

이는 미디어 콘텐츠 업계에서 활발하게 확대되고 있다. 유산슬(유재석의 부캐인 신인 트로트 가수), 김다비(김신영 둘째 이모), 린다김(이효리) 등이 대표적인 예로 개인의 상황에 맞게 다른 사람으로 변신하여 다양한 정체성을 표현하고 있다.

퇴직 후 발생하는 변화의 올바른 인지와 이를 극복하고, 내 일을 찾기 위한 새로운 시각에서 행복한 미래설계를 준비해 보자.

경제활동인구조사

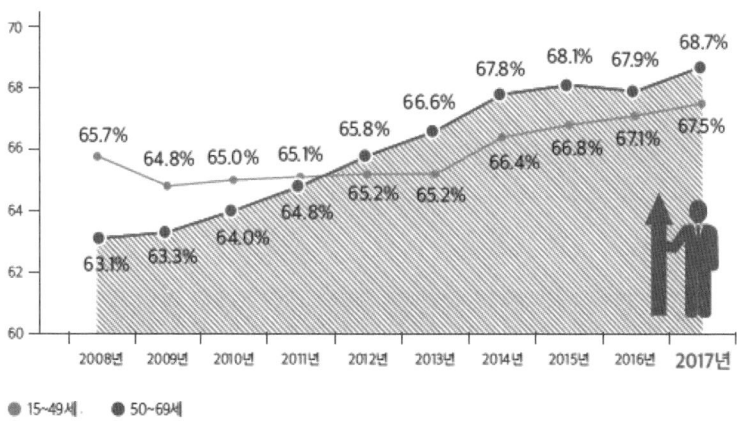

출처: 통계청

1) 미래설계 영역

행복한 미래설계를 위한 자신의 영역별 관심사 찾기는 4가지 영역에서 준비할 수 있으며, 추가한다면 '여가' 영역을 검토할 수 있다.

미래설계 영역 강의자료

100세 시대, 행복한 미래설계

- 미래설계 – 자신의 영역별 관심사 찾기
- 변화관리 – 최우선 영역에 대한 내부적/외부적 문제인지 및 준비

자산(3h)	건강(3h)	일(3h)	관계(3h)
핵심미래자산관리	행복미래의 건강설계	평생 JOB설계	행복한 관계 맺기
현금관리	식생활 관리	공익형	일차적 관계
부동산관리	혈관 관리	교육형	이차적 관계
세금관리	근력관리	복지형	수직적 관계
연금관리	생활습관 관리	시장형	수평적 관계
보험관리		인력파견형	

2) 일자리

먼저 미래설계의 최우선 준비는 '최고의 인생 2막 준비는 제2의 직업을 갖는 것'이라는 말이 있듯이 제2의 일(Job)을 찾는 일이다. 노후에도 제2의 직업을 통한 경제활동으로 매월 일정한 소득을 발생시킨다면 금상첨화의 준비라고 할 수 있다.

필자가 만난 현장의 소리

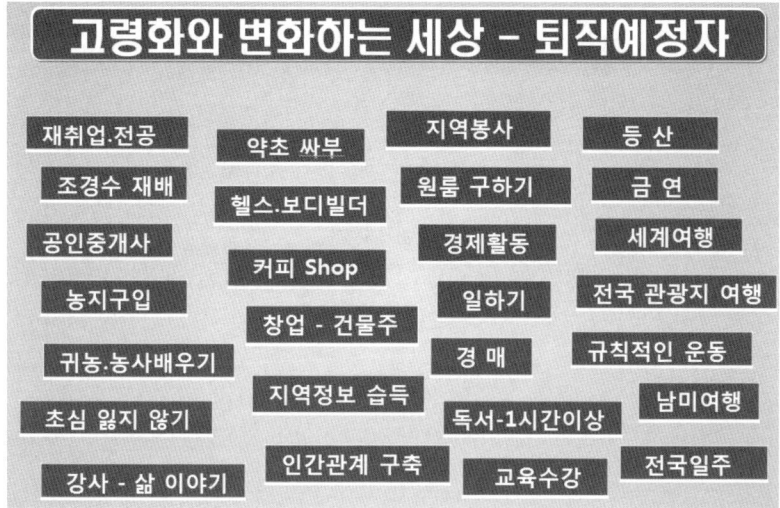

다년간 공무원과 군 생활, 교직 활동을 통해 공적 연금 수혜를 받는 지인들은 사회공헌활동 등 비경제적 활동을 찾기도 하지만, 현장에서 만난 자영업 및 희망리턴을 준비하고 있는 소상공인 및 대기업 퇴직자(예정자)들의 대다수는 경제활동을 원하고 있다.

일자리 설계 영역으로는 아래의 도표와 같으며 경제적 활동은 창직을 통한 창업, 재취업, 프리랜서 등을 검토할 수 있다. 비경제적 활동으로는 사회공헌, 귀촌·귀향 등을 고려할 수 있다.

일자리 설계 영역 강의자료

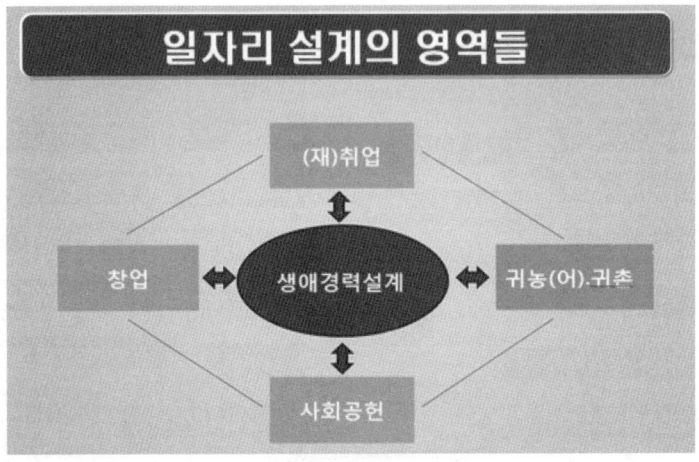

 필자는 10개월 이상의 희망리턴 준비 기간을 거쳐 현재의 일(Job)을 시작했다. 희망리턴의 시점에서 주도적이며 행복한 미래를 꿈꾸는 퇴직자 및 퇴직예정자, 희망리턴을 고민하는 예비창업들은 생각만 하지 말고 행동에 나서길 바라며, 오래 할 수 있는 일을 찾고(좋아하는 일), 즐겁게 하는 일이 오래 유지된다는 사실을 명심해야 한다.

 또한, 경제 문제를 해결하려면 하나의 일(Job)만으로는 어렵고, 앞에서 강조한 미래형 경력 곡선인 여러 개의 종이 편대 모양의 제2, 제3 직업을 준비해야 한다.

 생각보다 긴 인생, 수명에 대한 가장 일반적인 통계지표는 '출생 때의 기대여명'이다. 그러나 중년이 된 사람이라면 실제 수명이 통계보다 길 확률이 높다. 지금부터 차분하고 철저하게 준비하고 계획하여 '일(Job)

자리 찾기' 행동에 나서자. 존경하는 인생의 멘토이며, 철학자이신 100세 현역으로 활동하고 있는 김형석 연세대 명예교수는 다음과 같이 강조한다.

"자신이 이 사회에 가치 있는 사람이라는 걸 느낄 때 일에 대한 사랑과 의욕이 넘친다"고 말한다. 그리고 "60~75세가 인생의 황금기였다"고 말한다. 이 메세지의 깊은 울림은 공감과 실천을 다짐하는 자극으로 충분하다.

필자가 강연 참석(촬영)

평생 현역으로 욕심을 줄이고 일(Job)과 기부를 통해 봉사와 나누는 삶을 몸소 실천하고 있는 100세 현역 교수의 건강하고 행복한 모습은 정말로 존경스럽고 아름답다.

100세 시대, 인생 2막의 행복한 미래설계를 위한 핵심 고려요소가 자신의 '행복한 일자리 설계'에 조금이나마 도움이 되었으면 한다.

3) 일자리 미래설계의 고려요소

먼저 관심사(Interest)다. 시골이 고향인 필자는 먹거리와 환경에 많은 관심을 가지게 되었고 관련 P기업에 입사하여 약 24년간 모든 순간순간을 배우고 습득했으며, S그룹 마케팅실 총괄임원을 끝으로 직장생활을 마감하고, 희망리턴을 통한 인생 2막 도전의 현재에도 배움의 자세와 실천은 이어지고 있으며, 이는 비전과 연계된 평생학습의 핵심요소이기도 하다.

지속성장과 가치를 만들기 위해 매일 이어지는 현장 활동과 병행하며, 무뎌지는 톱날 관리가 핵심이라는 사실을 명심하고 고수 도전을 향한 축적의 진일보를 위해 Action Plan을 통해 톱날 관리에 심혈을 기울이고 있다. 비전과 연계된 관심 분야의 자기계발을 위한 투자는 '현장 및 지식서비스 전문가'로 거듭나기 위한 담금질은 계속되고 있다.

둘째, 취미(Hobby)생활이다. 산을 사랑하고 좋아하는 본인은 주말이면 배우자와 함께 산을 찾는다. 동아리 참석과 부부산행을 통해서 말이다. 매주 서울 부근 근거리와 원거리 산행, 2년 주기로 해외 산행에 참석하며, 배우자와 함께하는 취미생활은 건강관리와 행복한 삶에 많은 활력소가 되고 있다.

이어 취미생활과 다년간의 경험을 특화해 훌륭한 직업으로 발전시킨 사례를 살펴보면, 도전정신의 활동가형 산악인 엄홍길 대장, 데이터 야구의 명장으로 명성을 떨쳤던 김성근 감독 등은 한동안 주요 기업들의 인기 강사로 많은 사랑과 주목을 받았다. 이외에도 가까운 주변에서 누구나 쉽게 만날 수 있는 직업인들, 다양한 분야에서 취미를 특화, 일(Job)로 이어가고 있는 성공적인 직업인들이 많이 있다.

셋째, 소질(Talent) 이다. 누구나 한두 가지의 소질과 특기를 가지고 태어난다. 이는 소질계발과 더불어 각자 자신이 가장 잘할 수 있는 분야를 선택하는 것이다. 타고난 개인의 소질과 전반부 인생의 경험을 통해 터득한 핵심역량을 기반으로 간절하게 하고 싶고, 자신이 있는 분야의 진출을 적극 추천한다.

필자는 다년간 식품산업 현장에서 마케팅, 전략기획, 다양한 다수의 Project, 경영지원, 교육훈련, 영업 등 현장 활동의 풍부한 실무경험과 전문지식, 신규 사업의 성공 경험 및 실패 학습 등 핵심역량을 기반으로 활동영역 및 전문분야를 차별화(식품전문가·마케팅전문가·사업 성공 전파자)하여 고객으로부터 긍정적 호응을 얻고 있으며, 성공 스토리를 만들어 가고 있다.

넷째, 환경(Environment)이다. 이는 시장 환경과 미래의 변화를 읽고 예측해야 한다. 미래관점의 외부환경과 내부여건을 고려하여, 최소 10년 후 외부환경 중심의 미래예측과 가족의 경제적 활동 및 여건을 고려해야 한다는 의미이다.

최근 쏟아지는 퇴직자들이 준비 없이 무모한 창업으로 2~3년 내 폐업하는 사례를 다수 접하며 안타깝고 가슴이 아프다.

4) 10년 후 나는 어떤 일을 하고 있을까?

미래설계 4가지 고려사항 외에도 진정으로 원하는 인생 2막의 행복한 미래설계를 위해서는 자신의 가치관, 성향, 독특성, 성취동기, 기술 등 자신에 대한 올바른 이해와 진단이 필요하다.

그리고 희망직무 및 일(Job)에 필요한 역량을 개발하고 갖추는 일에 적극적 실천이 필요하고, 시장 환경이 요구하는 전문성 및 경쟁력을 확보하기 위해 주도적인 활동과 꾸준한 노력이 수반됨을 각오해야 한다.

이는 유리온실 속의 쾌적한 화초 생활을 뒤로하고, 열악한 노지 환경에서 야생화로 살아남기 위해 간절함과 절실함으로 무장하여 실전같이 준비하고 노력하는 것과 일맥상통한다(크레바스 극복). 또한, 자신의 일(Job)을 재창조하는 핵심은 현재하고 있는 일을 천직으로 승화시키는 것이다.

요약하자면 퇴직자 및 퇴직예정자, 희망리턴을 준비하는 예비창업자들의 인생 후반부는 전반부의 직책, 보수(수입), 브랜드, 거창한 폼 잡기 등 외적 중심에서 탈피하여 내면의 만족을 채워주는 내적 중심의 행복 설계가 바람직한 방향이다.

비전과 목표를 수립하고 나면 우선 행동으로 옮기는 강력한 의지가 필요하고 다음으로는 꾸준히 실행에 옮기는 끈기가 미래의 행복한 모습을 구현하는 핵심동력임을 명심하지 않으면 안 된다.

필자의 희망리턴은 변화관리와 희망설계를 통해 행복한 미래를 구현하고 있다.

3. N잡 직업인(N잡러) 활동 이야기

필자가 퇴직 후 N잡 직업인으로 활동하고 있는 몇 가지 Job을 소개한다. 필자는 퇴직 후 2~3개 중소기업에서 짧게는 6개월, 길게는 1년간 전문계약직 형태의 자문역으로 일했다. 이 방식은 중소기업의 채용 관련 부담이 없는 새로운 협업형태의 계약방식으로 미국, 영국 및 유럽에서도 빠르게 확산되고 있다.

주요 직무로는 경영계획수립, 신사업추진, 정부과제 및 신제품 개발 등 프로젝트 진행, 단기경영 문제 해결, 위기 상황 대응, 입찰제안 Confirm 및 발표 참여 등으로 대안제시 및 실행까지 컨설턴트와는 차이가 있다. 계약 기간은 보통 6~12월 기간으로 하고 월 4~5회 현장방문 및 자문하는 조건이다.

필자의 주요고객으로는 중소기업, 소상공인, 개인 및 단체가 있으며, 현장 맞춤형 지식상품 및 서비스를 수행하고 있다. 매일 다른 행선지의 만남이 행복이다.

또한, 경제 문제를 해결하려면 하나의 일(Job)만으로는 어렵고, 앞에서 강조한 미래형 경력 곡선인 여러 개의 종이 편대 모양의 제2, 제3 직업을 준비해야 한다.

현재 필자는 N잡러(직업인)로서 제2의 전성기 구현하고 있으며, 이는 '나의 삶 행복지수'를 통해서 확인하고 있다. 즉 행복만족도, 건강관리,

성과 보람, 가정경제, 여가소통, 나눔봉사(재능기부) 등이 인생 1막 대비 꾸준히 향상되고 있다.

생각보다 긴 인생, 지금부터 차분하고 철저하게 준비하고 계획하여 '일(Job)자리 찾기' 행동에 나서자.

매월 빼곡하게 채워지는 일정표(메모수첩 및 모바일 일정표)를 접할 때마다 마음 뿌듯하고, 일에서 느끼는 보람과 행복은 그 어느 무엇과도 비교되지 않는다. 수입의 많고 적음을 떠나 즐겁게 할 수 있는 일(Job)이 있어 늘 감사하고, 시간과 일(Job)을 주도하는 삶이 정말로 소중하고 행복하다.

따라서 건강이 허락하는 한 손에서 일을 놓지 않고 유지하며, 일을 통해 자신을 찾고 건강수명의 연장을 꿈꾸며, 정부의 한 조사에 의한 근로희망 연령인 72세를 넘기는 것이다.

또한, 자기계발과 평생학습의 담금질도 꾸준히 이어가고 있다. 비전과 연계된 평생학습으로 매일매일 쉬지 않고 톱질을 하면서도 꾸준하게 톱날이 관리되고 있다. 주변에는 많은 돈을 들이지 않아도 배울 수 있는 기회가 많이 널려 있어 배우려는 실천 의지와 끈기만 있으면 된다.

1) 덕업일치

이는 내가 진정 좋아하고, 간절히 하고 싶은 행복한 일은 무엇인가? 천직, 즉 덕업일치[2]의 질문에서부터 출발한다. 덕업일치의 질문에 이어 '잘할 수 있는 일'과 '좋아하고 하고 싶은 일' 중에서 무엇을 선택할지 등의 많은 고민이 필요하다.

2) 실행하기

긍정적 변화를 기대하기 위해서는 목표를 가지고 움직여야 한다. 목표를 달성하기 위해서는 달성하기 위한 노력과 행동이 절대적이며 생각만으로 달성되지 않는다.

현장 활동을 통해 끈기와 꾸준함으로 발전적 변화관리를 이끈 사례를 다수 접했으며, 이 사례가 주는 교훈은 자신을 대상으로 하여 '어제의 나와 현재의 나'의 비교를 통해 실행하기를 촉진하고 있다는 사실이다.

또한, 실행하기 촉진을 위해서는 버릴 것은 과감히 버리고 취할 것은 취하고 얻을 것은 얻어야 한다. 석공이 만든 돌 조각상의 예술품을 떠올려보자. 완성된 돌 조각상을 예술품으로 만들기 위해 얼마나 많은 돌을 쪼개서 버렸을까? 다이아몬드 원석은 세공을 통해 버릴 건 버리고 취할

---

2) 자기가 열성적으로 좋아하는 분야의 일을 직업으로 함.

건 취해서 고가의 다이아몬드 반지로 탄생한다.

'실행하기'에 있어서 그냥 어떻게 될 것이라는 낙천적인 생각은 금물이다. 비가 온다는 일기예보가 있으면 우산을 준비하는 적극적인 자세가 뒤따라야 하고 막연히 어떻게 되겠지 하고 준비하지 않는 무방비 태도는 거절한다. 모든 것은 준비된 자만의 몫이라는 사실을 명심하고 계획하고 행동으로 옮기자.

'인생 2막의 행복한 삶'은 기존의 틀에서 잘나갔던 자신을 내려놓고 '시간과 일(Job)'을 주도하는 삶을 의미한다. 이를 위해서는 철저한 '자기진단'이 선행되고 '생각'이 바뀌어야 변화관리가 가능하다.

누구나 맞이하는 인생 2막을 준비하는 모든 사람들에게 행복한 희망설계를 준비하는 데 도움을 주고자 그동안의 실전경험과 코칭 사례, 그리고 학습 내용을 담고자 노력했다.

3) 부록. 우리의 삶에서 행복의 주인공은 '나'이다(200개 이상 - 일부 소개)

3장 N잡러 아이콘, 희망을 품다_ 행복전도사 이야기!

저자소개

김형환 KIM HYOUNG HWAN

이메일: hhkim81@naver.com

학력

- 연세대학교 경영학석사/MBA
- PDS Innovative Entrepreneur 심층과정 수료
- EWHA-USA Cambridge CMR-CCR Negotiation 과정 수료

경력

- 컨설팅그룹 아이티씨지 본부장(부사장/2012~현재)
- aT 한국농수산식품유통공사 현장코칭 전문위원
- 한국미래설계전문가 양성 전임교수/KBS 공공기관 면접관 전임강사
- KCA N잡러센터 메인교수/공공기관 NCS 블라인드 전문면접관
- 농식품공무원교육원 우수강사/경기6차산업 현장코칭 전문위원 등
- 전) 부천도시공사 비상임이사(2011~2014)
- 전) 풀무원 임원(공채 신입~이사대우, 상무보/1987~2010)

자격
- 창직컨설턴트
- 창업멘토
- 직업멘토
- 경영컨설턴트
- 심리상담사

저서
- 『신중년 N잡러가 경쟁력이다』, 브레인플랫폼, 2021.(공저)
- 『2020 소상공인 컨설팅』, 렛츠북, 2020.(공저)
- 『창업과 창직』, 브레인플랫폼, 2020.(공저)
- 『인생 2막 멘토들』, 브레인플랫폼, 2020.(공저)
- 『공공기관·대기업 면접의 정석』, 브레인플랫폼, 2020.(공저)
- 「경제 포커스」 칼럼 기고

수상
- 국무총리 표창(2018.11., 육성공로자, 중소벤처기업부)
- 우수 컨설턴트 다수

4장

N잡러
누구나 할 수 있다

김남식

1. 취미가 특기로 특기가 수익을 창출한다면?

시대는 바뀌고 있다. 아니 바뀐 지 오래다. 우리는 직업이란 것에 오래도록 목매달고 살고 있다. 산다는 것에 돈이라는 것을 쫓기 위해 산다고 해도 과언은 아니라고 본다. 초등학교 입학에서부터 대학 그보다 더 공부를 하는 이유가 이 직업을 갖기 위해서다. 또한, 남들보다 더 좋은 직업, 직장을 선택하기 위해 공부에만 몰두하는 것이다. 필자도 젊은 날에 그런 이유에서 직장을 바꾼 것이 십여 차례나 되니 돈을 쫓는 목매달 인생인 셈이었다.

그런데 사람들이 직업을 갖고 더 좋은 직장을 선호하는 이유는 무엇 때문일까? 그것은 사회란 그 사람이 무엇을 하고 있느냐가 계급처럼 되어서이다. 어떤 일을 하고 어디서 근무하고 얼마를 받고 있는지가 그 사람의 사회적 계급으로 통상 되고 있기 때문이다. 어쩌면 전 근대적인 생각일지 모르나 현실인 것을 어떻게 외면할 수 있을 것인가?

시대가 바뀌었다. 공부가 전부가 아니고 학력이 전부가 아니다. 공부를 잘했다거나 많이 배웠다고 모두가 성공한 시대는 지났다는 것이다. 이제는 자신의 분야를 개발하는 시대가 되었다는 것이다. 자기 자신이 가장 잘하는 것과 잘할 수 있는 것과 가장 하고 싶은 것을 개발하는 시대가 되었다는 것이다. 재능을 가진 취미가 특기가 되고 그 특기가 수익을 창출하는 시대로 변했다는 것이다.

가령 야구나 축구, 골프 선수로 이미 세계적인 스타가 있지 않은가? 박찬호, 박지성, 박세리가 그들이다. 그중에서 박찬호 선수가 야구의 불모지인 대한민국에서 야구의 본고장인 메이저리그로 진출한다는 것은 꿈에도 상상하지 못했을 것이다. 그리고 메이저리그에서 총 476경기에 출전하였으며 이 중 287경기를 선발 출전하였다니 가히 경이롭지 않을 수 없다는 것이다.

또한, 124승으로 아시아 선수 중 최다승 기록을 가지고 있으며 그가 은퇴할 즈음에 100승 이상 투수가 600명이 채 되지 않는다 하니 성공을 위해 자기계발을 얼마나 철저히 하였는지 알 수 있는 대목이다. 공부로 본다면 미국 최고의 명문이자 세계 톱 대학인 하버드 대학에 수학한 것과 같다고 할 수 있다는 것이다.

그런데 그는 지금 무엇을 하고 있는가? 제2의 인생을 골프라는 매체의 프로선수가 되기 위해 자기계발을 하고 있다는 것이다. 뭇 사람들은 같은 계통의 운동이니까 그러려니 하겠지만, 우리가 경험한 바로는 동일한 운동이 아니라는 것이다.

프로야구의 국보급 투수로서 골프 사랑이 남다르다고 한다. 박찬호는 2012년 은퇴 뒤 한동안 우울증을 심하게 겪었다고 한다. 왜 그러지 않겠는가? 최고의 선수에서 내려놓은 일상생활을 어떻게 금방 받아들일 수 있단 말인가? 그는 이 우울증을 떨쳐 내고자 골프를 시작한 것이다.

박찬호는 '골프'라는 집중할 거리가 생기면서 괴로움을 잊을 수 있었다고 한다. 그는 "투수가 정확하게 볼을 던져야 타자를 아웃시킬 수 있다면 골퍼는 타깃을 향해 정확하게 볼을 날려보내야 타수를 줄일 수 있다. 타자를 아웃시키기 위해 스피드가 아닌 향상 일정한 릴리스 포인트로 투구해야 하듯이 골퍼도 일정한 루틴을 밟아야 일관된 샷을 만들어 낼 수 있다"고 했다.

매니지먼트나 멘털 컨트롤이 중요하다고 하였으며 '과욕을 내면 투 스트라이크를 잡고도 안타를 맞을 수 있다'고 하였고, '골프도 그린까지 볼을 잘 올려놓고도 버디가 보기가 되는 경우가 태반'이라고 하였다. 일 주일에 1~2번 라운드와 하루 500~600개의 연습 볼을 칠 만큼 자기계발을 게을리하지 않는다고 한다.

취미가 특기로 바뀌는 것이다. 프로선수에서 은퇴 후 우울증을 극복하기 위해 한 가지에 집중하고자 골프를 선택하였고, 취미로 시작한 골프를 아마추어에서 만족하지 않고 프로로 전향하고자 자기계발을 게을리하지 않는다고 하니 이 또한 N잡러의 모범이 아니겠는가?

N잡러들이 모두 수익을 목적으로 하지 않는다는 것이다. 위 소개 사례만 보더라도 수익을 목적으로 하지 않는다는 것을 알 수 있을 것이다. N잡러들이 자신만이 가지고 있는 재능과 취미를 더욱더 소중히 다루고 지속적으로 지향할 때 정신적인 건강과 육체적인 건강을 동시에 누릴 수 있기 때문에 잃는 것보다는 더 많을 것을 얻을 수 있을 것이다. 사람

은 멈춰 있지 않는다. 스스로 노력하며 더 나은 삶을 살고자 노력한다. 재능을 통해 좋아하는 취미가 특기로 바뀌고 특기가 그 사람이 생각지도 못했던 평생 하고자 하는 일로 바뀔 수 있다는 것이다.

2. N잡러가 되기 위한 방법은?

N잡러란 '두 개 이상의 여러 직업을 가진 사람'이란 뜻이다. 본업 이외 여러 부업이나 취미, 특기, 자아실현을 위해 여러 개의 직업을 가진 사람을 의미한다. 필자는 이미 'N잡러'라는 말이 나오기 이전에 '투잡'이라는 단어를 알고 있었다. 마흔 살 나이에 공부를 시작하여 학위를 받고 학교 강의를 하였으니 말이다.

지금은 직장에서 은퇴하고 학교 강의와 외부 강의, 심사와 평가 업무, 경영자문, 창업 심사, 경영컨설팅 등 여러 일을 하고 있으니 확실한 N잡러 시대를 준비한 것이다. 필자는 중소기업에서 주경야독을 하여 박사학위를 취득하였다. 평생직장이라는 단어는 1998년 IMF를 겪으면서 우리 사회에서 없어졌다. 평생직업이라는 단어도 아마도 그때 평생직장과 함께 사라졌다고 본다.

우리 사회가 한 가지만 하여도 평생 살아가는 데 지장이 없는 것으로 여겨 직업과 직장에 대한 애착을 많이도 가지고 있었다. 그래서 모두가 공부와 특기를 가져야 한다고 외치면서 오로지 그것을 위해 진로를 결정하였던 것이다.

　가난한 집안의 자식들이 잘살 수 있는 길은 오로지 공부만 열심히 하여 좋은 직장에 취업을 하는 것으로 여겼던 것이다. 또한, 자신이 타고난 저마다의 소질을 개발하여 특기를 살리고 직업을 선택하는 것이 가장 현명한 방법으로 여겨 왔던 것이다. 그런데 외환위기가 닥쳐 그러한 사고가 붕괴되었다.

　사람들은 저마다 소질을 타고난다고 했다. 공부 머리, 운동 머리, 깨부수고 다시 만드는 머리, 미술과 음악 등, 사람마다 다 다르게 가지고 있다고 한다. 그런데 공부만 열심히 하여 좋은 직장을 잡았던 사람이 환경이라는 것을 견디지 못하고 이탈하는 사례와 더 나은 삶을 위해 뒤늦게 자신의 자리를 찾기 위해 다른 머리를 써야 하는 경우가 많아졌다.

　'기회는 준비하는 자의 것이다'라는 말처럼 준비하는 것이다. 그렇다고 지금 자신이 하고 있는 영역과 다른 영역으로 도전해야만 하는 것이 아니다. 갑자기 닥친 코로나19로 인해 세상이 플랫폼 세상으로 변하였다. 오토바이 운전면허가 단순히 자신의 이동수단 내지는 자아실현을 위해 취득하였던 사람들도 많을 것이다. 멋진 머플러를 휘날리며 바람을 가르며 스피드를 즐기는 자아실현 레이서들이 있었을 것이다.

　그런데 이러한 자아실현에서 이를 이용하여 조직생활이 아닌 자아 생활의 진수를 맛보며 자신의 생활 터전을 마련하는 자영업자들이 생겨나고 있다. 이들을 모집하여 조직체를 만드는 기업형 CEO도 있다. 코로나19 이전에도 배달이라는 단순 노동이 있었지만, 그룹형 내지는 조직형 기업을 가진다는 것은 아마도 상상 속에서만 있었을 것이다.

'나는 두 가지 일을 하는 사람입니다. 평범한 직장인으로 낮에는 회사에서 일을 하고 밤에는 대리운전으로 가족을 위해 일하고 있습니다'. 이런 글을 대할 때 우리는 단순히 돈을 벌기 위해 일하는 사람으로, 돈의 노예로 밖에 생각하지 못했지만, 그 사람은 돈의 목적만이 아닌 자신의 미래 개척을 위해 지금의 자신을 그냥 평범 속에 내버려 두는 것이 아니라고 한다. 더 나은 미래, 더 큰 내일을 자신의 것으로 만들기 위해 지금 일을 하는 것이다. 그것도 이동수단으로 사용하려던 운전면허를 이용해서 말이다.

유튜브가 성행하여 1인 크리에이터가 많아졌다. 인터넷 쇼핑몰이 많아 마케터들이 즐비하다. 인터넷을 이용한 온라인 강의로 수강생들이 수천에 이르고, 책 한 권을 수천 명의 독자가 읽고 있다. 이러한 것들을 위해 모두가 준비하고 있다. 자신의 소질을 개발하기 위해 미리미리 준비하고 있다는 것이다.

못하는 것을 잘하려고 하기보다는 잘하는 것을 더 잘하려는 것이다. 하고 싶은 것을 하려는 것이다. 현대사회는 다양한 사회로서 무엇이든지 하려고만 한다면 못하는 것이, 안되는 것이 없다고 본다. 가짜도 만들어내는 시대이다 보니 자신이 마음만 먹는다면 어떤 것이든 할 수 있다는 것이다.

자신을 가지고 먼저 자신을 분석하라. 지금 무엇을 잘하고 있고, 장차 무엇을 하고 싶고, 그리고 무엇을 가장 잘할 수 있는지를 철저하게 분석부터 하고 시작하라는 것이다. N잡러가 되기 위한 방법은 지금부터이다. 이전 우리 조상들(?) 세대처럼 암울한 시대는 지나갔다는 것을 알 수 있는 것이 바로 지금이다.

3. 직업으로서 N잡러는?

직업이란 사람이 자신의 생계를 유지하기 위해 적성이나 특성, 능력을 가지고 선택하고 일정 기간 종사하는 것을 말한다. 흔한 말로 누구의 도움 없이도 스스로 생활을 하려면 직업을 가져야 한다는 것이다.

산업혁명 이후 직업은 무수히 많아졌고 전자, 통신 매체 등 기계화가 발달하면서 직업은 사람에서 기계로 변화되어 가고 있으며, 4차산업혁명으로 그 속도는 더욱더 빨라지고 있다. 사람들은 직업을 가지는 가장 큰 이유가 소득을 얻기 위해서라고 한다. 자신을 위하고 가족을 위하고 더 나아가서는 안락한 미래 생활을 위해서라고 한다. 틀린 말은 아닐 것이다. 그런데 요즘에는 그 이유가 많이 바뀌어 가고 있다는 것이다. 무조건 자신의 영위와 가족의 영화를 위해서만 돈을 목적으로 직업을 가진다는 것이 아니라는 말이다. 사회인으로서, 직업인으로서 성공한다는 것이 단순히 부귀영화가 아닌 꿈을 실현하고 자아를 성취하는 사람으로서 남고 싶다는 것이다.

N잡러는 두 가지 이상의 직업을 가지는 것이라 하였다. 한 가지도 벅찰 수 있는데 두 가지 이상을 가진다는 것은 그만큼 더 많은 노력과 준비가 필요한 것이 분명하다. 그렇다면 직업으로서 N잡러는 가능한 것일까?

필자는 가능하다고 본다. 자신만의 목적이 있다면 N잡러는 부러운 직업으로 충분하다는 것이다. 우리는 다른 사람을 의식하며 살고 있다. 왜냐하면, 사회적 동물이기에 그렇다. 그럼에도 불구하고 필자가 부르짖고 싶은 것은 남을 의식하지 말고 더 나은 자신을 위해 스스로를 칭찬하며 살라는 것이다. 한 번뿐인 인생인데 자기 스스로가 자신에게 꿈을 주고 그 꿈을 이루며 재미있게 살라는 것이다.

일탈도 하면서, 고독도 재미삼아 보고, 시장 속에 무리도 되어보고, 사막의 오아시스처럼 버려져 있지만, 필요로 하는 사람들을 위해 스스로가 자신을 던지는 그럼 삶을 살아보는 것도 괜찮지 않겠는가?

작금의 사회가 직업이나 직장을 사회의 계급장으로 보아왔다. 변호사, 의사, 교수와 같은 전문직종과 고위직 공무원, 대기업 임원, 힘 있는 국가기관, 심지어는 이름이 널리 알려진 조직에 소속되어 있어 명함을 자신 있게 내밀게 되면 그렇지 못한 사람들은 스스로 작아지게 마련이다. 지금까지도 그런 사회가 만들어지고 있다. 나와 이해관계가 있다면 더욱더 작아질 수밖에 없는 것이 사회이다. 최근 정치판에서도 그러한 힘겨루기가 이루어져 나라 살림을 망가트리며 자신들의 이해집단을 방어하기 위해 동분서주하는 꼴사나운 광경을 매스컴을 통해 국민들은 자주 접하고 있다.

이젠 달라져야 한다. 달라지고 있다. 글로벌 시대다. 감정보다 이성적 판단이 빨라지는 시대다. 그래서 법 앞에 평등하고 직업이나 직장 앞에 평등함이 만연하는 사회가 되어야 한다. 말로만이 아닌 선진국형 N잡러 시대가 되어야 한다고 강조하고 싶다. 직업인으로서 N잡러는 부러운 직업일 수 있다.

4. 지속가능한 N잡러는?

취미에서 특기로 재능을 살려 특기가 수입원으로 바뀌는 시대가 되었다고 하니 '과연 가능한 것인가'라는 의문이 들었다. 코로나19가 그 단순한 예가 아닐까 한다. 2년 동안 우리 사회는 너무 많이 바뀌었다. 하도 자주 바뀌고 순식간에 바뀌다 보니 어떨 때는 정신을 차릴 수 없는 경우도 있다.

그런데 N잡러가 되기 위해서는 이러한 변화무쌍함을 즐기면서 대처해야만 한다. 지속가능하다는 것이다. 기회란 준비하는 자의 것이라고 무수히 들었다. 그런데 들을 때는 그렇다고 인정하였지만, 그것을 순간만 기억할 뿐 지나고 나면 순식간에 잊어버리고 만다. 그것은 그만큼 절박하거나 현실을 직시하지 못하고 있는 것이기 때문일 것이다.

우리는 직업이란 정의를 알고 있고 사회인으로서 보이지 않는 사회적 계급을 직감하고 있다. 자신의 초라함을 감추기에 급급했지 벗어나려는 준비는 하지 않고 있다는 것이다. 기회가 주어져도 잡지 못하고 잡을 수 없다는 것이다. 그도 그럴 것이 자신이 기회를 잡기에는 준비가 덜 되어 있다는 것을 알고 있기 때문이다. 준비가 덜 된 사람의 기회는 기회를 잡을 수 있도록 준비된 사람에게 넘어가기 마련이고, 준비가 덜 된 사람은 그 사람의 성공 가도에 박수를 보내는 응원군으로 전락하게 되는 것이다.

경영에서 지속가능 경영이란 말이 있다. '기업이 기업 경영에 미치는 경제적, 사회적, 환경적 이슈들을 종합하여 균형 있게 고려하여 기업 경영의 지속가능성을 추구하는 경영활동'을 말한다. 필자가 공저로 집필한 『ESG경영』과도 흡사한 것인데 기업이 경제적 성장을 위해서는 사회에 공헌하여 다양한 이해관계자의 기대에 부응함으로써 기업 가치와 기업 경쟁력을 높여 지속적인 성장을 꾀하는 경영활동을 의미한다는 것이다.

N잡러도 이러한 경영활동과 다를 바 없다는 것이다. 자신이 가지고 있는 재능을 살려 취미를 특기로 일종의 시너지 효과를 얻고자 하는 것이다. 자신이 준비되어 있어야 기회를 잡는 것은 물론이고, 한 가지 이상의 일을 가지고 있어야 타인과 융합이 가능하고 1인 기업을 시작으로 구성원을 가진 조직체를 가질 수 있다는 것이다. 협력체제와 공생의 길도 모두가 자신과 결부되어 있음을 빨리 인지하여야 한다.

5. 내 삶을 즐기는 N잡러는?

우리는 살면서 버킷리스트를 작성해 본 적이 있는가? 자기 생을 살면서 버킷리스트를 미리 작성하고 살아가는 사람은 몇 명이나 될까? 필자는 한 번도 버킷리스트를 생각해 보지 못했다가 최근 은퇴하고 제2의 인생, 신중년을 살면서 생각해 보았다. 그것도 남들이 하는 것이니까 흉내 내보고 싶어 생각하게 되었다.

행복이란 과연 무엇일까? 사람마다 그 기준은 다르겠지만, 행복의 조건 중에는 직업이나 직장이 있을 것으로 여겨진다. 사람은 죽을 때까지 욕심을 버리고 살 수는 없다. 죽음을 눈앞에 두고도 더 살고 싶다는 삶의 욕심을 버리지 못하는 것이 인간이기 때문이다. 물질적 욕심이야말로 수십 번도 더 버리고 산다. 나이가 들면 그러해야 한다고 무수히 한다. 그런데 그런 사람이 있는가? 없다고 본다. 끝날 때까지 끝난 것이 아니듯 물질적이든 정신적이든 욕심은 마지막까지 간다.

그렇다면 버킷리스트 중에 N잡러들은 어떤 욕심이 있을까? 바로 일에 대한 욕심이다. 물질적인 것도 추구하겠지만, 물질적 보상만이 아닌 자신의 재능을 살리고 취미를 통해 이웃과 함께 더불어 공유하고자 하는 N잡러도 있을 것이다. 필자의 삶이 그러하다는 것이다. 조금은 늦게 어려운 여건을 헤치고 공부하였고, 직장생활 또한 무수한 역경을 견디고 이겨내어 지금의 내가 있기에 나는 경영과 관련된 많은 노하우를 가지게 되었다. 내 삶의 버킷리스트는 내가 할 일이며 하고 싶은 것들이다.

그 첫 번째가 창업을 준비하는 청년들에게 노하우를 알리고자 한다. 창업에 있어 중요한 건 자신을 잘 아는 것이다. 남의 이야기를 무작정 따라가게 되면 십중팔구 실패할 수 있는 확률이 높기 때문이다. 자신을 먼저 스스로 분석하게 하고, 분석 자료를 통해 피드백을 해준다. 어떤 자세로 무엇을 해야 하는지, 사업이 적성·특기와 관련되어 있는지, 사업 타당성을 검토하여 그들이 어려움을 덜 겪고 하고 싶은 일을 할 수 있게끔 하는 것이다. 경영이란 모래 속에서 진주를 찾기보다 더 어렵다는 것을 알게 해 주고 싶고, 지속적인 경영을 위해서는 최선의 노력이 필요하다는 것을 알려주고 싶다.

두 번째는 내 주변을 살펴보는 일이다. 내 주변에도 어려운 이웃들이 많다. 몸과 마음이 아픈 사람들도 있고 생활에 돌파구를 찾지 못해 가슴

아픈 사람들이 참 많다. 그래서 정신적이든 육체적이든 도울 수 있는 N잡러가 되고자 한다.

재능과 취미, 기업 경영 노하우와 지식을 자원으로 그들을 돕고 싶다. 은퇴하면서 하려고 몇 번이나 시도해 보았지만 나는 아직 그들을 도울 만한 마음의 준비가 덜 되어 있음을 알게 되었다. 지금 나의 두 번째 버킷리스트 목록이다. 나는 남을 돕는 일을 하는 N잡러가 되고자 한다.

마지막으로 건강을 위한 N잡러가 되고자 한다. 건강은 누구도 장담할 수 없다. 그리고 누구도 대신해 줄 수 없다. 아프면 나는 물론 주변도 아프다. 그래서 나는 물질만을 추구하는 N잡러가 아닌 정신적, 육체적 건강을 추구하는 진정한 라이프 디자이너가 되고자 한다. 육신은 쉬지 않게 하고 생각을 단순하게 하여 정신을 맑게 하고자 한다. 나의 버킷리스트 세 번째 목록이다. 나는 건강한 N잡러가 되고자 한다.

N잡러들은 물질만을 추구하는 것이 아니다. 꿈을 설계하고 그 꿈을 실현하기 위해 끊임없이 자아를 개발하며 자신만의 생활을 찾고자 한다. 재능을 가지고 취미를 살리고 취미를 살려 특기로 만들어 평생 건강한 일을 하는 N잡러 시대는 행복한 삶이다. N잡러는 누구나 할 수 있다. 자신감을 가지고 도전하는 삶을 응원한다.

참고문헌

- 이지연 기자, 이지골프 2016.
- 한승현, 「이번 생은 N잡러」 매일경제신문사 2020.
- 네이버
- 김영기 외 15인, 『N잡러 시대, N잡러 무작정 따라하기』, 브레인플랫폼, 2021.
- 한기백 외, 『나는 당신이 N잡러가 되었으면 좋겠습니다』, 원앤원북스, 2021.

저자소개

김남식 KIM NAM SIG

학력
- 인하대학교 일반대학원 경영학과 경영학박사(인사관리전공)
- 인하대학교 경영대학원 경영학과 경영학석사(인사관리전공)
- 인천대학교 경영학과 경영학사

경력
- 현) BHM연구원 대표
- 현) 인천대학교 기초교육원 시간강사
- 기업경력 32년/상무이사
- 인하대학교 경영학부 시간강사
- 인천대학교 기초교육원 시간강사/세무회계학과 겸임교수
- 가천대학교 경영학부 겸임교수
- 현) 한국평생사이버교육원/애듀업원격평생교육원 운영교수
- 현) 국가인적자원개발사업 HRD심사 등 10여 개 기관 평가위원
- 국가직무능력표준(NCS) 경영기획부문 개발 전문위원

- 경영·기술지도사 국가자격시험 사전출제위원
- 산업안전(보건)지도사 전문자격시험 출제위원
- 현) 능력중심 공공기관 채용출제 및 시험 평가위원
- 능력중심 채용 HR전문면접관
- 현) 한국능률협회 컨설팅 위원
- 현) 창업진흥원 창업 전문 멘토

자격
- 경영지도사(재무관리)
- 직업능력개발훈련교사 3급
- ISO9000/14001 인증심사원
- 부동산 전문상담사

저서
- 『신중년 도전과 열정 2021』, 브레인플랫폼, 2021.(공저)
- 『기업가정신과 창업가정신 그리고 창직가정신』, 브레인플랫폼, 2021.(공저)
- 『ESG경영』, 브레인플랫폼, 2021.(공저)
- 『공공기관 채용과 면접의 기술』, 브레인플랫폼, 2022.(공저)

수상
- 인하대학교 총장상(2004)
- 지식경제부장관상(2011)

5장

NCS기반 N잡러 컨설턴트의 성공전략

이승관

1. NCS기반 N잡러 컨설턴트의 역할

NCS기반 N잡러 산업카운슬링(NCS based NJober Industrial Counselling)은 대체로 다음과 같이 정의할 수 있다.

NCS(National Competency Standards)기반 N잡러 산업카운슬링이란, 산업 현장에서 직무를 수행하는 데 필요한 능력(지식, 기술, 태도)을 국가가 표준화한 것으로 교육훈련 자격에 NCS를 활용하여 현장중심의 인재를 양성할 수 있도록 지원하는 프로그램을 활용, 최근 급증하는 N잡러들에 대한 직무 표준화 등을 추진하여 산업의 장에서 도움을 필요로 하는 내담자(Client)와 도움을 줄 수 있는 상담자(Counselor) 사이의 개별적 만남의 관계로서 상담자의 전문적인 기법에 의해 내담자의 인격성장과 자아실현을 향한 행동변화를 이끌어내어 문제 해결에 도움을 주는 일련의 학습 과정이다.

오늘날 N잡러 산업카운슬링이 필요한 사회적 배경으로는 근로의식의 변호, 근로행태의 변화, 근로환경의 변화, 기술 고도 및 혁신화, 제4차산업혁명 시대의 도래, 일·가정 양립의 문제, 능력 및 실력주의, 중·고령화 문제, 인간 및 개성존중 등이 있다. 이에 따라 산업 현장에서 종사하고 있는 N잡러 근로자에 대한 산업카운슬링을 필요로 되었다.

특히 제4차산업혁명 도래에 따른 근로자의 심신증, 신경증 등의 증상 증가는 심각한 직장 부적응 현상을 가져오게 되고 AI(Artificial Intelligence), 로봇 등의 생산현장 등장으로 일자리가 감소하여, 고용 불안이 가중되었다. 또한, 전 세계를 강타한 코로나19는 미래를 예측할 수 없는 새로운 근로환경을 요구하고 있으며 산업의 위기에 따른 수요 감소로 회사는 명예퇴직, 휴직, 전직, 퇴직의 증가로 고용 불안이 가중되고 있다.

고용률이 감소하고 있는 상황에서 N잡러의 출현은 자연스러운 근로환경의 변화에 기인한다. 이와 같은 산업 현장에서의 트렌드는 신종 N잡러의 출현이 일반화되고 있으며 이와 같은 환경 하에 N잡러 근로자에 대한 카운슬링의 전문적 프로그램 도입 및 운영을 통해서 산업 현장에서 맞춤형 N카운슬링의 필요성이 높아지고 있다.

기존의 인사부서에서 근로자 애로 상담 지원을 하고 있지만, 체계적이고 전문적인 지원을 하기에는 부족한 실정이다. 그중 가장 큰 요인으로는 산업카운슬링의 전문가 부재 및 관련 예산의 부족 등에 기인하는데 이에 대한 대안을 마련하고자 한다.

최근 정년이 짧아지고 코로나로 경제가 힘들어 지고 있는 가운데 아르바이트나 부업 등으로 N잡을 하는 직장인이 10명 중 4명에 이르는 것으로 나타났다.[1] 취업 플랫폼 잡코리아가 최근 지역 기반 재능거래 앱

---

1) 김민수, 직장인 10명 중 4명은 알바나 부업하는: "나는 N잡러", 리크루트타임스, 2021.11.19.

'긱몬'과 함께 직장인 938명을 대상으로 '직장인 N잡 현황'에 대해 설문조사를 진행한 조사 결과 전체 응답자 10명 중 4명에 이르는 38.5%가 '현재 본업 외에 알바나 부업 등의 N잡을 하고 있다'고 답했다. 스스로 N잡러라 답한 직장인은 30대 응답자 중 46.5%로 가장 많았고, 이어 20대 중 33.0%, 40대 이상에서도 32.5%로 나타났다. 성별로는 남성직장인 중 38.7%로 여성 직장인 38.2%보다 소폭 많았다.

직장인들은 알바나 부업을 할 때 '직무나 전공분야'보다는 '취미나 특기'를 살려 N잡을 한다고 답했다. 취미나 특기를 살려 N잡을 하고 있다는 직장인이 75.3%로 직무나 전공을 살려 N잡을 하고 있다는 직장인 64.5%보다 많았다. 취미나 특기 중에는 '악기 레슨이나 과외'로 N잡을 하는 직장인이 많았다.

취미, 특기를 살려 N잡을 하는 직장인들의 N잡 아이템을 조사한 결과 '악기 레슨이나 과외'를 한다는 직장인이 '24.6%(복수선택 응답률)'로 가장 많았다. MZ세대가 주를 이루는 요즘 직장인들은 다양한 분야에 관심이 많고 새로운 일을 경험해 보는 것에 적극적인 편인 바, 부업을 희망하는 직장인들이 크게 늘면서 평소 관심 분야의 취미와 특기 등을 살려 부업을 하는 직장인들이 증가하는 것으로 보인다.[2]

---

2) http://www.recruittimes.co.kr/news/articleView.html?idxno=89688

직장인 N잡러 현황

출처: JOBKOREA, albamon

2. NCS기반 N잡러 컨설턴트의 요건

NCS기반 N잡러에 대한 산업적 정의는 아직 정의가 없지만 향후 증가하는 N잡러의 트렌드를 감안하여 NCS기반 N잡러 컨설턴트의 요건이 추진되어야 할 것으로 보인다. 현재 시점에서 NCS기반의 산업카운슬링의 기능은 두 가지로 분류해 볼 수 있다.

첫 번째 기능인 정보 제공 기능은 직원에게 회사의 규칙이나 업무수행에 관련된 문제들에 대해 상담자가 조언과 정보를 제공하는 것을 말한다. 두 번째 기능은 적응촉진(또는 능력개발)기능으로써 직원의 가족문제, 인간관계, 성격 등 심리적인 문제에 대해 상담과 조언을 해주는 기능이다.

N잡러 컨설턴트의 기능은 N잡러를 위한 현실적인 고충처리 지원을 위한 제도와 일면 유사한 점이 있다. 그러나 N잡러들의 근로여건은 일반 정규직 근로자보다 다소 복잡하며 비정형화되어 근로조건, 즉 임금, 근로시간, 복리후생, 해고 등에 대한 다양한 근로조건에 대한 분야별 N잡러 컨설팅이 요구된다. N잡러보다는 정규직 근로자들로 구성되어 노무관리와 노사관리의 측면에서 주로 운용되고 있기 때문에 실제 상담자의 기능은 거의 유명무실한 상태이다.[3]

전국적으로 근로자들이 종사하는 산업단지는 현재 전통 제조업 중심에서 최근에는 AI 기반의 4차산업혁명이 도래하여 새로운 디지털 트랜스포메이션이 적극 추진되고 있다. 전국 산업단지에 어떻게 AI를 적용할 것인가. 국내 산업단지는 국가산업단지 47개를 비롯해 1,220개가 넘는다. 총면적 14억2,800만m^2에 10만4,000여 개 업체가 입주해 있다. 고용인원은 220만 명에 이른다. 수출경제와 고도성장의 상징이었지만 이제는 '과거' '구식' 제조 산업으로서 경쟁력이 날로 추락하고 있는 게 현

---

3) 「산업카운슬링 이론과 실제 I」, p19, 사단법인 한국카운슬러협회 산업카운슬러 아카데미, 2014.

실이다.[4]

이 중 근로자를 위한 다양한 산업카운슬링의 체계적 도입과 운용은 아직 활성화되지 않고 있다. 최근 산업카운슬링의 필요성에 대해서 중소벤처기업의 대표 및 인사담당 임원들은 근로자의 고충처리 제도와 관련된 노무관리와 노사관리의 중요성에 대해 점차 인식을 확대하고 있다.

경기침체로 인한 근로자의 사기 앙양을 위한 프로그램의 도입으로 생산성을 재고하고자 체계적인 프로그램 지원의 필요성에 대해 역설하고 있다. 이 중 현실치료 기법을 중심으로 산업단지에 집중적으로 근로자의 멘털헬스 프로그램을 적용하는 방안이 필요하다.

산업 현장에 종사하는 근로자는 내담자 입장에서 직면하게 되는 다양한 요인 중 개인 수준의 행동으로는 태도, 동기부여, 스트레스 등의 요인이 작용한다. 태도라 하면 특정 행동에 대해 좋고 싫음을 의미하며, 동기부여는 조직의 목표와 자신의 목표를 일치시켜 달성하는 원동력이며, 스트레스는 직무를 수행하면서 발생하게 되는 멘털헬스 문제라 할 수 있다.

집단 수준의 행동 원인으로는 근로자가 소속되는 팀 등, 조직 내에서

---

4) 권영설, 「산업단지에 AI를 더하라」, 한국경제신문, 2020.

집단 갈등인 개인 갈등, 집단 갈등, 의사소통, 의사결정, 리더십 등의 문제에서 발생하게 된다. 조직수준의 행동으로는 직무설계에서 과도기적 직무설계인 직무순환 및 직무확대 등에서 근로자가 근로 수행 중에 직간접적으로 산업카운슬링의 필요성에 직면하게 되는 것이다.[5]

NCS기반 N잡러 컨설턴트 요건에 대해 아직 명시적으로 정의가 되어 있지는 않으나 N잡러 컨설턴트의 역량은 다음과 같이 요구된다. N잡러 컨설턴트 업무는 N잡러가 당면하는 어려운 문제를 해결하고, 비즈니스에 대한 새로운 통찰력(Insight)를 제공하고, 다양한 N잡러 구성원들의 이해관계를 해결해야 하는 전문적이고 다방면의 능력을 필요로 한다.

따라서 N잡러 컨설턴트는 전문 직업인으로서의 프로페셔널리즘(Professionalism)과 고도의 윤리 의식을 보유해야 한다. N잡러에게 요구되는 역량과 자질은 수많은 것들이 있을 수 있으나, 중요한 부분들을 제시하면 다음과 같다.[6]

첫째 전문지식과 기술이다. N잡러 컨설턴트는 N잡 등 다양한 분야에 대한 전문적인 서비스를 제공할 수 있는 전문지식과 정보, 실무경험, 컨설팅 성공사례, 데이터베이스, 체계적이고 과학적인 컨설팅 모델 및 도구의 개발과 활용능력을 보유하고 있어야 한다.

---

5) 이재현·장수용, 『인간과 조직행동론』, 페이지북스, p104~138, 2013.
6) 방용성 외 2인, 『컨설팅 실무』, 학현사, 2016.

또한, 서비스를 제공하는 기업의 산업과 기술, 비즈니스 모델에 대한 폭넓은 이해와 전문지식을 보유해야 한다. N잡러 컨설턴트로서 착수 및 진단 단계에서 N잡에 대한 충분한 이해와 산업과 기술에 대한 충분한 이해와 지식을 습득하고 이를 전문적인 방법론으로 풀어내어 N잡러에게 실질적인 도움을 줄 수 있는 역량과 노력을 경주할 수 있는 태도를 지니는 것이 중요하다.

둘째는 N잡러와 관련된 문제발견과 대안제시 능력이다. N잡러 컨설턴트는 N잡러가 당면하고 있는 상황에 대한 체계적이고 깊이 있는 분석을 통하여 문제를 발견하고, 이에 대한 최적의 해결 대안을 제시하는 업무를 수행하는 사람이다.

셋째는 커뮤니케이션 능력이다. N잡러와의 커뮤니케이션을 통하여 문제 해결의 본질을 분석하고 새로운 방향으로 N잡러가 더 좋은 의사결정을 할 수 있도록 원활한 커뮤니케이션은 필수적이다. 커뮤니케이션 과정을 통하여 상대방을 설득하고 이해하도록 N잡러와 관련된 컨설팅에 대한 몰입도를 높여야 실질적인 성과를 창출할 수 있게 된다.

넷째는 리더십이다. 컨설팅의 실행은 N잡러들에게는 변화와 두려움을 가져오게 할 수 있는 부분이 존재한다. 따라서 외부 컨설팅에 대하여 부정적인 생각이나 변화에 대한 거부 행동이 뒤따를 수 있다. 이러한 부정적인 인식과 거부 행동을 극복하고 객관적이고 발전적인 컨설팅이 수행될 수 있도록 인내심을 갖고 겸손하게 컨설팅을 수행해야 한다.

다섯째는 창조력이다. N잡러 컨설팅은 N잡러가 당면하고 있는 문제나 현안에 대해서 정형화된 대안을 도출하는 작업이 아니라, 창의적인 사고를 통하여 N잡러가 당면하고 있는 문제나 해결방안에 대해 과제를 극복할 전략 대안을 창출해야 한다. 따라서 N잡러 컨설턴트에게는 기존의 경험이나 성공사례, 정형화된 대안이나 컨설턴트의 주관에서 벗어나, 새로운 방법을 창출해내는 창의적 능력이 요구된다.

여섯 번째 신뢰성과 공정성이다. N잡러 컨설턴트는 전문적인 지식을 기반으로 과학적 분석자료, 객관적 근거를 바탕으로 논리성과 신뢰성, 객관적인 공평성을 담보하여야 한다. 또한, 성실한 자세와 시간과 약속에 대한 철저한 신뢰를 통하여 인간적인 신뢰성도 확보하여야 한다.

이와 관련하여 유관 컨설턴트에 필요한 요건으로는 국가전문자격사인 경영지도사의 인적자원관리 분야의 요건과 직업상담사 1, 2급 등의 요건이 필요해 보인다. 경영지도사로서 N잡러 컨설턴트를 수행하기 위해서는 인적자원관리(Human Resources Management) 분야에 대한 준비가 필요하다.

이에는 인사조직관리 또는 인사조직, 조직인사, 경영관리는 경영에서 업무수행을 효과적으로 행할 수 있게 경영조직을 체계적으로 운영하는 것으로 경영상에서의 각종 업무수행이 경영목적을 위하여 가장 효과적으로 행해질 수 있도록 여러 가지 시책을 체계적으로 연구하고 경영조직체를 만들어 이를 운영하는 일을 의미하며, 경영에서 학술 분야로 인적 자원과 조직을 관리하는 방식을 연구하는 분야를 인사조직관리라고 한다.

인사조직관리는 경영학의 기능적 부분인 인사조직, 회계, 재무, 마케팅, 생산 중의 한 분야로 인적자원관리(인사관리), 인적자원개발(교육훈련), 노사관리, 조직론, 경영전략, 리더십, 의사결정, 윤리경영, 경영철학 등을 포함하는 분야로 이에 대한 준비가 필요하다. 참고로 직업상담사 2급 과정은 교육 및 훈련 과정으로 다음과 같은 교육 훈련 과정을 목표로 한다.

직업·고용 정보를 수집·제공하고, 직업탐색, 직업선택, 직업적응 등에서 발생하는 개인의 직업 관련 문제 및 기업의 인력채용을 상담·지원하는 직무를 수행할 수 있는 인력을 양성하며 아래 요건 중 어느 하나의 요건을 충족하고 있는 사람으로 교원 요건을 정의하고 있다.[7]

---

[7] 한국산업인력관리공단, 「과정 평가형 국가기술자격 교육·훈련과정 편성기준」, 직업상담당사 2급, 2020.

1. 「초 · 중등교육법」제19조제1항에 따른 교원
2. 「초 · 중등교육법」제22조제1항에 따른 산학겸임교사 · 명예교사 또는 강사
3. 「고등교육법」제14조제2항에 따른 교원
4. 「고등교육법」제16조에 따른 "대학교원 자격 기준 등에 관한 규정"의 제2조(교원 및 조교의 자격) 및 제11조(자격인정의 대상)에 해당하는 사람
5. 「고등교육법」에 의한 전문대학 또는 대학 관련학과를 졸업하거나 이와 동등 이상의 학력을 가진 자로서 산업 현장 경력 5년 이상 실무에 종사한 자
6. 「근로자직업능력 개발법」제33조에 따른 직업능력개발훈련교사 또는 「근로자직업능력 개발법 시행령」제27조 각 호의 어느 하나에 해당하는 사람
7. 「학원의 설립 · 운영 및 과외교습에 관한 법률」제2조의2제1항제2호에 따른 평생직업교육학원의 강사
8. 「평생교육법」제24조에 따른 평생교육사
9. 「숙련기술장려법」제11조에 따른 명장 또는 제13조에 따른 숙련기술 전수자로 산업체 현장에서 3년 이상 근무한 경력이 있는 사람
10. 「숙련기술장려법」제21조에 따른 국제기능올림픽대회에서 입상한 자로 산업체 현장에서 10년 이상 근무한 경력이 있는 사람
11. 「국가기술자격법」제8조의2 및 같은 법 시행규칙 제3조에 따른 해당 직무분야의 기술사 또는 기능장으로 산업체 현장에서 3년 이상 근무한 경력이 있는 사람
12. 「국가기술자격법」제8조의2 및 같은 법 시행규칙 제3조에 따른 해당 직무분야의 기능사 자격 또는 그 밖의 법률에 의하여 동등 이상의 자격을 취득한 후 산업 현장 경력 7년 이상 실무에 종사한 자
13. 「경영지도사 및 기술지도사에 관한 법률」제3조에 따른 기술지도사로서 산업체 현장에서 3년 이상 근무한 경력이 있는 사람 등이다.

 NCS기반 N잡러 컨설턴트 요건에 있어서 내부평가 범위 및 방법으로는 직업심리검사 선정(직업상담) 능력단위는 검사 실시 여부 결정하기, 검사 선택하기의 능력단위 요소가 필요하고 내부 평가방법으로는 포트폴리오 문제 해결 시나리오, 서술형 및 논술형 시험 사례연구, 평가자 질문 평가자, 체크리스트 피평가자, 체크리스트 일지, 저널 구두발표,

작업장 평가 등이 있다.

　집단 상담 프로그램 실시는 운영계획 수립하기, 집단 상담 프로그램 실시하기, 집단 상담 프로그램 평가하기, 사후관리하기 등이 요구되며, 구직역량 분석인 직업상담은 구직 욕구 분석하기, 구직자 역량 파악하기 등이 요구된다.

　또한, 직업심리검사 해석은 검사결과 해석하기, 검사결과 보고서 관리하기 등이 요구된다. 또한, N잡러 컨설턴트로서 직무수행에 필요한 능력은 N잡러가 직면하는 정신분석(Psychoanalysis) 측면에서의 이해도를 갖고 있어야 한다. 산업카운슬링에서 다루어진 주요 이론으로는 지그문트 프로이트(Sigmund Freud)의 정신분석 이론이 있다.

　주지하는 바처럼 프로이트는 '정신분석(Psychoanalysis)'이란 용어를 처음으로 쓴 것이 1896년이었는데, 학자들인 이 시기를 정신분석의 공식적인 출발점으로 삼고 있다. 따라서 정신분석은 100년의 역사를 갖고 있다. 이 방법은 인간을 이해하는 중요한 철학적 접근으로써, 그리고 인간의 심리적 문제를 이해하고 치유하는 상담기업으로 위상을 높였다.

　인간의 성격은 크게 세 가지로 구성된다고 보고 있다. 원초아, 자아, 초자아가 그것이다. 정신분석적 상담의 목표는 자아의 기능을 강화하여 심리적 증상과 관련된 정신적 갈등을 해소하는 데 있다. 즉, 강화된 자아의 힘으로 증상과 관련된 정신적인 원인을 해결함으로써 심리적 문제

를 해소하는 것이다.[8]

칼 로저스(Carl Rogers)가 제창한 '내담자 중심 요법(Client Centered Theraphy)'은 산업카운슬러에게 가장 친숙한 이론이다. 로저스에 의하면 인간은 성장, 건강, 적응하고자 하는 충동을 가지고 있다. 인간은 '자기실현을 지향하는 유기체'라고 생각한 것이다. 한 사람 한 사람이 인지하는 주관적인 체계와 유기체로서의 현실 경험을 존중하고 유기체로서의 현실의 경험을 중요시하였다.

따라서 '현실 경험'과 '자기 개념'이 일치하지 않은 상태에 있는 것이 내담자의 상황이라고 한다. 카운슬러는 내담자의 이러한 심리적 불일치를 해소하기 위해 내담자를 지원하는 사람이라는 것이다. 상담자의 태도 요건은 순수성(Genuineness), 수용성(Acceptance), 공감적 이해(Empath understanding)이다.

현실치료(現實治療, Reality Therapy)는 윌리엄 글래서(William Glasser)에 의해 소개된 상담으로 지난 수십 년간 많은 관심을 끌어오고 있는 상담 이론 중 하나이다. 이 이론의 기본 가정은 우리 모두가 성장할 수 있는 힘(Growth Force)을 가지고 있으며, 이 힘이 우리의 환경을 통제하면서 자신의 욕구를 충족시키고 성공적인 정체감(Identity)을 발전시킬 수 있다는 데 있다.

---

8) 전게서, p51~53

즉, 우리가 행동을 선택하며, 우리의 활동뿐만 아니라 우리의 사고나 감정에 대해서도 우리에게 책임이 있다는 기본 개념 위에 성립하여 실존적 접근이나 합리적 정서치료와 유사하다.[9] 현실치료는 행동하고자 하는 행동은 지각된 세계와 원하는 세계로 구성되나 불균형 시 인간 행동의 원동력으로 작용되며 욕구는 심리적 욕구와 신체적 요구로 구성된다.

심리적 욕구는 사랑, 힘(성취), 자유, 즐거움이며 생존 욕구는 건강, 생식 등이다. N잡러 컨설턴트는 효과적인 N잡러의 성장발전을 지원하기 위해 첫째, 내담자(Client)들이 자신의 현재 행동 평가를 한다. 내담자는 선택이론에서 출발하여 내면화 순으로 내담자 행동의 욕구 충족 여부 파악하며 전행동(全行動, Total Behavior)이 도출되어 이는 하나의 행동으로 나타난다. 활동하기, 생각하기, 느끼기, 생리기능 등이 나오게 되어 효과적인 행동 획득을 위한 심리적 힘 개발조건을 제공한다.[10]

윌리엄 글래서의 통제 이론을 정리하면 우리가 우리의 요구를 만족시키는 내면 세계를 창조한다는 가정에 바탕을 두고 현실 세계가 존재하는 방식이 중요한 것이 아니라 현실 세계에 대해 우리가 지각하는 방식, 즉 현상학의 중심 개념인 현상이 중요하며 자신의 생활을 더 효과적으로 통제, 치료받아야 할 많은 잠재적인 문제들은 통제 이론 원리 생활화

---

9) http://www.counselor.or.kr/HyAdmin/view.php?&bbs_id=5d8350&page=&doc_num=9785
10) 카운슬러 아카데미, 「상담 및 심리치료의 이론과 실제 II」, 사단법인 한국산업카운슬러협회, p39~42, 2014.

로 예방하는 것이다.

또한, Quality한 선택을 통하여 관계 향상 및 행복 추구를 할 수 있다는 점이다. 이에는 기분이 좋음, 유용성, 신체적 욕구 충족, 타인 욕구 충족에 기여하며 파괴적이지 않고 항상 발전적인 변화를 추구하는 것이다. 치료 절차로는 욕구·바람·지각 탐색하기(Want), 전행동 탐색하기(Doing), 자기 평가하기(Evaluation), 계획과 실행(Planning) 등이다.

최근 신종 코로나바이러스 감염증(코로나19) 이후 여러 일을 하는 N잡러들이 부쩍 늘고 있다. 과거에는 한 사람이 한 직장에 열심히 다니는 것이 미덕이었지만 4차산업혁명 시대에는 그렇지 않다. 능력이 되면 여러 일을 하며 돈을 버는 N잡러가 당연시된다. 기회가 늘어났다. 특기를 올려놓으면 일자리를 연결해 주는 스타트업 크몽과 숨고는 인기 있는 N잡러 플랫폼이다.

덕분에 이 같은 N잡러를 위한 플랫폼들은 코로나19 이전보다 월간 이용자 수가 최대 100%까지 늘어났다. N잡러 컨설턴트가 되기 위해서는 본인의 역량을 기반으로 해당 부문의 신뢰성과 전문성을 갖춘 겸손한 전문가가 되는 것이 중요하다. '신중년 면접관의 도전, N잡러가 희망이다'로 새로운 도전을 하고 있는 KCA 김형환 교수는 본인 퇴직 후 전문면접관 등 다양한 경력 기반의 인생 2막에 도전하고 있다.[11]

---

11) 키다리 정코치, 「NCS기반 공공기관 전문면접관 교육후기-N잡러의 새로운 도전」, 2021.

산업카운슬링과 관련된 심리상담은 인간중심 상담, 개인 심리상담 기법으로는 실존주의 상담, 인지행동치료, 행동치료, 현실치료, 교류분석 상담 등 다양한 방법이 적용된다. 상담은 기본적으로 상담자인 산업카운슬러와 내담자 사이의 라포(Rapport) 형성이 상담의 성공 여부에 결정적인 요인으로 작용한다.

산업카운슬링은 인간중심, 인간존중의 기본원리로서, 심신의 건강과 함께, 각 개성과 역할이 충분히 발휘할 수 있도록 지원하는 카운슬링 활동의 총칭이다. 학술 연구와 현장 실천에 기초하여 개인, 집단, 조직의 성장발전과 상생 관계를 실현, 더불어 행복하고 지속가능한 사회창조에 기여하는 전문영역으로 산업카운슬링의 내담 문제인 직장생활과 관련된 제반 문제, 직장에서의 인간관계 문제, 배경이 되는 가족들의 문제, 사회에서의 커뮤니티 문제를 체계적으로 지원하여 산업 현장에서 근로자의 인간관계개발과 커뮤니케이션(소통) 지원활동이 활성화되어야 할 것이다.

3. NCS기반 N잡러 컨설턴트의 기대

N잡러는 2개 이상 복수를 뜻하는 'N'과 직업을 뜻하는 'Job', 사람을 뜻하는 '~러(er)'가 합쳐진 신조어로 '여러 직업을 가진 사람'이란 뜻이다. 본업 외에도 여러 부업과 취미활동을 즐기며 시대 변화에 언제든 대

응할 수 있도록 전업(轉業)이나 겸업(兼業)을 하는 이들을 말한다.

평생직장이라는 개념이 희미해지고 있다. 최근 본업 외 다양한 활동을 통해 월수입을 늘리는 'N잡러'에 대한 관심도가 높아지고 있는 것이다. N잡러가 필요한 사회적 배경에는 근로의식의 변화, 근로행태의 변화, 근로환경의 변화에 기인한다. 사회가 발전할수록 평생직장이라는 의미가 사라지고 있지만, 평생직업의 의미는 변하지 않는다.

일부 대기업들은 은퇴를 앞둔 직원들에게 N잡러의 길을 소개하는데, 이는 국가 경쟁력 차원에서 아주 중요하다. 과거 우리가 그랬듯 중국은 반도체, 배터리, 에너지 등 주요 산업 분야에서 퇴직하는 사람들을 적극 데려간다. 한창 일할 나이인 50, 60대에 퇴직한 사람들이 가진 지식과 경험은 살아있는 국부다. 그래서 일부 대기업들은 퇴직자가 재능을 활용해 제2의 인생을 설계할 수 있도록 돕는 텔런트뱅크 같은 스타트업들과 손잡고 N잡을 적극 알선한다. 컴퓨터공학 박사 출신의 전 삼성전자 임원, 20년 경력을 지닌 전 금융업체 자금조달 전문가, 전 LG 계열사들에서 지적 재산권을 다룬 국제 변호사 등이 텔런트뱅크를 통해 신생기업(스타트업)들의 일을 해주고 있다.[12]

중요한 것은 끊임없이 도전하고 내면의 세계를 혁신하여 정보나 지식에 의지하지 않고 내면의 마음가짐과 의미 있고 가치 있는 개성을 발

---

12) 김민수, 「직장인 10명 중 4명은 알바나 부업하는: '나는 N잡러'」, 리크루트다임스, 2021.

전시키고자 하는 노력과 실천이다. 이를 통한 'N잡러'로서 일생의 반을 함께 할 자신의 반쪽을 만드는 일, 연인을 만나는 것만큼 깊이, 그리고 멀리 보는 것이 중요하다. 평생의 직업은 자신의 이름에 새로운 의미가 부여되는 또 다른 '나'가 되기 때문이다.

모든 아이디어는 일상에 있다. N잡형 계속 인적자원(NJob Typed Going Human Resources)으로 발전하기 위해 잘 알고, 잘할 수 있는 분야를 중심으로 프로페셔널하고, 독점적이나 공유할 수 있고 타인의 욕망을 읽어주는 지혜를 바탕으로 둔 지속가능한 고부가가치 'N잡러'가 되어 글로벌 경쟁력을 제고하는 블루오션을 창출하기를 기대한다.

N잡러 컨설팅은 향후 이동형 산업 현장과 N잡러 근로자가 멘털헬스(정신건강)를 필요로 하는 곳이면 어느 곳에서나 N잡러 산업카운슬링 및 산업카운슬러의 활동이 가능하게 된다. 이와 관련해서 최근 KCA를 중심으로 전국 N잡러센터를 구축하여 운영하고자 한다. 향후 체계적인 N잡러 컨설팅 프로그램이 개발되어 지원될 것으로 전망된다.

실제 N잡러 근로자가 집적화되어 산업카운슬링이 필요로 하는 생태계는 전국의 N잡러 현장과 일자리가 중심이 될 수 있다. 물론 N잡러의 시대가 마냥 장밋빛은 아니다. 비정규직 증가 등 불완전 고용을 늘리고 노동 시간 증가 등 노동 환경이 가혹하게 바뀔 수 있다. 이를 막으려면 법적, 제도적 정비가 필요하다.

일본 후생노동부는 노동법을 개정해 부업을 할 경우 주당 80시간을 넘지 못하도록 했고, 주 40시간 초과 시 잔업 수당을 본업이나 부업 관련 업체 중 한 곳에서 지불하도록 했다. 우리도 N잡러 시대를 겨냥한 법적 장치와 제도 정비를 시작해야 할 때다.[13]

MZ세대의 N잡러 확산은 이제 새로운 근로환경의 메카트렌드로 부상하고 신중년까지 그 영향이 확대되고 있다. 디지털트랜스포메이션과 AI 등으로 인한 새로운 근로환경의 변화와 근무형태는 이제 막 시작단계에 진입했다. 이와 관련하여 N잡러 컨설턴트는 새로운 분야로 부상하고 있으며 관련 전문능력이 기반이 되어 다양한 전문 서비스를 제공하는 고부가가치 직종으로 성장, 발전할 것으로 전망된다. 업종별, 전문분야별로 체계적인 정책지원과 관련 전문가들의 참여가 요구된다.

---

13) 최연진, 「N잡러의 시대, IT프리즘」, 한국일보, 2021.

참고문헌

- 권영설, 「산업단지에 AI를 더하라」, 한국경제신문, 2020.
- 김민수, 「직장인 10명 중 4명은 알바나 부업하는: 나는 N잡러」, 리크루트타임스, 2021.
- http://www.recruittimes.co.kr/news/articleView.html?idxno=89688
- 김영기 외 22인, 『신중년, N잡러가 경쟁력이다』, 브레인플랫폼, 2021.
- 김영기·이승관 외, 『N잡러 시대, N잡러 무작정 따라하기』, 브레인플랫폼, 2021.
- 박광석, 「현실치료 상담 이론과 실제」, p3~10, 2020.
- 방용성 외 2인, 『컨설팅 실무』, 학현사, 2016.
- 한국산업카운슬러협회『산업카운슬링 이론과 실제 I』, p19, 2014.
- 이승관, 「성공적인 Career Development 전략」, 한국산업카운슬러협회, 2021.
- 이재현·장수용, 『인간과 조직행동론』, 페이지북스, p104~138, 2013.
- 최연진, 「N잡러의 시대, IT프리즘」, 한국일보 2021.
- 한국산업인력관리공단, 「과정평가형 국가기술자격 교육·훈련과정 편성기준」, 직업상담당사 2급, 2020.
- 위키백과, 인사조직관리
- 카운슬러 아카데미, 「상담 및 심리치료의 이론과 실제 II」, 사단법인 한국산업카운슬러협회, p39~42, 2014.
- 키다리 정코치, 「NCS기반 공공기관 전문면접관 교육후기-N잡러의 새로운 도전」, 2021.
- http://www.counselor.or.kr/HyAdmin/view.php?&bbs_id=5d8350&page=&doc_num=9785
- http://www.counselor.or.kr/HyAdmin/view.php?&bbs_

id=5d8350&page=&doc_num=10655
- https://www.weforum.org/agenda/2021/03/work-life-balance-prioritised-mental-physical-health?utm_source=facebook&utm_medium=social_scheduler&utm_term=Workforce+and+Employment&utm_content=14/03/2021+20:30

저자소개

이승관 LEE SEUNG KWAN

학력

- 성균관대학교 경영학과 박사
- 성균관대학교 경영학과 석사
- University of Hawaii, ICBP(Inter-Cultural Business Program) 수료
- KAIST ICT Leadership Program Course 수료
- 제4차산업혁명 최고위과정 1기 수료

경력

- 한국스마트의료기기산업진흥재단 전문위원
- 과학기술정보통신부 K-ICT센터 ICT혁신기업멘토
- 한국표준협회 스마트팩토리 특화 중소기업훈련지원센터 운영위원
- NCS기반 공공기관 전문면접관
- STEAM(Science, Technology, Engineering, Arts, Mathematics) 융합전문가협의체 위원
- 2021 SMATEC Conference 발표(e-Cluster Based C&D Cosmetics Smart

Factory Platforms)
- 대전창조경제혁신센터 전문위원
- 중소기업기술정보진흥원 기술개발과제 평가위원
- 충북산학융합본부 전문위원(충북 바이오션 바이오원스플랫폼)
- 농림식품기술기획평가원 R&D코디네이터
- 진스랩(주), 바이오세라(주) 전문위원
- 한국산업카운슬러협회 전문위원
- 강남노무법인 근로자카운슬링연구소장
- 경기중소벤처기업연합회 위원
- 성남산업단지관리공단 수석전문위원
- 성남하이테크밸리 융합혁신지원센터 경영혁신분과위원장
- 성남메디바이오캠퍼스 구축 및 운영
- 성남메디바이오클러스터협의회 사무국장
- 성남시 정보화추진위원회 위원
- 성남산업진흥원 부장, 전문위원
- 인천테크노파크, 울산테크노파크 책임, 실장
- 산업통상자원부 무역위원회 울산무역구제센터장
- 행정자치부 행정기관 홈페이지 평가·검증반장
- Tpage Global(주) 상무이사(e-무역상사)
- 주식회사 쌍용 차장 역임
- 성균관대학교 경영대학 외래교수
- 숙명여자대학교 산업정책대학원 겸임교수
- 숙명여자대학교 정보통신대학원 외래교수
- 전주대학교 경상대학 겸임교수
- 경기과학대학 외래교수
- 한국기술사업화진흥협회 기술평가사, 기술경영사 강의

자격

- 경영지도사(30기 중소벤처기업부장관, 2016)
- NCS기반 공공기관 전문면접관
- 산업카운슬러 1급
- 커리어컨설턴트(재취업전문가)
- 경영진단사(31기 수석)
- 기술평가사
- 기술경영사
- 창업지도사
- 창업보육전문매니저
- 정교사(교육인적자원부장관)
- National Director of IO-WGCA

저서

- 『공공기관 채용과 면접의 기술』, 브레인플랫폼, 2022.(공저)
- 『10년 후의 내 모습을 상상하라』, 브레인플랫폼, 2021.(공저)
- 『N잡러 시대, N잡러 무작정 따라하기』, 브레인플랫폼, 2021.(공저)
- 『메타버스를 타다』, 브레인컨설팅, 2021.(공저)
- 『ESG경영』, 브레인컨설팅, 2021.(공저)
- 『기업가정신 창업가정신 그리고 창직가정신』, 브레인플랫폼, 2021.(공저)
- 「성남하이테크밸리 스마트공장 기술 세미나-스마트공장을 위한 3D 프린팅 기술」, ETRI-SNIC, 2019.(공저)
- 「글로벌 디지털헬스케어 기술 동향」, 정보통신기술진흥센터(IITP), 2017.(공저)
- 「메디바이오/SW(ICT) 미니클러스터 교류회 연구교재」, 성남산업진흥원, 2017.(공저)
- 「스마트 헬스케어 산업동향」, 주간기술동향, 정보통신기술진흥센터(IITP), 2015.

(공저)
- 「모바일의료기기 융합시장 활성화 방안」, 주간기술동향, 정보통신기술신흥센터 (IITP), 2014.(공저)
- 「기술평가 전문가 교육과정 교재」, 중소기업진흥공단-중소기업중앙연수원, 2012. (공저)
- 「소재산업 분야 연구기획 전문가과정」, 고용노동부-한국섬유개발연구원, 2014. (공저)
- 「기술사업화 전문가 양성교육 교재-기술평가사/기술경영사 과정」, 한국기술사업화진흥협회, 2012.(이승관)
- 「IT융합전략」, 한성대학교 지식서비스컨설팅대학원, 2012.(공저)
- 「Bioin 스페셜 전문가리포트」, 한국생명공학연구원, 2012.(공저)
- 「KEIT PD Issue Report-융합기술 R&BD 활성화 추진전략」, 한국산업기술평가관리원, 2012.(이승관)
- 「성남시 3+3전략산업 정책보고서」, 성남산업진흥재단, 2008.(공저)
- 「성남시 게임 산업 육성을 위한 클러스터 구축 전략수립」, 경기디지털콘텐츠진흥원, 2008.(공저)
- 「인천 자동차부품산업 현황 및 발전방안」, 인천테크노파크, 2006.(공저)
- 「경인지역 기계·금속산업 인력 실태조사 보고서」, 중소기업청/인천경기기계공업협동조합, 2006.(이승관)
- 「인천서부지방산업단지 생태산업단지화를 위한 사전분석 연구(최종보고서)」, 산업자원부-송도테크노파크, 2006.(공저)
- 「Economic Cooperation and Integration in Northeast Asia-New Trends and Perspectives」, Global Cultural and Economic Research2, LIT VERLAG Berlin 2006.(공저)
- 「행정기관 홈페이지 평가 및 우수기관 선정 최종보고서」, 숙명여자대학교 정보통신대학원, 2003.(공저)

- 「울산지역 산업클러스터 사례분석 연구」, 울산전략산업기획단-울산대학교, 2004.(공저)

수상
- 산업통상자원부 장관상
- 산업연구원장상
- 성남시장상
- 성남산업진흥원장상
- 한국의료기기공업협동조합 이사장상
- 한국스마트의료기기산업진흥재단 이사장상
- 한국산업카운슬러협회 원장상
- 한국생산성본부장상
- 주식회사 쌍용 대표이사상

SNS
- https://www.facebook.com/seunggwan.i

6장

건설기술인의
N잡러 컨설턴트

신봉섭

1. 건설기술인과 N잡러의 길

1) N잡러의 개념

N잡러란 융복합 역량으로 여러 개수(Several Numbers)의 직업(Job)을 소화하는 사람 정도로 표현해야 할 것으로 보인다. 기술자로서의 N잡러 역량은 걸맞은 지식, 기술, 태도를 가지고 다양한 역할을 수행할 수 있는 힘이나 기량을 발휘할 수 있는 능력이며, 다양한 역할을 수행하는 과정에서 N잡러는 자연스럽게 도출된다고 볼 수 있을 것이다.

N잡러는 직장인으로서 회사의 일과 그 외 여러 가지의 일을 하는 형태와 프리랜서 개인사업자로서 다양한 직업을 갖는 형태가 있을 것이다. 그리고 본업과 부업의 형태로 볼 것인가? 아니면 여러 개의 부업이 복합된 하나의 본업이 될 것인가의 문제도 있을 것이다.

어찌 됐든 하나의 직업이나, 일에 국한되지 않고 복수의 직업이나 일을 추구하는 것이 장래 직장인으로서 이직이나 전직의 유연성을 위해 필요할 수도 있고, 개인적 희망 요구를 충족시키기 위한 준비의 단계로써 필요할 수도 있으며, 흔히 직업을 가지면서 주식투자에 골몰하는 것처럼 주된 일과 상관없이 부수적인 수입 창출을 위한 수단일 수도 있는 것이다. 그 무엇이 됐든 우리 기술자들에게도 N잡러에 대한 관심과 도전은 꼭 필요한 일이라는 것을 강조하고 싶다.

2. 건설기술인의 N잡 프리랜서

1) 기술인(직장인)의 N잡러의 길

(1) N잡러의 길이 왜 필요한지 알 필요가 있다

현업 업무 연관하여 강사라는 또 다른 일을 하고 있어 정보와 지식에 항상 목이 마르다. 그러던 중 접한 곳이 KCA한국컨설턴트사관학교였다. 이를 통해 N잡러의 개념을 이해할 수 있게 되었고, 구체적으로 개념이 정립된 상태에서 N잡러의 길을 모색하게 된 것이 참으로 다행스럽다. 막연히 이것저것 해 보는 게 아니라 정확한 이론적 개념에서 접근할 수 있는 N잡러의 길을 찾아가게 되었다는 것은 KCA의 역할 기대와 함께 개인적으로 감사한 마음을 가지고 있다. 이러한 계기들은 인생에 있어 또 다른 모멘텀을 부여하는 중요한 사건이 될 수 있을 것이다.

(2) N잡러 직장인이 아닌 직업인이 출발이다

내가 아는 부동산 분양회사의 분양사무소에 출근하였던 젊은이 미스김은 그 회사의 분양사무소마다 출근하여 맛있는 커피를 만들어 방문 손님에게 제공하는 일을 하였다. 항상 밝은 기운을 주고, 커피도 맛있게 내어주니 방문객들에게 좋은 기분을 선사한다. 그런데 5시면 어김없이 종종걸음으로 퇴근을 재촉한다. 그러려니 하였는데 그 의문이 분양사 사장님과 차를 마시기 위해 동행하던 와중에 이유를 알게 되었다.

미스 김은 호반이 내다보이는 조그만 카페를 따로 운영하고 있었다. 아침 9시부터 오후 5시까지는 분양사무소에서 비정규직 월급쟁이, 오후 6시부터 늦은 밤까지는 카페 사장님이라 했다. 낮에는 카페 손님이 적어 친구가 자기 카페에서 아르바이트를 하고, 밤 야경을 보러 나오는 손님들이 많은 야간에는 친구와 같이 운영하게 되었다 한다. 그리고 자신은 직장인은 아니고 그냥 커피 타는 직업인이라 했다. 바빠도 젊었을 때 돈을 더 벌 수 있다는 생각에 같은 일로 투잡을 하는 파이어족[1]인 셈이다.

기술인은 파이어족일 필요는 없다. 직업과 일속에서 보람을 찾을 수도 있고 경제적 자유도 누릴 수도 있으며, 기술자에게는 숙명처럼 평생의 역할이 주어질 것이기 때문이다. 기술자인 나는 월급쟁이의 한사람으로서 직장인가, 직업인인가, 간혹 질문하게 된다. 지금까지 근 35년여 동안 몸담았던 회사는 현직 포함 6개나 된다. 그중 3개 회사는 부도 내지 법정관리 신청을 통해 사라지거나 주인이 바뀌는 모습을 보았고, 그때마다 새로운 직장에 면접을 보아야 했다.

결국, 회사가 직장인인 나를 지켜주는 데는 한계가 있었다. 어쩌면 직장인이 아닌 직업인으로서 깊이 있는 전문가보다는 다양성을 가진 전문가로서 많은 형태의 일을 접하고 행할 수 있는 능력이 나를 필요로 하는 회사가 다양해질 수 있다는 생각을 하게 되는 것이다. 그래서 N잡러라

---

[1] 20대부터 소비를 줄이고 30대 후반~40대 초반에 경제적으로 자립하여 조기 은퇴를 꿈꾸는 사람들로 경제활동에서 열심히 벌고 지출은 줄여 이른 나이에 경제적 자유를 이루기 위해 N잡 선택하는 사람들

는 단어가 나를 사로잡고 있다.

　현직 회사에 많은 연봉을 달라고 협상하지는 않는다. 다만 자유로운 시간을 더 많이 갖게 해달라고 말하고 싶다. 이 회사에서 빡세게 일하고 더 많은 연봉을 요구하는 것보다는, 더 적은 연봉을 받더라도 그로 인해 여유로운 시간을 통해서 다양한 일을 하면서 살고 싶은 것이다. 그리고 그 다양한 일속에서 부족한 연봉을 채우는 삶이 더 역동적이며 삶의 활력을 준다고 생각한다. 그리고 여러 일속에 탈출구가 있으니 고용 불안에도 자유로울 수 있다.

(3) 직장인으로서 본업과 직장에 도움이 될 만한 N잡러였으면 한다

　국가공무원이 아니고는 근로기준법에 겸직 금지 규정이 없다지만, 직장인으로서 경쟁사에 이중 취업하여 회사의 이익에 반하는 일을 하는 것과 같이 회사의 경영질서를 무시하는 겸업은 안 되는 일로 보아야 할 것이다. 4대 보험을 하는 회사가 직장이고 본업이라고 한다면 어설픈 N잡러가 본업과 부업을 구분하지 못하여 직장에 누가 될 수도 있다. 그래서 월급쟁이라면 본업과 직장에 도움이 될만한 N잡러가 되자고 주장한다.

　나의 경우 현재 춘천의 모 대학에 건축과 겸임교수를 하고 있다. 3과목이나 맡아서 여간 부담스러운 것이 아니지만, 일주일에 한 번은 자식 같은 학생들을 만나는 일이 기쁨이고 보람이기도 하다. 물론 금전, 시간, 체력적인 측면에서 도움이 되지 못하는 일을 왜 하느냐는 주변의 만류가 있지만, N잡러로서 마땅히 해야 할 일이란 생각에 개의치 않는다. 물론 또 다른 N잡에 도움이 될 것이란 기대도 있다.

현 직장은 소위 시행사로서 부동산 개발업무를 하고 있다. 부동산 개발사업에서는 인허가 과정에 각종 심의, 협의 과정이 있다. 이때 심의, 협의 전문가분들 중에 교수님들이 상당수 있다. 겸임교수 활동이 직간접적으로 협업 업무에 보탬이 되리란 생각이 있기에 부담을 극복할 수 있다고 본다.

또한, 젊고 기대되는 미래의 기술자들을 최일선에서 만날 수 있고, 필요에 따라 그들이 기술인 후배로서 업무에 도움이 될 수도 있으리란 기대도 있다. 만일 회사에서 필요한 인재가 있다면 잘 알고 있는 기술자를 채용할 수도 있으리라. 이처럼 직장에 도움이 될만한 N잡인지를 생각해 볼 필요가 있다. 물론 개인사업자, 프리랜서로서 N잡러라면 가릴 것 없이 접근하여 맡은 바 일을 해내면 될 것이다.

(4) 직업인이 아닌 직장인일 뿐인 월급쟁이는 고민이 클 수밖에 없다

사표를 내야 할까? 사표를 내면 뭐 하지? 이렇게 살면 노후는 괜찮은 건가? 노후준비는 무얼 어떻게 해야 하지? 이런 고민은 기술자들도 예외는 아니다.

오래전 직장으로 돌아가야 할 것 같다. 그 시절 점심시간이면 무료하기 그지없는 인간이 나였다. 당시도 지금처럼 특히 직장인들이 주식투자에 열심이었다. 요즘이야 증권사 매장의 전광판을 들여다볼 일이 없겠지만, 당시만 해도 점심식사 후 으레껏 직원들은 증권사의 전광판을 들여다보면서 시간을 보내다가 사무실로 복귀하는 일이 다반사였다. 주식은 잘만하면 황금알을 낳는 훌륭한 재테크 수단으로 인식되었다.

그러나 도통 머리가 잘 돌아가지 않고, 특히 도박 같은 것에는 멘털도 약한 내게는 딴사람들 이야기일 뿐이었다. 거기다 주식에 젬병이었던 시기에 증권사에 다니는 아는 형에게 돈을 맡기고 관리해 달라고 하였다가 1990년대 초 증권시장의 대폭락으로 자산관리 의뢰 고객이 많아 승승장구하던 그 형은 자살하였고, 내 돈은 그저 용돈만 건졌던 아픈 기억이 있었다. 신문이란 신문은 다 보고 정보란 정보는 다 섭렵하던 그 형도 시국과 정세 앞에선 속수무책이었던 것이다.

결국, 내가 잘 알지 못하고, 직접 손댈 수 없는 것에 걸 수는 없는 일이었다. 그래서 한참 후 선택한 것이 기술사 시험에 도전하고, 기술사가 돼보자는 것이었다. 아마 대부분의 기술자들도 그리 생각하였을 것이다. 그러나 바람직한 노후대책이란 측면에서 신중히 생각해 내린 결정은 아니었다. 그냥 막연히 기술사 자격이 있으면 좋겠다 정도였다. 지금 강의실에서 내가 강사가 될 수 있었고, N잡러가 될 수 있었던 것은 그 시절 주식으로 두 번 쓴맛을 볼 수 없어서 택한 '기술사 공부나 해 보자'가 만들어준 것이라고 무용담처럼 말하고 있다.

그래서 간혹 젊은 기술자들에게 말하곤 한다, 불안한 노후대책과 N

잡러의 길은 대학 입시 때처럼 독하게 한번 주경야독 공부에 2년은 투자해 보자고 말이다. 과거 관상 책에 빠져 지낸 적이 있다. 무병장수, 부귀영화를 누릴 상이 최고인데, 100세 시대에 무병장수는 그렇다 치고 문제는 부귀영화는커녕 노년 빈곤이 가장 절실하고 심각한 문제일 수밖에 없게 되었다.

노인 일자리의 경우 안정된 직장, 고임금과는 동떨어진 저임금 불안정한 일자리일 수밖에 없어 N잡러로서 다양한 일에 적응할 수 있고, 다양한 일에서 일정의 금전적 안정을 누리는 준비가 필요한 것이다.

공직자인 친구들을 부러워하기도 했다. 그들은 60세 정년이 보장되어 있으니, 얼마나 평안하고 행복한 인생이냐 그런 것이다. 그러나 60세 정년도 별반 다르지 않다. 통계청 자료에 따르면 2019년 기준 기대수명이 남자 80.3년, 여자 86.3세로 평균 83.3세이고, 2년마다 1년씩 기대수명이 늘어나는 장수명의 시대에 60세 초반 이후 은퇴 인생을 살아도 될까? 최근 공직에서 퇴직한 기술직 공무원들은 하나같이 분명 재취업이 대세이다.

2) 협회와 협회 활동에 관심을 가지다

(1) 건설기술인으로서 N잡러의 길

앞서 말한 듯이 나는 오래전 직장생활 중에 몇 년을 기술사 자격증 강박에 시달리면서 오른쪽 중지 손가락이 비틀리는 고통을 감내하면서 2

개의 기술사 자격증을 취득해 냈다. 그것이 오늘날 본업 외 다른 일로 부수입도 가능한 것이 틀림없다. 그래도 누군가 나를 써먹어 줘야 강사를 하든, 컨설팅을 하든 할 것이 아닌가? 이런 고민을 해결해 줄 수 있는 곳이 소위 건설기술 관련 단체들로 관련 협회, 단체, 교육원들은 손에 꼽기 어려울 만큼 많고 건설산업 발전을 위해 많은 활동을 하고 있다. 여기에 편승하는 노력을 기울일 경우 얼마든지 N잡의 기회는 열려 있다.

나의 경우 건설안전기술사를 기반한 '사)건설안전기술사협회'와 연이 되었고, 이곳을 통해 건설안전 관련 품질·안전 동시성에 대한 강의를 하게 되었다. 이곳에서 건설현장 컨설팅 업무와 건설 안전교육을 하다가 현재는 현업 업무 소화를 위해 건설안전관리자 직무교육 외래 교수직만을 수행하고 있다. 물론 시간을 쪼개 한정적으로 참여할 수밖에 없지만 이를 통해 건설사 직원들을 만난다. 개발사업에서 어차피 건설사를 상대로 개발사업 파트너 방안에 대한 협의를 해야 하고, 시공사와 공사 도급계약을 통해 부동산 목적물을 만들어내야 하기에 건설사들의 사정을 듣고 협력 방안을 고민할 수 있는 기회가 될 수 있는 것이다.

또한, 강사 활동을 통해 스스로 많은 사람들 앞에서 강의하는 일이 기대되고, 마치고 나면 뿌듯함을 느끼는 것을 보면 웬만큼은 적성에도 맞는 모양이다. 이렇게 본인의 특성을 발견하는 일도 N잡의 큰 장점이라 생각한다. 자신의 큰 장점을 발견한다면 더 좋은 직업, 일을 찾고 선택하는 데 도움이 되지 않겠는가? 마치 부모가 어린 자식에게 이곳저곳

학원을 보내고, 체험교육을 보내면서 무엇을 잘하는지, 적성에 맞는지 그것을 찾아내는 과정과도 같을 수 있다.

건설기술인의 N잡 유관기관과 관련 업무 사례

유관기관	N잡 관련 업무
건설기술인협회	건설기술 관련 강사, 자문, 평가, 심사 위원
한국기술사회	상동, 추천 전문가 위원
사)건축시공기술사협회 외 공종별 기술사협회	건설기술인직무교육 강사, 자문, 평가, 심사위원 추천
사)산업안전보건협회 외 산업안전보건 교육기관	산업안전보건교육, 산업안전보건점검, 산업안전보건컨설팅 위원
사)건설안전협회 외 건설안전 교육기관	건설안전점검위원, 건설안전교육강사, 건설안전컨설팅 위원
민간)재해예방기술지도기관 등 안전교육, 컨설팅 기관	안전보건교육, 안전보건컨설팅, 건설현장기술지도 위원
국토과학기술진흥원회 및 연관 단체	감리 및 CM교육, 안전점검, 건설사업 계획서 평가위원 등
재)건설기술교육원 외 교육기관	건설사업 관련 각종 교육(품질, 안전, 점검 등) 강사 외
민간)건설기술교육기관	상 동
각 지방 법원	법원 감정인, 법정관리인
생산성본부	친환경건축인증심사원 외
국토과학기술진흥원	신기술인증 평가·심사위원 외
한국산업인력공단	기술자격시험출제위원, 기술자격시험평가위원, 기술자격시험참관위원 등

(2) 여러 유관단체가 건설기술인에게 N잡러의 길을 돕는다

건축기술자로서 건축시공기술사협회와 같은 협회 활동에 관심을 가지게 되었다. 협회의 관심과 하는 일들을 접하면서 아는 기술자들에게 협회에 가입하고, 적극적인 활동을 통해 N잡의 길을 모색해 보라고 권장하고 있다. 여기서 기술 관련 자료들을 볼 수 있고, 유능한 선후배 기술자들의 이야기와 그들의 관심사를 통해 나의 길을 모색할 수도 있다. 유관 단체, 기관들은 관련 협회를 통해 건설기술 관련 심의. 심사. 교육. 자문 위원들을 추천하여 주도록 요청하고 있으며, 협회는 회원 네트워크를 통해 기술인들의 N잡러 길을 돕고 있다.

한국기술사회, 한국경영지도사회, KCA한국컨설턴트사관학교가 한국의 기술경영전문가들을 개발도상국에 파견, 이에 따른 해외 일자리 창출, 기술 수출에 의한 국위선양 등을 통해 전문가들에게 80대까지 안정적인 일자리정보 제공, N잡러 교육이라는 기치 아래 협약식(MOU)을 체결하였다고 발표했다. 건설기술인들이 이러한 소식과 정보들에 귀를 열고 관심과 접근하는 일 또한 N잡러의 길로 갈 수 있는 방법이다.

3. 강의실에서의 N잡러 컨설팅

1) 기술 자격증 컨설팅

(1) 자격증을 분류한다

건설산업 분야 안전관리 최고위 자격증에 건설안전기술사와 산업안전지도사 중 건설안전지도사 자격이 있다. 안전분야 강의 중에 누군가 '어느 자격증이 더 좋은가'라는 질문을 했는데, 난감한 질문이 아닐 수 없다. 두 자격 중 하나를 가진 어느 누구도 못하다 할 리 없기 때문이다. 두 자격증에 대해 '어느 것이 더 좋다'가 아니라 서로의 특징이 있다가 맞을 것이다.

국가 전문자격의 경우 해당 정부 부처의 자격증이라는 측면에서 우대 관리하는 자격이라 할 수 있으며, 산업안전지도사의 경우에도 고용노동부 사업에 개인사업자등록을 통해 사업자로 참여할 수 있도록 하고 있어, 그렇게 할 수 없는 건설안전기술사에 비해 더 좋은 자격증이 될 수도 있다. 그러나 N잡을 위한 국가사업 및 인허가 등의 심의, 평가, 자문 위원 등 기술 전문가 집단 구성 참여를 위해서는 당연히 국가기술자격자인 건설안전기술사 등 기술사를 활용할 수밖에 없다는 점에서 그 특징을 가지고 있다고 할 것이다. 어쨌든 자격증 각각의 특징을 살펴 자신에게 맞는 자격증에 도전해 보는 것도 방법이다. 아래 표는 우리나라 자격증 제도에 대해 나름의 분류를 해 보았다.

우리나라 자격증 제도에 대한 분류

구분	관련 특징
① 국가 기술자격	*국가기술자격법에 의한 한국산업인력공단, 대한상공회의소 주관
-기술사, 기사, 산업기사	
-기능장, 기능사	
② 국가기관 전문자격	*해당 부처 주관

-국토교통부 주관 시험	-감정평가사, 공인중개사, 주택관리사보, 건축사, 건축물에너지평가사, 물류관리사 등
-소방청 주관 시험	-소방시설관리사, 소방안전교육사 등
-문화재청	-문화재수리기능자, 기술자 등
-교통안전공단	-교통안전관리자(도로, 철도, 항공, 항만, 삭도), 철도자격(차량정비기술자), 항공자격(항공정비사, 항공교통관제사, 운항관리사, 경량항공기조종사, 드론조종자) 등
-고용노동부 주관 시험	-산업안전지도사, 산업보건지도사, 공인노무사, 사회복지사 등
-행정안전부	-기업재난관리사, 방재전문인력, 행정사 등
-중소벤처산업부	-경영지도사, 기술지도사 등
-환경부	-환경영향평가사, 환경측정분석사, 사회환경교육지도사 등
③ 공공 공익기관 국가자격	*해당 공공, 공익기관 주관
-국토안전관리원 및 인정 건설교육기관	-정기안전점검자격, 정밀안전진단자격, 성능평가점검자격 등
-상공회의소	-컴퓨터 관련, 전가상거래 관련, 유통관리사. 무역영어, 비서 등
④ 민간 자격	*해당 민간 협회 등이 주관
-사)에너지기술인협회	-지역난방설비관리사
-사)원가관리협회	-원가분석사
-실내건축가협회	-실내디자이너
-기타	-관련 유관 단체, 협회별 민간자격

※ Q-Net 국가자격 종목별 상세정보의 전문자격 및 민간자격 종목별 상세정보를 인용하였으며, 자세한 사항은 관련 사이트 참조 요망.

(2) N잡러가 되기 위한 바람직한 기술인의 선택은 좋은 기술 자격증의 취득에서부터 출발한다

건축과 학생들의 질문에서 전공 자격증 외에 도전해 볼 만한 하나의 자격증을 추천해 달라는 질문에는 N잡러가 되기 위한 기술자의 출발이라는 관점에서 이렇게 답한 바가 있었다. 예로 대기환경기사 같은 자격증이 좋겠다고 왜냐하면 이 자격증은 산업안전보건 법령상 보건관리자의 업무를 수행할 수 있고, 환경 분야의 전문 자격증이다. 그리고 환경 분야에서 최근 최대 이슈 사항이 무엇인가? 미세 먼지가 아닌가? 즉, 다양하게 활용성이 큰 자격증이 융복합 업무능력의 확보 측면에서 유리한 자격증이 될 수 있을 거라 조언한 바가 있었다.

최근 대형 화재가 사회적 문제로 떠올랐고, 소방분야 법령이 분리 강화되었다. 이로 인해 건설산업의 시공과 유지관리 부분에서 소방기술자 배치 규정 또한 계속 강화되고 있다. 시공 분야에서 소방 관련 시공기술자보다 지도, 감독하는 감리자 배치기술자 수가 더 많게 되는 아이러니가 있게 된 것이다.

내가 PM한 도시개발사업장은 공동주택 세대수가 3천 세대에 근접하는 사업장으로서 관련 법상 소방기술사를 소방 감리원으로 배치하여야 했다. 감리용역 회사는 소방기술사 자격자를 구할 수 없어 애를 먹었으며 결국 억대의 고액 연봉으로 소방기술사를 배치할 수밖에 없었던 것으로 기억한다. 감리원 연봉이 억대 연봉이면 꿈의 숫자일 수 있지만, 소방기술사이기에 가능한 일이었다. 또한, 소방시설관리 영역 확장, 소방 관련 교육 프로그램의 증가 등으로 N잡을 꿈꾸는 소방기술자들에게 걱정없는 노후가 보장되고 있다.

요즘 건설산업 관련 강의를 하면서 시공의 시대가 저물어 가고, 유지관리의 시대가 떠오르고 있다는 말을 종종 하고 있다. 급격한 경제성장과 더불어 건축물 등이 우후죽순 단기간에 지어졌으나, 이제는 지을 만큼 지어졌고 40년 차 이상의 건축물 등 건설 시설물의 노후화 시대에 접어든 것이다.

이에 정부는 시설물의 안전 및 유지관리에 관한 특별법에 이어 건축물관리법을 제정하기에 이르렀다. 이와 더불어 노후화의 진행에 따른 건설물의 성능개선뿐만 아니라 장수명화를 위한 보강, 붕괴에 대비한 재난 방재, 내진 성능 확보 등 여러 측면에서 구조기술사의 역할은 중요해 지고, 확대될 수밖에 없다. 현재도 구조기술사의 연봉 측면 뿐만 아니라 건축물의 점검, 진단, 평가, 보강 등 여러 영역에서 N잡러의 길은 이미 펼쳐지고 있다.

위 사례의 단편적인 예에서 보듯이 60대 N잡 억대 연봉자의 꿈을 위해 좋은 기술사 자격증이 무엇일지 고민하고, 도전함으로써 최고 N잡러의 길이 될 수 있을 뿐만 아니라 최고의 노후대책이 되고 있는 사례다.

(3) 시대 상황에 따라 자격증 종목의 변화가 일어나고 있다

건설산업과 관련하여 회자되는 용어를 꼽자면 ESG경영[2], 탈현장화[3]와 더불어 4차산업혁명 기술[4]에 대한 관심이 높다. 콘테크(Contech)[5]와 맞물려 새로운 기술들이 등장하고 이에 걸맞은 자격증들이 탄생하고 있으며, 새로이 탄생하는 자격증에 관심을 가질 경우 N잡 차원에서 도움이 되리라 판단된다.

4차산업혁명과 연계되어 새로이 탄생하는 자격증 사례

유관기관	N잡 관련 업무
로봇 분야	-로봇기구개발기사, 로봇소프웨어기술개발기사, 로봇하드웨어개발기사
3D 프린터 분야	-3D프린터개발산업기사, 3D프린팅전문운용기능사
에너지생산기술 분야	-태양열에너지기사, 풍력발전기사, 연료전지기사, 바이오에너지기사, 해양에너지기사, 폐자원에너지기사
환경 및 안전분야	-환경위해관리기사, 방재기사
바이오 분야	-바이오의약품제조기사, 바이오의약품제조산업기사, 바이오화학제품제조산업기사
빅테이터의료 분야	-의료정보분석기사

---

2) 환경_Environment, 사회적 책임_Social, 지배구조_Governance

3) Pre+off side Construction으로서 공업화 생산, 프리훼브_Free Fave, 프리케스트_Precast, 모듈러 건축 등

4) 1차산업혁명이 18c 중반 증기기관, 2차산업혁명이 19c 후반 컨베이어벨트시스템 등 대량생산체제, 3차산업혁명이 인터넷 혁명이라면 메타버스(AR, VR, MR 등), IOT, AI, Big Data, Cloud 등 데이터와 정보화 혁명

5) 건설(Construction)과 기술(Technology)의 합성어로, 건설산업에 인공지능(AI)과 빅데이터, 3D 프린팅, 클라우드, 모듈러 등의 첨단 기술을 도입해 효율적 생산성을 추구하는 것

2) 대학 강의에서의 N잡러 컨설턴트

(1) 융합 인재, 융복합 인재가 되어라

　나 스스로 실업계 공업고등학교를 졸업하고 취업 전선에 뛰어들어 기능직이라는 굴레를 벗어나려는 노력으로 2년의 야간대학 과정을 마치고, 시간을 벌어 나머지 2년을 또 야간대학을 다녔다. 이런 과정을 거친 사람으로서 대학 강단에 서서 자식 같은 학생들을 가르치는 일은 가슴 뿌듯함과 사명감이 있다.

　우리 세대는 고도 성장기에 좋지 않은 스펙으로도 무난히 취직하고, 어려운 처지에도 야간대학이라도 다니면서 기회 창출을 할 기회들이 넘쳐났다. 그리고 하나의 전문가로서도 문제 될 것이 없었다. 그러나 이제는 시대 상황이 변화되었다. 하나의 전문지식으로는 복잡해지고 다양화되는 시대에 한계가 있을 수밖에 없게 되었다. 융합 인재, 융복합 인재 양성의 시대가 도래한 것이다. 이에 발맞춰 대학에서도 복수전공, 해외연수를 통해 다양한 지식을 접하도록 권장하고 있다. 대학이 융합 인재, 융복합 인재 양성을 시작한 것이다.

　젊은이들에게 말한다. 청년실업, 중장년 실업 하면서 실업이 심각하다는데 왜 우리나라에 외국인 근로자가 그리도 많은 것이냐고? 우리나라에 과연 일자리가 없어서일까? 그렇다면 외국인 근로자들이 물밀 듯이 밀려올 일이 없으리라.

우리나라의 문제는 사회 전반의 양극화에 기초한 일자리 양이 아닌 질의 문제인 것이다. 2021년 기준 중위소득 및 생계·의료급여 선정기준과 최저보장수준[6]을 다음과 같이 발표하고 있다.

급여의 기준 등에 활용하는 '기준 중위소득'

구 분	1인가구	2인가구	3인가구	4인가구
금액(원/월)	1,827,831	3,088,079	3,983,950	4,876,290

* 8인 이상 가구의 기준 중위소득: 1인 증가 시마다 868,505원씩 증가

최저 임금(시급)에 따른 최저 생계비 월 163만 원을 받는 일자리는 우리나라에서 마음만 먹으면 못 구할 리 없다. 문제는 기준 중위소득에 걸맞은 최저 생활비인 월 3백만 원 이상의 일자리가 얼마나 있느냐의 문제인 것이고, 이것은 융복합 인재가 됨으로써 N잡이 해결해 줄 수 있으리라 믿는다.

(2) 복수의 자격증을 취득하고 졸업하라

취업뉴스「코로나 시대의 채용, 인재상도 변해」에서는 인재상을 설명하면서 스페셜리스트[7]와 제너럴리스트[8]로 분류해 설명하고 있다. 무엇이 될 것이냐는 선택의 문제가 아니다. 스페셜리스트이면서 제너럴리스

---

6) 인 보건복지부 고시 제2020-170호에 따르면 국민기초생활 보장법 제2조 제11호에 따라 급여의 기준 등에 활용하는 '기준 중위소득'
7) 한 분야 전문가인 I자형 인재
8) 다양한 분야에 걸쳐 소통능력, 협상, 리더십 등을 가진 T자형 인재

트가 되지 않으면 존재감이 약해질 수밖에 없는 시대에 살고 있다는 생각이다.

그래서 융합형, 통합형 인재로 볼 수 있는 T자형 인재에 대한 관심이 커진 것으로 보인다. 단편적인 전문가보다는 다양한 분야에 걸쳐 폭넓은 지식을 갖고 있으면서도 특정 분야에서 깊은 전문성을 갖춘 인재를 요구하는 시대가 된 것이다.

후배 기술인들이 T자형 인재가 되기 위한 기반으로서 가능한 한 복수의 자격증을 취득하도록 지도하게 되고, 이런 과정을 통해 자격증의 취득에서 나아가 다양한 전문분야의 지식과 기술을 흡수하게 되는 계기가 되도록 유도하고 있다.

(3) 융합형 강사가 재미있고 유익한 강의를 한다

건설기술자들을 대상으로 한 강의실에 나가면서 다른 강사들의 강의를 들어보는 경우가 있다. 평가자이기보다는 같은 강사로서 배울 점이 분명 있기 마련이다. 그리고 강의를 듣는 기술자들은 현업에 돌아가서 동료 기술자들이나, 근로자들에게 교육 강사로서 강의를 해야 하는 입장이 되기에 강의 기법에 대해서도 컨설팅 차원의 조언이 필요하기도 하다.

지난날을 돌이켜 보면 한때 학교 공부가 왜 그리 싫었는지 모르겠다. 선생님이라는 강사가 다 좋을 리도 없고, 학교수업이 다 좋을 리도 없으니 그럴 수 있다 치고 그 시절 중국 역사소설 같은 책들에 빠져 지냈다. 특히 정비석 선생님의 소설들이 좋았다. 지금 생각해 보면 학교 공부를 하지 않아 어려움이 있었지만, 강의하는 데 나름 보탬이 되었다는 생각이다. 곧 사업장에서 교육 강사가 될 그들에게 좋은 강의가 되기 위해서는 양념이 풍부해야 한다고 말한다. 안전을 말하는 데 안전 이론만 줄곧 외우고 있으면 졸지 않을 사람이 없다.

또한, N잡러로서 이것저것 풍부한 경험들이 잡학다식한 융합형 강사라는 점을 피력하는 데 충분히 도움이 될 수 있다.

4. 인생 2막 N잡러를 생각하며…

1) 바람직한 노후대책

(1) 기술인의 바람직한 노후대책은 이력의 한정성에서 벗어나는 것이다

인생 2막의 시대는 한마디로 N잡러 프리랜서의 삶이라 말하고 싶다. 고령화 사회로 접어들면서 그야말로 프리랜서 전성시대가 도래될 것이다. N잡러 프리랜서의 특징은 직업과 이력에 한정적이지 않다는 특징이 있다. 프리랜서의 삶은 자기 자신이 모든 것일 수 있다. 건강한 신체, 끊임없이 공부하는 학구열, 심신의 능력을 융합하여 표현하는 능력을 통해 변화하는 직업과 일에 적응하고, 다른 일도 함께 해내는 것이다.

건설근로자들을 대상으로 한 교육에서도 우리는 몸으로 때워 먹고 살지 않는가? 우리 몸을 지키는 일에 소홀해서는 안 되니, 담배도 줄이고, 스트레칭도 틈틈이 자주하고, 보약은 못 먹어도 좋으니 건강검진은 매년 빼먹지 말고, 그리고 마지막에 기능교육 훈련장에 다니면서 다기능 기술자가 되자고 목청을 높인다.

다기능 기술자가 무엇인가? 프리랜서의 직업을 가진 기능기술인이라면 한 가지 기술만으로 부족하다. 한 가지라도 더 기술을 익혀서 계절과 절기를 타지 않는 기술인이 되자는 것이다. 이것은 농부에게도 해당한다. TV 시청 중 N잡러 농부를 본 적이 있는데 그 농부는 4계절 수확이 가능하도록 계획하여 여러 작물을 재배한다고 했다. 하나로 제대로 승부하면 편안할 수 있겠지만, 흉작과 풍작이 반복되는 농부에게도 N잡의 개념은 필요하다는 것이다.

건설기술인 중에도 구태여 한 직장에 연연하지 않고 살아가는 사람들이 많다. 그들은 자유로운 시간을 가지면서 컨설팅, 강의, 사업계획서 용역 등으로 수입을 창출하면서 사는 사람들이다. 옛 직장 동료였던 김형은 건설환경전문가로서 건설현장 환경관리분야 컨설팅, 건설관리자 교육강사, 사업보고서 작성 용역 등으로 훌륭한 인생 2막을 살고 있다. 하나의 전문분야를 가지고도 N잡을 위한 시도는 계속되는 것이다.

(2) 무엇을 하는 사람이 아니라 무엇이든지 하는 사람이다

얼마 전 옛 직장 동료를 만났다. 요즘 뭐 하고 사냐는 질문을 받았나는 주저 없이 무엇을 하는 것이 아니라 무엇이든지 하면서 살고 있노라고 말한 적이 있다. 그 뒤로는 아예 강의실에서 강사소개 시간이면 '저는 무엇을 하는 사람이 아니라 무엇이든지 하며 사는 사람입니다'라고 하고 있다. 물론 소개하는 화면에 명함을 보일 때면 '도대체 내 정체성이 뭐지?'라는 의문이 들기는 한다. 그러나 강의하는 사람들 대부분의 모습도 다르지는 않은 것 같다.

직장 또는 사업자이면서 대학에서 강의하고 있고, 기술 관련 협회·단체 등에서 강의나 컨설팅을 하고 있고, 정부 지자체나 산하단체에서 심의, 자문위원 활동을 하고 있고 그런 식이다. N잡에 대한 개념과 관심이 없는 사람들 입장에서는 '왜 저렇게 복잡하고 힘들게 세상을 살아가지?'라는 의문을 가질 만하다. 그러니 N잡러도 팔자에 맞아야 하는지도 모를 일이다.

30세부터 뒤늦은 직장생활, 직업을 갖더라도 50세가 되면 20년을, 그리고 제2막 인생으로 70세까지 20년을 일하면 40년 세월인데, 어찌 그 변화무쌍한 인생에서 하나의 직장, 하나의 직업만으로 살아낼 수 있겠는가. 신중히 생각해 볼 일이다.

(3) 경험과 경력, 그리고 전문성으로 기술인 N잡러는 될 수 있다

은퇴한 전문가 풀을 이용하여 컨설팅하는 전문회사들이 늘어나고 있다. 내가 등록한 인재매칭 고용플랫폼 탤런트뱅크의 경우 고경력의 다양한 전문가 집단을 매개로 프로젝트와 전문가를 연결하는 사업을 하고 있다. 이런 회사들을 통해서 N잡러의 길을 모색하는 것도 한 방안이 될 수 있으리라 생각한다.

 기술인이 할 수 있는 일들은 다양하다. 특히 은퇴 연령이 되면서 경험과 경력, 전문성이 커지고 N잡러로서의 능력과 기회는 더 확장되기 마련이다. 나는 부동산개발 디벨로퍼이면서, 건설 품질, 안전 동시성 전문가로서 강사이기도 하고, 건축시공전문가로서 다수의 기관 및 단체에 심의, 자문위원이기도 하다. 물론 직장인 N잡러가 아닌 프리랜서 N잡러였다면 더 많고 다양한 일을 찾아 소화하려고 노력했을 것이다.

 마지막으로 어느 기술인들에게나 N잡러의 길은 열려 있고, 필요 불가결한 선택이라고 컨설팅하는 바이다.

참고문헌

- 김수영 외 11인, 『공학도들에게 들려주는 기술사 성공 스토리』, 피서산장, 2021.
- 김영기 외 15인, 『N잡러 시대, N잡러 무작정 따라하기』, 브레인플랫폼, 2021.
- 취업신문, 「코로나 시대의 채용, 인재상도 변해!」, 블로그 진고투, 2021.
- 김태희, 「실리콘벨리교육 AI 시대 T자형 인재」, 블로그

저자소개

신봉섭 SHIN BONG SUB

학력
- 서울과학기술대학교 건축공학과 졸업
- 대림대학교 건축학과 졸업
- 대전동아공업고등학교 건축과 졸업

경력
- 현) 한림성심대학교 건축과 겸임교수
- 현) 한국건설안전협회 건설안전 외래교수
- 현) 대전지방검찰청 형사상고심의위원회위원
- 현) 국토과학기술진흥원 연구개발사업 평가위원
- 현) 강원도 기술심의위원회 설계심의위원
- 현) 한국산업인력공단 자격시험 평가위원
- 현) 서울도시주택공사 건설안전위원
- 현) 서울교통공사 건축분야 자문위원
- 현) (주)삼아건설 상무(본부장)_퇴계지구도시개발사업 외 개발사업 PM

- 한솔건설(주) 감사, 기술연구소 연구원 외
- 삼환기업(주) 대검찰청사현장 공무 외
- (주)대신기술능력개발원 경영연구소장

자격
- 건설안전기술사/건설안전기사
- 건축시공기술사/건축산업기사
- 기업재난관리사/부동산개발전문인력
- 시특법 정기안전점검 및 정밀안전진단 자격

저서
- 『안전관리자 신규교육』 사)한국건설안전협회, 2021.(공저)
- 『안전관리자 보수교육』 사)한국건설안전협회, 2021.(공저)
- 『안전기술과 미래경영』 브레인플랫폼, 2021.(공저)

7장

불안의 시대, N잡(Job)으로 탈출하자

박옥희

1. N잡(Job)으로 불안의 파고를 서핑하자

불안의 심해(深海) 끝은 어디일까? 캄캄하고, 불안한 그 원인은 무엇일까? 심해 생물은 특수한 환경에서 살아남기 위해 특이한 모양을 가진 생물이 많다. 우리는 불안의 심해에서 어떤 모양, 어떤 능력을 길러야 생존할 수 있을까?

위기와 기회는 공존한다. 불안의 위기를 극복하고 변화의 기회를 잡아 인생을 당당하게 펼치기 위해서는 무엇이 필요할까?

평범한 직장인들은 대체로 아침 7시~8시쯤 출근을 위해 집을 나선다. 코로나로 인한 '사회적 거리두기'가 무색하게 전철 안에서는 다닥다닥 붙어서 이리저리 몸을 부딪치다 직장에 들어가면 저녁 퇴근 시간 이후에나 그곳에서 탈출할 수 있다. 회사 동료나 학교 친구를 만나거나 가족과 저녁을 먹고 TV 좀 보다가 잠든다. 다음 날이면 같은 전철에 같은 길을 걸으며 어제와 같이 살아간다.

그렇고 그런 시간이 흘러가고, 뉴스에서 오늘도 불안으로 가득 찬 기사들을 대면하게 된다.「코로나19 확진자 수, 변종 바이러스 오미크론 우세종 등극」,「지구온난화는 생태계를 위협하며 북극곰 멸종 위기」,「저출산으로 학교·지방소멸」,「안전사고, 인플레이션과 생활물가 급등, 청년실업률 증가」등 불안의 요인들이 지금은 너무 많다.

거기에 용어의 의미도 모르겠는 메타버스, NFT, DX, 탄소 중립, 넷-제로, RE100, 워라블 등 새로운 트렌드가 쏟아지고 있다. 불안과 빠르게 변화하는 디지털 세상에서 어떤 노력이 필요할까?

1943년 미국의 심리학자인 매슬로우는 동기부여이론 중 하나인 '욕구 단계 이론'을 주장했다. 그는 인간 욕구의 가장 아래 단계를 생리적 욕구라 칭하고 가장 위 단계를 자아실현 욕구라고 하였다. 생리적 욕구는 삶 그 자체를 유지하기 위한 욕구이고 자아실현 욕구는 잠재력을 극대화하여 자기완성을 바라는 욕구이다. 즉, 인간의 욕구체계는 단계를 밟아 올라가고자 하는 메커니즘을 가지고 있다는 것이다.

현시대 불안의 위기를 극복하고, 변화의 기회를 잡아 자아실현을 위한 도전을 해 보자.

N잡러(Jobler)는 투잡(Two Job)의 의미하고는 분리되어야 한다. 투잡이 본업 이외의 부업을 통해 또 다른 수입을 창출하는 형태라면, N잡러(Jobler)는 자기계발을 통해 다양한 콘텐츠를 개발하여 가치를 창출하는 것이다.

우리가 맞닥뜨린 불안의 시대, 현실을 정면으로 직시하고 변화의 파도를 타자. 그러려면 먼저 폭풍처럼 몰아닥치는 파도의 경사면과 높이를 확인하고 도전을 외치며 나아가야 한다. 이 준비가 끝나면 고도의 평형감각과 판단력, 그리고 나이스한 타이밍으로 변화의 파도에 정면으로 맞서자!

변화를 두려워하지 않고 도전하는 정신 그것이 바로 N잡러(Jobler)가 추구해야 하는 미션(Mission)이다.

2. 불안의 시대

1) 코로나19 장기화와 오미크론 확산

2019년 11월, 아무런 예고 없이 전 세계를 불안과 공포로 몰아넣은 COVID-19는 거침없는 위세를 떨치며 확진자 3.31억 명, 사망자 555만 명을 기록하고 있다.

우리나라에서도 2020년 1월 20일 첫 확진자가 나온 이후 2022년 1월 18일 현재 700,102명이 확진되고, 사망자는 6,378명으로 그 끝이 어디인지 알 수가 없다.

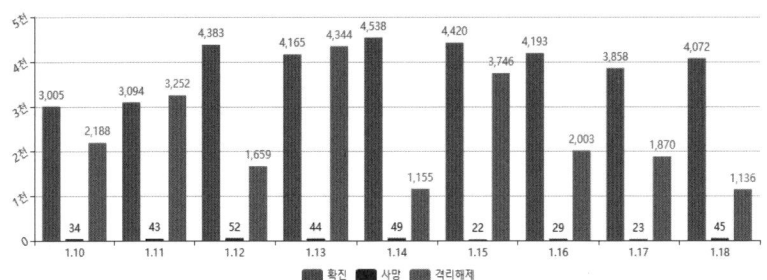

출처: 질병관리청, 2022.01.18. 기준

그도 모자라 변종 바이러스인 오미크론은 2021년 11월 26일에 첫 확진자가 발견된 후 지구촌 모든 국가를 집어삼킬 듯이 위협하고 있다. 우리나라도 확진자 수가 5,030명(2022.01.15. 기준)으로 확산속도가 매우 빠르게 진행되며 불안감을 높이고 있다.

이처럼 전 세계적인 팬데믹의 장기화로 가족, 친구도 못 만나고, 회사 회식도 없어지고, 각종 행사와 축제가 취소되었다. 일상생활의 큰 변화는 코로나 블루(Corona Blue)를 넘어 코로나 블랙(Corona Black)의 상황에 직면하고, 사람들은 우울, 불면, 공황으로 번지고 있다.

2) 인플레이션 경고 및 생활물가 급등

생활물가는 소비자의 구입 빈도 및 지출 비중이 높아 가격변동을 체감하는 품목으로 측정된다. 1995년부터 작성되어 2015년 기준 휘발유, 쌀, 빵 등 총 141개 품목을 대상으로 지수화하였다.

생활물가지수

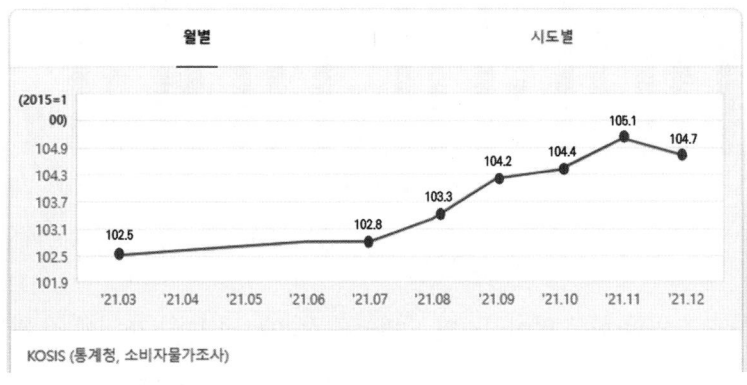

출처: 통계청, 2022.1.10.

서민의 주머니 사정을 위협하는 생활물가는 2015년 기준연도와 비교해서 4.7%나 상승해있다. 그 상승률은 10년 이래 최고이다. 작년에만 해도 달걀 한판 가격이 3,000~4,000원에서 지금은 7,000~8,000원이다. 생활 용도로 쓰이는 석유류도 27% 넘게 대폭 올라있다. 농수산물, 개인 서비스 등의 생활물가가 오르면 주머니가 얇아지고 한숨이 늘어간다. 생활이 불안해지고 막막해진다.

인플레이션(Inflation)이 무엇인가? 물가수준이 계속 오르는 현상을 말한다. 물가가 상승하면 화폐 가치는 하락하게 된다. 이에 따라 빈부 격차가 심해지고, 저축보다는 투기에 관심을 둔다. 국내 물가가 상승하면 수출품의 가격이 상승하여 외국 수요가 감소하게 되면서 수출이 줄어들게 되어 국제수지는 악화된다.

인플레이션 우려는 또 다른 우려를 낳고 있다. 국제결제은행(BIS)에 따르면 38개국 주요 은행이 돈줄 죄기에 나섰고, 기준금리를 인상하고 있다. 영끌로 주택을 매입한 젊은 부부 가구, 가계대출이 높은 서민들은 대출금리인상 요인이 높아지며 불안에 떨고 있다.

3) 지구온난화 심각성

지구온난화는 온실효과로 인한 지구의 기온 상승을 의미한다. 지구온난화는 지구 생태계를 무너뜨리는 재앙이다. 종의 멸종(양서류 등), 질병, 홍수, 곡물 생산 감소 등 인류에 강력한 경고를 보내고 있다. 현재 지구촌 곳곳에서 그 징후를 보이고 있다. 북극 빙하가 녹아 북극곰 서식지가 사라지고 있고, 갑작스러운 집중호우와 홍수, 그리고 가뭄으로 인해 지구의 허파 역할을 하는 브라질 아마존의 대형산불은 그 기능을 상실하고 있다. 남태평양의 작은 섬나라인 투발루는 해수면 상승으로 나라가 사라질 위기에 처해있다.

전 지구적인 문제 해결을 위해 기후변화에 관한 정부 간 협의체인 IPCC(Intergovernmental Panel on Climate Change)는 지구 평균온도를 산업화 이전 대비 1.5℃이하로 제한하자는 약속을 했다. 2016년 파리협정에서는 탄소 배출을 억제하고 2030년까지 온실가스 감축을 하는데 협정하기도 하였다.

이렇듯 지구온난화는 그 심각성이 날로 높아지고 있고, 우리나라도 천연자원 부족, 물 안보위협 등으로 불안과 위험이 커지고 있다.

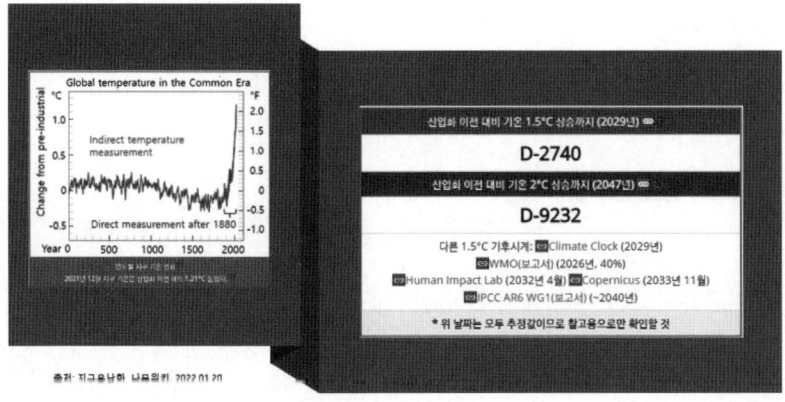

4) 청년 취업난

취업난은 더욱 심각하다. 매일 헤드라인(Headline)에는 '일자리가 없다, 코로나로 인한 취업난으로 청년층이 제일 아프다, 경제적 고통 역대 최고다, 잃어버린 세대다, 취업난 속 불안, 우울, 무기력' 등 부정적인 감정이 생긴다. 이렇듯 청년구직자들은 온통 불안하고 암울한 타이틀로 도배되어 있다.

청년실업률이 2021년 상반기에는 10%대까지 치솟았고, 전체실업률 대비 2.5배 되었다.

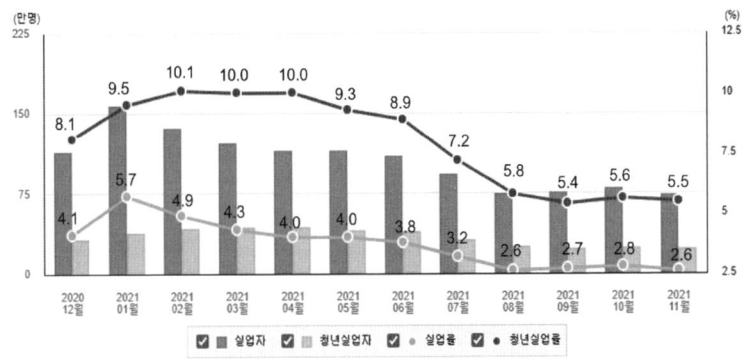

출처: 통계청, 「경제활동인구조사」, 2022.01.10.

3. 변화의 파고

1) 개인의 시대

　1인가구가 증가하고 있다. 2020년 통계청 발표에 의한 1인가구 비율은 전체 가구 대비 31.7%(6,643,354가구)로 10가구 중 3가구는 1인가구인 셈이다. 중요한 것은 향후 1인가구 비중이 가파르게 증가한다는 전망과 20대(19.1%)와 30대(16.8%) 비중이 매우 높다는 것이다.

2021 통계로 보는 1인가구

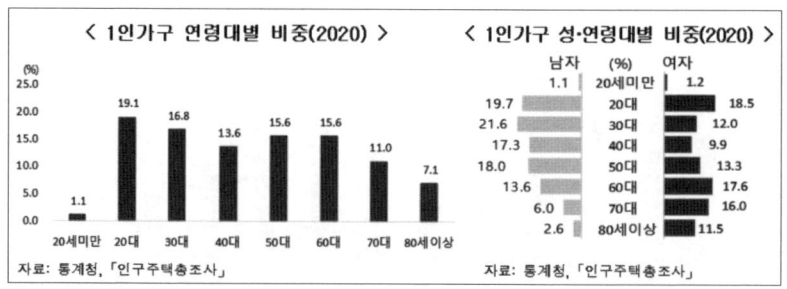

출처: 통계청, 2021.12.08.

　1인가구가 증가하면서 청년층이나 장년층이나 소득, 건강, 주거 등을 혼자 해결해야 하는 문제가 생긴다. 또 다른 쪽에서는 개인의 시대를 맞아 독립 비즈니스가 발전하고 있다.

　이러한 시대 흐름에서 커리어 관리, 나만의 콘텐츠, 새로움에 도전, 나 다움의 가치 창출을 위한 N잡러에 도전해 보는 것은 어떠한가!

　긱 이코노미(Gig Economy) 형태로 전문가들이 모인 플랫폼이 성행하고 있다. 대표적으로 크몽, 숨고, 네이버 expert, 휴넷의 탤런트뱅크 등에 등록하고 프로젝트 단위로 활동하는 전문가도 증가하고 있다.

2) DX 시대

　DX는 디지털트랜스포메이션(Digital Transformation, DT)을 말한다. 그런데 왜 DX일까? 여기에서 X는 Trans(횡단, 가로지르다) 또는 Cross(건너다, ×표, 교차)를 뜻하며 시각적으로도 두 선이 교차되는 것으로 보인다. 즉, DX는 디지털전환, 디지털 혁신, 파괴적 혁신이라는 용어로 4차산업혁명의 트리거로 작용된다. 더군다나 코로나로 인해 비대면 정보와 데이터가 쌓이면서 급속도로 빨라지고 있다.

이러한 디지털 전환시대에 어떤 기회가 있을까? 아래의 표를 보면 4차산업 혁명 및 메타버스, NFT와 관련된 자격증들이 셀 수 없을 만큼 많다. 어떤 자격증에 도전할까? 자신은 어떤 취미가 있고 어떤 분야에 흥미가 있을까?

DX 시대, 유망 자격증

NO	직업명	자격증 또는 주관사	주관구분
1	IoT전문가	IoT지식능력검정/한국사물인터넷협회 등	민간
2	인공지능전문가	(사)한국인공지능협회/한국표준협회 등	민간
3	빅데이터전문가	데이터 분석기사, SQL전문가 등	국가자격
4	가상현실전문가	컴퓨터그래픽스운용기능사 등	국가자격
5	3D프린팅전문가	3D프린터운용기능사 등	국가자격
6	드론전문가	무인멀티콥터 등	국가자격
7	정보보호전문가	정보보안산업기사 등	국가자격
8	응용소프트웨어개발자	정보처리기사/산업기사 등	국가자격

9	로봇공학관련	메카트로닉스 기사 등	국가자격
10	블록체인관리사	(사)한국블록체인산업협회/한국표준협회 등	민간
11	메타버스강사	(사)4차산업혁명연구원 산하 한국메타버스 연구원 등	민간
12	디지털 큐레이터	(사)한국정보과학진흥협회 등	민간

출처: 저자정리

3) 워라블(Work-Life Blending)

워라블은 '일과 삶을 혼합하다'라는 말로 일상과 일을 적절히 조화하려는 Life Style을 말한다. 지속적인 자기계발과 이를 통한 자아실현을 꿈꾸는 Z세대를 중심으로 발생한 신조어다. Z세대는 20~26세를 말하며, 디지털과 친근한 세대로 평생직장이라는 개념보다 개인적이고 적극적인 N잡을 원한다.

글쓰기 취미를 가진 사람은 전자책을 써서 가치를 창출하고, 자기만의 고유한 저작이 있는 사람은 NFT를 만들어 판매를 한다. 일상에 호기심으로 각 지역 기자단에 도전을 해 볼 만하다. 이렇듯 워라블을 추구하는 Z세대는 취미가 일이 되고, 일이 취미가 되어 저절로 N잡러가 된다.

4) ESG 시대

ESG는 기업의 경영 패러다임을 요구하는 Environmental(친환경), Social(사회적 책임), Governance(의사결정체계)를 말한다. 투자자 관점에서 ESG경영을 하지 않는 기업에는 투자하지 않겠다고 선언하고 있기 때문에 선택이 아닌 필수로 해야만 한다.

ESG는 기업에만 해당하는 개념은 아니다. 특히 환경부문에서는 급격한 지구온난화를 막기 위한 '탄소 중립'이 전 세계에서 심각한 아젠다로 부각되고 있다. 즉 온실가스를 내뿜는 화력발전과 같은 시설은 더이상 투자를 받지 못하는 사양산업이 되고 있으며 이를 대체하기 위해 재생에너지 산업이 급부상하고 있다. 또한, 연료를 연소시켜 작동하는 내연기관 자동차산업과 함께 주유소, LPG 충전소 등의 사업은 급격히 전기차와 전기충전소로 대체되고 있다. 한 통계에 의하면 2040년이 되면 주유소의 74%가 줄어들 전망이다.

ESG의 실천은 기업뿐 아니라 소비자의 소비가치도 함께 움직이고 있다. 올 4월부터는 카페 내 일회용 컵 사용이 전면 금지되고, 나무젓가락 사용 안 하기, 비닐봉투 사용 안 하기, 절수하기, 친환경 세제 사용하기, 배달음식 일회용품 사용 안 하기 등 '그린슈머'가 급격히 증가하고 있다.

이렇듯 ESG 시대에는 급격한 사양산업에서 종사하는 근로자들은 일자리를 걱정해야 하는 위기 상황에 놓이고 있다. 위기 상황에서 좌절만 할 것인가? '위기는 곧 기회다'라는 말을 상기해 보자. 새로운 Job, 새로운 도전으로 위기를 탈출하는 지혜가 필요한 때이다. 지금부터 준비해야 한다.

ESG경영은 지구의 환경을 보존하고, 이해관계자들에게 책임을 다하며, 공정하고 투명한 의사결정체계가 되어야 한다. 기업에는 정부의 규제가 따르고, 책임과 의무가 증가해 신경 써야 할 부분이 많아지는 것이 현실이다. 조직은 이해관계자(투자자, 공급사, 수요처, 임직원, 지역사회 등)들의 합의체다. 이들과 더불어 살기 위한 세상을 만드는 것은 이 시대를 살아가면서 거부할 수 없는 책무이다. 의무로만 생각하면 고통스럽겠지만, 기업의 지속가능 경영을 위해서는 기업의 미션, 비전, 전략에 혁신이 필요한 때이다.

이렇듯 ESG 시대를 맞아 체크항목과 관련된 자격증이나 고유의 콘텐츠, 전공, 친환경 창업 등으로 N잡러의 방향을 고민해 보면 어떨까? ESG, 기후변화, 에너지, 디지털, 메타버스, NFT 등 기회는 무수히 많다.

4. N잡러로 가는 미라클 모닝

1) 미모챌러(미라클 모닝 챌린지)

N잡러를 위해 무엇을, 어떻게 준비해야 할까? 여기에서 핵심은 준비를 해야 한다는 것이다. 기회가 왔을 때 그것을 손에 쥐려면 준비가 되어 있어야 한다. 준비하지 않으면 기회가 와도 허상일 뿐이다.

필자는 현재 20여 곳이 넘는 공공기관에 위촉되어 컨설팅, 교육, 평가, 자문단, 멘토링, 공공기관 면접관을 하고 있다. 현재 이러한 경력을 갖게 된 것은 10여 년이 넘는 준비 기간이 있었다.

학위에서는 학사, 석사를 거쳐 박사학위를 받았고, 자격증은 국가자격사인 '경영지도사'를 취득했으며, 기업기술가치평가사(민간) 자격증을 취득했다.

그리곤 학술지 4편을 게재했고, 저서에는 '공공기관 채용의 모든 것', '안전기술과 미래경영', '기업가정신과 창업가 정신 그리고 창직가 정신', 'ESG경영'을 공저로 저술하였다. 얼마 전에는 '북쇼 TV' 재능기부를 통해 저자특강 유튜브 촬영도 했다.

2021년부터는 자기관리를 위해 미모챌을 시작하였다. 시간 관리를 통해 시간을 효율적으로 관리하고, 일정을 철저히 체크하기 위해 시작했다. 미모챌을 시작한 이후에 깨달을 한 가지는 '시간은 고정이 아니다'라는 사실이다. 하루의 시간은 24시간, 일주일은 7일에 24시간을 곱하면 정해진 시간이 계산된다. 하지만 미모챌을 시작한 이후에는 내가 활용하는 시간은 늘어나 너무 바쁜 일정에도 운동도, 책도 읽을 수 있는 시간을 가질 수 있었다는 사실이다.

이제 함께하는 미모챌러 몇 분의 사례를 통해 N잡을 위해 필요한 자기관리방법을 소개하고자 한다.

(1) 미모챌러 C: 새벽 5시, 고요한 그 시간이 참 좋다

결혼 전에는 '돈이 필요하다', '돈을 벌어야겠다'라는 생각을 하지 않고 살았다. 그러나 결혼 후 아이가 태어나고, 내 나이가 들수록 아이의 미래, 나의 노후 등 준비가 필요한데 미처 그러지 못했구나 하는 생각이 들었다. 고민 끝에 공인중개사 자격증 시험에 도전하기로 했다. 딸이 6살이던 해였다. 한참 엄마랑 함께하고 싶은 6살 딸아이를 둔 엄마한테는 큰 결심이었다.

시험을 준비하면서 자기계발에 대해 더욱더 관심을 갖게 되었다. 2021년 5월 즈음 미라클 모닝 챌린지라는 모임을 시작하면서 좀 더 확실하게 모닝 루틴을 이루어 갈 수 있었다. 그 결과 2021년 12월 드디어 공인중개사 자격증을 받았다. 너무나 큰 감동이고 짜릿한 희열감이 느껴졌다. 집안일, 아이 학교 보내기, 직장 일까지 하며 시험준비가 쉽지 않았지만 미모챌을 시작하면서 아침 5시에 기상하여 공부시간과 운동시간을 확보하고 아이 학교 보낸 후 직장 업무를 소화했다. 미모챌을 통한 시간 관리와 지난 3년간 포기하지 않고 도전한 결과였다.

현재 온라인쇼핑몰(Shopee)을 통해 월매출 400만 원의 성과를 내고 있으며, 내년에는 공인중개사 업계 진입과 대학원 진학을 계획하고 있다. 가까운 미래 N잡러로 성공하기 위해 '새벽이든 저녁 늦은 시간이든 나를 개발하기 위한 시간을 갖는 것이 매우 중요한 일'이라고 생각한다. 앞으로도 새벽 5시에 기상하여 책과 공부, N잡을 통해 경제적 자유를 얻기 위해 노력할 것이다.

(2) 미모챌러 H: 40살부터 N잡러 되기!!

2021년은 나에게 조금은 특별한 해였다. 내 나이 앞자리가 3에서 4로 바뀌는 해이기도 했고, 워킹맘으로 대학원 석사과정을 졸업하는 해이기도 했다. 힘겹게 석사과정을 마치고 보람과 동시에 허탈함이 밀려와 집중할 곳을 찾게 되었고 찾은 것은 계속 미뤄뒀던 독서였다.

직장생활을 하면서 주말마다 아이와 시립도서관을 이용해 책을 읽다가 미라클모닝에 관심을 가졌고, 이후 '나만을 위한 시간 확보'에 동기부여를 받았다. 그리고 나를 바꾸기 위해서는 내 주변부터 바꿔야 한다는 생각에 새벽 기상을 위해서 술자리는 피하게 되었고, 스스로 약속을 지키기 위해 블로그 100일 챌린지를 활용하여 매일 모닝 루틴을 기록하였다. 미모챌을 통해 평소보다 2시간 정도 일찍 기상히여 명상과 일기, 독서와 운동을 하고 출근을 했다. 독서량을 늘리기 위해 온라인 독서모임에 가입하여 주 1권을 읽었고, 필사를 통해 내 것을 만드는 작업도 병행하였다. 책을 통해 동기부여가 확실히 되어 '미래계획'을 세우게 되었다.

시대 흐름은 본캐와 부캐를 만들어 머니파이프라인을 만드는 것이 필요함을 느끼게 되었다. 그래서 직장생활과 함께 온라인쇼핑몰과 부동산임대업, NFT를 통한 수익 모델을 만들어 본격적인 N잡러로서의 길을 가보고자 한다. 그저 그런 어제와 같은 지루한 삶이 아닌 하루하루 즐겁고 보람 있는 시간으로 인생의 시간을 채워보고 싶다. 미모챌로 인해 N잡의 꿈을 키워 더욱 성장한 나를 기대하고 있다.

(3) 미모챌러 J: 아들을 위한 자서전에 도전하기!

지인의 소개로 '미모챌'을 시작한 지 6개월이 되었다. 잘 모르겠지만, 스스로 목표를 정하고 새벽 시간에 온전히 자신만의 시간을 만들어 무언가를 해나간다는 것을 알게 되었다.

직업 특성상 새벽 4시 30분에 기상하기 때문에 더 일찍 일어나서 무언가를 시작할 엄두가 나질 않아 처음엔 모임 활동을 망설였지만, 나만의 목표를 계획하고 실천하면 되겠다는 생각으로 시작하게 되었다. 이후 걷기 목표를 실천하였고, 목표가 생기니 동기부여가 되고, 또다시 새로운 목표를 찾게 되었다.

내 목표는 자서전 쓰기, 책의 좋은 구절 필사하기, 좋은 글, 시 모으기, 소설 쓰기, 노래 만들기 등이며 특히 자서전을 써서 아빠가 살아온 모습을 보여주고, 아빠가 쓴 소설들을 읽으며 가족의 추억을 가끔씩 생각하게 해주고 싶다. 나의 계획은 이미 시작되었으며, 모든 계획은 미모챌을 중심으로 조금씩 완성해가려고 한다. 지금은 좋은 구절을 올리지만, 이후엔 소설을 연재하고, 열심히 모아온 주옥같은 글들을 보따리 풀듯이 하나하나 공개하여, 잠시라도 생각할 수 있는 시간을 갖게 하는 것도 좋을 것 같다. 개인적으로는 인생의 계획들을 구체화하고 하나씩 만들어가도록 자극을 받게 된 지금 나는 운이 좋았다고 생각한다. 많은 책에는 자신과 전혀 다른 직업을 가진 사람들과 교류를 하고 인생의 폭을 넓히라는 말이 나오는데, 나에게는 이곳이 그런 것 같다.

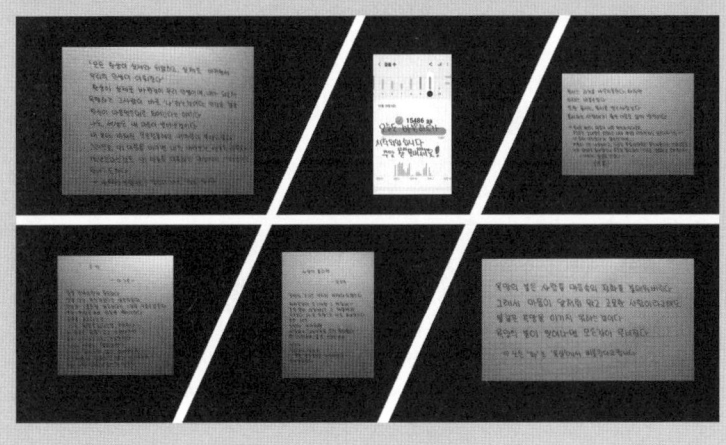

(4) 미모챌러 K: 아름다운 구속 미모챌

"잘 지내고 난 하루가 평안한 잠을 가져오듯 잘 산 인생은 행복한 죽음을 가져온다."

레오나르도 다빈치와 같은 삶을 실천해 보자. 구속은 구속이되 나태해지기 쉬운 나를 다잡고 성장시켜 나가기 위한 가벼운 구속, 내게 있어 미모챌은 아름다운 구속이다.

변화점
① 일찍 기상, 기도하며 경건하게 하루를 시작하는 마음가짐
② 산책과 운동으로 고관절 좋아짐
③ 아침 숲 속 상쾌한 공기를 심호흡하며 하늘을 쳐다봄
④ 봄, 여름, 가을: 일출의 아름다움 감상, 겨울: 어두움 속에서 샛별 감상
⑤ 계절 따라 변하는 나무, 식물, 꽃 등 자연을 세심하게 관찰하는 감수성을 기름
⑥ 아침밥을 꼭 먹음
⑦ 허둥지둥하지 않고 여유롭게 출근

2022년 계획
① 미모챌과 함께
② 책 2권 쓰기
③ 강의영역 확장

2022년에도 미모챌과 함께 하며 맞이하는 저녁 잠자리는 평안할 것이고 그 하루하루가 쌓인 훗날, 영원한 잠자리에 들 때도 기쁘게 잠들 수 있으리라. 다빈치는 요즘 말로 하자면 시대를 대표하는 N잡러였다.

2) 당당한 N잡러로 살기

불안의 시대에서 살고 있다. 하지만 아직도, 아니 앞으로도 기회는 세상에 널려있다. 잡을 것이냐, 잡지 않을 것이냐는 본인의 판단에 달려있다.

할 수 없는 것이냐, 안 하는 것이냐도 각자의 가슴에서 판단하면 된다. 할 수 없어 목표를 이루지 못하는 것이냐, 안 해서 못 이루는 것이냐를 생각해 봐야 한다.

시간은 정해져 있다. 과거로 돌아갈 수도 없고, 하루 24시간을 30시간으로 늘릴 수도 없다. 하지만 아니었다. 아침에 몇 시에 일어나 몇 시에 잠을 자느냐, 어떻게 하루를 보냈느냐에 따라 시간은 더이상 고정이 아니었다. 그렇다. 사람마다 시간을 달리 사용하고 있었다. 7시에 일어나 허겁지겁 출근했다가 퇴근하고 저녁 먹고, TV 보다가 잠드는 루틴을 가진 사람들은 어제가 오늘이고 오늘이 내일이다. 그래서 시간도 고정이다.

더 나은 삶, 자아실현을 위해 목표를 정하고 노력하는 사람들은 하루를 48시간처럼 살고 있다. 시간을 효율적으로 사용하다 보면 하루에도 무수히 많은 것들을 해낼 수 있게 된다. 세상은 넓고 할 일은 많다고 했다. 좋은 책, 좋은 생각, 삶의 목표, 변화하는 세상을 기회로 만들자. 내가 변하고 내 주위를 변하게 하고 함께 동기부여 하면서 N잡러의 꿈을 이루자.

  그러기 위해 지금 나의 모습, 앞으로 나의 모습, 내가 하고 싶은 일들, 내가 해야 할 일들을 머릿속에 그리고 상상하자.

  '나'를 찾아가는 로드맵을 따라 그 길을 찾아가자!

저자소개

박옥희 PARK OK HEE

학력
- 컨설팅학 박사
- 경영학 학사, 석사

경력
- ㈜경영지도법인성장 경영연구소 소장
- 엔씨스마트 경영컨설팅 대표
- 여성기업종합지원센터 여성기업 대사단
- 한국경영인증원 가족친화인증 심사위원
- 한국건강가정진흥원 가족친화 컨설턴트
- 서울시여성가족재단 일·생활균형 컨설턴트
- 중소벤처기업부 비즈니스지원단 전문위원
- 소상공인시장진흥공단 역량 강화 컨설턴트
- 경기도 경제과학 진흥원 경기 스타트업 플랫폼 전문위원
- 한국산업인력관리공단 NCS 기업활용 컨설팅 컨설턴트

- 한국관광공사 관광두레 컨설턴트
- 한국인터넷진흥원 평가위원
- 인천도시공사 기술자문위원(관리운영부분)
- 중소기업 ESG 전문가(한국경영기술지도사회)
- NCS 블라인드 채용 공공기관 전문 면접관

자격

- 경영지도사
- 기업·기술가치평가사

저서

- 『ESG경영』, 브레인플랫폼, 2021.(공저)
- 『기업가정신과 창업가정신 그리고 창직가정신』, 브레인플랫폼, 2021.(공저)
- 『안전기술과 미래경영』, 브레인플랫폼, 2021.(공저)
- 『공공기관 채용의 모든 것』, 브레인플랫폼, 2021.(공저)
- 『경영지도사 인적자원관리분야 2차 조직행동론 실전 모의고사(125문)』, e-pub, 2018.(공저)
- 『ESG경영시대, 대한민국 정부 일·생활균형 인증제도 비교』, 한국신용카드학회, Vol 15-4, 2021.

8장

고객 만족 맞춤형 컨설팅 실행력 강화하기
_근본 원인 찾기와 해결 시스템 중심

양석균

1. 들어가기

　N잡러 컨설턴트들이 컨설팅 시에 초점을 맞추어야 할 부분은 무엇인가? 이에 대한 답은 '고객 니즈 맞춤형 컨설팅을 어떻게 해야 하나?'일 것이다. 이를 위해서는 대상고객이 어떠하든 관계없이 그 고객이 원하는 것이 무엇이며, 니즈를 발생시킨 근본 원인은 무엇인지를 파악하는 것이 중요하다. 이때 고객들은 고객 나름대로 근본 원인이라고 생각하는 것들을 제시하고 있다. 그러나 고객이 제시하는 원인이 과연 근본 원인인가는 다시 확인하고 넘어가야 한다. 왜냐하면, 단순히 나타난 증상으로서의 원인일 경우가 있으며, 거기에는 다양한 원인 같은 것들이 다양하게 많이 있기 때문이다.

　그러므로 그중에서도 가장 핵심적인 진짜 원인이 무엇인지를 파악하는 것이 중요하다. 예를 들어 어린 아기가 발가락 사이에 낀 자그마한 모래알이 문제가 되어 계속 울다가 결국은 그 영향으로 두통까지 오게 되고 열이 난다고 가정할 경우 그 자그마한 모래알을 처리하지 않고 계속 두통 및 해열제를 먹이고 달래기만 한다면 그것은 일시적인 해결책밖에 되질 못 하는 것과 마찬가지이다.

　근본 원인을 찾지 못한 상태에서 대책을 세운다면 어떻게 될까? 아마도 다양한 가정과 가설에 의거하여 다양한 대책들을 수립하게 될 것이고, 결국은 많은 시간과 비용 낭비는 물론이고 궁극적으로는 고객의 꿈과 목적은 사라지고 망하게 될 것이다.

그러므로 고객 니즈 맞춤형 진단과 컨설팅을 탁월하게 실행하기 위하여는 그 무엇보다도 선행되어야 할 것이 고객 당면이슈와 그 근본 원인은 무엇인지를 파악하는 일이다.

본 내용은 이러한 측면에서 N잡러 컨설턴트에게 도움을 줄 것이다. 필자가 약 20년 넘게 약 600개가 넘는 다양한 조직들에 대한 진단과 컨설팅, 멘토링, 코칭 및 교육을 하여 오면서 느낀 실제 체험과 그동안 쌓아온 이론적인 백그라운드를 통합하여 그 길라잡이로 안내하고자 한다.

2. 고객의 전형적인 요구사항 4가지

고객 요구 맞춤형 컨설팅을 잘하기 위해서는 고객 요구사항을 잘 파악하여야 한다는 점은 익히 잘 알고 있다. 그렇다면 어떻게 보다 더 효율적으로, 효과적으로 파악할 수 있을까? 이러한 측면에서 고객의 전형적인 요구 경향을 분석한 자료가 있다. 이를 활용하여 설명하고자 한다.

그러나 그 이전에 먼저 컨설팅 개념과 컨설팅의 궁극적 목적 등을 짚고 넘어가고자 한다.

1) 컨설팅이란?

컨설팅에 대한 기본 개념은 학자에 따라서 그리고 관련 기관 단체에 따라서 약간씩 다르게 정의하고 있으나, 이들을 종합하여 본 필자는 정의하기를 '독립적이고 문제 해결 능력을 갖춘 사람이 객관적이고 독립적인 방법으로 고객(조직)의 다양한 경영상의 문제점들을 도출, 분석하여 해결책 제시와 그 수행을 도와서 실행함으로써 성과로 연계되도록 하여야 한다'라고 정의한다. 결국, 해결책을 도와서 실행할 수 있도록 해야지, 그러지 않으면 고객에게 오히려 시간과 자금 낭비 등으로 고객을 다시 또 한 번 더 망하게 하는 일이다. 그러므로 컨설턴트는 사명감을 가지고 컨설팅에 임하여야 한다.

2) 컨설팅의 궁극적 목적은?

'컨설팅을 통하여 고객이 얻고자 하는 궁극의 목적은 무엇인가?'에 대한 답을 명확히 하고 컨설팅에 임하여야 실행할 수 있는 컨설팅을 할 수 있을 것이다.

고객의 요구로 다양한 분야(마케팅, 자금지원, 직원역량향상, 동기부여체계, 생산, 품질 혁신, SW시스템구축, 사업계획서 작성 등)에서 진행된 컨설팅의 궁극적 목적은 결국 그 조직(개인)이 추구하는 가치의 극대화이다.

그러므로 컨설턴트는 해당 조직(또는 개인)의 CEO 및 임직원들로 하여금 스스로 문제 해결 역량 향상, 도전과 혁신마인드 형성, 성과 및 업무수행 역량향상 개선 등의 시스템적 전략경영 체계 구축을 통하여 그들이 추구하는 가치를 극대화 시키는 일에 초점을 맞추어야 한다.

이를 잘하기 위하여 컨설턴트는 컨설팅 수행 검토 단계에서부터 과연 이 컨설팅을 통하여 고객의 가치 극대화에 얼마나 기여할 수 있는지를 생각하여야 한다. 이때 'Yes'의 답이 나오면 컨설팅에 착수하고, 만약에 컨설팅으로 해결하기보다는 교육이나, 새로운 SW시스템도입 또는 다양한 관련 설비 내지는 도구의 도입이 필요하면 이를 권고하면서 컨설팅을 차기로 미룰 수 있는 컨설턴트가 되어야 한다. 그렇게 해야 만족스럽고 실행할 수 있는 컨설팅이 될 수 있다.

3) 근본 원인 파악의 중요성

컨설턴트로서의 역량 중에서 고객 요구의 뒤편에 숨어 있는 근본 원인을 효율적, 효과적으로 파악하는 것이 무엇보다도 중요함은 익히 언급하였다. 여기에서 일반적인 예로 많이 회자(膾炙)되고 있는 활어 수송업자의 고민을 하나 들어보겠다.

부산에서 서울까지 활어수송에 냉동 탑차로 운행 시 약 6~8시간 소요되는데, 도착해 보니 활어의 절반이 죽어 있었다고 가정했을 때, 원인은 무엇일까, 그리고 대책수립은 어떻게 해야 할까, 이에 대한 답은 무엇일까? 이 질문에 대한 답으로 여러 가지가 있을 수 있는데 그들을 열거해 보면 '산소부족, 생선의 스트레스, 수온상승 및 시간이 너무 걸린다' 등이 있다. 또한, 이에 대한 대책으로 생각하여 볼 수 있는 것들로는 산소발생기 설치, 1회 수송량 축소, 수온저하 방법 조치, 고속운전 등을 생각할 수 있겠다. 그러나 실제로는 어떠하였는가?

실상은 문어를 넣음으로써 문제를 해결했다고 한다. 그러면 문어는 어떠한 활어인가? 문어는 생선의 천적으로 문어를 생선 탑차에 넣은 상황을 생각하면 생선들은 잡아먹히지 않으려고 이리저리 탑차 내에서 도망 다닐 것이고 그러면 오히려 수온은 상승할 것이고, 추가로 산소를 사용하게 될 것이고, 생선들은 스트레스를 더 받을 것임에도 오히려 그 반대의 결과가 나타났다면 당초에 근본 원인이라고 생각하였던 부분들이 모두 다 나타난 증상일 뿐이라는 점이다.

그러하다면 '많은 원인 같은 것들 중에 진짜 근본 원인을 어떻게 빠르게 효과적으로 찾을 수 있을까?'. 이에 대한 답을 다소나마 제공하고자 한다. 이를 위하여 먼저 고객이 컨설턴트들에게 도움을 요청하는 전형적인 상황부터 알아보고자 한다.

4) 고객의 전형적인 요구사항 4가지

고객이 도움을 요청하는 전형적인 요구사항은 크게 4가지 상황으로 분류하여 말할 수가 있다. 그 4가지 유형은 다음 '표1'과 같이 요약하여 말할 수가 있다.

표1. 고객이 도움을 요청하는 4가지 전형적인 상황

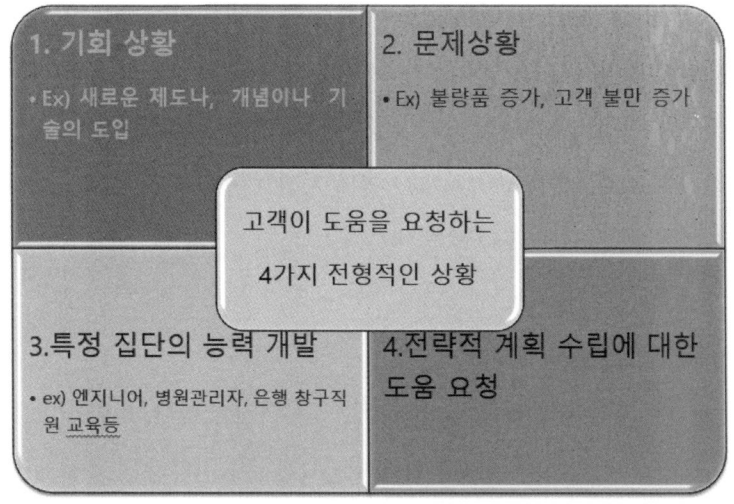

출처:「수행문제분석 강의 교재」, 양석균

(1) 기회 상황

기회 상황은 주로 지금까지 그렇게 해 왔던 방식을 새로운 방식이 도입되었을 때 바람직한 상태에서 어떠한 일이 일어날 것인지에 관심을 가진다. 그러나 세부적인 사항까지 초점을 맞추지는 않는다. 그러므로 최적의 상태에 대한 전체적인 요점을 살펴본 후 조직과 직원들을 그 선택된 방향으로 성공적으로 변화시키기 위해 무엇을 하여야 할지를 찾아내는 일에 초점을 맞추어야 한다.

(2) 문제 상황

문제 상황에서는 빠르게 그 문제를 해결해 주어야 하므로 그 문제점을 충분하게 파악하여 근본 원인을 파악하는 데에 초점을 맞추어야 한다. 일반적으로 나타난 증상으로 표현하는 경우가 많다. 이에 대하여 N잡러 컨설턴트들이 할 일은 신속하게 그 문제의 외피를 벗겨내는 것이다. 이 단계에서는 정책이나 제도를 검토하거나 핵심인원들과 미팅을 한다든가 작업 결과물 및 기록물들을 검토하고 분석하는 일들을 통해 일반적인 문제점들을 더욱 구체적인 문제점으로 해부하는 데에 초점을 맞추어야 한다.

(3) 특정집단의 능력개발

여기에서의 과제는 미래를 정의하는 것부터 출발한다. 바람직한 미래의 상태로 나아가자면 어떠한 역량이 필요한지를 파악하고 그렇게 하는 데에서 촉진제 역할을 하는 것은 무엇이며 방해요소가 되는 것은 무엇인지를 파악하는 것이 중요하다.

(4) 전략적 계획수립에 대한 도움 요청

이 상황에서는 바람직한 상태에 대하여 폭넓게 정의하는 것과 그 과정을 통하여 풍부한 정보와 폭넓은 참여를 이끌어낼 수 있도록 하는 것이 중요하다.

이상과 같이 고객의 전형적인 요구사항들을 이해하고, 고객과의 사전 접촉을 통하여 고객의 요청을 미리 감지할 수 있다면 고객 니즈의 근본 원인을 효율적, 효과적으로 파악하기에 매우 중요한 성과를 얻을 수 있을 것이다.

고객과 사전에 공식, 비공식적인 긴밀한 관계 형성을 통하여 어느 부분에서 어떠한 문제가 있을 수 있다는 점을 감지하면서, 그 개략적인 해결책을 설명할 수 있도록 준비하면 고객 맞춤형 컨설팅에 한 걸음 더 가까이 갈 수가 있다.

3. 고객의 니즈 파악과 근본 원인 도출하기

1) 나타난 증상이 아닌 근본 원인 파악하기

어떠한 일에 직면하였을 시에 주변에는 원인 같은 것들이 늘 많이 존재한다. 그러나 원인 같은 것들 중에 '진짜 원인이 무엇인가?'를 쉽고 빠르게 그리고 정확하게 찾는 방법은 그리 쉽지 않은 경우가 많다. 그러므로 근본 원인은 데이터에 근거하고 가시적이고 측정 가능하며 업무성과에 연계되는 해결방안을 찾기 위해 현장에서 무엇이 일어나고 있는지를 파악하는 것이 필요하다.

그러나 근본 원인을 찾지 못한 상황에서 대책이나 조치를 취했을 경우 성과를 얻지 못함은 물론이고 시간과 비용의 낭비로만 이어지게 된다. 이해를 돕기 위하여 어느 은행의 실제 사례를 하나 든다면, 은행에서 창구직원들에게 은행의 새로운 상품 판매를 위하여 교육과정을 개발, 실시하여 줄 것을 컨설턴트에게 요청하였고, 이에 컨설턴트는 교육과정을 개발하여 교육을 실시하였으며, 교육결과 만족도는 매우 높게 나왔다.

그러나 교육 이후 일정 기간이 지나면 신상품 판매실적이 올라갈 줄 알았는데 결과는 전혀 그러하지 못하였다. 이에 신상품이 전혀 팔리지 않고 있음을 알게 된 담당 임원은 해당 컨설팅사에 재교육을 요청하기에 이른다.

그러나 이 컨설팅사에서는 곧바로 교육을 재실시할 수도 있었지만 이를 다시 담당 임원에게 건의하여 우선 '왜 창구직원들이 신상품을 팔지 않는지?'에 관한 근본 원인을 먼저 분석하여 보자고 제안한다. 결국, 짧은 시간을 내어 담당 관련 임원과 핵심 직원 등이 함께 미팅을 한 결과 창구직원들이 신상품을 판매하지 못하는 이유를 전혀 다른 곳에서 발견하게 된다.

즉, 신상품을 팔기 위해서 아침 바쁜 시간에 고객에게 설명을 하다 보면 줄이 길게 늘어서게 되고 다시 이는 해당 창구직원의 인사고과에 나쁜 영향을 미치게 되므로 결국 이들은 신상품을 팔기 위해서 자신의 고과점수를 낮게 책정받아가면서까지 신상품 설명을 한다든가 하질 않는다는 점이다.

결국은 신제품 매출증대를 위해서는 교육이 아니라 고과 체계를 개선하여야 한다는 점을 인지하게 되었다. 이와 같이 어떠한 문제의 근본 원인은 여러 가지가 있다. 결국, 잘못된 근본 원인 파악은 잘못된 대책으로 이어져 문제를 해결하지 못함은 물론, 많은 비용과 시간의 낭비만 있을 뿐이다.

앞의 실제 사례가 주는 시사점은 그러한 원인이 나타나게 된 동기 요인과 장애물이 무엇인지를 찾아야 한다는 점을 간과 한 점이다.

2) 동인과 장애물 찾기

앞의 '은행 신상품판매를 위한 교육과정 실시' 예시에서 실망스러운 결과의 원인은 동인과 장애물에 대하여 구분하여 조사하지 않았다는 점과 은행지점에서 무엇이 중요한지, 신상품 판매에 방해될만한 사항이 무엇인지? 에 대한 파악이 이루어지지 않았다는 점을 들 수가 있다.

여기에서 동인이란 업무수행에 영향을 미치는 요인들로서 예를 들자면, 조직원의 지식수준, 자신감, 업무에 대한 중요도 정도, 회사의 정책, 분석적 스킬, 정보 접근 능력, 조직문화 등을 들 수가 있다.

이처럼 근본 원인을 찾고 문제 해결을 탁월하게 하기 위해서는 종합적이고도 통합적 접근 방법을 통하여 다양한 동인과 장애물을 구분하여 분석하는 것이 요구된다.

예를 들어 어떠한 일을 아주 잘하는 예를 들자면 '할 수 있는 능력이 있다, 방법을 알고 있다, 하고 싶어한다, 인정을 받는다, 필요한 도구나 재료가 있다, 조직에 중요한 일이라고 생각한다, 상사나 주변 사람이 그 일에 대해 자주 이야기 한다' 등으로 다양하다. 이처럼 우리가 어떤 일을 잘하는 이유에는 여러 가지가 있고, 반면에 업무가 제대로 잘 이루어지지 않는 이유도 여러 가지가 있다.

그러므로 문제의 근본 원인을 해결하기 위해서는 문제를 해결하고 기회를 인식하는 통합적이고도 종합적인 접근 방법이 필요하다. 이 부분에 대한 이해를 돕기 위하여 우리가 흔히 다이어트 경우 실패 확률이 높다고 하는 데 그 실패하는 이유와 해결 시스템을 아래 표의 예시로 설명하고자 한다.

표2. 다이어트 실패 이유 및 문제 해결 시스템 예시

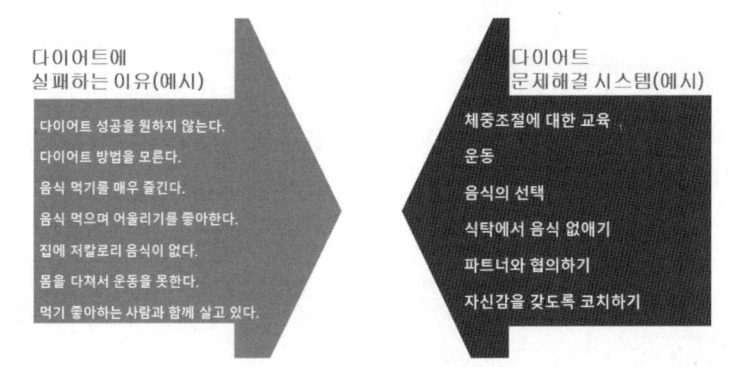

출처: 양석균, 「컨설팅 성공 실패사례 강의 교재」

3) 근본 원인 찾기 기본원리

(1) 정보의 원천이 다양할수록 의사결정은 대부분 더 합리적이다

탐정들이 일하는 절차와 방식으로 알리바이, 지문, 머리카락 샘플, 용의자의 이야기, 사람들의 의견 등을 수집하여 어떤 사건에 대한 결론을 이끌어내기도 하며, 같은 주제에 대해 여러 정보의 원천으로부터 그들의 관점을 들어보고 더욱 합리적인 결론을 도출한다. 반면에 한두 가지 묘책같이 보이는 것만을 선택하는 것은 피한다. 즉, 여러 정보의 원천으로부터 다양한 의견을 듣고 문제 해결 시스템을 만든다. 다양한 정보를 통합하면 단 한두 가지 정보의 원천에서 얻은 의견을 합친 것보다 더 좋은 프로그램을 만들어낼 수 있다.

(2) 광범위하게 탐색하고 정리한 데이터는 무엇을 해야 할지 결정하는 데 없어서는 안 될 매우 중요한 것이다

사실, 태도, 의견, 행동양식 등의 데이터를 조직화하고 의미를 부여하여 정보를 만든다. 공식, 비공식 데이터를 모은다. 고객의 불평, 칭찬, 대기시간, 응답률, 점심을 먹으며 나누는 대화, 분위기 조사를 통한 직원들의 의견, 미션 선언서, 엘리베이터에서 나누는 잡담, 무작위 인터뷰, 탁월한 성과를 올리는 뛰어난 직원들과의 포커스 그룹 인터뷰 등이 그 예이다.

(3) 통합적 접근 방법을 활용한 수행 분석은 조직과 구성원들에게 필수적이다

근본 원인 분석은 업무수행이 시스템 안에서 발생한다는 사실이므로 예를 들어서 탁월한 성과를 지속시키는 것은 그 사람을 둘러싸고 있는 통합된 요소들이고, 그 요소들을 열거하면 영향력이 큰 교육 프로그램, 직무에 적합한 핵심 인재, 작업표준, 피드백, 지식, 인센티브 제도, 보상, 정보관리, 담당 임원의 역할, 테크놀로지, 도구, 프로세스 등을 말할 수가 있다.

근본 원인 분석은 이러한 다양한 요소들 중에 현 시스템에서 무엇이 제대로 작동하고 있고, 무엇이 제대로 작동하지 않는지, 그리고 새로운 시스템에는 무엇이 포함되어야 하는지에 대한 상세한 정보를 제공해 준다. 그러므로 근본 원인 분석에서 통합적 시스템적으로 접근하는 것은 보다 광범위하게 그 문제의 핵심을 파악하게 해준다.

4. 바람직한 형태로의 접근, 어떻게 해야 하나?

고객이 도움을 요청하는 요구가 어떠한 부분이든, N잡러 컨설턴트들은 컨설팅을 통하여 궁극적으로 고객의 현재 상태를 바람직한 상태로 변화가 이루어지도록 해야 한다.

그러한 측면에서 조직의 CEO 및 핵심 인원이 정착시키고자 하는 업무수행의 형태나 관점이 무엇인지에 대한 방향을 찾아내는 것이 중요하다. 이때 방향에 영향을 미치는 '바람직한 상태'와 '현재 상태'에 대한 정보를 찾아내는 것이 중요하다. '탁월한 수행 혹은 바람직한 수행'과 '현재의 수행 혹은 실제 수행'에 대한 관점으로부터 방향을 추론해 낼 수가 있다.

바람직한 수행의 사례를 들자면 영업 전문가가 화난 고객을 진정시키는데 어떤 지식을 가지고 있는지, 혹은 능숙한 요리사가 요리를 먹음직스럽게 보이도록 하기 위해 무엇을 하는지, 혹은 탁월한 기계공이 비행기와 연계된 컴퓨터 프린트를 볼 때 무엇을 생각하는지 등을 들 수 있다.

그리고 현재 상태의 실제 결과에 대한 예를 들자면 불량률, 그리고 반품률 등을 들 수 있다. 또한, 업무수행에 관련된 동인 즉 현재 업무수행을 방해하거나 촉진하는 요소들 혹은 미래에 그러한 작용을 할 수 있는 요소들을 찾아내기 위해 노력하여야 한다. 원인, 장애물, 방해물 등은 같은 뜻이다. 전형적인 동인의 예는 스킬, 동기부여 상태, 인센티브, 도구, 그리고 작업 프로세스 등을 들 수 있다. 우리가 잠시만 생각해 본다면 이러한 모든 것들이 업무수행을 확실하게 하는 것과 관련되어 있음을 알게 될 것이다. 바람직한 상태, 현재의 상태, 장애물, 느낌 그리고 솔루션을 찾아내는 등 방향과 동인 찾기에 중점을 두어야 하는 이유이다.

1) 바람직한 상태와 현재 상태에서 방향성 도출하기

방향은 근본 원인 분석의 가는 길을 정해준다. 이는 먼저 정보의 원천을 사려 깊게 선정하고, 그 정보의 원천으로부터 관점과 정보를 얻어내는 것이다. 그리고 그것들을 참고하여 사람들이 무엇을 하고 있어야 바람직하며 무엇을 생각하고 있어야 하는지를 결정한다. 바람직한 상태란 사람들이 무엇을 알아야 하고 무엇을 해야 하는지 그리고 그 사람들이 어떠한 조건이나 상태에서 일을 해야 하는지에 대해서 바라는 것들이다. 실제 상태란 현재 상태를 상세히 나타낸 것이다.

근본 원인 분석의 방향에는 두 가지 길을 가지고 있다. 그 첫 번째는 초점이 잡혀 있고, 긍정적이며 미래지향적인 것이다. 여기에서 아래와 같은 질문에 답을 요구하며 분석을 하곤 한다.

- 당신은 무엇을 이루어내려고 하는가, 그 이유는?
- 당신이 원하는 변화나 개선에 대해서 설명해 줄 수 있는가?
- 당신은 현업 실무자가 하고 있어야 하는 것이 무엇인지를 설명해주는 문서나 정책들을 가지고 있는가?
- 근본 원인 분석을 위해 조직의 누가 참여해야 하는가?
- 방향을 제시해줄 수 있는 모델이 될 만한 작업 결과가 있는가?
- 당신의 조직에서 탁월한 직원들이 가지고 있는 지식이나 참고 정보들은 무엇인가? 그 정보들 중 평범한 직원들이 가지고 있지 않은 정보들이 무엇이라고 생각하는가?

- 당신이나 직원들은 특별히 어떠한 영향력 있는 자료들을 읽고 있는가?
- 그들이 직면하리라고 예상되는 도전은 무엇인가?

표3. 방향성 도출하기 예시

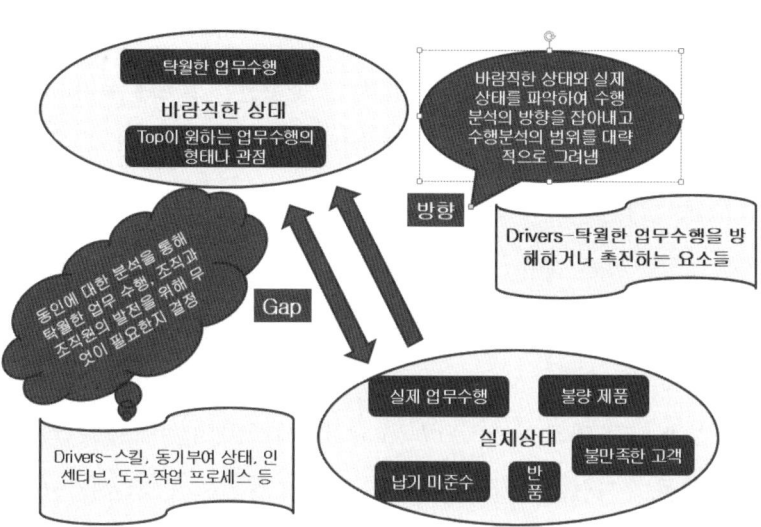

출처: 양석균, 「수행문제분석 강의 교재」

바람직한 상태에 대한 또 하나의 접근 방법은 현재 상태, 즉 실제 상태로부터 접근하는 것이다. 고객이 현재 어떤 일들을 현 상태로 유지하기를 원하고 있고, 또 어떤 일들을 개선하기를 원하고 있는지를 찾는 일이다. 그리고 문제를 뒤집어 보면 어디에 노력이 집중되어야 하는지 그리고 동인에 대한 질문이 어디에 집중되어야 하는지를 알 수 있다.

그리고 원인 분석의 초점을 어디에 맞추어야 할지, 전체적인 개요를 어떻게 잡아야 할지, 그리고 원인 분석을 차별성 있게 하려면 핵심 포인트가 무엇인지, 바람직한 상태와 현재 상태 사이의 명백하고 중요한 차이점은 무엇인지를 찾아내기 위한 시도 또한 중요하다.

이러하듯 여러 가지 정보의 원천에 대한 접근이 필요하다. 그러나 원인 분석 동안에는 세부적인 솔루션을 탐색하는 것은 아니다. 그것보다는 솔루션이 어떤 형태이어야 하는지, 그 솔루션을 실행에 옮기려면 조직의 누가 개입해야 하는지를 탐색해내는 것이다. 그러자면 '동인'이라는 이슈를 검토해야 한다.

2) 동인 및 장애물 파악하기

동인에 대한 예를 하나 들어보면 공항에서 승객이 가지고 타는 물건을 검색하는 사람들을 생각해 볼 때, 그들의 동인은 무엇일까? 그들의 업무수행을 강화하고 유지해주는 시스템 요소는 무엇일까? 확실히, 그들은 그들이 보아야 할 것이 무엇인지, 검색을 어떻게 해야 하는지, 컴퓨터 화면을 어떻게 판독할지, 승객들에게 어떻게 접근해야 하는지, 그리고 이 모든 일을 어떻게 신속하게 해야 하는지를 알 필요가 있다.

그들은 또한 왜 그들이 하는 일이 중요한지 알 필요가 있고, 반복적이고 별 재미가 없는 일에 노력을 기울이고 성과를 유지하기 위해서 주의를 기울일 필요가 있다. 그리고 이 일을 하는 데에는 검색기의 성능 향상이 필요하고, 마지막으로 직원들은 착실하게 주의를 기울여 일하는 데 대한 인센티브가 있다는 것을 알아야 한다. 직원들은 그들의 업무수행이 평가받고 있다는 것, 피드백과 감독이 이루어지며 그에 따른 결과가 있다는 것을 알고 있지 않으면 안 된다.

표4. 공항검색요원들의 업무수행강화 요인들 예시

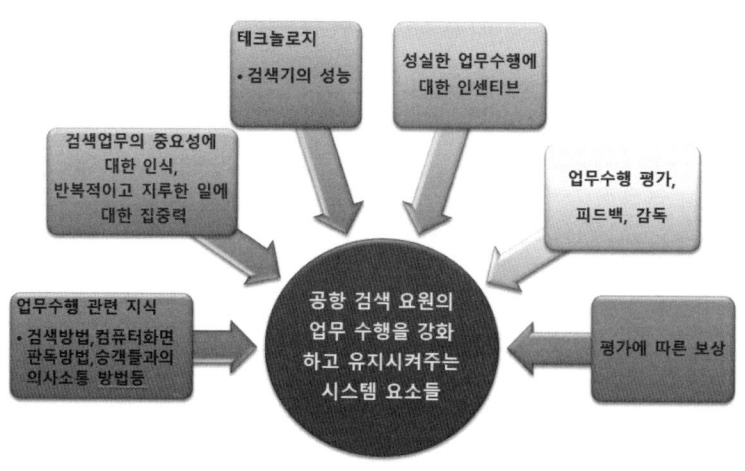

출처:「수행문제분석 강의 교재」, 양석균

방향을 알아내서 이러한 분석의 범위를 대략 그려낼 수 있다. 동인에 대한 분석은 업무수행과 직원, 그리고 조직을 성공적으로 발전시키려면 무엇을 할 필요가 있는지를 결정해준다.

문제를 해결하거나 새로운 기회를 분명하게 파악하기 위해서 무엇이 필요한지를 결정하려 할 때, 바람직한 업무수행을 하는 데 방해가 되는 것이 무엇인지, 바람직한 업무수행을 위해서는 무엇이 필요한지 알아내야 한다. 근본 원인 분석 영역에 대한 세부적인 정의나 내용 보다는 동인의 탐색이 중요하다. 왜냐하면, 솔루션을 결정하는 것은 동인이기 때문이다.

업무수행이 '성숙'해질 수 있도록 필요한 모든 것이 동인이라고 생각해 보라. 꽃이 잘 피기 위하여서는 흙, 영양분, 햇빛, 그리고 습기 등에 지속적으로 노출되는 것이 필요하듯, 업무수행도 이와 유사한 지원 시스템에서 성장하고 꽃이 핀다.

4가지 종류의 동인과 그에 알맞은 개입 수단들에 대해서 살펴보면, 스킬, 지식, 그리고 정보를 들을 수가 있는데, 성공적인 업무수행자는 자기에게 기대하는 일을 어떻게 해야 할지, 그리고 그 일을 언제 하는 것이 적절한지 알고 있다. 동인의 일반적인 용어는 지식과 스킬이다. 동의어는 역량이라고 할 수 있는데 이것은 필요한 일을 할 수 있는 능력, 본인이 갖추어야 할 지식이 무엇인지 알고 있는 능력을 말한다. 또한, 어디에서 필요한 것을 탐색하고 찾아낼 수 있는지를 아는 능력, 기회와 도전을 다룰 수 있는 능력 등도 포함한다.

직원들이 왜 자기들의 업무를 해야 하는지, 그리고 다른 업무와 어떤 연관성이 있는지를 잘 이해하고 있다면, 업무수행 중에 발생하는 예기치 못한 일들을 잘 다룰 수 있고, 상급자들의 세밀한 관리 감독 없이도 자발적으로 업무를 잘할 수 있을 것이다.

일반적으로 우리는 어떤 사람들을 열정적인 사람이라고 하면서 칭찬하거나 혹은 어떤 사람들에 대해서는 좀 모자라는 것 같다고 심한 혹평을 하는 것 등에 익숙해져 있다.

여기에서 동기부여에 대하여 생각해 볼 필요가 있다. 동기부여란 무엇인가? 그리고 동기부여를 업무수행 개선에 어떻게 활용할 것인가?

동기부여란 인간의 지속적인 노력으로 볼 수 있다. 예를 들면 동기부여 된 교사는 수업시간에 계속해서 학생들에게 사례를 제시하고, 꾸준히 학부모에게 전화하고, 그리고 꾸준히 피드백을 제공한다. 어찌해서 어떤 사람은 그런 일들을 지속적으로 수행하고, 어떤 사람은 그렇지 아니한가?. 동기부여에는 2가지 요소가 있다. 첫 번째 요소는 어떤 일을 하는 이유를 설명하거나 그 이유를 나열할 수 있는 개인적인 능력이다. 이것은 어떤 주제나 내용의 가치에 대하여 직원들이 인지하고 있는 것을 말한다.

예로서, 동기부여 되어 있을 경우, 왜 서비스가 중요한지를 알며, 왜 고객의 질문에 대답하는 것이 중요한지를 안다. 그리고 하고 있는 일이 회사의 전체적인 미션에 어떻게 부합되는지를 안다. 가장 중요한 것은 지금 말한 모든 것에 대해 신념을 가지고 있다는 것인데 그것은 그 사람의 상사가 그렇게 가르치거나 감독했기 때문이 아니라 그가 그러한 방향에 대한 강한 신념을 공유하고 있기 때문이다.

두 번째 요소는 개인의 자신감이다. 이것은 할 수 있을 것이라는 일종의 느낌이다. 컴퓨터에 대해서 스스로를 유능하다고 생각하는 고객서비스 담당자를 상상해 보라. 그는 회사에서 서류에 있는 정보를 통화 중에도 검색할 수 있도록 데이터베이스화할 예정이라는 말을 듣는다. 이러한 종류의 직무에 대해서 이 담당자를 동기부여 하는 데는 아무런 문제가 없을 것이다.

표5. 동기부여의 2가지 요소

- 어떤 일을 해야 하는 이유를 설명할 수 있는 개인적인 능력
  - 예) 서비스가 왜 중요한지 안다
  - 하고 있는 일이 회사 전체 미션에 어떻게 부합되는지 알고 있다
  - 설명하고 있는 일에 대하여 강한 신념을 공유하고 있다.

- 자신감
  - ~을 할 수 있을 것이라는 일종의 느낌

어찌해서 어떤 사람은 바람직한 일을 지속적으로 수행하고 어떤 사람은 그렇지 아니한가?

출처: 양석균, 「수행문제분석 강의 교재」

이 두 가지 요소들은 서로 관련되어 있다. 이 둘은 서로의 효과를 상승시킬 수도 있고, 상반된 효과 때문에 효과를 서로 상쇄할 수도 있다. 즉, 자신감의 부재가 동기부여를 손상시킨다. 또한, 그와는 별개로 자신감 부족의 문제가 아니라 자신감 때문에 문제가 발생할 수 있다.

예를 들어서 자신들의 리더십 스킬이 충분하고 나아가 탁월하기까지 하므로, 자기들은 리더십 교육을 갈고 닦을 아무런 이유가 없다고 주장하는 사람들을 대상으로 교육하였을 때 그들은 오히려 강사를 적대시하

는 경향이 나타날 수 있다. '표6'은 이러한 상황과 이와 관련된 여타 상황을 나타낸다.

표6. 동기부여된 상태

	이점(利點)의 인식	이점을 인식하지 못함
자신감 있음	열정적	적대적
자신감 없음	소극적	시대에 뒤짐

출처: 양석균, 「수행문제분석 강의 교재」

이러한 동기부여 상태는 그 분석을 통하여 특정한 상황에 맞는 전략 목표를 설정할 수 있도록 한다. 동인은 지금 무엇을 해야 하고 앞으로도 무엇을 해야 할지를 말해준다. 만약 무엇이 부실한 업무수행의 원인이 되는지, 무엇이 성공적인 업무수행을 할 수 있도록 하는지를 안다면, 우리는 무엇을 변화시켜야 하고 무엇을 유지해야 하는지를 알게 된다.

5. 고객이 실행할 수 있는 컨설팅 시사점

필자가 약 20년 넘게 약 600개가 넘는 다양한 조직 컨설팅을 통하여 얻은 성과로 고객이 실행할 수 있고 만족하는 컨설팅을 하기 위하여 어떻게 하여야 하는지에 대하여 실전경험을 토대로 아래와 같이 요약하여 안내하고자 한다.

1) CEO와 핵심인원의 적극적 참여, 컨설팅 내용의 지속적인 공유는 필수이다

컨설팅 첫 시작미팅, 중간보고(보통 2개월 이상 장기간 경우), 그리고 최종 완료보고 시에는 필히 CEO와 핵심인원을 참석시키도록 권고한다. 물론 그 이외의 모든 컨설팅과정 내용들을 핵심인원들이 참석하지 못하여도 어떠한 형태로든지 공유하도록 권고한다. 이는 실행력을 배가시키기 때문이다. 참여와 공유하지 않은 상태에서의 실행력에는 한계가 있으며 잘 진척되지도 않는다.

2) 참여인력을 내부 컨설턴트로 육성시켜라

참여인력 전원을 내부 컨설턴트로 육성한다는 차원에서 컨설팅 과정 프로세스, 기법 등을 교육 내지는 기타 방법으로 공유시켜서 컨설팅 종료 이후에 추가적 보완 상황이 발생하여도 고객 스스로가 할 수 있도록 하여 주어야 한다.

3) 고객사의 참여 인원 중 몇 명을 매니아(Mania)로 만들어라

필자가 매출액 약 200억이 넘는 전기 관련 제조회사 컨설팅을 할 때 예를 들고자 한다. 첫 시장 미팅 시에 전 임직원 대상 마인드혁신 특강을 마치고 질의 응답을 받는 시간이었다. 이때 앞줄 부분에서 한 분이 손을 들고 질문을 하는 줄 알았더니 '아니, 우리가 뭐 그렇게 하질 않고 있어서 그렇게 하라는 것인지요?' 하며 좀 퉁명스럽고 불만족스러운 말투를 한 직원이 있었다.

그때 필자 답변이 '아 그렇게 이해하셨군요. 제 강의 내용은 성공하시는 분들의 공통적인 습관을 말씀드린 것이고 여러분들도 그렇게 습관화한다면 반드시 성공의 길로 갈 수 있다는 의미입니다'라고 설명을 하곤 강의를 마친 이후, 그분이 누구인지를 문의한 결과 기술담당 이사라고 하여 알게 되었다. 컨설팅 기간이 약 3개월이었으므로 그 이후 계속 만나게 되었던 어느 날 여름철이었는데, 본 필자가 컨설팅 시간에 조금 일찍 도착하여 회의실에서 준비를 하고 있었다.

그런데 갑자기 그분이 커피 두 잔을 타서 가지고 제게 와서는 '오늘은 제게 시간 좀 내시어 저에 대한 코치 좀 부탁드리고 싶습니다'라고 하며 옥상 쉼터로 데리고 가서 같이 대화를 하는 도중에 하는 말이 '제가 저희 대표님께 앞으로도 계속해서 생산분야 컨설팅도 추가로 받자고 제안하였습니다'라고 하며, 너무나도 훌륭하신 컨설팅, 교육에 감사드린다는 말을 수차례 하였던 기억이 난다.

물론 그 이외에도 약간의 차이는 있으나 수차례 그러한 상황이 있었다. 하지만 특별히 기억에 남는 이유는 첫 시작 미팅 시 내게 컴플레인 투의 어조로 말하였으며 자신의 개인 코치까지 의뢰하는 등 그리고 그 이후 개별적으로도 수차례 전화 문의 등을 해와서 특별히 기억이 남는다.

4) 급격한 변화를 피하며 고객(사)이 이해할 수 있도록 결과물은 명쾌하고 간결하게 하라

컨설팅 완료 결과물은 고객의 입장에서 쉽게 이해하도록 작성하며, 단계적 실행을 권고하여야 한다. 동시에 여러 가지를 한꺼번에 하도록 한다든가, 간결하지 못하고 복잡하다든가 수정 보완이 힘들 경우 그 실행력과 만족도는 떨어진다.

5) 고객의 핵심문제를 파악하는 것이 중요하다

어떠한 고객이든지 나름의 다양한 문제들이 있다. 그 다양한 문제들 중에서 가장 핵심적인 문제 하나를 파악해내는 것이 중요하다. 그 문제에 따라서 컨설팅 접근 방향이 달라지게 된다.

6) 모든 컨설팅과제에는 반드시 사람의 문제가 있다

모든 문제는 문제 있는 사람들 때문에 일어난다. 그러므로 그 사람의 문제를 함께 변화시켜 주어야 한다. 습관, 의식, 문화, 업무운영방식 등 모든 것을 함께 바꿔야 한다.

7) 소명의식을 가지고 임해라

'고객의 간절한 요청에 의해 시작한 컨설팅이 실행이 안 되고 만족하지 못하는 결과를 제공하여 주었다고 가정할 시 그 고객을 두 번 죽이는 일이다'라고 필자는 늘 신임 경영·기술지도사들 대상 멘토링을 할 때 마지막으로 강조한다. 본 필자가 겪은 약 600개가 넘는 다양한 조직 컨설팅 대부분이 예비 창업자들, 중견 기업 등으로 고객들 사정이 매우 열악한 상황에서 요청하는 컨설팅인데 만약 만족하지 못하고 실행이 안 된다면, 그 실망은 이루 말할 나위가 없을 것이다.

8) 전문가로서의 지식과 자질의 종합적인 역량이 필요하다

고객 맞춤형 컨설팅을 위해서는 컨설턴트에게 그에 합당하는 지식과 자질의 역량이 필요하다. 해당 분야의 전문지식, 그 프로세스 및 비즈니스 역량 그리고 인간관계 역량 등 종합적인 지식과 자질, 역량이 필요하다. 그리고 분석과 진단 능력, 해결 및 실행기술, 고객과의 의사소통 기술 등 종합적인 역량이 필요하다.

참고문헌

- 엘리슨 로세트, 『빠르고 쉬운 HRD 수행 분석 핸드북』, 양석균 옮김, 학이시습, 2009.
- 양석균, 「컨설팅 성공 실패사례 강의 교재」
- 양석균, 「수행문제분석 강의교재」

저자소개

양석균 YANG SUK KYOON

학력
- 가톨릭대학교 경영학 박사
- 고려대학교 경영학 석사
- 미 하와이 대학교 최고경영자과정 수료

경력
- (주)CE경영컨설팅 대표이사
- 약 600개의 다양한 조직 컨설팅 실적 보유
- 약 700회 이상 출강실적보유
- 쌍용그룹 연수원, 감사실, 기획 등 약 24년 근무
- 중소기업 및 소상공인 전문컨설턴트
- 가톨릭대학교 외래교수
- 경기TP, 인천TP, 경기도 경제과학진흥원 등 전문위원, 컨설턴트 외
- (사)부천벤처협회 외 6여 곳 자문위원 등
- 대한민국 산업 현장 교수

- 한신대, 성결대, 경기과학기술대 등 외래강사 역임
- 국세공무원 교육원 초빙교수 역임

자격
- 경영지도사(인적자원관리)
- 인간행동유형분석사(LIFO)
- 중등학교 정교사 자격

저서
- 『ESG경영』 브레인플랫폼, 2021.(공저)
- 『기업가 정신과 창업가정신 그리고 장식가정신』 브레인플랫폼, 2021.(공저)
- 『신중년 도전과 열정 2021』 브레인플랫폼, 2021.(공저)
- 『빠르고 쉬운 HRD 수행 분석 핸드북』 엘리슨 로세트, 양석균 옮김, 학이시습 2009.(공저)
- 『고객 유형별 맞춤이 경쟁력이다』 BG북갤러리, 2007.(공저)

수상
- 대한민국 최우수 컨설팅 사례 선정(2011년, 소상공인 시장진흥공단)
- 대통령 표창(2007년, 대한민국 최우수 컨설턴트)
- 국무총리 표창(2012년, 소상공인 컨설팅 및 교육기여)
- 기획재정부장관 표창(2019년, 우수인재 양성공로)
- 중소벤처기업부 장관표창(2018년, 국가경제발전 기여공로, 2015년, 컨설팅산업 발전 공로)
- 부천시장 표창(2017년, 부천시 문화발전 공로, 2008년, 중소기업혁신 공로)
- 중소기업 중앙회장 표창(2020년, 2017년, 중소기업 육성공로)

9장

N잡러 컨설턴트 입문, 나도 할 수 있다

김정혁

1. 프롤로그

2022년 현재 전 세계를 휩쓸고 있는 화두는 크게 두 가지다. 2019년부터 지속하고 있는 코로나19이며 다른 하나는 지구온난화 등의 기후변화다.

시대가 하루하루 전광석화처럼 바뀌어 가고 있다. 바야흐로 N잡의 시대가 왔다. 직장인들 가운데 투잡, 쓰리잡도 모자라 이젠 N잡러 시대다. 3포 세대에서 N포 세대로 바뀐 것처럼 그만큼 삶이 더 힘들어진걸 반영하는 것 같다. 필자도 이런 현실을 감안해서 N잡러 컨설턴트가 되기를 원하는 것이다.

앞으로는 여러 가지 직업을 가진 N잡러들이 많아지는 추세이다. 특히 코로나가 불러온 재택근무, 휴업 추세는 직장인들의 부업 열풍으로 이어지고 있다. 본업이 있어도 N잡을 통해 월급 외에 부수입을 창출하는 부업이 있어야 한다. 회사 월급만 바라보고 살 수는 없다. 내가 잠자고 있어도 돈이 들어오는 파이프라인을 직접 만들어 놔야 한다.

한 사람이 여러 일을 하는 경우를 일컬어 새롭게 등장한 용어가 바로 'N잡러'다. 이는 2개 이상 복수를 뜻하는 'N'과 직업을 뜻하는 'Job', 사람을 뜻하는 '~러(er)'가 합쳐진 신조어로, '여러 직업을 가진 사람'이란 뜻이다. 본업 외에도 여러 부업과 취미 활동을 즐기며 시대 변화에 언제든 대응할 수 있도록 전업(轉業)이나 겸업(兼業)을 하는 이들을 말한다.

필자는 앞으로 더 많은 N잡러들이 나올 것이라고 생각한다. 그러므로 '개인이 일을 선택하고 자신의 주도권을 가지고 일할 수 있는 환경'에 대한 제도적·사회적 논의의 장이 더 필요할 것이라고 보는 이유이다. 사실 N잡러가 되고 싶은 사람들의 최대 고민은 '어떻게 두 번째 직장을 구할 것인가'의 문제다. 현실적으로 한정된 시간 내에서 두 개의 직장을 갖는 일은 그리 쉽지 않기 때문이다. 그렇다면 N잡러로 성공하려면 어떻게 해야 할까.

우선 시간을 쪼개 자신이 '하고 싶고 잘할 수 있는' 일을 부업으로 해보되, 본업에는 꼭 충실해야 할 것이다. 이처럼 코로나19로 일반화된 비대면 문화와 고용시장의 불안 등 다양한 요소들이 직업의 지도를 변형시키고 있다. 본업과 부업을 병행하는 N잡러는 앞으로도 더욱 늘어날 것으로 예측된다. 돈도 벌고 자아실현을 하며 두 마리 토끼를 잡는 N잡러의 대열에 동참해 보는 것도 향후 빠른 성공의 열쇠일 것이다. 오늘 이 글을 통해 준비된 필자의 실제 했던 일과 하고 있는 일 중심으로 독자 여러분께 N잡러 이야기를 하고자 한다.

2. 인생 2막 준비된 N잡러 컨설턴트

1) 더 멀리 보고 N잡러 준비

 필자는 1983년 실업계고 졸업 전 첫 직장생활은 경남 창원에 있는 삼성그룹 삼성중공업에서 시작했다. 그 직장생활 속에서 살아남아서 더 나은 미래를 위해 자기계발이 절실히 필요했다. 그러기에 32살이라는 늦은 나이에 낮에는 직장 일, 밤에는 마산전문대학에 입학하여 자동차 공부를 하였다.

 1997년 2월에 전문대학을 졸업했고, 20여 년 다니던 삼성중공업 직장생활을 2001년 7월에 명퇴했다. 그러나 미리 준비한 건설기계정비기능장 국가기술자격증이 있었기에 좌절하지 않은 것은 물론, 다른 일을 하면 더 잘할 수 있겠다는 자신감마저 들었다. 도전은 여기서 멈추지 않았다. 2004년 경영컨설팅 전문가가 꿈이었던 필자는 이듬해 8월에 국가공인 기술지도사(기계 분야) 자격증 시험에 우수한 성적으로 19기 기술지도사가 되었다.

 인생 2막 준비의 목표가 있었기에 국가공인 경영지도사 공부를 시작하기로 했다. 2006년 9월 경영지도사(생산관리분야) 자격증 시험에 도전하여 우수한 성적으로 21기 경영지도사가 되었다. 이듬해 2006년 6월부터 경영·기술 컨설턴트 전문가로 활동하였다. 필자는 다가오는 정년

퇴직 인생 2막(51~100)은 준비된 N잡러 컨설턴트 인생으로 꽃길을 이미 준비한 사람이다.

2) 열정이 있는 삶

그동안 20년간의 직장생활을 통해 수많은 경험과 노하우를 가지고 건설기계와 관련된 개인사업을 새롭게 시작했다. 그 생활 속에 필자는 여유가 있을 때마다 자격증 공부를 하였다. 그 후 2번 만에 건설기계정비기능장 자격증 시험에 합격했다. 이 기능장 덕분에 평생학점 은행제를 통해 '자동차공학 학사 학위'를 갖게 되었고 기술지도사 자격증까지 취득했다. 그뿐만 아니라 밤낮으로 노력한 끝에 용접기능장 자격증도 합격했다.

열정은 여기서 멈추지 않았다. 2004년 10월, 용접기능장 자격증을 취득 기반으로 직업능력개발훈련교사 용접 2급을 취득했다. 이어 건설기계정비기능장 자격증 취득에 직업능력개발훈련교사 차량정비 2급도 얻게 되었다.

2006년에 개인사업을 정리하였다. 그 이유는 자격증의 놀라운 위력 때문이다. 직장에서 20년간 근무한 뒤 2006년 6월, 지인 소개로 직업전문학교로부터 스카우트 제의를 받은 후 그곳으로 직장을 옮겨 직업능력개발훈련교사로 근무하게 되었다. 그 후 직업전문학교에서 밤낮으로 누구보다 열심히 강의하며 후배들을 양성하는 데 매진했다.

노력과 최고의 역량을 갖고 탁월한 성과를 창출하여 2013년 대한민국 스타훈련교사로 선정되었다. 그 후 NCS 본사라는 독일, 프랑스의 여러 전문대학과 직업훈련기관으로 연수를 다녀왔다. 그뿐만 아니라 노동부 장관으로부터 영광의 증서를 받고 또한 여러 언론사로부터 인터뷰 요청이 쇄도했다. 그리고 주위 사람들로부터 뜨거운 격려를 많이 받는 것은 고무적이라고 할 수 있다.

3. 대학 강단에서 라이선스

1) 아직도 끝나지 않은 도전이 있다

2012년, 첫 강의 시작으로 7년간 재직했던 직업전문학교의 직장을 마감하고 2013년 2월부터 지금의 대학교에 재직하고 있다. 대학연구실(실습실) 환경안전관리 총괄책임자 업무를 겸직하고 있다. 오랫동안 교육자의 길을 걸어오면서 그간 강의를 멈추지 않았다. 아울러 전북도청 산·학·관 커플링사업의 일환으로 특수용접강좌 강의, 고용노동부·교육부 유니테크(Uni-Tech)사업 선정으로 신재생에너지관리강좌 강의, 대학일자리센터 운영대학 선정으로 취업상담강좌 강의, 평생교육체제지원사업(LiFE) 선정으로 비교과목 직업윤리강좌 강의, 고숙련일학습병행(P-TECH) 선정으로 일반용접강좌를 맡아 강의하고 있다. 여러 진행하는 강의들에 뭔지 모를 뿌듯함을 느끼고 있다.

특히 중소기업기술개발 지원사업 평가위원으로 위촉되어 열심히 활동하고 있는 것은 물론 (사)전북새만금 어린이재난안전협회 전문위원, 한국산업인력공단 고객패널위원, 한국산업인력관리공단 실기감독위원, 한국산업인력관리공단 HRD 전문가, 행정부 안전전문인력, 일·학습병행 훈련과정 인정 심사위원, 국가직무능력표준(NCS) 보조강사, 중소기업공정품질기술개발사업 서면평가위원, 한국산업인력관리공단 국가기술자격시험문제 검토위원, 한국산업인력관리공단 도제학교 훈련과정인정 심사위원, 한국산업인력관리공단 고숙련일학습병행(P-TECH) 면접심사위원, 한국산업인력관리공단 과정 평가형 심사위원 등 여기에 전부 언급하지 못할 정도의 중책을 두루 맡고 있다.

2) 라이선스는 내 일상이다

필자의 일상이 되어버린 자격증 공부는 자서전을 쓰는 마음으로 꾸준히 공부하고 있다. 2015년 6월, 금속재료기능장을 취득했고, 2016년 12월, 오랜 현장 경험과 고도의 기술을 보유한 우수 기술인을 활용하여 중소기업, 학교·직업능력개발훈련기관에 숙련기술 전수와 컨설팅을 통해 기업 경쟁력 및 교육 현장성 강화를 위하여 대한민국 산업 현장 교수로 위촉받았다. 이후 특성화고, 중소기업 등에서 강의하며 직업능력개발을 통하여 국가 산업 발전에 이바지한 공로를 인정받아 2017년 9월 1일, 직업능력개발의 달을 맞이하여 고용노동부 장관으로부터 정부 유공 국무총리 표창도 받았다. 그 후 많은 기회가 필자에게 주어지면서 한국기술교육대학 NCS 보조강사로 위촉되었다.

그 이후에도 자격증과 관련된 도전은 멈추지 않았다. 2017년 한 해 동안 산업안전기사, 산업안전산업기사, 건설안전기사, 건설안전산업기사 등 4개의 자격증 시험에 합격했다. 또한, 국가가 필요로 하는 뿌리 산업 외국인 기술 인력 양성 교육을 통해 취업을 잘 시키고 또 강의를 잘하기 위해 온 정성을 쏟아 제강기능장, 금속재료기사, 금속재료산업기사, 금속재료시험기능사, 열처리기능사 등 5개의 자격증 시험에 합격했다.

2020년 7월에는 여의도 국회의원회관 대강당에서 진행된 2020년 하반기 제35회 신지식인 인증식에서 교육 분야 '신지식인'에 선정되는 기쁨을 누리기도 했다. 같은 해 하반기 제26회 대한민국 '대한명인' 인정서도 받았다. 이 모든 영광은 국가기술자격증과 능력 사회의 역할이라고 믿는다.

이제는 모든 이가 인정하는 자격증의 달인, 전문 기술자로서 그 역할을 다하며, 부와 명예를 얻은 인생의 승리자로서 정말 행복하다. 자격증은 내 미래의 꿈을 밝혀 주고 또한 행복한 삶을 만들어 준 원동력이기에 무척 자랑스럽다. 그러나 내 일상이 되어버린 자격증은 아직도 끝나지 않았다.

3) N잡러 시작, 도전을 두려워하지 않는다

도전을 두려워하는 사람들은 대부분 완벽을 추구하는 사람들이 많은 것 같다. 완벽한 준비라는 것은 세상에 존재하지 않고 세상에는 가보지 않은 길이 가보았던 길보다 더 많다. 자신이 있는 자리는 익숙하여 모든 것이 편안하고, 새로운 길은 낯설고 불편하지만, 삶은 모험이고 그 모험을 통해 심사숙고해서 결정해야 한다. 100% 확신이 설 때까지 기다렸다 길을 나서면 너무 늦는 것처럼, 실패한다 해도 실패만큼 좋은 삶의 선생님은 없다고 생각한다.

새로운 분야에 대해 도전을 하면 할수록 자신의 능력을 더욱 배양하는 것은 물론 이론 지식을 습득할 수 있는 기회가 되므로, 자기 발전을 위해서라도 반드시 도전해야 한다는 것을 느끼곤 한다. 관련 분야에서 기술 강연이나 교육지도 강사로서 그 역할을 다할 때면 필자의 잠재 능력이 무한히 발산되는 것을 느낄 때가 종종 있다. 그러면 필자도 모르게 강의의 수준이 더욱 높아진다는 느낌을 깨닫는다.

이렇듯 '자격증'은 배움을 게을리하지 않고 노력해 온 40년이라는 삶을 행복하게 지탱해 준 노력의 산물이라는 생각이 든다. 필자에게 더 많은 도전과 용기 그리고 성장의 가치를 깨닫게 해준 고마운 자산이다.

필자는 한 가정의 가장이고, 더 나아가 기능 한국의 용접과 열처리를 가르치는 교육자이다. 내 도전의 끝이 과연 어디쯤일지는 아직 모르지만, 자격증이 인생에서 얼마나 위대한지를 몸소 느끼고 실제 체험한 사람으로서 지금 이 순간이 무척이나 행복하다. 만일 자격증 공부를 하지 않았더라면 꿈이 없는 삶을 살았을지도 모른다. 이젠 N잡러 시작. 못

이룬 꿈을 위해 도전을 두려워하지 않는다.

4. N잡러 컨설턴트 지금부터 시작

1) 인생의 황금기

경영학의 아버지, 최고의 교육자라 불리는 피터 드러커 교수는 97세에 베스트셀러 『넥스트 소사이어티』를 출간하였다. 그리고 뇌과학자 이시형 박사는 88세의 나이에 약 88권의 책을 집필했지만 80세인 2013년 출간한 『배짱으로 삽시다』가 베스트셀러가 되어 유명인사가 되었다. 늦다고 할 때가 빠르다. 지금부터 책 쓰기에 도전이다.

102세의 연세대학교 철학과 김형석 명예교수는 살아있는 전설이다. 그는 '인생의 황금기는 60세에서 75세다'라고 하였다. 지금 필자의 나이가 인생황금기에 속한다. 이에 따라 필자도 황금기 시대를 맞이하고 있다. 『백년을 살아보니』의 책을 쓴 김형석 명예교수의 나이는 놀랍게도 97세였다. 그분의 나이가 되려면 필자는 37년이나 남았다. 도전과 열정이 있다면 지금부터 시작이다.

2) N잡러, 무작정 따라 하자

최근 우리를 둘러싼 주변 환경은 급속도로 빠르게 변화하고 있다. 그리고 다양화되는 사회 속에서 평생직장이라는 말이 사라졌기 때문에 N잡러들이 속속들이 활동하고 있는 실정이다. N잡러(N-Jober)는 2개 이상 복수를 뜻하는 'N'과 직업을 뜻하는 'Job', 사람을 뜻하는 '~러(er)'가 합쳐진 신조어로 '여러 직업을 가진 사람'이란 뜻이다. 본업 외에도 여러 부업과 취미활동을 즐기며 시대 변화에 언제든 대응할 수 있도록 전업이나 겸업을 하는 이들을 말한다.

따라서 필자도 새로운 N잡러에 도전해 보고자 공부한다. 퇴근 후의 시간을 알차게 보내기 위한 하나의 동기부여랄까? 새롭게 N잡러, 무작정 따라 해 볼 생각이다. 퇴직부터 하고 도전하자는 것은 금물이다. 직장은 직장대로 열심히 다니고, 저녁이나 주말을 잘 활용하여 삶을 좀 더 새롭게 만들어 보려 한다. 그러기에 N잡러를 위한 여러 정보를 꾸준히 공부하고자 한다.

3) 아주 작은 것부터 시작하자

사람들이 시작을 망설이는 이유는 처음부터 잘하고 싶기 때문이다. 필자는 이를 '안전욕구'라고 생각한다. 실패가 두려워서 안전한 공간을 벗어나지 못하는 것이다. 월급에 지탱하는 일상에서 떠나고 싶다면, 정말로 지금과 다르게 변화하고 싶은 의지가 있다면, 안전하고 편안한 곳에서 나와야 한다. 그리고 아주 작게 'N잡러'를 시작하면 된다. 실패해도 삶에 큰 타격이 없는 수준으로, 처음에는 마음처럼 잘 안 될 수 있지만 거듭 반복할수록 실력은 늘기 마련이다.

4) 내 인생의 의미를 찾자

필자 나이 60, 중년의 나이다. 60대는 나 자신을 발견하며 삶의 보람을 창조하는 시기이다. 지금까지 산전수전을 다 겪으면서 파란만장한 사회경험을 하며 달려온 필자 자신에게 칭찬과 격려를 해주고 싶다.

인생을 달려오는 동안 무언가에 깊이 빠져 세월 가는 줄 모르고 살았다. 그러니 인생 어느 시대에 있든지 간에 내가 좋아하는 것, 내가 하고 싶은 것, 그 일을 하면 세월 가는 줄도 모르는 것 하나쯤 가지고 있다면 인생은 좀 더 행복할 것이다.

5. N잡러 컨설턴트 시작과 도전

1) 안전전문가

대학에서 직장생활 하면서 안전을 전문으로 하고 싶었다. 안전 컨설턴트에 도전하기 위하여 안전 관련 교육을 받고 각 협회로부터 또는 고용노동부로부터 자격증을 취득하여 연구실(실습)안전환경관리자로 왕성하게 활동하고 있다.

최근 전 세계적인 기후변화에 의한 자연재해와 더불어 도시화, 산업화 및 시설의 노후화로 인한 인적 사회적 재난의 발생빈도와 피해규모가 증가하고 있다. 도시화 및 시설의 복잡화로 재난이 단순하지 않고 복합적인 것이 오늘의 현실이다.

고용노동부에는 산업안전보건본부가 개설되고 2023년부터는 산업안전보건청으로 독립된 관청으로서 출범하게 될 것이라 발표하였다. 내년부터 중대재해처벌법이 시행되면서 이를 위한 본격적인 실무부서가 등장하게 된 것이다. 노동계와 산업계에서 일어나고 있는 이러한 동향을 보면 '안전'이 화두가 되고 있음을 알 수 있다.

필자는 대학의 사각지대에 있는 위험요소를 발굴하고 제도적 개선책을 모색해 학교에 정착시킬 수 있도록 함께 연구하고 참여하는 연구실(실습) 안전환경관리자로 안전한 대한민국 대학의 초석을 다져 나갈 것이다.

2) 기술자문평가위원

공공기관에서 시행하는 전반적인 사업의 기술자문 평가를 수행할 때 평가의 전문성과 객관성을 확보하기 위하여 외부 전문가를 선정하는데 이때 선정되어 자문심사평가를 하는 사람을 기술자문평가위원이라고 한다. 공정성과 투명성 있는 평가가 이루어져야 한다.

필자는 첫 번째로 1996년 기능장 취득 덕분에 국가기술자격 실기시험 감독(채점)위원에 선정되어 15년간 활동하고 있다. '국가기술자격법 시행규칙 제21조 2항의 별표16'에 의한 '시험위원의 자격 기준'에 해당하는 사람이다.

두 번째는 2013년 중소기업 기술개발 평가위원으로 위촉되어 8년간 열심히 활동하고 있다. 이는 중소기업 기술개발 지원사업에 대한 평가의 전문성과 객관성을 재고하기 위하여 선정된 위원을 말한다. 여기서 중소기업기술개발 지원사업은 중소기업의 R&D 기반확충 및 기술 경쟁력을 강화하기 위해 중소벤처기업부와 한국산업기술평가관리원이 관리하고 있는 사업이다. 필자는 중소기업의 기술개발과 마케팅 활성화를 위해 공정한 평가를 하도록 노력하고 있다.

세 번째는 한국산업인력공단에서 주관하는 과정 평가형 국가기술자격증 평가위원으로 2017년 2월에 위촉되어 활동하고 있다. 이는 국가직무능력표준(National Competency Standards, NCS)으로 설계된 교육·훈련 과정을 체계적으로 이수하고 내·외부 평가를 거쳐 취득하는 국가기술자격이다.

네 번째 2016년 12월, 오랜 현장 경험과 고도의 기술을 보유한 우수

기술인을 인정받아 대한민국 산업 현장 교수로 위촉되었다. 대한민국 산업 현장 교수는 기술 지원, 컨설팅을 통한 학교·직업능력개발훈련기관의 교육 현장성 강화와 중소기업의 기술력 단절 방지, 조직구조 개선, 기업 경쟁력 강화를 돕게 된다.

필자는 필요한 기술 전수와 특강운영지원 등을 5년째 활동하고 있다. 대한민국 산업 현장 교수는 '초·중등교육법 시행령 제91조'에 따른 특성화고등학교 등에 대한 직업교육·훈련 또는 '고용보험법 시행령 제12조'에 따른 우선 지원 대상기업에 대한 인적자원개발·기술의 지원 등 국가의 인재 육성과 기업의 경쟁력 강화를 위하여 고용노동부에서 위촉한 자를 말한다.

마지막으로 2020년 11월, 전라북도 기술닥터 평가위원에 선정되어 중소기업 애로기술지원을 처음으로 수행하였다. 현직 국가출연연구기관 또는 공공기관 소속의 선임급 이상 연구원(기술원), 대학 전임교원, 겸임교수 또는 이에 상응하는 전문성(박사학위 취득자, 기술사 및 기술지도사 자격증)을 보유한 자로 도내 중소기업 경쟁력 강화 및 일자리 창출 실현을 위해 현장 및 중기애로기술, 상용화 지원 프로그램 등을 지원하는 사업이다.

필자는 10년간 대학교수 생활을 하면서 주중이나 평일의 시간을 활용하여 각종 정부기관, 지자체 등의 기술자문과 심사평가위원으로 자부심과 긍지를 가지고 열심히 활동하고 있다. 여러 곳의 평가위원 활동을 하다 보니, 돈도 벌 수 있고 여러 평가위원들과 정보도 교류할 수 있어서 일거양득을 누리고 있다. 여러분들도 각종 평가위원에 한번 도전장을 내보라 권하고 싶다.

3) 이번 생은 N잡러 컨설턴트

필자는 교육자의 길을 가고 있는 대학교수이자 준비된 N잡러다. 움직이는 것을 좋아하고 손으로 만지는 것이 좋아서 기술이라는 재능을 선택했다. 처음에는 호기심도 생기고 열심히 하면 돈도 많이 벌 수 있다는 생각으로 시작하였다. 요즘은 여러 가지 돈 되는 일들이 많아져 휴대전화 달력의 메모에는 중기청기술평가, 일·학습병행 도제평가, 일·학습병행 과정형 평가, 국가기술자격감독, 실업고 강의, 기업체 강의, 기술닥터 지원, 특성화고 강의, 산업 현장 교수 활동까지 새로운 도전을 거듭하고 있다. 학생을 가르치는 대학교수로 안정적인 소득을 유지하면서 좋아하는 일로 용돈까지 벌면 더할 나위 없겠다고 생각했는데, 부수입을 창출하게 되었다.

지금은 누구나 자신이 취미나 재능으로 돈을 벌 수 있는 N잡러 시대다. 자신과 맞는 플랫폼을 활용하면 무자본으로 고수익 파이프라인을 만들 수 있을 것이다. 본업을 잘해야 한다는 부담이 없고, 투자금이 필요 없으니, 리스크도 없다. 게다가 시간과 장소, 일의 강도와 수입까지 컨트롤할 수 있으니 사이드 프로젝트를 시도하지 않을 이유가 없을 것 같다.

그렇지만 세상에 똑같은 사람이 단 한 사람도 없듯이 성공에도 정해진 길이나 정답은 없다고 생각한다. '내가 무슨 N잡이야', '난 소질이 없어', '내가 어떻게 글을 써', 이런 부정적인 생각들을 했다면 지금의 필자는 없을 것이다. 하고 싶은 일에 도전하는 데에 있어 이런 부정적인 감정은 가장 큰 제약이 된다. 결과적으로는 필자의 N잡 활동은 해 보고 싶던 일에 스스럼없이 도전할 수 있는 용기를 주었고, 직장 업무 말고도 내가 할 수 있는 일들이 있다는 가능성을 알게 해주었다. 앞으로도 내 삶을 여러 색깔로 칠하는 즐거움을 맛보며 풍요롭게 살고 싶다. 미흡하지만 N잡러를 도전하고자 하는 많은 분들께 필자의 이야기가 작은 도움이 됐으면 한다.

6. 10년 후 나의 모습

1) 책 쓰기 도전

필자는 살아가면서 책을 제대로 써보지 못했다. 공저로 기술전공 관련 책 몇 권 출간에 참여한 게 전부다. 지금까지 갈고닦은 경험과 노하우를 글로 써볼까 고민하던 중 청운대학교 최효근 교수님 덕분에 용기를 얻어 『신중년 도전과 열정2021』에 도전하였다. 그 이후로 두 번째 『N잡러 시대, N잡러 무작정 따라하기』를 쓰게 되었다. 두 번째까지 도전하다 보니 세 번째 『10년 후의 나의 모습을 상상하라』, 네 번째 『공공기관 채용과 면접의 기술』, 다섯 번째인『프롭테크 사례연구』까지 쓰게 되었다. 향후에도 지속적으로 책 쓰기에 도전할 것을 약속해 본다.

2) 자격증 200개 도전

필자는 교수 직함보다도 '자격증의 달인'으로 통한다. 다양한 산업 분야에서 무려 155개의 자격증을 취득했기 때문이다. 전북 군산 출신으로 군산기계공고를 거쳐 삼성그룹 근무 경력 21년 포함 총 40년 직장생활을 하는 동안 국립군산대학교에서 석사와 공학박사를 취득할 정도로 학구열이 넘쳤던 것은 무슨 일을 하든지 제대로 된 실력을 갖춰 최고가 돼야 한다는 신념으로 공부에 정진했다.

필자는 그 공부의 결과를 해당 자격증 취득으로 입증했다. 자격증과 함께한 40여 년 동안 국가 자격증 155개를 보유한 대한민국스타훈련교사이자 대한민국 산업 현장 교수이며 '우수숙련기술인'으로서 대학교에서 기술인 양성에 열정을 쏟고 있는 대학교수이다.

필자는 하루하루 시간에 쫓기고 살아가면서 부족한 공부는 할 것이다. 행복의 소중함을 알기에 '내일은 또 어떤 꿈을 품을까' 하는 기대감으로 200개 자격증 도전과 열정 있는 삶을 살아 볼 기회가 생긴 것 같다. 여러분의 꿈도 함께 이루어지기를 진심으로 기원한다.

3) 평생 배움 도전

일을 하다 보면 막막해지는 때가 있다. 더이상 실력이 느는 것 같지도 않고, 아이디어도 잘 떠오르지 않는 정체된 느낌. 동료들은 저만큼 앞서 나가는데 자신만 제자리걸음을 하거나 뒤처진 기분이 든다. 일종의 슬럼프라 할 수 있다. 누구에게나 닥칠 수 있는 순간이다.

그때는 망설이지 말고 멘토를 찾아가자. 여러분이 신뢰하고 배울 수 있는 상대 말이다. 멘토가 꼭 직장 상사나 선배일 필요는 없다. 동료나 후배라도 배울 점이 있다면 주저 없이 찾아가 도움을 청해 보자. 만약 힘들다면 그들을 유심히 관찰하고 따라 해 봐도 도움이 될 것이다. 사람은 누구나 배우면서 성장하는 존재다. 모두가 알만한 위인들도 그랬다. 타인을 흉내 내고 따라 하면서 점차 자신만의 차별화된 영역을 개발하면 된다. 그래서 자기만의 무기가 있어야 한다. 처음부터 모든 것을 혼자 힘으로 이룬 사람은 없다.

스스로 배우고 노력해 얻은 결과물도 온전히 필자의 소유물이 아니라고 생각한다. 우리는 먼저 배운 이들이 만들어 놓은 결과물에서 가르침을 얻기 때문이다. 근대 역학의 창시자인 뉴턴조차 '내가 더 멀리 보았다면 이는 거인의 어깨 위에 올라섰기 때문이다'라고 말했다. 배운 것을 고인 물처럼 자기 안에만 가둬놓아서는 안 된다. 후배들과 나눠야 한다. 다른 사람을 정복하면 강한 자이고 자기 자신을 정복하면 위대한 자라고 했다. 베풂을 그만두면 얻음도 끝나며 배우기를 그만두면 성장도 멈춘다. 진정한 배움은 사회생활 속에서 시작된다. 필자의 부탁이다. 평생 배움을 멈추지 말았으면 한다.

7. 에필로그

아르바이트나 부업 등으로 N잡을 하는 직장인이 10명 중 4명에 이르고 있다. 본업 이외에 좋아하고 잘하는 일을 추가로 병행하면서 살아갈 수 있는 N잡러 시대라고 해도 과언이 아닌 요즘, 많은 사람들이 N잡을 하는 이유는 무엇일까? 대부분은 경제적인 안정을 누리고 싶다거나 하고 싶은 일, 꿈을 찾게 되었는데 자금이 필요하기 때문에 직장인들은 알바나 부업을 할 것이다. 직무나 전공 분야보다는 취미나 특기를 살려 N잡을 한다.

필자는 더 늦기 전에 그동안의 오랜 직장생활과 풍부한 인생 경험, 구축한 인적 네트워크 등, 이것이 인생 2막을 설계하는데 무엇보다 큰 자산이 된다. 앞으로 필자는 보유한 많은 자격증과 직장 경험, 사회 경험을 활용하여 정년 후 프로 N잡러 컨설턴트 인생을 살고자 준비하면서 글을 마치려고 한다.

참고문헌

- 김영기 외 22인, 『신중년, N잡러가 경쟁력이다』, 브레인플랫폼, 2021.
- 김영기 외 15인, 『N잡러 시대, N잡러 무작정 따라하기』, 브레인플랫폼, 2021.
- 한기백·송종국, 『나는 당신이 N잡러가 되었으면 좋겠습니다』, 원앤원북스, 2021.
- 정성훈, 『N잡러 시대의 슬기로운 직장생활』, 한월북스, 2021.
- 한승현, 『이번 생은 N잡러』, 매일경제신문사, 2021.
- 김형석, 『백년을 살아보니』, 덴스토리(Denstory), 2016.
- 황지훈, 『N잡러의 디지털노마드 재테크』, 유페이퍼, 2021.
- 대신증권, 『N잡러의 시대 "난 뭘하면 좋을까?"』, 대신증권, 2021.

저자소개

김정혁 KIM JONG HYEOG

학력
- 국립군산대학교 산업대학원 기계공학 석사
- 국립군산대학교 일반대학원 기계공학 박사

경력
- 삼성중공업(주) 공정개선팀 대리
- 볼보그룹코리아(주) 국내기술영업 소장
- 군산중기 군산대리점 대표이사
- 군산종합직업학교 산업설비팀 부원장
- 대한상공회의소 전북인력개발원 교수
- 군장대학교 스마트기계·자동차 신소재가공전공 교수
- (사)전북새만금 어린이재난안전협회 전문위원
- 행정부 국민안전교육 전문 인력위원
- 일학습병행자격 훈련과정 인정 심사위원
- 한국산업인력공단 고객패널위원

- 한국산업인력공단 실기감독위원
- 한국산업인력공단 HRD전문가
- 국가직무능력표준(NCS) 보조강사
- 중소기업 공정품질 기술개발사업 서면평가위원
- 한국산업인력공단 자격시험문제 검토위원
- 도제학교 훈련과정 인정 심사위원
- 고숙련일학습병행(P-TECH) 면접심사위원
- 한국산업인력공단 과정평가형자격 외부전문가
- 한국산업인력공단 기술사 출제위원
- 전북자동차기술원 기술닥터 전문가
- 한국산업인력공단 일학습병행제 산업현장전문가

자격
- 공인기술지도사(한국산업인력공단, 2004)
- 공인경영지도사(한국산업인력공단, 2006)
- 기술평가사(한국기술사업진흥협회, 2015)
- 사회복지사(보건복지부장관, 2020)
- NCS 직업교육지도사((사)코리아리크루트, 2017)
- 용접기능장(한국산업인력공단, 2004)
- 제강기능장(한국산업인력공단, 2018)
- 건설기계정비기능장(한국산업인력공단, 2003)
- 금속재료기능장(한국산업인력공단, 2015)
- NCS활용면접관((사)코리아리크루트, 2016)
- 재난안전지도사(한국아동청소년안전교육협회, 2018)

저서

- 『용접필기정복』, 군장대학교, 2017.(공저)
- 『열처리실기』, 군장대학교, 2019.(김정혁)
- 『열정有 삶』, 고용노동부, 2019.(공저)
- 『신중년 도전과 열정 2021』, 브레인플랫폼, 2021.(공저)
- 『N잡러 시대, N잡러 무작정 따라하기』, 브레인플랫폼, 2021.(공저)
- 『용접공학』, 원창출판사, 2021.(김정혁)
- 『10년 후의 내 모습을 상상하라』, 브레인플랫폼, 2021.(공저)

수상

- 한국공업표준협회 우수상(1990)
- 한국생산성본부 표창장(1990)
- 삼성중공업(주) 공로상(1991)
- 삼성그룹 경영 대상(1991)
- 한국교육기술대학교총장 공로상(1995)
- 군산종합직업전문학교장 공로상(1996)
- 군산종합직업전문학교장 표창장(1997)
- 스타훈련교사 고용노동부 장관 표창장(2013)
- 대한민국스타훈련교사 선정(2013)
- 대한민국산업현장교수 위촉(2016)
- 직업능력개발 유공 국무총리 표창장(2017)
- 군산시 군산시민의 장 교육장(2020)
- 제20회 2020 올해를 빛낸 인물 대상(2020)
- 제35회 대한민국신지식인(교육분야) 인증(2020)
- 2020 대한민국명인(금속분야) 인정(2020)
- 제26회 2021 코리아 파워 리더 대상(2021)

- 2021년 국가자격취득 수기 공모 금상 수상(2021)
- 제1회 용접의 날 중소기업중앙회 표창장(2021)

10장

내 열정이
울림이 되길
기대하면서...

김희철

1. 오늘도 일을 해야 하는 이유

1) N잡러란?

최근 사람들은 'N잡러'의 시대가 왔다고 한다. N잡러란 2개 이상의 복수를 뜻하는 'N', 직업을 뜻하는 'Job', 사람이라는 뜻의 '러(~er)'가 합쳐진 신조어로, 4차산업혁명과 주 52시간 근무제 등 근로환경이 시대에 따라 변해가면서 생긴 개념이다. 이들은 생계유지를 위한 본업 외에도 개인이 지닌 재능을 발휘하여 경제적인 소득뿐만 아니라 자아실현으로까지 연결한다. 특히, '평생직장'이라는 개념이 없어진 MZ세대는 취업을 했더라도 자신이 가지고 있는 목표를 성취하기 위해 부업이나 취미활동을 즐기면서 퇴근 후나 주말을 보낸다.

여기에다가 베이비붐세대(Baby Boom, 1955~1963년)들이 본인의 평생직장에서 정년퇴직을 맞이하면서 현직에 있을 때 갈고닦은 실력과 능력을 사회에 환원하고자 많은 시니어들이 N잡러에 도전하고 있다.

최근에는 코로나19로 인해 사업이 어려워졌다는 이야기를 자주 듣곤 한다. 그러나 곰곰이 생각해 보면 우리의 과거, 우리의 역사에서 위기는 항상 우리를 괴롭혔다. 1997년에 IMF(국제통화기금) 외환위기가 있었고, 최근에는 2008년 글로벌 금융위기가 있었다. 아니 지금의 신종 코로나바이러스 감염증(코로나19)이 끝나면 또 어떠한 형태의 위기가 우리의 삶을 어렵게 할지 아무도 모른다.

우리가 겪는 일에는 좋고 나쁜 점이 함께 한다. IMF 외환위기는 2000년대에 우리가 추구하던 산업화의 물결에서 벗어나 독자적인 우리의 것, 우리의 경제모델을 찾는 시발점이 되었고, 2008년 글로벌 금융위기 역시 새로운 우리만의 금융 시스템과 안정성을 만들어내는 장점도 있었다.

코로나19 이후에는 어떤 세상이 올까? 사람들은 이야기한다.

"마스크 덕분에 올겨울에는 감기 한 번 안 걸렸다."
"명절을 제외하고 가족들과 바쁘다는 핑계로 저녁 식사 한번 하기가 어려웠는데 최근에는 자주 식사를 하니까 좋아요."
"불필요하다고 생각되는 비생산적인
회사 회식이 없어지니 좋아요."

우리는 코로나19로 고생하면서도 긍정적인 부분도 제법 있는 듯하다. 어른들 말씀대로 모든 일, 모든 사물에는 좋은 점과 나쁜 점, 장점과 단점, 행복과 불행이 따르는 것 같다. 다만 저의 관점에서 볼 때 코로나19로 인한 장점 중의 하나는 불필요한 모임, 애매한 인간관계가 많이 정리된 듯하다. 덕분에 여유 시간이 많이 생겨서 'N잡러'에 매진할 수 있기도 하다.

2) 넓어지는 시장, 늘어나는 'N잡러'

우리는 하루에도 몇 번씩 '나는 바쁘다. 나는 시간이 없다'를 반복하면서 살아가고 있다. 얼마 전에 유명 방송인 유재석씨가 코로나19 확진 후 치료를 받고 돌아와서 자가격리 기간 동안 느낀 점을 밝혔다. 그는 평소에 바쁘게 살아왔지만, 코로나19로 자기만의 시간이 생겼음에도 불구하고(2주 격리 기간 동안) 시간을 어떻게 사용하는 것이 본인에게 유리한 것인지 잘 모르겠다고 조금은 난감해 했다. 아니 이것이 코로나19로 인하여 국내·외 출입국자들(2주 격리자)도 똑같은 이야기를 하고 있다.

다시 말하면 그동안 우리는 시간이 부족하거나 시간에 쫓겨서 무엇을 못한 것이 아니라, 시간 관리 능력의 부족, 즉 본인에게 여유 시간이 생기면 어떻게 관리할지, 무엇을 어떻게 할지 등에 대한 기본적인 생각이 부족할 뿐이었던 것 같다. 그러므로 시간을 조금만 더 효율적으로 관리하면 본인의 사업과 본업을 병행하는 N잡러가 될 수 있다고 생각한다.

최근 주 52시간 근무제가 도입되면서 많은 사람들이 N잡러가 되려고 노력하고 있고, 은퇴한 많은 사람들도 N잡러가 되기를 희망한다. 왜냐하면, 근무시간이 줄면서 소득도 같이 줄었기 때문인 듯하다. 또한, 대한민국의 많은 자영업자들도 손님이 줄었기 때문에 N잡에서 그 해결책을 찾으려고 노력 중이다.

3) 도전과 열정

'도전'이란 단어는 정말로 아름다운 단어이다. '도전'은 정면에서 맞서 싸운다는 의미이다. 우리는 N잡러가 되기 위해서 도전해야 하는 것이다. '경쟁'은 이기거나 앞서려고 서로 겨루는 것을 뜻하기도 하지만 인간이 자연환경을 이용하기 위하여 다른 인간(개체나 종)과 벌이는 상호작용을 의미하기도 한다. 도전에 있어 경쟁은 불가피한 일임에는 분명하다. 그러므로 N잡러가 되기 위한 도전은 상상을 초월한 아름다운 일이라 생각한다.

도전을 하고 경쟁을 하면, 성공과 실패라는 양날의 검에 봉착하게 된다. 그러나 실패를 돌아보는 용기도 도전에의 열정에서 비롯된다고 생각한다. N잡러를 추구하는 목적에는 여러 가지가 있을 듯하다. 60세가 되어 정년퇴직을 하신 분도, 회사를 다니는 직장인들도, 원잡 투잡을 넘어 N잡을 하려고 도전을 하고 있는 것이 오늘날의 현대사회이다. N잡을 향한 열정적인 마음, 그것이면 충분하다고 생각한다.

4) 인생 관리가 중요하다

우리는 N잡러가 되어, 일을 더 많이 해서 나의 시간을 돈으로 바꾸려고 하는 것이 아니다. 자기가 하고 싶은 것을 하면서 삶을 보람있게 살려고 N잡러를 하는 것이다. 사람은 사는 대로 생각하며 살아가는 사람과 생각하는 대로 살려고 노력하는 사람으로 나뉜다고 한다.

N잡 이야기를 하다가 사람 이야기를 하는 이유는 N잡을 통해서 추가로 경제적 이익이 생기면 많은 사람들은 안주하는 경향이 강하다. 아니 모든 인간은 전부 안주하려고 한다. 이것을 N잡에만 생기는 문제는 아니라고 여겨진다. 처음에는 원대한 꿈, 훌륭한 뜻을 가지고 시작했지만, 인간의 습성은 길 한가운데에서 옆길로 빠져 쉬는 경향(삼천포로 빠진다고도 한다.)이 비일비재하다. 그렇게 되면 본인이 원하는 삶이나 인생은 갈 수도, 살 수도 없는 것이다. 우리는 N잡러가 되기 위해서 작은 성공과 실패에 일희일비하지 말고 큰 뜻을 가지고 정진해야만 한다.

만약에 여러분이 소득이 부족해서 N잡을 시작한다면, 언제든지 조그마한 이익, 조그마한 성공에 만족하고 N잡을 관둘지도 모르겠다. 아니, 본업이 있으신 분은 본업에 정진하기 위해서 N잡을 포기할지도 모르겠다.

사실 'N잡러'가 되는 것은 그렇게 어렵지 않다고 생각한다. 조그마한 생각, 노력만 있으면 여러분도 N잡러가 될 수 있다. 그러나 여유 시간을 관리하지 못하면 N잡러에 도전하기 어렵다. 많은 N잡러의 사례를 보면 전부 치열하게 현역에 있을 때도, 은퇴한 다음에도 도전정신과 열정적인 마음으로 N잡러가 되기 위해서 노력하신 분들이다.

다시 말하면 본인의 시간 관리에 최선을 다한 분들이라 이야기할 수 있는 것이다. 물론 사람 하나하나가 저마다 개인적인 사정이 다 있겠지만, 자신의 게으름(시간 관리 부족)을 남의 탓, 환경 탓 등으로 돌리는 사람은 필연적으로 도태될 수밖에 없다고 생각한다. 아니 시간 관리와 의지력은 따로 기술이나 노하우가 필요한 것이 아니다. 그냥 게으름, 나태함 등을 이겨내지 못한 것이다. N잡러가 되고자 하면 철저한 시간 관리, 인생관리가 필요하다고 생각한다.

5) N잡러의 첫걸음, 행동과 실천

사업을 한다는 것은 내가 죽느냐 사느냐의 문제이다. 물론, N잡은 본인 선택의 문제이지 내 삶의 필요충분조건이 아닌 것이 대부분일 것이다. 코로나19의 영향으로 자영업자의 폐업률이 점점 높아지고 있다고 한다. 어떤 Data를 보면 70~80%에 육박한다고 한다.

본인의 피 같은 돈과 시간, 그리고 정력을 투입해야 하는데 나태함과 게으름 탓에 본인의 가족, 회사가 망한다면 변명의 여지가 없다고 생각한다. 우리는 도전자의 마음, 정신을 가지고 N잡러에 도전해야 한다.

'내 나이가 몇 살인데', '내가 왕년에 무엇을 한 사람인데' 등 본인의 나이, 경력, 직책을 불문하고 N잡이라는 영역에 들어가고자 한다면 도전자의 정신을 가지고 시작해야 한다. 챔피언이 링 위에서 나를 'Knock-Down' 시키려고 기다리고 있는데 생각 없이 행동하는 도전자는 없을 것이다. 아니 무수히 많은 시간을 피눈물 나게 연습, 또 연습할 것이다.

> "어제와 똑같이 살면서 다른 미래를 기대하는 것은
> 정신병에 가깝다."

독일의 물리학자 아인슈타인(Albert Einstein, 1897~1955)이 한 명언이다. 만약에 당신이 어제와 다른 삶을 살겠다고 결심을 했다면 이제 행동과 실천으로 천천히 옮기면 되는 것이다. 그것이 'N잡러'가 되는 첫걸음인 것이다.

2. 한계란 한개(?) 없는 사람들의 핑계다

1) 인생 3막 - 준비된 N잡러

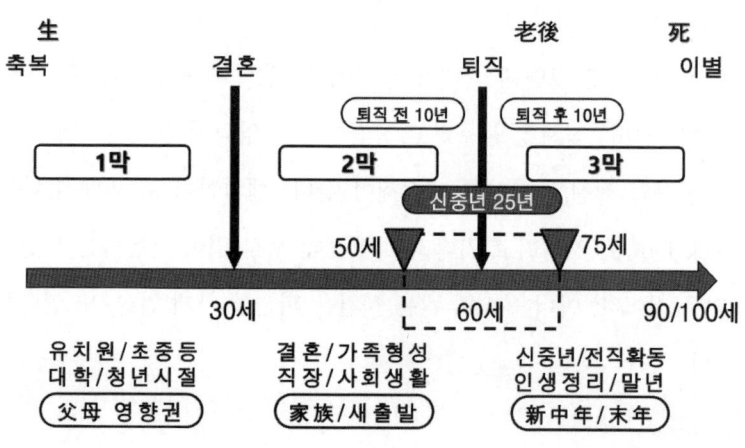

인생 3막 개념도

'100세 시대'라고 한다. '50대는 청년, 60대는 중년, 90대는 노년'이라고도 한다. 통계청 자료(2020년)에 의하면 한국인 평균 수명은 83.5세이고, 남자는 80.5세라고 한다. 그럼 80세까지 일해야 하나? 김형석 교수(연세대 명예교수)님은 1920년생인데 아직도 강의를 하고 다니신다고 한다.

우리의 인생은 3모작이라고 많은 사람들이 이야기한다. 우리는 부모로부터 손가락 10개, 발가락 10개를 물려받아 삶을 시작한다. 그것도 1모작(0세~30세) 시대에는 부모로부터 보호를 받고 배움의 과정인 학창 시절을 거쳐서 큰 배를 타고 사회로 나갈 준비를 하는 대학 시절을 거쳐 먹고 살기 위한 일자리를 만드는 시절이 보통 30세 전후, 1모작이다.

2모작(30세~퇴직)은 사회에 내 발자취를 만들고 새로운 가족이라는 구성원을 만드는 시기이며, 3모작(~사망 시)은 우리가 마지막 여생을 즐기며 삶을 마무리하는 시기라고 학자들은 말한다.

그러나 4차산업혁명 등 과학기술의 발전과 보건·의료기술이 눈부신 도약을 하였고, 많은 사람들이 건강에 대한 관심이 증대하여 중년과 말년의 나이 기준이 점점 올라가고 있는 것이 현실이다.

그러므로 3모작 시기는 2모작 시기에서 경험하고 배운 기술을 우리 사회와 기업 들에 전수할 수 있는 아름다운 삶을 사는 것, 그것이 N잡러만이 할 수 있는 일이라 생각한다.

2) 인생 3막을 준비하라

지금부터 본인의 경험담을 잠깐 이야기할까 한다. 벌써 사회에 나온 지 37년이 되었다. 간단히 이야기해서 월급이란 것을 받은 지 37년이 되었다는 이야기다. 짧다면 짧고 길다면 긴 이야기다.

1985년 토목공학과를 졸업하고 내가 만든 조그마한 돛단배에 몸을 싣고 망망대해로 나왔다. 자격증이라고는 '토목기사 1급'뿐이었다. 70년대 말에 한국경제를 일으킨 중동 붐이 마이너스 구배로 넘어 들기 시작한 시절이었지만, 그래도 중동 붐의 끝자락에서 북아프리카 구경도 하였다.

(1) N잡러의 필수 요소 – 자격증

우리나라 사람들의 특징 중 흥미로운 것은 '모든 일이 잘되면 내 탓이고, 잘못되면 남의 탓'이라는 것이다. 사람들은 핑계 대기를 좋아한다. 아니 조금은 자기 보호, 면책성 표현이다.

나 역시 본사 및 현장(국내·외 포함) 생활을 하면서 책 볼 시간이 없었다. 입사 동기, 직장 선·후배들의 '기술사 취득'이라는 낭보가 남의 이야기처럼 들리기도 하고, 조금은 자존심이 상하던 그런 시절에 나도 책을 읽기 시작했다. 그 당시 생각은 지금도 임원이나 현장소장이 되려면 기술사가 필요하지만, 퇴직 후 사회에 나가서 제2의 직장을 구하기가 쉽다는 선배들의 이야기도 자격증을 바라보는 시발점이 되었다. 2002

년, 토목시공기술사에 합격하니 시험에 대한 자신감이 생겨서 2003년에 토질 및 기초기술사를 취득했다. 그리고 10년쯤 지나 건설안전기술사 및 토목품질시험기술사를 취득하여 4관왕이 되었다. 건설안전은 본인이 현장소장으로 근무하던 시절 중대재해가 발생하여 반성의 의미로 두 번 다시는 재해를 발생시키지 않겠다고 노력한 결과다(안전전문가가 되겠다). 내가 생각해도 조금은 대견스러운 자격증이다.

첫 번째 직장(시공사)에서 은퇴하고 설계사로 책상을 옮겼다. 나이도 먹고 직급도 높았지만, 장래에 대한 조금은 막연한 불안감이 다가오기 시작한 시절이었다. 그러던 중 선배들의 조언으로 한국생산성본부에서 실시하는 법정관리인·감사 양성과정을 수료하면 회생 기업, 구조조정 기업(CRO) 및 감사로 근무한다는 것을 알게 되었다. 지금도 이 과정은 경쟁이 치열하지만 내가 다닌 2019년도 역시 비슷했던 것 같다. 힘들었던 2개월간의 과정을 무사히 마치고 기업회생 전문가 자격(회계기업 경영관리사)을 취득하였다.

지금도 '경영관리사' 또는 '산업안전지도사' 등 많은 자격증으로부터 유혹의 프로포즈를 받고 있다. N잡러를 추구하는 사람들은 자기의 방향을 잘 잡아서 해당 분야에 적합한 자격증을 취득하시길 바란다. 그것이 N잡러가 되는 조금은 쉬운 길이기도 하다.

(2) N잡러의 필수 요소 - 학위

N잡러들의 재미있는 특징 중의 하나는 자격증이나 학위를 회사생활

을 하면서 취득하는 것이다. 물론 자격증은 최소 몇 년의 경력이 필요하기도 하고 때로는 본인이 사회생활을 하면서 필요하므로 도전하여 합격의 기쁨을 맛보기도 한다. 그러나 교수를 제외한 대부분의 N잡러들은 학위를 사회생활을 하면서 취득한다. 정말로 어렵고 힘든 일이다. 내가 박사학위를 하면서 제일 많이 한 이야기가 있다.

"기술사를 한 개 더 취득하면 했지, 박사는 두 번 다시 안 하겠다."

물론 박사학위가 수익 창출이 되는 것은 아니다. 오늘도 이 시간에도 많은 사람들이 박사학위에 도전하고 있다. 분야가 무엇이든지 전공이 무엇이든지 학위가 자격증만큼 필요하다고 생각한다. 꼭 퇴직 전에, 제2막 기간 동안에 취득하시길 바란다. 특히 N잡러들은….

(3) N잡러의 필수 요소 – 학·협회 활동(인맥)

공학박사, 기술사 등으로 사회생활을 하면서 본인과 관계있는, 또는 관심 있는 학회나 협회에 가입하여 다양한 활동을 할 필요가 있다고 생각한다. 최근에는 코로나19의 영향으로 학·협회 활동이 상당히 위축되어 있는 것도 현실이다.

세상에 독불장군으로 살아가기는 쉽지 않을 것이다. 학·협회 활동을 통하여 다양한 정보도 얻고 또 다른 분야, 또 다른 N잡러의 이야기도 들을 수 있다. 이것이 세상을 사는 N잡러의 산 지혜이다.

(4) N잡러의 필수 요소 - 건강

건강에 대한 이야기는 모든 사람이 잘 알고 있다. 모든 사람들은 건강하게 나이 들고 싶어 한다. 2020년 통계에 의하면 남자의 기대 수명은 80.5세인데 그 중 유병기간을 제외한 기대수명(건강수명)은 65.6세라고 한다. 이것은 남성의 유병기간은 14.9년이고, 여성은 19.3년인 셈이다. 다시 말하면 남성의 대부분은 65세까지는 건강하고 여생은 병을 가지고 산다는 이야기이다.

아프지 않고 건강하게 오래 살아야 N잡러로서 능력을 발휘하고 사는 재미도 있을 것이다. 건강할 때부터 건강관리를 잘하는 습관을 들이는 것이 중요하다. 최소한 일일 '만 보 걷기'는 체력관리를 위한 N잡러의 필수사항이다.

3. '일' - 운명인가, 저주인가?

세상에 태어나서 일하기를 좋아하는 사람도 있기는 하지만, 거의 대부분의 인간들은 일하기를 싫어하는 것이 정석이다. 그래서 학문에도 존재하지 않는 3대 욕구(식욕, 성욕, 수면욕)라는 단어가 생겼는지 모르겠다.

1) 서행차선부터 벗어나라

서행차선에서는 아무리 발을 동동거리고 바삐 움직여도 결과가 크게 달라지지 않는다. 명절에 차로 시골집을 내려갈 일이 종종 있다. 그런데 자주 이용하던 길이 귀성차량으로 꽉 막혀 있어서, 한 번도 가보지 않은 한산한 길을 선택한 경험이 한두 번은 있었다고 생각한다. 길은 뻥뻥 뚫려 있었지만, 신호가 많고 제한속도가 낮은 길이다. 차가 막히지 않아서 빨리 도착했다고 생각했지만, 도착하고 시계를 보면 좀 더 시간이 걸린 것을 느낄 수 있는 경우가 비일비재하다.

꼭 속도가 느리다고 도착 시간이 늦는 것은 아니다. 새로운 길은 정체되지 않았지만 조금 멀리 돌아가는 길이 대부분이다. 다니던 길, 정체된 길은 거의 일직선이기 때문에 조금 막혀도 유리할 수도 있는 길인 셈이다.

즉 서행차선에서는 아무리 발을 동동거려도 결과는 크게 달라지지 않는 것이다. 초보 N잡러는 서행차선은커녕, 그냥 차선에도 못 오르는 경향이 있다. 보통은 초반에 조금 노력하다가 N잡의 묘미도 모르고 80% 이상이 포기한다.

2) 빠르다고 항상 빠르게 도착하는 것이 아니다

우리는 자주 가는 장거리 여행지를 본인 차를 이용해서 갈 경우에 급할 때는 평소보다 시속을 올려서 달렸던 경험이 있다. 빨리 달렸으니 빨리 도착했을 것이라 판단하고 시계를 보면 평상시보다 10분 정도 일찍 도착한 것을 알 수 있다. 도로는 환경(도로상태, 신호등 등)이 변하지 않는 이상 내가 빨리 달린다고 해도, 결과는 10분 정도의 차이밖에 생기지 않는 것이다. 신호등 앞에서는 서야 했고 단속 구간에서는 서행을 해야 했기 때문이다.

일 중독이 되기 전에 자신이 추구하는 일이 N잡러가 나아가는 방향을 정확히 고민한다면 우리는 N잡을 하면서 일의 양을 많이 줄일 수 있을 것이다. 또한, 이 경우 훌륭한 멘토를 만나서 그의 경험담을 듣는 것도 우리를 서행차선에서 넓고 곧은 고속도로로 향하게 해주는 방법인 것이다. 여기서 초보 N잡러의 유형을 몇 가지 설명해 보겠다.

(1) 노력중독 유형

모든 문제가 열심히만 한다고 해결되지는 않는다. 그러나 사실 대부분의 문제는 열심히 해서 일어난다. 골프에서 이야기하듯이 모든 문제의 해결 방법은 '속도보다는 방향'인 것이다. 잘못된 방향으로 열심히 노력만 한다면 그것은 '노력 중독'이고 초월적인 노력을 하여 열심히 해야 하는 일은 지속성을 갖기 어렵다. 그러므로 지속적으로 N잡을 유지하려면 속도보다는 방향이 중요하다.

(2) 수험생 유형

초보 N잡러들은 전부 유명 N잡러들의 이야기를 하면서 이야기하곤 한다. 어느 책에서 본 내용, 어느 유튜버를 보면서 얻은 내용이다. 전부 누군가의 입을 통해서 들려온 이야기들이다. 하지만 실제적인 노하우는 영상이나 글로 표현은 불가능하다. 특히 10분 남짓한 유튜브 영상은 더욱 한계가 명확하다. 일단 영상이 길어지면 사람들이 영상 자체를 잘 보지 않기 때문에 필요한 지식을 담기는 어렵다. N잡은 글과 영상으로 공부해야 하는 영역이 있고, 직접 부딪치면서 경험해야 하는 영역이 있다. 당연히 실전에서는 후자가 훨씬 더 중요한 영역이다.

3) 조급함이란 함정에서 탈피하라

N잡러의 대부분은 N잡을 하는 이유가 '더 큰 경제적 수입을 얻기 위해서'라고 이야기한다. 그 외에 '적성에 맞는 일이기 때문에, 경제·사회 발전에 이바지하기 위해' 등의 답변이 뒤를 이었다. 물론 N잡의 이유는 더 큰 경제적 수입을 얻기 위해서다. 특히 오늘날처럼 평생직장 개념이 없는 저성장시대는 다른 해답이 없는 듯하다. 우리처럼 평범한 사람들이 N잡러가 되는 건 당연한 순리인지도 모른다. 이미 N잡러라면 충분히 열심히 살고 있는 것이니 스스로 대견하게 생각해도 좋다. 그 시간에 게으름을 피우지 않은 것만으로도 훌륭한 것이다.

문제는 N잡을 시작하는 사람들이 충분한 준비를 하지 않는다는 것이다. N잡에 대한 교육도 받지 않고, 유튜브에만 의존하는 경향이 강하다. 최근에는 유튜브에서 말하는 것만 보면 왠지 나도 크게 성공할 수 있을 것만 같다. 하지만 모든 사람이 똑같이 성공할 수 있는 방법은 없다. 모든 사람마다 상황이 다르고, 환경이 다른 것이다.

그리고 N잡은 처음으로 무언가를 시작하는 것이다. 처음부터 당연히 알아가는 과정을 겪어야 한다. 하나부터 열까지 모르는 상태에서 천천히 '조급함'을 버리고 하나하나 천천히 풀어나가야 한다. 직장에서 실수하면 상사가 처리해 주기도 하지만, N잡러가 실수하면 그 피해는 전부 본인의 몫인 것이다.

4. N잡러를 꿈꾸는 모든 이에게

스티브 코비(미국, 1932~2012) 박사의 『성공하는 사람들의 7가지 습관』이라는 책이 있다. 그가 훌륭한 사람들에 관한 사례연구에서 입증하였듯이 훌륭한 사람이 성공하기 위해서는 우연도 아니고 처세술도 아니고 효과적인 습관들이 있었다는 것이다. 중요한 것은 그 습관에 대한 지식이 아니라 '습관' 자체에 초점을 맞추고 있는 것이다. '주도적이 되어라, 또는 궁극적 목표를 설정하고 행동하라' 등의 원리들은 결코 새로운 것이 아니다. 중요한 것은 이전에 들어보지 못한 새로운 지식이 아니라 그것이 '습관화되어 있는가?' 하는 것이다.

N잡러가 성공하기 위해서는 어떤 습관을 가지겠다는 열정, 그 습관에 대한 정확하고 체계적인 지식, 그리고 구체적인 기술을 습득하는 것

이 함께 어우러질 때 습관을 몸으로 익힐 수 있다. 수많은 사람들이 좋은 습관을 가지고 싶어하지만 실패하는 것은 이 세 가지 요소 중에 어느 한 요소가 불충분하기 때문이다.

① 자신의 삶을 주도하라

인생의 코스를 스스로 선택하라. 성공하는 사람들은 자신이 할 수 없는 일에 집착하거나 외부의 힘에 반응하는 대신 할 수 있는 일에만 집중하며 자신의 선택과 결과에 책임진다.

② 끝을 생각하며 시작하라

어떠한 일에 있어 충동적이고 무계획하게 접근하지 말고, 목표를 정해서 그 원칙에 맞게 행동하라.

③ 소중한 것부터 먼저 하라

긴급함이 아니라 중요성을 가지고 업무 우선순위를 정하라.

④ 상호이익을 추구하라

쌍방에 도움이 되는 해결책을 추구하라.

⑤ 경청한 다음에 이해시켜라

상호존중하는 환경을 조성하고, 먼저 상대방의 이야기를 경청하고 상대를 이해시켜라.

⑥ 시너지를 활용하라

상호 단점을 보완하고 장점을 극대화해 더 큰 결과를 만들어라.

⑦ 끊임없이 쇄신하라

장기적으로 성공하기 위하여 자기관리에 최선을 다하라.

훌륭한 N잡러가 되는 길은 멀고도 험한 길이다. 하지만 하나하나 정성을 다해 정진한다면 여러분들도 훌륭한 N잡러가 될 수 있다고 생각한다. 그래서 모두 풍요롭고 행복한 삶을 누리기를 기원한다.

참고문헌

- 김희철 외, 『공학도들에게 물려주는 기술사 성공 스토리』, 피서산장, 2021.
- 한기백 외, 『나는 당신이 N잡러가 되었으면 좋겠습니다』, 원앤원북스, 2021.
- 전기보, 『은퇴 5년전에 꼭 해야 할 것들』, 미래지식, 2018.
- 강창희 외, 『나는 퇴직이 두렵지 않다』, 도서출판 무한, 2020.
- 김영기 외, 『신중년 도전과 열정 2021』, 브레인플랫폼, 2021.
- 김영기 외, 『신중년 N잡러가 경쟁력이다』, 브레인플랫폼, 2021.
- 서지은, 「N잡러 서지은의 도발 무한도전과 무힌경쟁」, 우먼타임스, 2021.
- 스티브 코비, 『성공하는 사람들의 7가지 습관』, 김영사, 2003.
- 김형석, 『백년을 살아보니』, 덴스토리, 2016.
- HN투자증권 100세시대연구소, 『100세 시대를 신박하게 살아가는 36가지 방법』, 2020.
- HN투자증권 100세시대연구소, 『100세 쇼크』, 2018.
- 매일경제 용어사전

저자소개

김희철 KIM HEE CHUL

학력
- 서울시립대학교 토목공학과 공학박사
- 한양대학교 토목공학과 공학석사
- 성균관대학교 토목공학과 공학사

경력
- 선문대학교 교수
- 한국기술사회, 대한토목학회 이사
- 전) ㈜대우건설 상무이사
- 전) 다산컨설턴트 부사장
- 전) 국립경북대, 성균관대 겸임교수
- 중재인, 감정인 등

자격
- 토질 및 기초기술사(2003)

- 토목시공기술사(2002)
- 건설안전기술사(2013)
- 토목품질시험기술사(2015)
- 회계기업 경영관리사(2019)

저서
- 『도로교통공학(삼위일체)』 반석기술, 2009.(공저)
- 『연약지반이론및 실무』 구미서관, 2014.(공저)
- 『공학도들에게 들려주는 기술사성공 스토리』 피서산장, 2021.(공저)

수상
- 대통령상(2004, 2009)
- 서울특별시 건설상(2018)
- 과학기술정보통신부장관상(2019)
- 국토해양부장관상, 해양부장관상, 환경부장관상, 노동부장관상 등 다수

N잡러의 트렌드 이해와 지침서

강미영

1. 긱 이코노미(Gig-Economy) 이해

1) 정규직 VS 비정규직의 등장

　70~80년대 경제가 성장하던 시기에는 누구나 정규직으로 일할 기회가 있었고, 교대나 사범대를 졸업하면 누구나 선생님이 될 수 있었던 꿈만 같던 시절이 있었다. 그리고 80년대~90년대 초까지 학생운동을 하면서 민주화나 자유화를 외치던 선배들도 조금만 노력하면 정규직으로서 정년을 보장받으며 일하는 모습을 어렵지 않게 볼 수 있었다. 그런 선배들의 발자취를 따라 대학에 입학하여 좋은 학점과 영어점수를 획득하여 대학을 졸업하면서 번듯한 직장과 직업을 가지길 원하는 것은 모두가 원한 코스였는데 외환위기 이후에 벌어진 기업들의 구조조정은 우리나라 노동구조의 큰 패러다임의 전환을 가져오게 된다. 비정규직이 양산되기 시작된 후로 20년 이상의 시간이 흘렀다.

　그동안 우리 사회는 여러 가지 방면에서 지각 변동을 경험했지만, 특히 생존과 관련된 일자리는 드라마틱한 변화를 경험해왔다. 대부분의 기업들은 정리해고를 단행하여 인력 아웃소싱 업체들을 활용하면서 이런 중개소 역할을 하는 업체들은 최대의 호황을 맞이하였고, 임금이 저렴한 곳으로 기업들은 해외진출을 추진하기도 하였으며, 구조조정을 하고 난 뒤 남아있는 자들의 업무 강도는 높아졌다. 비정규직 비율이 지속적으로 늘어나면서 안정적인 삶이 불가능해진 노동자들이 많아지면서

부의 양극화 현상은 더욱 심화되었다고 할 수 있다.

비정규직이 제도적으로 뒷받침 되면서 기업가들은 핵심분야를 제외한 노동자를 자산이 아닌 비용으로 보는 경향이 강해졌고, 이 때문에 수많은 기업들 내부에는 회사에 대한 로열티를 중요하게 생각하지 않는 노동자들이 자리를 채우고, 노동의욕을 더욱 떨어뜨리게 되면서 그로 인해 고객에 대한 서비스의 품질이 떨어지게 되고, 다시 이는 회사에 대한 신뢰와 수익 모두를 떨어뜨리는 악순환으로 이어져 왔다.

2) 4차산업시대 직업의 종말 - 긱 이코노미의 시대 N잡러 양산

비정규직이 양산되면서 소득이 낮아진 노동자들은 부족한 부분을 채우기 위해 일하는 시간을 늘려 아르바이트나 부업 전선에 뛰어들면서 겸업이 시작되었다. 기술의 진화와 인터넷과 통신을 통한 열린 사회가 되면서 사회는 분업화가 심화되고 전문화되었다. 일하는 방식도 변화되면서 비정규직 프리랜서나 파트타이머들이 점점 늘어나고 이를 뒷받침하는 플랫폼이 발전하면서 단기적으로 사람이 필요할 때마다 그때그때 고용하는 사례는 점점 늘어나 기업 입장에서는 채용에 대한 부담감을 줄이고 전문인력을 고용하면서 회사의 효율성이 높아졌다.

개인의 입장에서는 임시직이라는 불안감은 있지만, 프리랜서로 활동하고 있는 근로자들은 점점 늘어나고 있고 기회가 될 때마다, 여건이 허락하는 대로 수입을 보충할 수 있는 긱 워커(Gig Worker)로서의 독립된 프리랜서의 삶, 그리고 부업이나 앱테크, 디지털 부수입 등 다양한 수익 구조를 만들어내는 삶이 인터넷이나 스마트폰의 확산으로 더욱 유행하게 되었다. 긱 이코노미 성장은 무엇보다 플랫폼의 개발과 성장 덕분이라고 할 수 있다. 개인의 능력이나 재능을 손쉽게 사고팔 수 있는 토대가 마련되었고, 정보의 비대칭으로 특정인에게만 노출되던 인력 수요공급의 거래 활성화가 될 수 있는 선순환 구조가 자리 잡았기 때문에 자기 주도적으로 일하려는 워라밸의 중시 등이 직업의 종말을 고하게 되고 N잡러의 양산은 더욱 확대되는 추세이다.

온 디맨드(On-Demand) 방식으로 전문가와 특정 서비스를 훨씬 근접하게 이용할 수 있는 계기가 되었으며, 점점 빠르게 변화하는 기술사회에서 방대한 양의 업무량을 효율적으로 분배하게 하고 최고의 생산성을 얻을 수 있어 기업의 보편적인 전략으로 이미 자리를 잡은 추세다.

2. 뉴노멀(New Normal) 시대와 N잡러

인구 감소와 사회현상이 맞물리면서 4인가구 기준이었던 삶은 1~2인가구 중심으로 편성이 되고, 안정적인 정규직은 비정규직과 일용직 등으로 대체되었다. 가족 중심에서 개인 중심으로 소비성향이 바뀐 시대적 특성과 팬데믹 시대를 경험하며 격동하는 사회는 이전의 경험을 초월하여 예측할 수 없는 방향으로 버라이어티하게 펼쳐진다.

건물주면 무조건 좋을 줄 알았는데 상가의 공실은 점점 증가하며 세금을 끌어안은 가난한 건물주가 등장하기도 하였고, 인건비 부담으로 직원을 쉽게 채용하지 못하는 자영업자들은 어쩔 수 없이 가족경영을 하게 되었으며, 안정적인 일자리가 점점 줄어들고 불확실한 미래를 생각해본다면, 우리는 진정으로 뉴노멀 시대를 준비해야 한다는 결론에 이르게 된다.

뉴노멀(New Normal)[1]이란, 과거를 반성하고 새로운 질서를 모색하는 시점에 자주 등장하는 말로, 시대 변화에 따라 새롭게 부상하는 표준을 의미한다. 경제학에서는 새롭게 형성된 경제 질서, 통상적으로 2007~2008년 진행된 세계 금융 위기 이후 등장한 새로운 세계 경제 질서를 말하는데 이 용어는 세계 채권펀드 핌코(PIMCO)의 최고경영자 무하메드 앨 에리언이 처음 사용하면서 널리 알려졌다.

그는 발간한 저서 『새로운 부의 탄생』에서 금융 위기를 기점으로 선진국뿐만 아니라 그동안 빠르게 성장하던 신흥국들도 성장률이 둔화될 것이라면서 세계 경제가 저성장, 저금리, 저물가, 고실업률, 정부 부채 증가, 규제 강화 등의 뉴노멀 시대에 돌입했다고 말했다. 2008년 금융 위기부터 들었던 경제용어지만, 코로나19로 시작된 우리 삶의 급작스러운 변화는 사람들의 모임과 이동을 제한하며 우리에게 더욱 많은 제한과 인내를 강요해왔다. 그리고 교역이 줄어든 세계의 경제는 고물가, 고

---

[1] 네이버 지식백과, 뉴노멀(New Normal)(트렌드 지식사전 2, 2014. 5. 23., 김환표)

실업률, 정부 부채증가 등의 문제에 직면한 상태이다.

장기불황이 일상이 된 선진국인 유럽, 그중에서 북유럽 국가는 개인주의가 높고, 삶의 질을 중시하는 여성성이 매우 높은 스웨덴, 핀란드 등의 국가가 해당되는데, 기나긴 겨울이라는 계절과 낮아진 경제성장률에도 평범한 사람들이 이러한 북유럽의 라이프 스타일에서 어떻게 지속가능성을 만들어내 왔는지를 배우고 벤치마킹한다면 뉴노멀 시대에 스스로의 활동에 책임을 져야 하는 프리랜서들은 조직이 아닌 스스로의 활동과 정체성을 갖는 N잡러로서 지속가능한 일(Job)을 만들어내고, 냉정함을 유지하면서 스스로를 관리하는 노하우와 핵심가치가 중요하다는 것을 이해하게 된다.

이러한 뉴노멀 시대에, 스스로의 일정과 시간을 관리하고 있는 프리랜서 개념의 N잡러들은 플랫폼에 의존한 노동자라는 개념보다는 1인 창조기업의 사장으로서 본인의 회사를 운영하는 경영자의 마인드, 즉, 기업가정신을 가지고 대표로서 자긍심을 가지고 경영활동을 영위해야 한다.

3. 빅블러(Big Blur) 현상

빅블러 현상이란, 경계가 모호해지는 융화가 일어나는 현상으로 주로 비즈니스 영역에서 경계가 사라지는 것을 의미하며, 온라인 오프라인의 경계가 융화되고, 제품이 서비스가 되기도 하고 서비스가 제품이 되고, 생산자가 소비자가 되는 현상 등 모든 분야에서 경계가 사라지는 것을 일컫는 용어로 다양한 혁신과 새로운 흐름을 표현하는 현상이다.

1) 프로슈머(Prosumer)[2] - 사는 것이 곧 파는 것이다

'생산자'를 뜻하는 영어 'Producer'와 '소비자'를 뜻하는 영어 'Consumer'의 합성어로, 생산 활동에 참여하는 소비자를 말한다. 약 20년 전에 암웨이(Amway)라는 네트워크마케팅 모임 장소에 갔다가 들은 단어로, 소비를 하는 것이 곧 돈을 벌어들이는 생산활동이 된다는 설명을 듣고 당시에는 이해하지 못했었다.

이제는 인터넷과 스마트폰이 보편화 되면서 유튜브(Youtube) 채널이나 'Class101'처럼 자신이 시청하거나 학습하며 소비한 방송에 댓글을 달거나 이벤트에 참여하기도 하고, 또 간단하게 본인의 채널을 오픈하여 콘텐츠를 생산하는 방송제작자가 되기도 한다. 이를 간단하게 표현하면 내가 필요해서 사는 것을 내가 쓰고 난 후 그 경험과 지식을, 다른 이에게 다시 전달하여 파는 것, 또는 이를 다른 것과 융합하고 모방하거나 재창조하여 다시 유통하는 것이다. 즉, 경험과 학습이 가미되어 다른 사람에게 메신저가 되어 자신의 이야기를 하면서 수많은 사람들이 목말

---

2) 네이버 지식백과 프로슈머(prosumer)(대중문화사전, 2009., 김기란, 최기호)

라하는 정보와 경험, 메시지를 전달하는 메신저의 기능을 하는 생산자로서의 역할을 가미하게 되는 것이다.

프로슈머의 의미를 상품 영역에 한정하지 않고 문화 전반에 나타나는 하나의 경향으로 이해할 수도 있다. 과거 스타들을 맹종하기만 했던 대중들이 그들을 평가하고 비판하는 적극적인 행동을 보여주는 상황은 스타와 대중들의 역전된 관계를 드러내고, 단순한 감상자에 머물기를 거부하며 TV 드라마의 결말을 좌지우지하는 드라마 팬들은 무시할 수 없는 프로슈머의 영향력을 보여주는 것이다.

네이버 검색을 통해 보면, 프로슈머(Prosumer)를 '전문적인'을 의미하는 'Professional'과 '소비자'를 뜻하는 영어 'Consumer'의 합성어로 이해하자는 의견도 있다. 이 경우 프로슈머는 전문적 지식을 바탕으로 구매하는 소비자들이라는 의미로 쓰인다. 예를 들어 디지털카메라를 구입한다고 할 때 프로슈머들은 디지털카메라의 기종과 성능, 가격 등을 전문적으로 검토하여 최적의 조건과 가격에 물품을 구입하는 데 영향을 미친다. 특히, 요즘 같은 뉴노멀 시대에는 소비를 신중하게 고려하기 때문에 소비자들은 정보를 꼼꼼히 제공하는 판매자들을 신뢰한다. 그래서 대중매체의 광고보다 블로그나 리뷰 등을 자세하게 살피게 된다.

2) 나의 사례 이야기

2015년부터 도소매업과 전자상거래업을 겸비한 제조업을 하면서 프랜차이즈업으로 홈페이지나 전화로 가맹점을 여러 곳 모집하여 사업을 진행하다가 박사학위를 취득하였다. 이후 오프라인에서 운영하던 직영 매장 두 곳은 정리하였다. 임대료, 인건비, 직원갈등 문제 등 자영업 수준에서조차 경영을 한다는 것은 정말 쉽지 않았다. 아이들이 어려서 함께 가족들과 무언가를 하지 못하는 것도 큰 스트레스였다. 매장을 운영하면서 어쩌다 개인적 사유로 문을 닫으면, 고객들은 올 때마다 문이 닫혀있다면서 항의를 하는 것도 큰 스트레스였다.

두 개의 매장을 직영하며 한 곳은 임대료, 또 한 곳은 분양받은 상가의 대출이자를 목돈으로 내고 나면, 내 스스로 건물주와 은행을 위해 일하는 것 같은 생각에 기운이 빠졌다. 직원들 급여, 법인과 개인사업자를 동시에 운영하다 보니 부가세, 법인세 등 매달 돌아오는 세금 정산을 하다 보면 경제활동을 하는 것에 회의를 느끼곤 했다. 직원들에 의지하여 박사과정 공부를 하면서, 대표가 관심을 덜 갖게 되면 사업체는 서서히 성장 없이 표류하게 된다는 우려를 주변에서 해주셨는데, 그것이 현실이 되었다.

어쨌든, 박사학위 취득 후 직영매장을 정리한 후 여러 대학에서 시간강사 활동을 하다가 연구원으로 취업을 하였으나, 운동선수 자녀들이 부상으로 입원이나 수술 등을 반복하면서 뒷바라지가 필요하던 시점에 매일 출근하던 연구원도 그만두게 되고 나서 대학강사를 근간으로 하는 본격적인 N잡러 프리랜서 생활을 시작하게 되었다.

지인의 권유로 플랫폼을 연구하고 블로그를 쓰면서 매출을 증가시킬 아이템을 고민하였다. 처음 몇 달 동안은 블로그를 일주일에 최소 3~4회는 쓰려고 노력하였다. 점점 유입되는 인원들이 많아지면서 네이버 애드포스트(AD) 요건에 부합된 후 광고수익이 발생하게 되었다. 나의 필명은 'N잡러 소머즈여사'다. 1년 만에 약 300명의 구독자를 보유한 블로거로 성장하였다. 또한, 블로그를 시작한 지 얼마 되지 않아 쿠팡에 입점해 오픈마켓에서 다이어트 식품 판매도 시작하게 되었다. 그 계기는 다이어트만큼은 내 생활에서 늘 고민하고 관심을 가지고 경험하고 소비하는 분야였기 때문이다.

필자는 초등학교 때 육상선수였다가 그만두고, 중학교에 입학한 이후 급격히 불어난 체중 때문에 우울한 사춘기를 보내면서 고등학교 때부터 살 빼는 데 좋다고 하면 방법을 가리지 않고 시도하였다. 포도만 먹는 원푸드 다이어트부터 식이요법 한약, 전기침, 단식 등 해 보지 않은 다이어트가 없을 정도로 경험하고 요요현상의 부작용이 있더라도 효과만 좋다고 하면 늘 시도할 정도로 다이어트는 내 삶의 일부가 되었다.

하다못해 제니칼 같은 의약품부터 수많은 한약, 이침, 깔라만시, 팥물, 효소, 각종 네트워크 마케팅에서 나온 제품 등 다이어트에 대한 지출만큼은 늘 아끼지 않았고, 내가 어떤 제품에서 다이어트 효과를 보면 나의 달라진 피부나 몸매를 보면 사람들이 꼭 어떻게 다이어트를 했냐며 물어보곤 했다.

어느 날, 지인의 권유로 디톡스 제품으로 다이어트 캠프에 2박 3일 동안 참여하여 같이 찜질하고, 걷고, 춤추면서 4kg이 감량되어 오랫동안 유지했는데, 항상 다이어트에 실패하게 되는 이유인 배고픔이 참아지고 체지방 비율이 눈에 띄게 줄어드는 걸 경험하고 나서 내가 먹은 제품을 오픈마켓에서 판매할 아이템으로 선정하였다. 대량구매로 저렴하게 구입해서 오픈마켓에서 팔기 시작했다. 보통 소매자는 비싼 가격에 제품을 구매할 수밖에 없지만, 도매를 통해 대량으로 구입하거나, 판매할 자격을 받게 되면 물건을 저렴하게 공급받을 수가 있다.

우선, 블로그에 나의 이런 다이어트 캠프 다녀온 경험담을 남겼더니, 블로그 검색어 유입으로 오픈마켓에 입점한 다이어트 제품 매출이 상당히 증가하였다. 재고의 염려가 없고, 팔지 못해 남으면 내가 먹으면 되니 부담 없이 판매할 수 있었다. 10만 원이 넘는 제품이 자고 일어나면 주문 목록에 들어와 있어 신기하기만 했다. 사실 오프라인 매장을 운영하면서 오는 손님을 기다리며 붙박이처럼 앉아있어도 하루에 몇십만 원 매출 올리기도 어려운 경험을 해 본 적이 있는 터라 수수료를 제법 부담하기도 하지만 이런 플랫폼을 이용하여 수입을 올리는 수단이 되고, 무엇보다 내가 경험하고 잘 아는 분야라 고객상담이 가능하다는 점이 장점으로 부각되었다.

'설마 될까?'라는 생각으로 오픈마켓 입점 신청을 하고, 상품등록 후 약 3개월간 1천만 원 남짓의 매출을 올렸다.

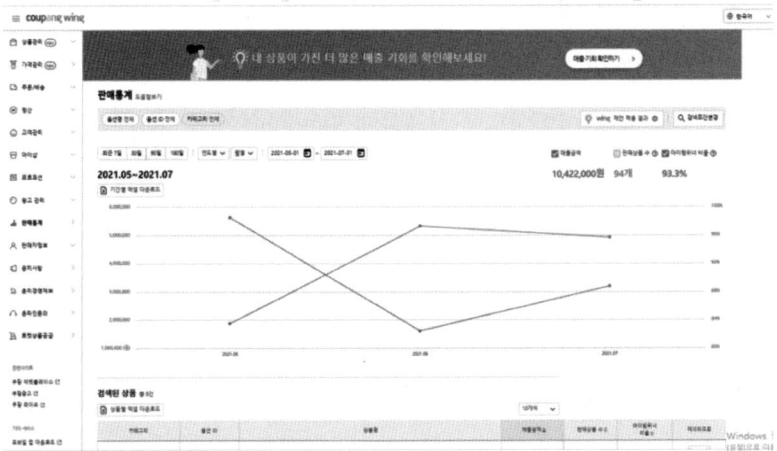

　내가 투자한 것은 상품등록을 하는 과정과 매일 한두 번씩 주문이 들어왔는지를 확인하는 절차와 주문 들어온 제품을 택배 상자에 포장하여 발송하는 것이다. 시간 투자와 노력에 비해 가성비는 정말 좋았다.

　그리고 조금씩 조회 수가 늘어나는 블로그가 광고 역할을 수행하며 네이버 애드포스트로 받는 수익도 있는데, 방문자들의 광고 클릭이 많아지면 이 광고수입도 쏠쏠하다.

4. N잡러의 실전적 자기관리

긱 이코노미의 급부상으로 인해 자신의 재능을 살려 필요한 만큼 원하는 시기에 일을 하는 직업적 자유로운 만족감과 출퇴근에 많은 시간과 에너지를 쓰지 않으면서 시간도 유연하게 쓰는 것, 집에서 일하면서 편안함과 안락함을 제공하고, 육아와 돌봄을 병행할 수 있는 등 N잡러는 장점만 있을 것 같지만, 현실은 그렇지 않다. 소속감이 없어 근무 태만이나 생산성 둔화의 우려뿐 아니라, 애초에 플랫폼과 공유경제에 기반을 두는 독립계약자로 불리는 수많은 노동자들은 아직은 대부분 경쟁자들과 단가경쟁을 하는 등 대리운전 앱, 음식배달 앱, 재능 거래앱 등 노동력을 근간으로 하는 독립된 사업자이다. 이들은 단가경쟁을 하면

할수록 더 많은 시간 일을 할 수밖에 없기 때문이다.

경영학에서 기업가정신, 창업가정신은 경영에 성공을 가져오는 주요 변수 중의 하나로 정의된다. N잡러는 본인이 1인 사업가로 사업하는 것임을 꼭 기억하고, 성공하기 위한 가치관을 정립하는 것이 필요하다. 결국은 긱 이코노미에서도 N잡러로서 본인이 정의하는 기준을 만들지 않으면 오히려 일과 삶의 분리되지 않아 더 큰 피로감을 빨리 느낄지도 모른다. 다이엔 멀케이의 저서 '긱 이코노미'에서 성공하는 열 가지 원칙을 언급하였는데, 다음의 표와 같다.

긱 이코노미에서 성공하는 10가지 원칙

1	나만의 성공, 비전을 정의하라.
2	기회를 늘리고 기술을 증진하며 네트워크를 넓힐 수 있는 일을 찾아라.
3	고용보장 따위는 없다. 소득보장, 출구전략, 나만의 안전망을 확보하는 보장방법을 파악하라.
4	네트워크를 확보하라. 설득력 있게 요청하고 제안하는 법을 찾아라.
5	나의 발전을 막는 큰 두려움을 제거하라. 두려움을 관리 가능한 수준의 위험으로 나눈 뒤 이를 극복할 수 있는 실행 계획을 세워라.
6	일 사이에 휴식을 가져라. 휴식 시간을 사전에 계획해 의미 있게 보낼 방법을 궁리하라.
7	시간 관리를 잘하라. 일정을 재조정해 중요한 대상에 사건을 투자하라.
8	재정을 재설계해 유연성과 안전성을 확보하라.
9	소유권이 아니라 사용권을 생각하라. 빚을 적게 지고 더 유연한 방법으로 원하는 것을 사용하라.
10	은퇴에 대비하되 한가지 계획에 의존하지는 마라.

출처: 다이엔 멀케이의「긱 이코노미」

5. N잡러의 성공 요건

사실 모방할 수 없는 기술과 능력을 가진 전문가가 오랫동안 자신의 분야에서 장인으로 인정받고 일을 지속하며 평생직장이나 평생직업으로 종사할 수 있다면 굳이 N잡러가 될 필요성이 있을까?

기술의 진화로 인해 수많은 일자리가 점점 로봇이나 AI 등으로 대체되는 것을 보면서 점점 빨라지는 기술 사회에서 새로운 지식과 기술을 습득하면서 유능한 인재가 되기 위해 진화하는 과정이 필요하다. 이를 위해 「Harvard Business Review(HBR) 긱 이코노미의 성공 방정식」이라는 칼럼에서 성공이라고 일컫는 안정적이고 풍요로운 삶을 영위하고 있는 65명의 긱 이코노미 종사자를 대상으로 심층 연구한 내용에서 찾은 N잡러의 필수구비요건으로 찾은 키워드를 소개하고자 한다.

1) 호기심과 열정

HBR 칼럼에서 가장 인상적인 내용 중 하나는, 성공하는 N잡러들은 '생산하지 못하면 사라진다'는 가치관을 주된 생활 신조로 삼고 이를 바탕으로 자신의 생산성을 높이기 위해 주력하고, 이를 위해 자신에게 꾸준한 투자를 통해 노동의 능률성과 효율성을 높이는 방식으로 자기 발전을 계속하고 있다는 것이다. 어떻게 하면 효율성을 높일 수 있을까? 어떻게 하면 더 잘해낼 수 있을까? 호기심과 열정으로 불확실성을 관리해 온 것이 성공의 법칙이라는 것이다.

2) 안정성 추구

성공한 긱 워커들(Gig-Workers)에게 발견되는 두 번째 특징은 자신들의 안정성을 찾기 위해 노력한다는 것이다. 특히 장소, 루틴, 목표, 사람 이 네 가지 분야에서 안정성을 찾는 이유는, 일반 정규 직원들보다 불안정적인 면을 크게 느끼기 때문에 자신의 삶에서 안정성을 찾기 위해 더 많은 노력을 기울이고 있다는 것을 의미한다.

특히 작업하는 장소, 작업하는 스케줄, 작업하는 목표나 자신들이 자주 만나는 대인관계에서 그들의 모델이 되는 사람을 선정하고, 본받을 점을 얻기 위해 배우고자 한다. 또한, 자신의 삶을 지지해주는 가족이나 친구와 같은 사람들로부터 대인관계의 안정감을 얻으면서 동기부여를 받는 특징이 있다.

3) 차별화

긱 워커의 성공은 결국 다이엔 멜케이가 언급한 바와 같이 나만의 성공, 나만의 비전을 정의하는 것인데, HBR의 칼럼에서도 성공에 대해 그들만의 새로운 정의를 통해 자신들의 삶에 대해 남들과의 차별성을 갖는 점을 볼 수 있었다. 성공은 무엇인가? 더 많은 소득, 사회적 지위보다는 본인만의 정의를 통해 두려움을 제거하고 가치 있는 것에 더 많은 투자를 하고, 자신 나름의 목표의식을 갖고 생산력과 차별화를 동시에 갖추는 것이 중요하다.

6. N잡러가 되기 위한 스킬(Skill)

1) 평생교육

새로운 기술이 나와서 이슈가 되고 그 기술이 보편화 되었다가 반감하는 기간을 대략 5년 정도로 계산해 본다면, 빠르게 나타났다가 사라지는 기술이 얼마나 많은가? 이런 시대를 살아가는 우리가 유용한 인재로 지속해서 쓰임을 받으려면 새로운 기술 습득을 어떻게 창출하는지가 매우 중요하다는 결론을 도출할 수 있다. 실제로, 인적자원관리(HRD) 분야에서도 이제는 인재를 고르는 기준이 새로운 기술과 능력을 얼마나 빠르게 습득할 수 있는가에 달려있다고 할 만큼 평생교육의 중요성이 부각되고 있다.

기업의 입장에서도 업무에 프리랜서를 기용하고, 효율적으로 기용하는 것은 내부 직원의 시간과 능력을 확대하여 조금 더 창의적이고 건설적인 배움 및 업무에 집중할 수 있는 기회를 제공하고 결과적으로 회사의 경쟁력 제고로 이어질 수 있기 때문이라고 보는 견해도 있을 만큼 새로운 것을 배우는 것은 그 어느 때보다도 중요해졌다. 특히, 정부에서 정책적으로 내세우는 내일배움카드나 국비지원과정 등을 잘 활용한다면 큰 비용을 지불하지 않고 활용할 수 있는 자격이나 교육 등을 받을 수 있음을 기억하고 플랫폼을 활용하는 등 자신의 가치를 높이는 것이 성공하는 N잡러가 되기 위한 기본이라는 생각을 갖고 평생 배움을 지속하여야 한다.

2) 플랫폼 활용

일부러 열거하지 않아도 각각의 목적에 맞는 플랫폼으로 사람들의 돈과 시간을 소비하면서 플랫폼 기반의 경제로 이동해왔고, 특히 팬데믹 시대에 접어들면서 플랫폼이 폭발적으로 성장하여 대단한 파급력을 갖게 되었다.

N잡러로서는 특히 앞서 강조한 평생교육을 위해 유튜브나 Udemy, 또는 Class101 등 교육기능을 활용하는 것, 자신의 재능이나 기술을 거래하는 크몽, 숨고, 탤런트뱅크, 라우드소싱 등 간단한 심부름에서부터 전문적인 일까지 플랫폼을 통해 본인이 제공하는 서비스를 거래하는 플랫폼 등 선순환 구조의 생태계를 만들게 된다.

플랫폼을 활용하여 성공하려면, 무엇보다 자신의 비즈니스 모델을 분석하고 플랫폼이 자신의 제공서비스가 시너지를 낼 수 있는 곳이 되어야 한다. 자신의 경쟁력이 무엇인지를 알고 타겟고객들이 모이는 플랫폼을 제대로 활용하는 것이 좋다.

3) 평판 관리

고객들의 80%는 지인, 그리고 소개받은 사람, 기존에 일을 맡겨보고 만족한 사람들의 평판이 N잡러의 성공을 결정한다. 우리가 하다못해 맛집을 고를 때도 방문자들의 리뷰를 살펴본다. 일하는 데 있어 내가 무엇을 잘하는지, 어떤 일을 좋아하고 어떤 일을 싫어하는지 끊임없이 고민하고 고객을 만족시킬 수 있는 역량을 활용해 모임이나 커뮤니티를 활용하여 자신의 일과 지속해서 연결할 수 있는 인맥으로 꾸준히 나의 클라이언트가 될 사람들을 네트워킹하여 그들이 나의 단골이 되고 자산이 될 수 있다면 훨씬 더 효율적인 생산성을 구축할 수 있다.

본인이 할 수 없는 일, 능력 밖의 일이나 마감 시간을 지킬 수 없는 일 등은 양해를 구하고, 클라이언트와 갈등 상황이 생기지 않도록 지속적으로 소통하고 만족할만한 성과를 만들어내려는 노력을 게을리하지 않아야 한다.

4) 시간 관리

다이앤 멜케이의 『긱 이코노미: 정규직의 종말, 자기고용의 10가지 원칙』 중 일곱 번째 원칙에 해당하는 시간 관리는 N잡러에게 더욱 그 중요성이 크다. 시간에 대한 통제력이 스스로에게 있기 때문에 시간이 더 많다고 느끼기 쉽지만, 통제 기능을 상실할 가능성이 크기 때문에 자신이 시간을 어떻게 사용했는지 정량화해서 파악해야 한다.

구체적인 질문을 통해 무엇을 할지, 스스로 행복을 느끼면서 발전에 도움이 되는 일에 효율적으로 시간을 쓰고, 중요한 일에 우선적으로 시간을 투자해야 한다. 특히, 본인의 스케줄 관리를 통해 적당한 휴식과 일을 배분하여 일정표를 정리하는 것이 좋다.

5) 소득 관리

N잡러로서의 재정 관리는 정규직 근로자와 구별되어야 한다. 무엇보다 고용보장이나 소득이 확실하게 보장되지 않기 때문에 스스로 재무설계를 통하여 안정성을 확보하는 것이 무엇보다 중요하다. 필자의 경험에 의하면 큰 물줄기의 고정 소득을 근간으로 안정성을 확보한 후 여러 개의 파이프라인을 구축하는 것이 효과적이다. 본인이 좋아하는 일을 하는 것도 소득의 안정성이 뒷받침 되어야만 가능하다. 소득 변동성에 대처하기 위해 월 고정 지출 계획을 세우는 것과 3개월 정도의 유동성을 확보하는 비상금 등 재무안정성을 확보하고, 무엇보다 고정 지출을 최소화할 수 있도록 재무 설계를 통해 목표를 정하고 노후준비 등을 미리 대비할 수 있도록 꼼꼼하게 관리해야 한다.

참고문헌

- 다이앤 멀케이, 『긱 이코노미: 정규직의 종말, 자기고용의 10가지 원칙』, 더난출판사, 2017.
- 서용구 외 3인, 『빅블러 시대 유통 물류 글로벌 미래비전』, 범한, 2021.
- Susan J. Ashford 외, 『긱 이코노미의 성공방정식』, HBR, 2018.
- 윤상진, 『플랫폼노믹스』, 포르체, 2021.
- 이승준, 『돈과 시간에서 자유로운 인생 1인 기업: 실전편』, 나비의활주로, 2018.
- 네이버 지식백과

저자소개

강미영 KANG MI YOUNG

학력
- 강원대학교 경영학 박사(국제경영 및 상학)
- 연세대학교 경영학 석사(인사조직관리)
- 학점은행제 행정학사(사회복지학)
- 홍익대학교 교육학과 중퇴
- 강원대학교 무역학과 졸업
- 이화여대 최고명강사과정 수료(9기)
- 광운대학교 부동산개발과정 수료(93기)
- 상지대 사회적 경제 리더과정(Semi-MBA) 수료

경력
- 현) 강원대학교 경영회계학부 시간강사
- 현) 일류기업연구소 연구위원
- 현) 국민연금공단 민간노후준비강사
- 현) 리치앤코 금융컨설턴트

- 현) 신한금융투자권유대행인
- 현) ㈜삼일글로벌 대표이사
- 현) 캠프리딩 병영독서코칭 강사
- 전) 한국산업기술대학교 시간강사
- 전) 경기대학교 지식정보대학 겸임교수
- 전) 원주시 시정모니터 역임
- 전) ㈜KSC 선임연구원
- 전) 안보경영연구원 연구위원

자격
- 일반행정사
- 사회복지사 2급
- 심리상담사 2급
- 유통관리사 2급
- 무역영어 1급, 2급
- 증권투자상담사·증권펀드투자상담사
- 생명손해변액 보험판매자격

저서
- 『신중년 도전과 열정 2021』 브레인플랫폼, 2021.(공저)
- 『창직형 창업』 브레인플랫폼, 2021.(공저)
- 『ESG경영』 브레인플랫폼, 2021.(공저)

12장

N잡러 컨설턴트 교과서
_나는 N잡러를 꿈꾸지 않았다!

김용수

2021년 10월 기준 15세 이상 전체인구의 실업률은 2.8%이고 20대 5.7%, 30대 3.0%로 평균 실업률을 크게 상회하고 있다. 또한, 40대, 50대가 2.1%, 60세 이상이 2.0%로 경제활동인구 및 취업자의 노령화가 더욱 가속화되고 있다.

이는 전후 베이비붐세대의 인구수가 전 연령층에 걸쳐 가장 많고, 그럼에도 불구하고 최근 30여 년간 산업성장기를 거쳐오는 동안 '한 자리 또는 한 직종'에서 청춘을 불사른 노고의 결과로 여겨진다.

세월은 정직하여 20대 청년이었던 그들이 어느덧 50대가 되어 이제는 은퇴를 이미 하였거나, 다행히 일자리를 보전하고 있다 하더라도 법적 정년 60세 보장은 언감생심(焉敢生心), 하늘의 별따기, 또는 사법고시 합격 정도로 여겨지는 힘든 시대가 되었다.

1. 직업에 대한 정의

직업

직업(職業)은 생계를 유지하기 위하여 자신의 적성과 능력에 따라 일정한 기간 동안 계속하여 종사하는 일을 말한다. 누군가의 도움 없이 먹고 살려면 누구든 직업을 가져야 한다.[1]

---

1) 출처: 나무위키

대부분의 베이비붐, 현재의 50대가 그렇듯이 그들의 10대는 너무 가난했다. 1970년 국내 1인당 GDP 254달러, 세계순위 100위였고 심지어 북한보다 소득이 낮았다.(북한 384달러, 세계 82위)

2020년 1인당 GDP는 3만1755달러, 세계 10위로 자리를 잡았으니 얼마나 가난을 벗어나려고 발버둥 치고 열심히 일했는지는 50대면 누구나 다 산 증인일 것이다.

'월, 화, 수, 목, 금, 금, 금'. 그들은 주말이 없었던 20대를 살면서도 불평, 불만 한마디 없이 직업에 감사하며 생계를 유지하고 가난을 벗어나고, 가끔 '개천에서 용 나기'도 하고 오늘의 대한민국 성장을 견인한 중추적인 세대라는 자부심을 갖고 살아왔다.

직업은 경제활동을 영위하는 모든 이들의 타이틀이며, 필수조건이며 '자신'을 자원으로 투입한 결과 '재화'를 획득하는 수단이다. 그런데 직업을 영위한 결과가 오로지 재화의 획득에만 그친다면 인간의 기본적 욕구 중 가장 기초인 '생리적 욕구'의 해결솔루션으로만 비칠 수 있으니 (여기서는 먹고 사는 욕구) 직업의 결과물에 대한 스펙트럼을 넓혀 볼 필요가 있다.

직업은 워낙 다양하여 1969년 최초로 발간된 직업사전에는 당시 직업의 개수가 약 3,260개에 불과하였으나 2018년 기준으로 약 12,145개로 집계가 되었고 최근 IT 신기술의 발전과 코로나 팬데믹으로 인한 온·오프라인 경제환경 및 생활환경의 변화에 따라 더 많은 직업이 탄생하였다고 이해할 수 있다. 몇 년 전부터 직업에 대한 전통적 패러다임이 흔들리고 깨지면서 직업에 대한 가치관의 변화 및 직업의 형태, 직업의 명칭과 직업을 통해 창출하거나 제공하는 결과물들이 가속적으로 변화 또는 파생하고 있다.

유튜버는 2005년 세상에 선보인 동영상 커뮤니티였으며, 2006년 구글이 인수한 이후 경제활동과는 무관한 온라인 동영상 포털로 수십억의 시청자가 모였다. 자연스럽게 사람 사는 세상에는 먹고사는 문제를 해결하는 직업적 관점에서 '돈이 되는 플랫폼'으로 변모하였고 '관심 = 경제 = 돈'으로 귀결되는 '관심거리 동영상 제공자 = 유튜버'가 어엿한 직업으로 자리 잡은 것은 상식에 속한다. 이처럼 직업은 고정된 틀이 아니라 무한 변신과 창조가 가능한 재료가 된 것이다.

현재 나의 직업, 과거에 거쳐 온 직업이 무엇인지, 미래에 희망하는 직업은 무엇인지, 생각을 정리해 보고 다음으로 넘어가 보자.

2. '일'을 하는 이유

필자는 32년간 일을 했고 지금도 일을 하고 있다. 최소한 76,800시간 (공휴일 제외 1년 300일 * 8시간 * 32년) 이상 일을 했다. 야근과 주말근무까지 합하면 100,000시간 이상을 일한 것이고, 퇴근 후에도 잠자는 시간을 제외하고 머릿속에는 온통 일과 관련된 생각과 심지어 밤늦게 고객과 통화하면서 업무를 추진하고 있으니 과장되게 말하자면 16만 시간 이상(1일 7시간, 수면 17시간, 일 300일, 32년)을 일했다고 할 수 있다.

대기업 과장 시절 스스로 '워커홀릭(일 중독자)'이라고 선언했고 어떤 해는 주말과 공휴일을 단 하루도 쉬지 않고 1년을 일했던 적도 있었다. 과거에는 이렇게 혹독하게 많이 일하는 것이 흔했고 대부분 이렇게 일했다.

그런데 일의 의미와 가치가 '투입시간'으로 평가받을 수 있을까? 모든 직업인은 일을 해왔고 지금도 하고 있지만 일에 대한 본질 또는 이유에 대한 정의도 없이 '그저 일하는 것' 그 자체에 매달려 있는 오류에 빠져들기 쉽다. 직업인 특히 남성들에게 일은 성과를 내야 하고 그러려면 더 많은 일을 해야 하고, 일의 결과로 인해 승진을 하고 더 나은 직장으로 이동하고 결론적으로 명예 더하기와 더 많은 연봉을 추구하여 일을 해왔다.

1997년 IMF 외환위기
2009년 서브프라임모기지로 촉발된 세계금융위기
2020년 코로나19 팬데믹 위기

지난 20여 년간 3번의 경제위기에 노출되면서 그저 열심히 일만 하던 대부분의 직업인들은 하루아침에 일자리를 잃거나 조기해고를 당하거나 직장에 붙어 있어도 눈엣가시처럼 눈총을 받으면서 '인내와 인고'의 시기를 버텨내야 했다.

외환위기 때 TV 광고 중에 친구 둘이 술 한잔 걸친 후 돌아가는 친구의 등을 두드려주던 장면에서 그의 뒷모습, 그의 처진 듯한 어깨가 우리, 나를 닮은 듯 마음을 짠하게 했던 기억이 있다.

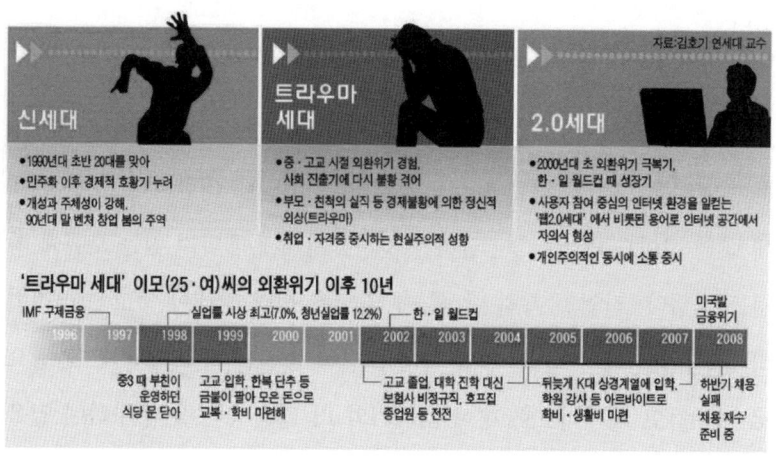

50대는 그래도 다른 세대에 비해 일이 있어서 나은 편이었다. 신세대였던 40대는 경제위기의 직격탄을 맞아 창업의 주체가 되었고, 30대는 부모의 파산을 지켜보며 좁아진 취업 경쟁에 시달렸고, 현재의 20대는 개인주의와 비대면 소통시대가 열리면서 더욱 줄어든 취업과 고용 한계 시장 안에서 이 일 저 일 파트타이머로 일하며 하루하루를 버텨내는 숨 막히는 시절을 살고 있다고 해도 과언이 아니다.

현상만 보면 생계수단으로서의 일과 일자리의 중요성이 부각되지만, 막상 원하던 일자리에서 일을 하고 재화를 벌게 되면 다음의 질문이 꼬리를 물게 된다.

"평생 이 일만 하다 죽겠구나!"
"일이 재미가 없는데 다른 일을 할 수 없을까?"
"일을 통해 돈 버는 것 외에 무엇을 성취하고 있는 걸까?"

일을 통해 돈을 벌고 최소한의 안정이 찾아오면 소속에 대한 자부심(사회적 욕구)과 존중받고 싶은 욕구로 심리적 동기의 상향조정이 일어나면서 궁극적으로 '나 자신'의 존재 이유 '자아실현'의 욕구로 발전하게 됨은 자연스럽다.[2]

결국, 일이란 표면적으로는 재화를 대가로 직업인이 투입하는 자원의 활동이라면, 내면적으로는 조직과 사회, 더 나아가 세계의 관점에서 '의미 있고 가치 있는 무언가'를 남기고 싶어하는 인간 욕구의 상위 목표에 도달하게 하는 수단이라고 정의해야 할 것이다. 그래서 많은 신입사원들이 "맡겨만 주시면 열심히 일해서 최선의 성과를 이루겠습니다!"라고 호언장담하면서 취업에 성공하지만 입사 10일 차에 그만두고 다른 일자리를 찾아 나서는 케이스를 보는 일이 흔한 이유다.

---

[2] 매슬로우 욕구 5단계 모델, 1954.

따라서 일은 '① 내가 좋아하는 것이어야 하고, ② 내가 그 일을 할 수 있는 역량이 있어야 하고, ③ 내가 그 일을 통해 존중받고, 성장할 수 있어야 적합한 일'이라고 하겠다.

3. 'All In'과 'Multi In'의 특징

두 명의 대학친구가 있다. 한 명은 4년간 같은 학과에서 공부했고, 열심히 공부하는 시간에 비해서 학점은 그다지 높게 나오지는 않으나 중상위권은 유지하던 성실한 친구였다. 그는 한우물 파기의 달인이었으며 다방면에 취미나 욕심이 없었기에 우직하게 일상을 보내던 친구였다. 그는 제대 후 K자동차회사로 입사를 했고 차량출고업무, 영업, 관리 업무 등을 거치며 아직도 정년을 2년 앞두고 현직에 있다.

또 한 명은 다른 학과 ROTC 동기로 후보생 시절 두드러진 인물이 아니었고 간부활동도 하지 않아서 아무도 주목하지 않던 평범한 대학생이었다. 그는 장교 임관 후 정훈장교로 배치를 받았고 장기 복무를 신청하여 몇 년 전에는 공수부대장을 거쳐 기무사령관이 되더니 작년에는 육군참모총장이 되었다. 아직 그는 군에서 신뢰와 존경을 받고 잘 나가고 있다.

한 명의 첫 회사 입사 동기가 있다. 그와 필자는 입사 후 신입사원 교육 시절부터 서로를 한눈에 호감을 느꼈고 교육 후 부서배치가 지방과 서울로 나뉘어 자주 볼 수 없었지만 일 년에 두 번 정도 단합대회 및 집체교육에서 서로를 반갑게 맞이하며 응원하며 지냈다. 필자는 3년이 채 안 되어 더 큰 대기업으로 이직을 했고 이후 여러 번 직장을 옮기며 32년을 보내고 있다. 그는 작년 초까지 첫 회사 영업부장으로 재직하다가 31년 만에 명예퇴직을 했다.

그는 필자를 만나면 항상 부러워했다. 그의 눈에 필자는 규모가 크거나 전문영역의 회사로 여러 번 이직하는 모습이 신기하면서도 필자의 역량이 대단하고 다양한 조직문화와 업무를 경험하는 것에 대한 부러움이 있다고 했다. 필자는 그에게 종종 이렇게 말했다.

> 너는 ○○회사 박물관에 전시해야겠다. 어떻게 한 직장에 뼈를 묻고 있을 수 있는 거니? 대단하다!

위 세 가지 케이스는 모두 일에 대한 'All In' 케이스다. 그 특징은 다음과 같다.

① 평생 한 직장에서 일한다.
② 안 잘린다. 자르기 전에 명퇴 신청을 하더라도….
③ 몸담은 분야에는 최고 전문가다.
④ 다만, 예기치 않은 변화(실직, 기업파산 등)에 취약하다.
⑤ 임원이 되지 못하면 수치심은 참고 살아야 한다.

또 한 명의 친구가 있다. 그는 주택회사 홍보팀 사원으로 일을 시작했다. 팀장이 된 이후 홍보회사를 차려서 독립했다. 재벌 2세가 아니었으므로 당연히 '1인 기업'을 차린 거다. 한동안 대기업 몇 곳의 일을 하면서 어느 정도 돈도 벌었다. 모든 사업은 흥망성쇠가 있는 법이니 그도 사업이 기울고 아무것도 손에 남은 게 없었다.

그 사이 그는 대학원을 다니며 학위를 쌓아나갔다. 그리고 전문자격증 시장에 눈을 돌려서 자격증 대비반 수강생을 모아서 고득점으로 합격시키는 소위 일타강사가 되었다. 이후 돈이 모여서 국회의원의 꿈도 꾸어 보았다. 하필 지역을 강남으로 예비공천 후보로 배정받아 수억만 날리고 정치의 거품과 허망을 돈과 몸으로 체감한 후에 다시 교육프로그램을 가동시키면서 공공컨설팅과 채용시장에서 전문가로 활동하고 있다.

직장에서 받아보지 못했던 '억대 연봉'을 여러 가지 일을 하면서 달성해내기도 했다. 지금도 그는 대여섯 가지의 일을 한다. 그와 필자는 지금도 서로를 신기하게 여긴다. 그는 필자가 대학교수나 한 직장에 'All In' 할 것으로 여겼었고 나 또한 그가 이렇게 다양한 일을 해내는 역량을 지니고 있을 줄 몰랐다.

그는 일에 있어서 전형적인 'Multi In' 케이스다.
필자는 직장에 있어서 'Multi In' 케이스다.

첫 직장은 군기가 엄청난 영업사관학교로 불리던 기업이었고, 두 번째 직장은 아직도 대한민국에서 제일 큰 기업이고, 세 번째 직장은 지금은 망해버린 한 때 세계적인 컴퓨터 기업이었고, 그 이후 전통적인 제조회사, 외국계 기업, 아웃소싱 비즈니스 기업, 다시 대기업, 문과 출신임에도 IT 솔루션 기업을 거쳐 일하고 있다.

필자의 일은 B2B 직판영업으로 시작하였고, 유통영업을 거쳐 유통기획과 마케팅커뮤니케이션, 구매대행 아웃소싱 영업과 관리, IT 솔루션 마케팅과 영업을 거쳐서 공공기관 채용에 대한 수주와 운영 대행 일을 하고 있으므로 다양한 일을 접하게 되고 수행하고 경험하고 역량을 조금씩 쌓아오게 되었다.

즉, 필자는 완벽하지는 않으나 직장과 일의 성격에 있어 'Multi In' 케이스로 살아가고 있는 거다. 'Multi In' 케이스의 특징은 다음과 같다.

① 한 직장에서 일하지 않는다.
② 비교적 안 잘린다. 자르기 전에 당당하게 사표 낸다.
③ 다양한 분야의 경험과 지식, 전문성을 가진다.
④ 예기치 않은 변화(실직, 기업파산 등)에 강하다. 오히려 변화를 능동적으로 리드한다.
⑤ 임원이 되지 못하면 나가서 CEO를 한다.
⑥ 한 시기에 두 개의 직장, 두 가지 이상의 일을 하기도 한다(직장인, 강사, 코칭 멘토, 작가 등).

Multi In 케이스의 직업인이 가지는 두드러진 기질과 성향 중에서 대표적으로는 '변화를 추구하는 성향'과 '도전정신'을 들 수 있겠다. 그들은 누군가 밀어내서가 아니라 그들이 스스로 새로운 직장이나 일거리를 찾고 일을 통한 '자아실현'과 '재화 획득'의 두 마리 토끼를 동시에 잡을 역량을 지닌 이들로 보인다. 물론 필자는 아직도 한참 부족하지만⋯.

어릴 적 어른들은 이렇게 말했다. '열심히 공부해서 판, 검사가 되거라. 안되면 선생님을 하든지 공무원을 하든지 군인을 해라!'. 그랬다. 어른들은 공부를 잘해서 출세하거나, 출세를 못 하면 안정적으로 돈을 벌 수 있는 직업이 최고라고 여겼던 거다. 그때는 7080 시절이었기에⋯.

지금은 판이 바뀌었다. 세계는 온라인에서 한 판으로 연결되었고, 개인은 그 판 속에서 또 다른 모든 개인과 1대 1 또는 1대 다수의 복합적인 사회관계망을 형성하고 있으며 대부분의 경제단위가 큰 비즈니스는 전통적인 제조업에서 서비스업으로 축의 이동이 일어났고, 문화와 예술과 지식 및 경험이 놀이형태로 발전하고 IT 기술의 혁신과 응용기술의 발달로 인하여 온라인 플랫폼에 기반한 비즈니스로 일자리와 일의 형태와 종류가 급변하고 있다.

요즘 어른들은 이해가 안 되는 일들이 쏟아지고 있다. 현실에 존재하지 않는 전자화폐가 수억을 호가하고, 전자적으로 그린 그림이나 사진이 '유일한 것'이라는 증빙으로 NFT(Non-Fungible Token: 대체불가능토큰)로 명명되어 역시 수억을 호가하는 디지털 요지경 경제가 펼쳐지고 있는 것이다. 마치 봉이 김선달이 대동강물을 팔아먹었다는 옛이야기는 애교스러울 정도이다.

더군다나, 요즘 세대(MZ세대: 90년대~00년대생)는 태어나면서부터 온라인과 모바일 세상에 던져졌고 그들은 개성을 중시하며, 재미있는 일을 추구하면서 엄청난 개인주의 성향을 보이면서도 환경을 중시하고 명분 있는 가치소비에 관심을 기울이고 지불 의향과 동조 및 공유할 줄 아는 모바일 스마트족이어서 필자의 세대와는 이종의 신인류처럼 보일 지경이다.

그러나 그들에게도 피할 수 없는 숙명 과제인 먹고사는 일에 관해서는 직업과 일은 필수도구이며, 그들 앞에 주어진 취업과 경제활동의 결과는 좁고 척박한 것이 송구할 정도이다. 그래서 그들은 이미 변화한 디지털 트랜스포메이션 시대에 자동으로 몸과 마음이 반응하고 있으며, 직업이나 일에 대한 선택과 도전에 기성세대가 가진 가치관과는 다르게 판단하고 행동하고 선택하면서 놀라운 일들을 만들어내고 설령 그것이 돈이 되지 않는 일일지라도 회피하지 않고 내가 즐거우면 그만인 행복한 이벤트와 새로운 경제추구의 도구와 방식을 속속 보여주고 있다.

재미삼아 만든 도지코인이 수억을 할 줄 누가 알았겠고, 지구온난화의 심각성을 알리자고 학교수업을 빼먹고 거리에서 구호를 외친 어린 소녀(그레타 툰베리)가 월드 스타로 조명받을 줄 누가 짐작했겠는가?

젊은 그들은 'Multi In' 유전자를 이미 가지고 태어났고, 디지털 월드로 변화한 온라인 세계 속에서 다양한 취미와 재미, 노력과 발명을 거듭하면서 더욱 세상을 Multi 하게 이끌어가는 현재의 파도이며 내일의 기둥들인 것이다.

4. N잡러 - 필수인가, 선택인가?

N잡러는 복수를 뜻하는 N과 직업 Job 그리고 사람을 뜻하는 '러(er)'의 합성으로 만들어진 신조어로 본업 외에 재능이나 관심사를 살려 여러 직업으로 수입을 창출하는 사람을 뜻한다.

이제는 일반용어가 되어버린 'N잡러'는 2, 3년 전부터 회자되기 시작한 'Multi In' 직업인을 일컫는다. 과거에도 단 하나의 직업이 아닌 두 가지를 병행하는 '투잡족'은 존재하였다. 직장을 다니면서 주간 또는 야간에 편의점 알바, 대리운전 등을 뛰는 생계형 투잡족부터 대학교수로 일하면서 기업의 경영 고문이나 컨설턴트로 활동하는 전문가형 투잡족도 있어왔다. 그런데 코로나 팬데믹이 불어닥친 이 시기가 하필 국내의 경우는 전 연령대를 통틀어 가장 인구수가 많은 베이비붐 세대의 은퇴 시기와 겹치고, MZ세대의 취업문이 얼어버리는 취업 빙하기가 겹치니 세대와 나이를 불문하고 N잡러의 길을 원하고 먹고살려고 뛰다 보니 몇 개의 일을 동시에 해내고 있는 N잡러가 되어 있는 현상인거다.

여러분은 N잡러가 되고 싶은가?
N잡러는 필수사항인가 선택사항인가?

　질문을 드려본다. 시대적 상황이나, 경제적 여건, 문화 및 과학적 변화 그리고 국제 트렌드의 기조는 선진국은 선진국이어서 후진국은 후진국이어서 형태는 다르지만 N잡러로 살아가야 하는 시대로 몰려가고 있는 것은 아닐까? 누구도 대세의 흐름을 막을 수는 없지만, 선택의 여부에 대한 것은 자신만의 의지가 솔루션이 될 수 있으므로 N잡러의 필수, 선택 여부는 여러분에게 맡겨두려고 한다.

　다만 평생직장의 개념이 사라지고 평생직업이 중요시되고, 부동산가격의 폭등에 따른 자신이 이룰 수 있는 자산에 대한 왜소함과 박탈감이 증대되고, 취업문은 좁아서 구직을 단념하는 청년들이 늘어나 창업으로 눈을 돌리지만, 창업 3년 안에 80%가 문을 닫게 되는 '폐업 공화국'에 살다 보니 자연스럽게 직업을 확보한 이들은 20대부터 30대까지 악착같이 돈을 모아서 40 이전에 조기 은퇴를 하고 유튜버나 세계를 돌면서 인생을 한 판 신나게 놀아보는 파이어족까지 생겨나고 있다.

　최근에는 비트코인에 올인하는 온라인경제 한탕주의가 극심하고, 로또의 일확천금을 꿈이라도 꾸어보자는 안위로 경제 사정이 나빠진 현실에도 불구하고 오히려 로또 매출은 5조에 육박할 정도로 해마다 매출이 급성장하는 기현상을 보이고 있다.

결국, 80%의 일반 성인에게 N잡러는 필수라고 생각한다. 다만 N잡러를 원하는 이유가 '돈' 때문이라면 마음 아픈 일이고 설령 '돈'을 위해 N잡러가 되어야 한다고 하더라도 본질의 가치를 잊지 말았으면 한다.

N잡러는 '본업 외에 재능이나 관심사를 살려 여러 직업으로 수입을 창출하는 사람'이다. 즉, 주된 일은 고정적으로 하나가 있어야 한다. 설령 그것이 가사노동이라고 할지라도. 그리고 자신의 재능이 무엇인지 충분히 객관적으로 살피고 그것을 재능기부 또는 수익으로 환원시킬 수 있는 일을 찾는 것이 현명한 N잡러의 미덕인 것으로 본다.

모든 N잡러가 꼭 '돈'을 위해 여러 가지 일을 하는 것만은 아니라는 점도 눈여겨 볼만하다. 필자가 아는 한 어른은 비교적 넉넉한 자산을 보유하고 있으면서도 여러 가지 일을 하는 N잡러로 살아가고 있다. 그는 인터넷 신문기사를 쓰고, 목공으로 소품을 만들고 책을 쓰며 건축기술 분야의 자문역으로 일하면서 일반적인 보수의 10%만 받으면서 일정 기간 일을 한다. 점심시간에는 30분간 낮잠을 꼭 자면서 점심을 먹지 않는다. 그의 인생목표는 N잡러이고 활동의 최종목표는 '돈'보다는 '재능의 활용'인 것이다. 그것이 건강하게 사는 비결이라고 한다. 70이 넘은 나이다.

필자는 N잡러를 꿈꾸지 않았다. 지금도 솔직히 N잡러를 하고 싶지 않다. 청년 시절부터 지금까지 'Multi In' 직업인으로 살아온 탓에 이제는 '오직 한 분야'만 집중하면서 조금은 느리게, 그리고 깊게 관조하면서 일을 하고 싶다. 그러나 현실은 필자에게도 자의 반 타의 반 N잡러의 길을 제시하였다.

이미 7년 전부터 중소기업 코칭 컨설턴트로 활동해 왔으며, 공공기관에서 주관하는 심사평가의 평가위원으로도 3년 전부터는 활동하게 되었고 작년부터는 공공기관 면접관 교육의 강사로 데뷔하였다. IT H/W와 S/W 영업과 마케팅만 해오던 필자가 공공기관의 직원채용 전 과정을 대행하는 PM역을 맡고 있으며, 강의에 관심과 약간의 재능이 있는 터라 영업 마케팅분야 이외의 강의 콘텐츠에도 관심을 가지고 공부하고 있다. 더 나이가 들면 시니어 모델 데뷔와 지금 조금씩 써나가고 있는 책을 출판할 계획도 있다.

특출나거나 아주 깊은 지식이나 기술을 전달하고 공유할 정도로 박식한 사람은 아니기에 넓고 얕은 지식과 경험이라도 본연의 일(영업과 마케팅)에 빗대어 해석해 보고, 응용해 보고 나만의 것으로 만들어 보려고 하는 도전정신은 있다. 아울러 N잡러로 인정을 받으려면 그의 활동에 결과물이 있어야 하고 그 결과물이 자신만을 위한 것이기보다는 '공유하고 성장하고 지원하는 것'이 되었을 때 사람의 도리를 다하는 것이라 여겨지기에 '선한 영향력'을 행사할 수 있는 N잡러가 되길 소원한다.

N잡러를 꿈꾸지 않았지만, N잡러가 되어가고 있다. 세상은 나를 향해 준비되어 있지 않다. 내가 준비되어 있으면 된다. 디지털 세상이 AI 세상으로, 그리고 그 이후 더 모르겠는 세상이 다가올 것이지만 N잡러

의 특권(다양성의 향유)을 누리면서 '기본에 충실하고 한 분야의 전문가이면서 두세 개의 역할'도 거뜬하게 즐기는 'Muiti Performer'가 되길 노력한다.

세상은 넓고 할 일은 많다! 그분의 말대로 되고 있다. 이제 '많은 일을 하는 N잡러의 시대가 왔다'

저자소개

김용수 KIM YONG SU

학력
- 연세대학교 상남경영대학원 AMSP 4기 수료
- 동아대학교 영어영문학 학사

경력
- 신도리코, 삼성전자, TG삼보컴퓨터, LG서브원
- 중소기업유통지원센터 MRO 전문위원
- 50+재단 지정 휴넷 전문컨설턴트
- 마케팅 및 영업교육 전문강사
- 브레인플랫폼 면접관교육 전임교수
- 공공기관 채용대행사업 본부장

자격
- CPSM(국제공인 구매전문가)
- 공공기관 전문 면접관(브레인플랫폼 9기)

저서
- 『공공기관 합격 노하우』, 브레인플랫폼, 2020.(공저)
- 『소상공인 중소기업 컨설팅』, 브레인플랫폼, 2020.(공저)
- 『공공기관 채용의 모든 것』, 브레인플랫폼, 2021.(공저)

13장

N잡러 컨설턴트 교과서 _기술사 자격증 1,000% 활용법 (정부기관 심사평가위원 활동하기)

김형준

1. 정부기관 심사평가위원이란?

　나는 기술사님이나 박사님들을 존경한다. 길고 긴 인고의 시간을 투자하고 감내하여 어렵게 취득한 것을 잘 알기 때문이다. 나도 10여 년 전 젊을 때 기술사 시험을 2번 보았는데 불합격했으나 끈기와 인내가 없어 포기했다. 석사학위는 취득했으나 박사과정은 엄두도 못 내고 있다. 하지만 나는 기술사, 박사 학위 소지자를 부러워하진 않는다. 왜냐하면, 나만의 무기가 있기 때문이다.

　나는 현재 직장인이면서 각종 정부기관의 심사평가위원으로 114개 위촉되어 활동하고 있다. 이분들은 정부기관 심사평가위원에 대해서 어느 정도는 아시리라 생각하며, 활동하시는 분들도 계시지만 아예 모르는 분들도 다수 계시고, 더 많은 위촉과 활동을 원하나 모집공고 정보의 부족으로 한계가 있는 분들도 많이 계신 거로 알고 있다. 나는 여기에서 기술사 자격증 1,000% 활용법으로 정부기관 심사평가위원 활동에 대하여 글을 쓰고자 한다.

　정부기관 및 지자체 산하 각종 공공기관에서 지원사업을 진행할 때 (과제)평가의 전문성과 객관성을 확보하기 위하여 외부 전문가인 심사평가위원(산학연)을 선정하여 심사평가를 통해 예산을 할당한다. 이들 외부 전문가를 심사·심의·평가위원이라고 한다.(예: 건설신기술 심사위원, 녹색건축인증 심의위원, 중소기업 기술개발 평가위원 등)

네이버 국어사전에서는 위원에 대해 아래와 같이 정의하고 있다.

· 심사위원: 우열이나 합격 여부 따위를 가리기 위해 자세히 조사하고 살피는 일을 맡은 사람
· 심의위원: 어떤 안건이나 일을 자세히 조사하고 논의하여 그에 관한 결정을 내리기 위하여 선출되거나 임명된 사람
· 평가위원: 사람이나 사물의 가치나 수준 따위를 일정한 기준에 의하여 따져 매기기 위하여 선출되거나 임명된 사람

또한, 정부기관 및 지자체 산하 각종 공공기관의 지원제도 중에서 컨설팅, 멘토링, 현장코칭 등의 활동을 하는 외부 전문가를 선정하는데 이들을 컨설턴트, 멘토라고 한다.(예: 협동조합 컨설턴트, 소상공인컨설턴트, 창업 멘토 등)

일반적으로 해당 분야의 권위자나 대학교수, 박사 학위나 전문자격 소지자들이 자격조건에서 우선순위에 해당하므로 많이 활동하고 있다. 나는 석사학위, 기사 자격증, 경력으로 2012년에 처음 위원활동을 시작하였으나 요즘은 경쟁률이 높아 입문자는 기술사나 박사학위는 있어야 위촉이 되는 상황이다.

다음에서 최근의 심사·심의위원, 컨설턴트 모집공고를 살펴보자.

1) 심사·심의위원

(1) 장애물 없는 생활환경(BF) 인증 심사·심의위원

장애물 없는 생활환경(BF) 인증 심사 · 심의위원 공개모집

"장애물 없는 생활환경(Barrier Free, 이하 BF)" 인증 업무를 위한 심사·심의위원을 공개 모집하오니 많은 참여 바랍니다.

1. 모집분야
 ○ 도시계획, 건축, 토목, 조경, 교통, 장애인복지(편의시설분야 포함)

2. 신청자격 조건·
 ○ 해당 전문분야 기술사 또는 건축사 자격증 소지자
 ○ 해당 전문분야의 박사학위를 취득한 후 3년 이상 해당업무를 수행한 자
 ○ 해당 전문분야의 석사학위를 취득한 후 9년 이상 해당업무를 수행한 자
 ○ 해당 전문분야의 학사학위를 취득한 후 12년 이상 해당업무를 수행한 자
 ○ 해당 전문분야의 기사자격 취득 후 10년 이상 해당업무를 수행한 자
 ○ 장애인복지(편의시설 분야를 포함한다) 업무를 6년 이상 수행한 자
  ▪ 장애물 없는 생활환경 인증에 관한 규칙 제3조2항

3. 제출서류 : 신청서 1부

4. 신청방법
 ○ 이메일접수 : 신청서 작성하여 원본에 서명, 날인 등을 불러오기 하여 원본제출하거나 출력하여 서명한 후 스캔하여 제출

5. 신청서 교부 : 한국부동산원 홈페이지(www.reb.or.kr)

6. 신청기간 : 2021. 7. 5.(월) - 2021. 7. 16.(금) 18:00

7. 문의 및 접수
 ○ 한국부동산원 녹색건축센터 BF인증 담당자
 ○ 이메일 및 연락처 : k25956@reb.or.kr, 053-663-8084 또는 8086

8. 선정자 통보 : 2021. 7월중 (개별통지)
   ○ 선정되신 분은 서류확인 및 위촉심사를 거친 후 한국부동산원 BF인증 심사·심의위원으로 위촉 예정이며 비상근으로 활동하게 됩니다.

9. 주요업무 및 임기
   ○ 장애물 없는 생활환경(BF) 인증관련 심사·심의 업무
   ○ 장애물 없는 생활환경(BF) 인증관련 자문
   ○ 기타 장애물 없는 생활환경(BF) 인증관련 업무
   ○ 임기 : 위촉일로 부터 - 2023. 3. 27.(월) (인증기관 지정만료일 기준)

10. 선정 우대사항
    ○ 타 BF 인증기관에서 심사, 심의 업무를 수행했거나 수행하고 있는 자
    ○ BF 인증 관련 교육을 이수한 자
    ○ 인증 관련 분야 교수 또는 전문가

11. 기타
    ○ 제출한 서류는 일체 반환하지 않습니다.
    ○ 신청서에 기입한 내용을 입증하는 학력(학위)증명서, 경력 및 자격 증명서, 경력증명서 등은 선정이후 별도 제출을 요구할 수 있습니다.
    ○ 적임자가 없을 경우 선정자가 없을 수 있습니다.
    ○ 기재된 내용 및 증명서가 사실과 다른 경우 선정·위촉을 취소할 수 있습니다.
    ○ 관련 경력에 따라 전문분야 및 지원분야가 달라질 수 있습니다.
    ○ **장애물 없는 생활환경(BF) 인증 관련 업무에 종사하고 있는 대행사 및 건설명사 소속원의 경우 선정 제외대상입니다.**
    ○ **신청기간 외 신청접수는 불가합니다.**

신청서

장애물 없는 생활환경(BF) 인증 심사단·심의위원 신청서

1) 전문분야		2) 지원분야		심사위원( ), 심의위원( )			
▼ 전문분야는 도시계획, 건축, 토목, 조경, 교통, 장애인복지(편의시설 분야 포함) 중 선택후 기입							
3) 성명		4)장애인 여부		해당없음( )/해당시, 장애종류( )			
5) 생년월일		년 월 일						
6) 연락처	주소	( )					
	전화번호	(사무실)			(휴대폰)		
	E-mail						
7) 현근무처	직장명			부서			
	직위			담당업무			
8) 국가기술자격	종목 및 등급		합격일	종목 및 등급		합격일	
9) 학력 (필요시 열 추가)	졸업년월	학교명		출신학과	전공	학위	
							학사
							석사
							박사
10) 실무경력	총 년 개월						
11) 경력사항 (필요시 열 추가)	근무처	근무기간(연.월)		직위	담당업무		
		~					
		~					
		~					
		~					
12) 특이사항 (인증관련 심사 및 교육이수 경력 등)							

- 신청인 본인의 서명(날인·전자서명 포함)이며 이메일 접수시 스캔본 제출 가능합니다.
- 다음 페이지 「개인정보 수집·이용 동의여부」 및 「개인정보 제공 동의여부」에 서명하여야 합니다.
- 학력(학위)증명서, 자격증, 재직증명서, 경력증명서 등 입증 서류는 선정 후 제출가능하여야 합니다.

20 년   월   일

신 청 인 :   (인)

한 국 부 동 산 원 장 귀하

2) 컨설턴트

(1) 소부장 정부사업 참여컨설팅 전문자문가

경기도 공고 2021-5128호

2021년 소부장 정부사업 참여컨설팅 전문자문가 모집 공고

경기도내 소부장 기업들에게 정부 공모사업 컨설팅과 정보제공을 위한 「2021년 소부장 정부사업 참여컨설팅」 사업에 참여할 전문자문가를 아래와 같이 모집하오니 많은 참여 바랍니다.

2021년 2월 9일

경기도지사 · 경기도경제과학진흥원장

1. 사업개요

☐ **사업목적**
- 도내 소부장 기업에 대한 체계적인 전문가 컨설팅 및 노하우 전수로 정부사업 참여 지원

☐ **모집대상** : 중앙정부 등 기업지원 과제 참여컨설팅이 가능한 전문가

☐ **지원규모** : 50명 내외

☐ **수행내용** : 기업진단, 1:1 맞춤형 정부 지원사업 컨설팅 제공 등
  ※ 컨설팅 비용은 내부기준을 준용하여 회당 지급

☐ **추진절차**

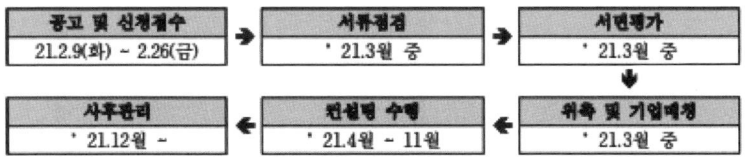

2. 신청자격

□ **신청자격**
- ○ 중앙정부 등 기업지원 과제 참여컨설팅이 가능한 전문가
  - 국가 전문자격(경영/기술지도사, 변리사, 기술사 등) 보유자
  - 정부 R&D지원 과제 및 기술사업화 지원 과제 등과 관련 종합적 컨설팅 수행이 가능하며 그 능력이 인정되는 자
  - 정부지원 사업 유사 컨설팅 수행 경험이 있는 자

□ **신청 제외대상**
> ① 부당행위자로 등록된 경우, 수행실적 확인 및 관련분야 재직확인 불가한자
> ② 국세/지방세 체납 중인 경우, 금융기관으로부터 불량거래자로 규제중인 경우 등

3. 수행내용

□ **수행분야**
- ○ 사업계획서 작성 요령 및 기업 자가진단, 정부지원 사업 안내
- ○ 수행분야 : 정부 R&D지원사업, 공공 투융자, 창업, 사업화 등
  - 경영진단, 정부지원사업 동향 파악 및 전략수립, 사업계획서 작성지원, 발표평가 작성 및 스킬지도, 사후관리(실패기업 대안관리) 등

□ **위촉기간** : 선정일로부터 2년

□ **자문비용 등 지급**
- ○ 자문수당 : 등급에 따라 차등지급(日기준 20-30만원)
  - ※ 경과원 「기업SOS지원센터 운영규정」 컨설턴트 등급 및 수당 준용
  - ※ 기업당 최대 10회 이내 컨설팅 지원
- ○ 성과수당 : 수행실적에 따라 예산범위내에서 성과수당 지급 가능

□ **기타사항**
- ㅇ 기업의 희망분야와 전문자문가의 전문성을 고려하여 1:1 매칭되며 컨설팅 수행 후 결과물 제출시 자문수당 월별 지급

4. 신청기간 및 방법

□ **신청기간**
- ㅇ **2021. 2. 9.(화) ~ 2. 26(금) 18:00**까지

□ **신청방법(이메일 제출만 가능)**
- ㅇ 담당자 이메일(chson@gbsa.or.kr)로 제출
- ㅇ 구비서류 제출

연번	서식명	해당 서류 필수	해당시
①	신청서 및 계획서 1부 (소정양식, 『붙임 1』 참조)	O	
②	신청자의 주민등록등본 1부(공고일(2021.2.9) 이후 발급분 제출)	O	
③	신청자의 재직증명서 1부	O	
④	신청자의 건강보험 자격득실확인서 1부	O	
⑤	개인정보 이용(제공·조회) 동의서(소정양식, 『붙임2』 참조)	O	
⑥	국세 및 지방세 납세증명서 각 1부.	O	
⑦	기타 학위 및 경력(자격)활동을 증명할 수 있는 서류 각1부.		O

5. 평가기준

□ **적격심사**
- ㅇ 서류검토 : 신청자격 및 결격사유 해당여부, 제재사항 등

□ **서면평가**
- ㅇ 경력 및 분야별 전문성을 고려하여 50명 내외 pool 구성

6. 기타 공지사항

□ 사업에 신청하는자는 채무불이행 등 확인을 위한 신용조회에 동의하는 것으로 간주

□ 선정취소
  ○ 선정 및 협약체결 이후라도 아래사항 발생 시 선정 취소 가능
    - 제출한 정보 및 계획서가 허위인 경우
    - 여건 변동으로 사업 수행이 불필요하거나 곤란한 경우
    - 사업 신청일 이후, 사전지원제외(신청자격 상실)에 해당하는 경우

□ 부당지원수혜자 제재사항
  ○ 자금 부정사용(횡령 등) 적발시 지원금 전액환수 및 향후 경기도의 지원사업에서 영구배제, 민형사상의 조치 등 실시
    ※ 공공재정 부정청구 금지 및 부정이익 환수 등에 관한 법률 등 관련법령 준용

7. 문의처

기 관 명	연락처	F.A.X.	E-mail
경기도경제과학진흥원 4차산업본부 과학기술지원팀	031)776-4855	031)776-4825	chson@gbsa.or.kr

※ 통화량이 많아 전화연결이 어려울 수 있으니 가급적 e-mail로 문의바랍니다.

[붙임] : 1. 신청서 및 사업계획서(서식)
         2. 개인정보 이용(제공·조회) 동의서(서식)

[참고] : 1. 소부장 산업의 범위. 끝.

2. 나의 위원 활동현황

1) 위촉현황(114개)

1. 국가기술자격 시험위원(건축시공) - 한국산업인력공단(12.10.22~)
2. 직업능력개발 훈련기관 평가위원(건축) - 직업능력심사평가원(13.01.30~)
3. 대한민국명장 심사 전문위원(건축) - 한국산업인력공단(13.03.25~)
4. 부산시 기능경기대회 심사위원(타일) - 부산시 기능경기위원회(13.04.10)
5. 중소기업 기술개발 지원사업 평가위원(사후서비스) - 중소기업기술정보진흥원(13.05.07~21.08.22)
6. 중소기업 건강진단 전문가 - 중소기업진흥공단(13.09.02~)
7. 전국 기능경기대회 심사위원(타일) - 한국산업인력공단(13.09.16)
8. 국가인적자원개발 컨소시엄 심사위원(건축) - 한국산업인력공단(13.09.30~16.09.30)
9. 산업기술혁신 평가단 정위원(사후관리) - 한국산업기술평가관리원(13.11.13~19.12.31)
10. 협업 전문컨설턴트 - 소상공인시장진흥공단(13.12.09~14.12.31)
11. 공학교육인증 평가위원(건축공학) - 한국공학교육인증원(14.02.07~)
12. 건설교통 연구개발사업 평가,자문위원 - 국토교통과학기술진흥원(14.02.20~)
13. 건설신기술 심사위원 - 국토교통과학기술진흥원(14.03.21~)
14. 교통신기술 심사위원 - 국토교통과학기술진흥원(14.03.21~)
15. 녹색기술 심사위원 - 국토교통과학기술진흥원(14.03.21~)
16. 경영지원, 기업지원사업 전문인력 - 경기 테크노파크(14.03.27~16.12.31)
17. 대한민국 기술사업화 자문단(기술지원분과) - 한국산업기술진흥원(14.04.16~16.04.15)
18. 문화관광형시장 육성사업 전문컨설턴트(건축) - 소상공인시장진흥공단(14.05.30~17.09.30)

19. 과학기술분야 진로 컨설턴트(전문가형) - 한국과학창의재단
(14.10.27~17.10.26)
20. 정보통신, 방송 연구개발사업 평가위원 - 정보통신기획평가원(14.12.22~)
21. 자재공법 선정위원(건축) - 서울특별시 교육청(14.12.23~19.02.28)
22. 기업진단 전문가 및 멘토 - 광주 테크노파크(15.01.12~)
23. 평가위원 - 한국콘텐츠진흥원(15.01.19~)
24. 공공투자관리센터 평가위원 - 한국개발연구원(15.01.20~)
25. 정보통신, 방송 연구개발사업 평가위원 - 한국방송통신전파진흥원
(15.03.25~)
26. 전문위원 - 장애인기업종합지원센터(15.04.15~)
27. 충북 6차산업 현장코칭 전문위원(공장 신/증축) - 충북발전연구원
(15.04.15~16.12.31)
28. 소공인 기술개발 지원사업 사전, 기술진단 기획전문가 - 한국산학연협회
(15.04.15~15.04.22)
29. 건설 자문평가 심사위원(건축시공) - 한국산업단지공단
(15.05.01~18.04.30)
30. 강원 6차산업 현장코칭 전문위원(공장 신축) - 강원발전연구원
(15.05.07~16.12.31)
31. 일학습병행제 전문위원(건설분야) - 한국폴리텍대학(15.06.09~)
32. 부산광역시 창업 멘토단 - 부산경제진흥원(15.06.19~)
33. 농림축산식품 연구개발과제 평가위원 - 농림수산식품기술기획평가원
(15.06.22~)
34. 국가전문자격 출제시험위원(주택관리사보) - 한국산업인력공단
(15.08.11~)
35. 녹색건축인증 심의위원 - 한국건설기술연구원 녹색건축센터(15.09.04~)
36. 그린인포랩 멘토단 전문가 - 녹색기술센터(15.10.01~16.09.30)
37. NCS 기업활용 컨설팅 전문가(재직자 훈련분야) - 한국산업인력공단
(15.11.01~17.12.31)
38. 창의감성사업 전문위원 - 대구 테크노파크(15.11.02~)
39. 시장활성화컨설팅 전문가(시장자문-시설) - 소상공인시장진흥공단
(16.02.25~16.12.31)

40. 시험관리(출제/검증)위원(건축공학개론) - 중앙소방학교(16.03.03~)
41. 제주 6차산업 현장코칭 전문위원(공장 신/증축) - 제주도 (16.03.04~16.12.31)
42. 심사위원 - 영화진흥위원회(16.03.15~)
43. 경남 6차산업 현장코칭 전문위원(공장 신/증축) - 경남 6차산업지원센터 (16.03.25~16.12.31)
44. 전남 6차산업 현장코칭 전문위원(공장 신/증축) - 전라남도 (16.04.05~17.03.31)
45. NCS 개발, 개선 Facilitator - 한국산업인력공단(16.05.01~18.04.30)
46. 경북 SW융합클러스터 R&D과제 자문위원 - 포항 테크노파크(16.07.01~)
47. 창업컨설팅 지원단 - 부산경제진흥원(16.07.12~)
48. 산학공동기술혁신사업 애로기술 컨설팅 컨설턴트 - 부산 테크노파크 (16.07.14~)
49. 건설신기술 기술심의위원 - 한국건설교통신기술협회(16.10.01~18.09.30)
50. 중소기업 R&D 사업성 심층평가위원 - 중소기업진흥공단(16.11.05~)
51. 부산창업카페 창업컨설팅 컨설턴트 - 부산경제진흥원(17.03.07~)
52. 울산광역시 지방건설기술 심의위원(건축시공) - 울산광역시 (17.08.08~21.08.07)
53. 기술자문위원(건축시공) - 김해시 도시개발공사(17.08.21~19.08.20)
54. 소상공인 창업 및 역량 강화 컨설턴트 - 부산신용보증재단(17.08.21~)
55. 기술사업화 심사전문가 - 농업기술실용화재단(17.08.30~19.08.29)
56. 국토교통 기술가치평가 평가위원(기술성) - 국토교통과학기술진흥원 (17.09.15~)
57. R&D 평가위원 - 재난안전기술개발사업단(17.11.10~)
58. 마케팅 지원사업 평가위원(사후관리서비스) - 중소기업유통센터 (18.02.01~19.12.31)
59. 환경 R&D 평가위원 - 한국환경산업기술원(18.03.16~)
60. 소상공인 컨설팅사업 컨설턴트(고객서비스) - 경남신용보증재단 (18.03.28~)
61. 부산창업카페 전문가 컨설팅 컨설턴트 - 부산경제진흥원(18.04.16~)
62. 평가위원, 전문위원 - 대구 디지털산업진흥원(18.09.12~)

63. 공공기관 면접관 - 한국컨설턴트사관학교(18.12.01~)
64. 공공기관 전문 면접관 - 한국컨설턴트사관학교(19.02.16~)
65. 산업융합성 평가위원 - 한국생산기술연구원 국가산업융합지원센터 (19.03.11~)
66. 행정안전부 연구개발사업 평가위원 - 국립재난안전연구원(19.08.07~)
67. 서울시 민간투자사업 평가위원 - 서울연구원 서울공공투자관리센터 (19.08.12~22.08.11)
68. 행정안전부 재난안전제품 인증심사 전문가 - 한국산업기술진흥협회 (19.08.19~)
69. 과정평가형 자격 산업현장전문가 - 한국산업인력공단(19.08.27~)
70. 기술사 출제위원(건축시공기술사) - 한국산업인력공단(19.09.16~)
71. 안전교육 전문인력(생활안전-작업안전) - 행정안전부(19.10.07~)
72. 공공구매제도 평가위원 - 중소기업유통센터(20.03.19~)
73. 경영.기술 전문위원 - 경기대진테크노파크(20.04.01~22.03.31)
74. 경기도 기술닥터사업 평가위원 - 경기도(20.05.01~22.04.30)
75. 울산시 기능경기대회 심사위원(타일) - 울산시 기능경기위원회(20.06.08)
76. 워킹그룹 운영지원사업 전문가(환경대응) - 부산 테크노파크(20.06.16~)
77. 신활력플러스사업 기본 및 시행계획 수립용역 제안서 평가위원 - 경남 거창군(20.06.30)
78. 기술닥터전문가 - 세종테크노파크(20.06.30~)
79. 공공건축 심의위원(건축분야) - 한국어촌어항공단(20.07.20~22.12.31)
80. NCS 점검위원(구조물 해체) - 한국산업인력공단(20.07.27~20.11.06)
81. 2020 우수디자인(GD)상품선정 심사위원 - 한국디자인진흥원(20.08.06)
82. 장애물 없는 생활환경(BF)인증 심사단 위원(건축) - 한국장애인고용공단 (20.08.10~23.08.09)
83. 기술자문위원(건축시공) - 부산도시공사(20.09.01~22.08.31)
84. 대한민국 디자인전람회 심사위원 - 한국디자인진흥원(20.09.08)
85. 제안서 평가위원(사업화/건축/지식서비스) - 경기도 경제과학진흥원 (21.01.28~26.01.27)
86. 디자인 심의위원(건축계획) - 부산교통공사(21.02.01~23.01.31)
87. 기술자문·심의위원(건축시공) - 충북개발공사(21.02.01~23.02.01)

88. 공공기관 채용시험 검수 및 출제위원(건축) - 한국생산성본부 한국 사회능력개발원(21.02.02~)
89. 공동투자형 R&D 전문위원단 - 대·중소기업·농어업협력재단 (21.02.16~22.12.31)
90. 중소기업 스마트서비스 지원사업 전문가 - 중소기업기술정보진흥원 (21.03.15~)
91. 공동자원화 선정 및 처리기술 평가 전문위원(건축시공) - 축산환경관리원 (21.03.29~)
92. 소부장 정부사업 참여 컨설팅 전문자문가 - 경기도 경제과학진흥원 (21.04~23.03)
93. 건축위원회 위원(건축시공) - 대구경북경제자유구역청 (21.04.01~23.03.31)
94. 컨설팅 전문위원(공장 신축·증축) - 경북 농식품유통교육진흥원 농정지원센터(21.04.01~21.12.31)
95. 기술자문위원(건축시공) - 여수광양항만공사(21.04.01~23.03.31)
96. 귀농귀촌 현장코칭 전문위원(토지/주택, 6차산업) - 전북농어촌종합지원센터(21.04.09~21.12.31)
97. 기술자문위원(건축시공) - 전남개발공사(21.04.10~23.04.09)
98. 교육시설 심의위원(건축시공) - 전북 교육청(21.04.13~23.04.12)
99. 과학기술인 경력개발 멘토링 멘토 - 국가과학기술인력개발원(21.04.18~)
100. BF인증 심사단 위원(건축) - 한국건물에너지기술원(21.04.26~22.09.27)
101. 경북 농촌융복합산업 현장코칭 전문위원(공장 신,증축) - 경북농식품유통교육진흥원(21.5.21~12.31)
102. 환경표지인증 전문위원 - 한국환경산업기술원(21.5.28~23.5.27)
103. 공공기관 채용 출제 및 검수위원 - (주)엑스퍼트컨설팅(21.6.4~)
104. 소상공인 역량강화지원사업 컨설턴트(안전보건경영시스템 구축) - 소상공인시장진흥공단(21.06.18~)
105. 교육시설안전 인증심사 전문인력(실내환경안전) - (사)한국건물에너지기술원(21.6.30~24.6.30)
106. 건설공사 공법선정위원(건축시공) - 광주광역시(21.7.1~23.6.30)
107. 서울특별시 공동주택 품질점검단 위원(건축시공) - 서울특별시 (21.7.1~23.6.30)

108. BF인증 심의위원(건축) - 한국부동산원(21.07.22~23.03.27)
109. 대한민국 디자인전람회 심사위원 - 한국디자인진흥원(21.07.30)
110. 향토산업 경영체 현장컨설팅 전문위원 - 경북 농식품유통교육진흥원(21.08.10~21.12.31)
111. 국가기술자격 출제/검토위원(건축목재시공기능장/금속도장기능사) - 한국산업인력공단(21.08.24~)
112. 과학기술분야 진로컨설턴트(전문가형 컨설턴트) - 한국과학창의재단(21.08.27~22.03.31)
113. 교통영향평가 심의위원(건축) - 포항시(21.10.08~23.10.07)
114. 입찰용역 선정평가위원 - 한국과학창의재단(21.10.15~)

2-1) 위촉장(심사·심의위원)

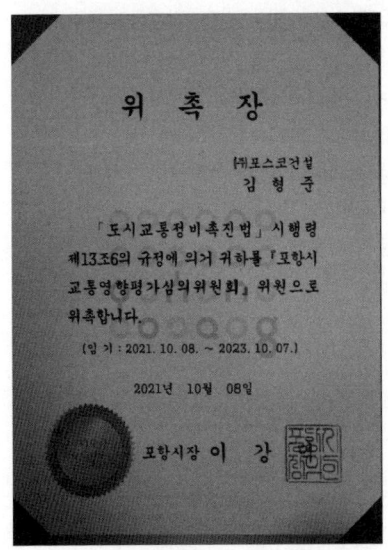
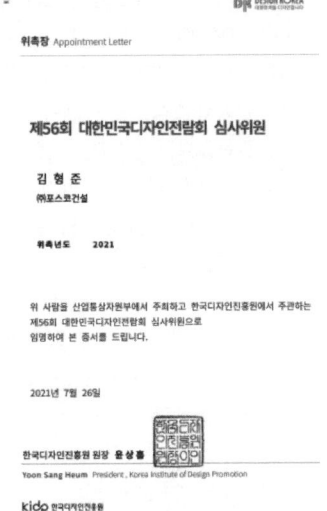

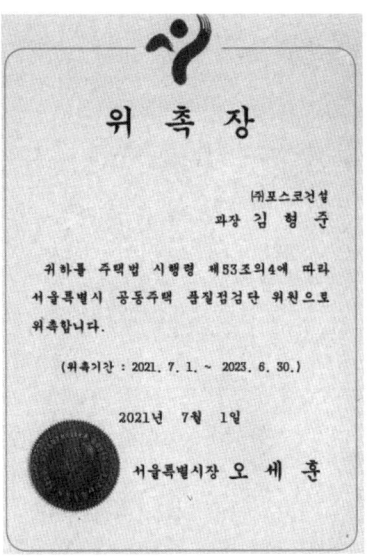
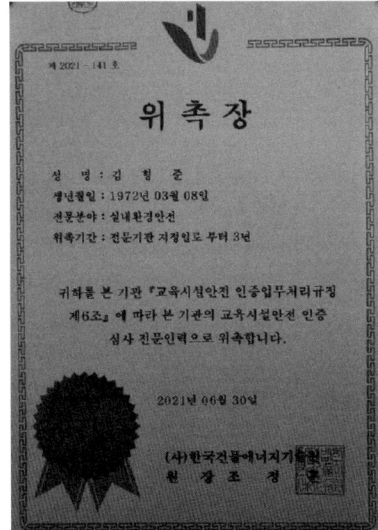
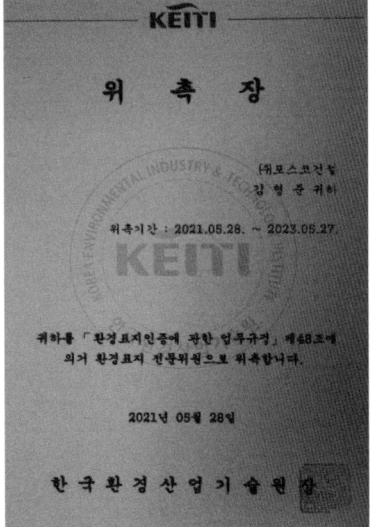

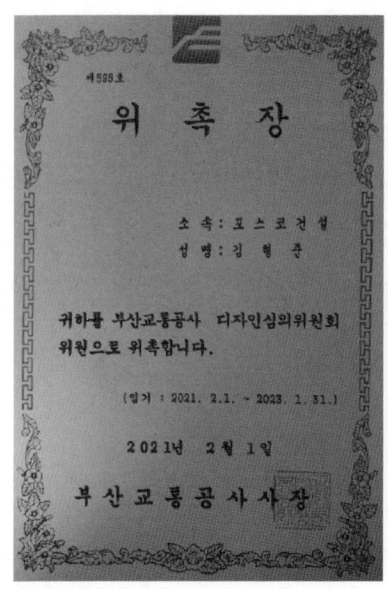
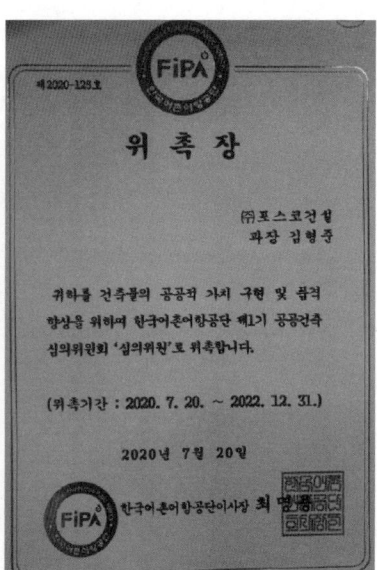

2-2) 위촉장(컨설턴트)

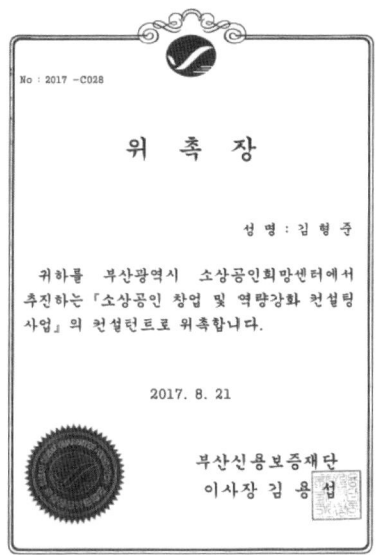

3. 나는 럭셔리 인생 2막을 심사평가위원으로 준비했다

　나는 건설회사에 근무하는 평범한 26년 차 일반인 직장인이다. 50세의 건축 기술자로 대부분 신축공사 현장에서 건축시공 관리 업무를 했다. 현재의 나는 각종 정부기관 및 지자체의 심사평가위원, 컨설턴트로 114개가 위촉되어 활동 중이고 저서도 12권이나 집필한 특별한 직장인이 되었다. 예를 들면 국토교통과학기술진흥원의 건설/교통 신기술 심사위원, 건설교통기술개발 평가/자문위원, 중소기업 R&D 평가위원 등으로 위촉되어 있다.

가끔 평가활동을 나가면 위원님, 교수님, 박사님, 기술사님 등으로 불리며 평가가 끝나면 수십만 원의 평가수당도 받는다. 2012년부터 10년간 총 114개의 위원 및 컨설턴트로 위촉되었다. 가끔 바람도 쐬고 머리도 식힐 겸 위원으로 참여하는 데 아주 좋다. 전에는 이런 위원이 대학교수나 박사학위 및 전문자격 소지자 등 대단한 사람만 하는 줄 알았다.

나는 대학교수도, 박사도, 전문자격 소지자도 아니나 114개 위원으로 위촉되어 활동하고 있다. 어떻게 이렇게 많이 위촉될 수 있었을까? 산업체 일반 기업에서 어느 정도 경력이 있고 위원 자격조건이 충족되면 나처럼 위원 활동을 많이 할 수가 있다. 여러분도 나처럼 위원이 되고 싶다면 나에게 연락을 주시기 바란다.[1]

---

1) 이메일: juny72@naver.com

4. 정부기관 심사평가위원 양성 코치

1) 심사평가위원 입문 계기

나는 지난 10년간 각종 정부기관과 지자체의 114개 위원과 컨설턴트로 위촉되어 활동을 하고 있다. 처음 위원이 된 계기는 직업훈련교사 교육 중 동기에게 위원 모집정보를 접했는데, 그 사람은 지금 나처럼 위원 활동을 하고 있었다.

그 모집정보는 한국산업인력공단의 국가기술자격시험 출제위원 모집 공고였다. 나는 공학석사 학위를 막 취득한 상태였는데, 신청서를 작성하고 제출하니 얼마 후 출제위원 풀(Pool)에 등록되었다는 메일과 위촉장을 받았다. 나의 첫 번째 위원 위촉이었다.

그때의 기분은 상상할 수 없을 정도로 너무 좋았고 놀랐다. 대학교수나 박사들만 되는 줄 알았던 국가기술자격시험 출제위원이 되었으니 말이다. 그 후에도 위원 모집정보를 접하고 계속 신청서를 작성하여 신청하였다. 그때부터 지금까지 10년 동안 114개 위촉되어 활동하고 있다. 위원 활동을 하면 전국 방방곡곡을 다닐 기회가 생겼다. 나는 집이 부산이고 건설현장에서 근무했는데 서울, 경기, 대전, 충북, 전북, 대구, 제주 등 전국 8도를 다니게 되었다. 위원 활동의 좋은 점이 전국 8도 방방곡곡을 다닐 수가 있다는 것이다. 안 가본 곳을 가 보니 머리도 식히고 관광도 하고 여러 가지 좋은 점이 있는 것 같다. 여러분도 나처럼 위원이 되어 활동해 보시기 바란다.

2) 심사평가위원 양성 코치

수십 개 위원에 선정되니 위원 관련 정보를 달라는 지인들이 생겼다. 나는 가입된 건설기술자 카페 회원 중 카페지기와 석박사 학위 소지자, 기술사 소지자 등 위원 모집정보를 요청하는 일부 회원에게 정보를 제공하였다. 꾸준히 신청한 사람은 1년에 10개 이상 위촉되었고 많게는 50개 이상 위촉된 사람도 있다. 현재까지 위원 모집정보는 개인적으로 일부 인원에 한해 제공하였다.

밴드 회원 위원 선정현황

정부,지자체 심사평가위원(공개)	정부,지자체 심사평가위원(공개)
14명이 읽었습니다.	10.경기도 재도전성공센터 위촉전문위원 (1명) 서정태 4.17
#합격현황(종합) (3.11~5.9) 5월 1주 누계 18종류, 59명, 64건 (중복 포함) 1. 중소기업유통센터 공공구매 평가위원 (11명) 김형준 3.19, 조혁제 3.23, 이봉근 3.27 안성남/방종룡/김민철 4.1, 조명멸/이철호/ 박종현(데뷔) 4.2, 서승우 4.3, 이동원(데뷔) 4.8. 2. 한국산업기술진흥협회 고경력 과학기술인 (8명) 김형환 3.26, 조명멸/김민철/서정태 3.27, 조혁제/하영철/이철호 3.30, 하병주 3. 제안서 평가위원 (5명, 10건) 안성남 3.27, 서울 4.9, 강원 4.24, 경기 4.29), 김형환(서울 3.30, 경기 4.9, 대구 4.29), 박종현(강릉 4.7~8), 김광열(세종 4.9) 전선영(데뷔! 의정부 5.7) 4. 화성상공회의소 소공인특화지원센터 컨설턴트 (1명) 김형환 4.6 5. 한국생산기술연구원 산업융합성 평가위원 (1명) 조명멸 3.21 6. 충남 테크노파크 기술닥터 (1명) 안성남 4.13 7. 중소기업유통센터 마케팅 평가위원 (3명) 방종룡, 서정태, 조혁제 4.14 8. 울산 테크노파크 스마트공장 코디네이터 (1명) 권성열 4.14 9. 한국산업인력공단 능력개발 전문가 인력풀 (7명) 권성열(3월), 조혁제 3.12, 조명멸, 허정미(데뷔!), 박종현, 이봉근, 김형환 4.16	11.한국스마트컨설팅협회 제품기술 가치향상 지원사업 전문가풀 (1명) 조혁제 3.16 12.전북 테크노파크 기술닥터 (1명) 김형환 4.24 13.부산 테크노파크 스마트공장 기술자문단 (1명) 이봉근 4.24 14.경기도 기술닥터사업 평가위원 (5명) 김형환, 서정태, 김형멸, 조명멸, 안성남 (4.28) 15.경기대진 테크노파크 전문위원 (4명) 김형환, 김형환, 김용학/장수영(데뷔) (4.1) 16.한국산업단지공단 자문.평가위원 (3명) 조명멸, 하영철, 박병호 (5.1) 17.한국자산관리공사(캠코) 기술자문위원 (4명) 김민철, 이관성/장기영(데뷔!) 박병호 (4.29) 18.국토교통 R&D 평가위원 (1명) 이봉근 (4.29) ■ 선정 순위 : 24명, 64건 (중복 제외) 1) 9관왕 (1명) : 김형환 2) 7관왕 (1명) : 안성남 3) 6관왕 (1명) : 조명멸 4) 5관왕 (1명) : 조혁제 5) 4관왕 (2명) : 서정태, 이봉근 6) 3관왕 (3명) : 박종현(4.2 데뷔), 김형준, 김민철 7) 2관왕 (5명) : 방종룡, 이철호, 권성열, 하영철, 박병호(4.28 데뷔) 8) 1관왕 (10명) : 이동우, 이동원(4.8 데뷔), 하병주, 김광열, 허정미(4.16 데뷔), 전선영(4.28 데뷔), 김용학/장수영/이관성/장기영/(4.29 데뷔)

3) 심사평가위원 입문방법 세미나 개최

2020년 4월 25일 부산과 4월 30일 인천에서 위원 입문자들을 위한 입문방법 세미나를 개인적으로 개최하였다. 이런 세미나는 대한민국에서 처음이었을 것이다. 20명 이상이 참석하여 위원 입문에 대한 뜨거운 관심을 보였다. 특히 퇴직한 60대 고학력 고위직(임원) 출신과 박사학위 소지자들의 반응이 아주 뜨거웠다. 수년간 나의 열정과 경험을 담은 정부기관, 지자체 심사평가위원, 컨설턴트 분야를 소개함으로써 위원 입문을 원하는 중장년들에게 희망의 등대가 되고자 하였다.

2020.04.30 인천 세미나 특강

두 번 세미나를 하고 나니 힘들고 진이 빠져 더이상 진행을 못 했으나, 2022년에는 교육과정으로 과목 개설이 예정되어 있어 좀 더 체계적인 진행이 예상된다.

2022년 1월 새해 경북 포항에서
저자 김형준 씀

저자소개

김형준 KIM HYEONG JUN

학력
- 동아대학교 건설사업관리 석사
- 경성대학교 건축공학 학사

경력
- 정부기관/지자체 114개 심사평가위원, 컨설턴트
- 한국과학창의재단 입찰용역 선정 평가위원
- 포항시 교통영향평가 심의위원
- 한국디자인진흥원 대한민국 디자인전람회 심사위원
- 한국부동산원/한국장애인고용공단/한국건물에너지기술원 BF인증 심사위원
- 서울특별시 공동주택 품질점검단 위원
- 한국건물에너지기술원 교육시설안전 인증심사 전문위원
- 소상공인시장진흥공단 소상공인 역량 강화 컨설턴트
- 한국생산성본부/엑스퍼트컨설팅 공공기관 채용 출제 및 검수위원
- 한국환경산업기술원 환경표지인증 전문위원

- 한국건설기술연구원 녹색건축인증 심의위원
- 한국어촌어항공단 공공건축 심의위원
- 국토교통과학기술진흥원 건설교통 연구개발사업 평가위원, 건설/교통 신기술/녹색기술 심사위원, 국토교통 기술가치 평가위원
- 시험출제위원(기술사, 주택관리사, 국가기술자격, 중앙소방학교)
- 한국공학교육인증원 공학교육인증 평가위원
- 울산광역시 지방건설기술 심의위원
- 부산도시공사/김해도시개발공사 기술자문위원
- 한국산업기술진흥원 대한민국 기술사업화 자문단
- 한국산업기술평가관리원 산업기술혁신 평가단
- 중소기업기술정보진흥원 중소기업 기술개발 지원사업 평가위원 외 다수
- 현) ㈜포스코건설
- 전) 동아건설산업(주)

자격
- 건축기사, 건설안전기사, 실내건축산업기사, 건설사업관리사,
- 직업상담사 2급, 소비자전문상담사 2급, 직업훈련교사 14종,
- 창업보육전문매니저, 창업지도사

저서
- 『NCS 건설공사관리 매뉴얼』, 도서출판 CMA, 2017.(공저)
- 『공공기관 합격 로드맵』, 렛츠북, 2019.(공저)
- 『2020 소상공인 컨설팅』, 렛츠북, 2020.(공저)
- 『공공기관·대기업 면접의 정석』, 브레인플랫폼, 2020.(공저)
- 『인생 2막 멘토들』, 렛츠북, 2020.(공저)
- 『4차산업혁명 시대 AI 블록체인과 브레인경영』, 브레인플랫폼, 2020.(공저)

- 『재취업전직지원서비스 효과적 모델』 렛츠북, 2020.(공저)
- 『미래 유망 자격증(4차산업혁명 시대)』 렛츠북, 2020.(공저)
- 『창업과 창직』 브레인플랫폼, 2020.(공저)
- 『경영기술 컨설팅의 미래』 브레인플랫폼, 2020.(공저)
- 『신중년 도전과 열정』 브레인플랫폼, 2020.(공저)
- 『소상공인&중소기업 컨설팅』 브레인플랫폼, 2020.(공저)

14장

N잡러 컨설팅 방법론

문성식

1. 왜 N잡러인가?

1) 왜 N잡러의 열풍이 부는가?

평생직장의 개념이 서서히 사라지고 있다. 평생직장도 순환보직, 순환직무의 경우와 직급과 직책의 변화에 따라 여러 가지 직업을 가질 수 있기는 해도 대부분 하나의 직업으로 평생 먹고 살 수 있었으나 이제는 다르다. 특히 MZ세대(밀레니얼 세대인 1980~2000년생과 1990년대 중반~2000년대 중반에 태어난 Z세대를 합쳐서 일컫는 말)의 경우 무조건 회사를 위해 희생하지도 않으며 직장보다는 직업을 더 중시한다. 평생을 보장해 주는 직장도 없지만, 급여가 적거나 본인의 업무가 마음에 들지 않거나 상사나 부하가 마음에 들지 않거나 더 좋은 직장으로의 전직의 기회가 생기거나 여러 가지 이유로 정년의 나이가 낮아지고 있다.

최근의 코로나19로 인해 설상가상으로 고용시장에 한파가 몰아치고 있다. 이로 인해 취업문이 더욱 좁아지고 있다. 더이상 한 직장에 연연하지 않고 온라인 플랫폼을 통해 자기고용을 하거나 본인의 전공, 경력과 특기, 재능을 살려 여러 가지 직업을 겸하는 경우가 많아지고 있다.

2) N잡러 통계

알바몬과 재능거래 플랫폼 긱몬이 직장인 1,324명을 대상으로 '직장인 N잡러에 대한 인식' 조사한 결과 직장인 91.2%가 'N잡러'를 꿈꾼다고 했다. 알바몬과 긱몬은 먼저 '현재 본업 외에 부업을 하고 있는지' 물었다. 조사 결과 전체 응답자 중 22.3%의 직장인이 '부업을 하고 있다'고 답했다. '부업을 할 의향이 있다'고 답한 직장인은 68.9%로 조사에 참여한 전체 직장인 중 91.2%가 'N잡러'를 꿈꾸는 것으로 풀이됐다.

직장인들이 N잡러를 꿈꾸는 이유는 연령대에 따라 다소 차이가 있었다. 20~30대 MZ세대 직장인 중에는 '하고 싶은 일이 많아서, 자기만족을 위해' N잡러를 꿈꾼다는 직장인이 각 응답률 49.2%, 38.6%로 가장 많았고, 이어 '다양한 경험을 쌓아 역량을 높이고 싶어서'가 각 49.0%, 37.5%였다. 40~50대 직장인 중에는 '수입을 높여서 빚을 빨리 갚고 싶어서' N잡러를 꿈꾼다는 직장인이 각 39.2%, 45.7%로 가장 많았다. 특히 50대 직장인 중에는 '은퇴 후 할 수 있는 일을 만들기 위해' N잡러를 꿈꾼다는 응답자도 40.0%로 상대적으로 많았다.

임금상승률이 천정부지로 치솟는 부동산 가격 상승세를 따라잡지 못하고 있다. 내 집 마련의 꿈은 월급과 적금만 가지고는 점점 어려워지고 있다. 집 마련은커녕 전세금 상승을 따라가기도 힘든 상황이다.

주 52시간 근무제 시행으로 오히려 수입이 적어진 많은 직장인들이

투잡, 쓰리잡을 통해 수입원을 찾아 나서고 있고 베이비붐(한국전쟁 이후 1955년부터 1963년까지 태어난 약 730만 명)들은 정년을 맞아 퇴직 중이다. 퇴직 후 재취업과 창업의 길은 만만치가 않다. 따라서 청년이나, 중장년이나 기회가 생긴다면 N잡을 마다하지 않는 시대가 온 것이다.

2. 커리어 회복 탄력성

학생, 또는 직장인, 특히 퇴직을 앞둔 직장인은 각자 자신의 처지에서 커리어에 관련된 다양한 고민이 있을 것이다. 어떤 진로를 선택할까, 내가 선택한 진로가 과연 괜찮은 걸까, 창업할까, 취업할까, 창직할까, 창업한다면 어떻게 하면 좋을까, 취업한다면 어떤 회사에 들어가는 것이 좋을까, 이직할까, 말까, 내가 언제까지 이 회사에 다닐 수 있을까, 다른 분야로 전직을 할까, 지금 하는 일을 그만두고 어디로 갈까, 경력단절 기간이 있었는데 무엇을 할까, 다시 일할 수 있을까, 정년퇴직 이후에는 뭘 하지? 등

이럴 때 '커리어 회복 탄력성(Career Resilience)'이 필요하다. 커리어 회복 탄력성은 커리어와 관련된 역경과 위기를 긍정적인 태도로 극복하고 더욱 발전해 가는 힘이다. 커리어 회복 탄력성은 첫째 자기 이해 및 신뢰영역, 둘째 성취 추구 영역, 셋째 커리어 역량 개발 영역, 넷째 변화 수용 및 대처 영역, 다섯째 관계영역, 여섯째 삶의 긍정성 영역으로 구

성되어 있다.

3. 창직과 N잡러

N잡을 하기 위해 기존의 노동시장에 진입한다고 하면 자기만의 경쟁력을 가져야 한다. 기존 직업을 가진 사람들보다 해당 직업에서의 역량이 높아야 유리하다는 것이다. 따라서 기존의 직업을 갖기보다는 자기만의 직업을 만드는 창직 후 N잡(창직형 N잡) 또는 창직 후 창업(창직형 창업)을 권하고 싶다.

창직을 하기 전에 일자리와 일거리의 개념을 먼저 알아야 한다. 일자리는 항상 직장과 직급, 직책이 따라 다닌다. 그래서 일자리는 신중하게 생각하고 찾아야 한다. 그러나 일거리는 쉽게 결정할 수 있다. 가치 있고 보람 있는 일이라면 돈을 벌기 위함이 아니더라도 할 수 있다. 직업을 만드는 것은 본인이 좋아하고 잘할 수 있는 분야의 직업에서 세분화하거나 직업과 직업, 직업과 학문, 직업과 기술을 융합하여 만들거나 해외에 있으나 국내에는 없는 직업을 조사하여 국내의 실정에 맞추면 된다.

최근의 창직 트렌드는 4차산업혁명 기술이나 비대면 언택트 기술, 반려동물 관련 분야에서 신직업을 만드는 경우도 많다. 예를 들어 증강현실 전문가, 핀테크 전문가, 사물인터넷전문가, 홀로그램전문가, 원격진료코디네이터, 3D프린팅 운영전문가, 메타버스 전문가, 애완동물 행동상담원 등이 있다. 워크넷(work.go.kr)의 '직업·진로' 메뉴에서 '다양한 직업 세계' → '신직업·창직 찾기'에서 직업을 찾아 본인에게 맞는다면 그대로 또는 수정, 보완, 변형하여 또 다른 직업을 만들 수도 있다. 또는 (사)창직교육협회에서 창직 교육이나 컨설팅을 체계적으로 받아 몇 개를 창직을 해서 N잡러를 할 수 있다.

4. N잡러 컨설팅 방법론

(예비)N잡러를 컨설팅하는 것은 진로, 프리랜서, 취업, 창업, 창직, 전직 등 다양한 방면으로 활동할 수 있도록 컨설팅을 해야 한다는 면에서 너무 광범위하다고 할 수 있다. 따라서 여러 가지 일을 동시에 할 수 있는 측면에서 공통적인 부분 위주로 컨설팅 방법론을 제시하고자 한다.

우선 N잡러의 요건은 여러 가지를 꼽을 수 있겠지만, 직업의 요건인 계속성, 경제성, 윤리성, 사회성이 있어야 하고 거기에다가 창직의 요건인 차별성, 용이성, 현실성과 고용창출 가능성이 있어야 하고 동시대에 여러 가지 일을 해야 하기 때문에 동시성 역시 중요하다.

또한, 시간 관리나 선택과 집중, 우선순위 결정, 퍼스널브랜딩, 인맥

관리 등의 역량이 필요하다고 할 수 있다. 컨설팅 프로세스로는 1) 나를 정리해 보기, 2) 인맥을 정리해 보기, 3) 자가 진단과 이해, 4) N잡러 진로설계, 5) N잡러 사업계획서 작성이라고 할 수 있다.

1) 나를 정리해 보기

취업을 하기 위해서 이력서, 자기소개서, 경력 기술서(경력자의 경우)가 필요하다. 따라서 학력, 근무경력, 강의경력(강사, 컨설턴트의 경우), 컨설팅 경력, 저서, 논문, 수상, 자격증과 강의·컨설팅·심사·면접관 실적과 경력에 대한 주요 내용별 세부 기술을 해야 한다. 그리고 증빙 서류에 대한 스캐닝과 PC의 폴더별 보관이 필요하다.

필자의 경우에는 마인드맵(Thinkwise)과 아래 한글로 정리를 해두고 수시로 업데이트를 한다. 필자의 주요 직업인 교수·강사·컨설턴트·심사위원에 대해서는 엑셀로 정리하여 마인드맵의 '실적'에 하이퍼링크를 해둔다. 언제 어디에서 어떤 일(프로젝트)을 하기 위해서 제안을 하거나 서류를 제출할 때 시간을 단축하기 위해서다.

또한 일정관리(필자의 경우는 구글 캘린더, 마인드맵 사용)를 통해 선택과 집중, 우선순위를 결정하고 일을 놓치지 않으려고 노력하고 동시에 여러 가지 일을 할 때도 마인드맵을 사용한다.

따라서 컨설턴트는 자신을 이력, 경력, 실적을 깔끔하게 정리해 두고 내담자에게 자신 있게 샘플로 보여 줄 수 있어야 한다.

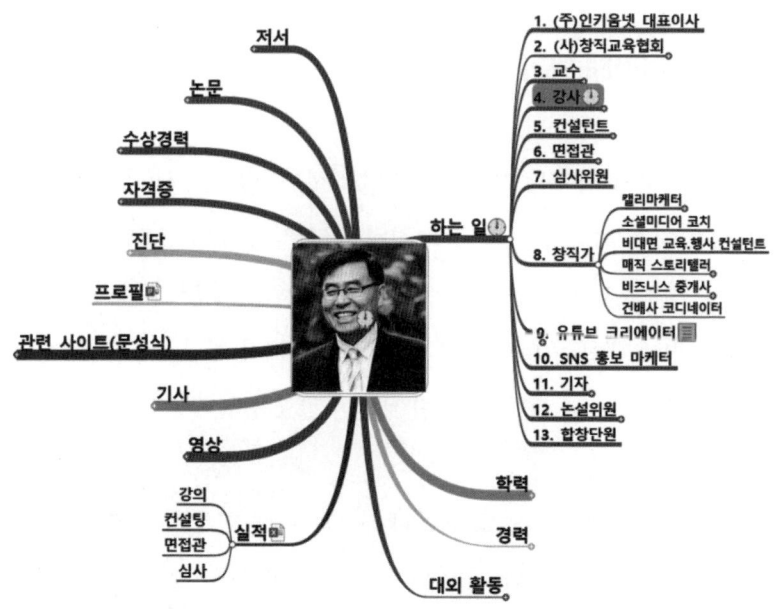

2) 인맥을 정리해 보기

인맥관리는 N잡러의 중요한 요소라 할 수가 있다. 회사나 기관에서 직급과 직책에 의해서 조직적으로 일을 하다가 N잡러로 일을 하려면 일자리와 일거리부터 찾아야 하는데 처음엔 막막하다. 이제 각자의 인맥을 명함이나, 노트, 스마트폰, SNS에 산만하게 분산된 것을 마스터 데이터베이스에 구축해야 한다.

필자의 경우에는 엑셀로 No.Code(인맥을 Code로 분리), 이름, 전화, 이메일, 회사 주소, 집 주소, 생일, 만난 날, 출신 학교(기수), Memo1(만난 이유, 소개자 등), Memo2(특이사항)으로 정리를 한다. 주기적으로 명함은 리멤버 앱을 사용해 스마트폰에 저장하고 스마트폰에 있는 연락처는 엑셀로 전환해서 기존 마스터 데이터베이스에 추가, 수정, 삭제를 한다. 또한, 소속된 동창회, 모임, 단체, 협회와 커뮤니티 채널 등과 회장, 임원명, 연도별 연회비, 홍보 이력 등을 정리해 둔다. N잡러는 인맥을 통해 정보수집, 협업이 절대적으로 필요한 경우가 많다.

3) 자가 진단과 이해

직업을 구하거나 창직 하기 전에 자신의 상황, 성격, 능력, 강점을 알아야 한다. 성격 유형검사는 애니어그램(Enneagram), MBTI, DISC, 홀랜드, 프레디저, 그릿(GRIT), 톡트(TOCT) 등 많은 검사 Tool이 있지만, 대중적으로 인기가 있고 무료인 워크넷의 직업심리검사, VIA 성격강점 분석, NPS 노후진단, 서울시50플러스포탈 자가진단, 진로정보망 커리어넷 심리검사를 소개하고자 한다.

(1) 워크넷의 직업심리검사

워크넷(www.work.go.kr)은 고용노동부와 한국고용정보원이 운영하는 대한민국 취업정보 사이트이다. 홈페이지의 주메뉴에서 '직업·진로'를 클릭하여 진행할 수 있다.

'직업심리검사(총 22종)'는 개인의 능력과 흥미, 성격 등의 심리적인 특성들이 각 직업에서 요구하는 능력 수준 및 특성에 얼마나 적합한지를 과학적인 방법으로 측정하여 보다 성공 가능성이 높고 만족할만한 직업들을 탐색하도록 도와주는 서비스다.

청소년(10종)과 성인(11종)을 대상으로 총 21종류가 있으며, 각 검사의 설명을 참조하여 자신에게 필요한 검사를 받을 수 있다. 그 검사 중에서 성인심리검사는 성인용 직업적성검사, 직업 선호도 검사 S형, 직업선호도검사 L형, 구직 준비도 검사, 창업적성검사, 직업전환검사, 영업직무 기본역량검사, 영업직무 기본 역량검사, IT 직무 기본역량검사, 준고령자 직업선호도검사, 대학생 진로준비도검사, 이주민 취업준비도검사가 있다. 검사가 끝나면 바로 결과까지 확인할 수 있다.

(2) VIA 성격강점 분석

VIA 성격강점 분석 결과(출력)물

VIA는 'Values in Action'의 줄임말로서 우리의 행동을 통해서 어떤 특정 가치들을 '우선순위 별로 세우는 검사'라고 할 수 있다. VIA 성격강점 분석(viacharacter.org)은 긍정적 심리학 분야의 연구자인 Christopher Peterson과 Martin Seligman이 그들의 성격 강점 및 미덕 핸드북(CSV)을 운용하기 위해 만들었다.

이 사이트는 무료 계정을 만들고 검사가 가능하며 약 15분 정도(100문항)의 테스트를 통해 본인의 가장 큰 강점을 찾을 수 있고 분석이 가능하다. 기본적으로는 영어로 나오지만 왼쪽 상단에서 언어를 '한국어'로 변경해주면 한글로 문항을 보고 결과도 한글로 볼 수 있다. 필자의 결과는 아래와 같이 순서별 24가지를 받아 볼 수 있었다(참고용으로 총 3페이지 중에서 1페이지만 나열해 본다).

(3) NPS 노후 진단

NPS 노후진단은 국민연금 노후준비서비스 홈페이지(csa.nps.or.kr)에서 건강한 노후생활을 위해 재무, 건강, 여가, 대인관계 등 현재 상태를 종합적으로 진단하여 노후설계를 지원하는 서비스이다. 메뉴의 '자가진단'을 클릭하여 기본사항을 입력하고 4가지 영역인 사회적 관계, 건강한 생활습관, 여가활동, 소득과 자산 순으로 자가진단 설문을 진행하면 된다. 결과지는 영역별로 그래프와 함께 진단을 요약하고 대비 전략까지 제시해준다.

사회적 관계는 부부관계, 부모자녀, 형제자매, 친구이웃으로 구분하여 진단결과와 대비 전략까지 제시해 준다. 건강한 생활습관은 건강상태, 건강관리, 식습관, 흡연, 음주, 체질량 지수 순으로 진단결과와 대비 전략을 제시해 준다. 또한, 소득과 자산설계는 노후 필요 생활비, 노후월 연금소득, 노후대비 금융자산, 노후대비 부동산, 노후대비 저축률, 예상 퇴직 연령, 제2의 일에 대한 준비의 진단결과와 대비 전략을 제시해 준다. 여가활동은 현재 여가활동과 노후대비 여가활동의 진단과 대비 전략을 제시해 준다.

이 3가지 외에도 서울시50플러스포털(50plus.or.kr)의 자가진단과 진로정보망(www.career.go.kr)의 대학생, 일반용 심리검사 중 진로개발 준비도 검사, 주요 능력 효능감 검사, 이공계 전공적합도 검사, 직업가치관 검사를 진행할 수 있다.

4) N잡러 진로설계

상기의 진단결과를 이해하고 먼저 '성공의 정의'와 '행복의 정의'를 작성하고 N잡러 진로설계서를 작성한다. N잡러 진로설계는 '진로 방향' 설정을 하는데 기존 직업명(혹은 창직명)을 적고 '실행 계획'을 작성한다. '실행 계획'은 직업명 순으로 각각 1, 2, 3순위 별로 해야 할 일들을 적고 실행 계획 수립을 위한 세부사항을 적는다.

이어서 직업명 순으로 '교육계획'을 수립하는 데 필요 역량을 적고 중요 또는 부족한 역량 순으로 교육 주제를 선정하여 전문 교육기관 프로그램을 매칭 해 본다. 마지막으로 '목표달성을 위한 중장기 전략'을 수립하는데 단기(6개월 이내), 중기(3년 이내), 장기(3~10년 이후)로 수립한다.

진로설계는 단기, 중기, 장기 계획도 중요하지만, 단타성 계획을 세워보자. 하루 계획, 주간 계획, 월간 계획 등의 계획을 꼼꼼히 세우고 점검한다면 더욱 계획 달성률을 높여갈 수 있다.

5) N잡러 사업계획서 작성

(1) 직업명 1, 2, 3…
- 직업명과 직업의 특징을 작성한다. (창직, 기존 직업 구분)

(2) 직업별 배경 및 필요성
- 직업별로 배경 및 필요성, 트렌드와 시장 현황, 향후 전망을 반영하여 간단하게 요약한다.

(3) 직업별 해외시장/국내시장 동향
- 국내외 통계청 자료 등을 활용, 관련 유사 산업이나 고객의 시장 동향을 요약한다.

(4) 직업별 직무, 필요 역량, 직무 기술서
- 직무의 업무 순서, 주요 직무와 책무를 상단에 정리, 하단에는 책무에 따른 과업을 제시한다.
- 직업의 필요 역량 정의: 직업에 필요한 지식, 기술, 태도, 필요 자격증, 전공 등(NCS 사이트 참고: ncs.go.kr)
- 직무 기술서 작성: 수행해야 할 일, 목적, 수행하는 최선의 방법

(5) 수익 구조 프로세스 및 종류
- 직업별로 수익 구조 프로세스(구조도)를 도표로 그려서 알기 쉽게 표현한다.

- 수익 구조의 예: 제휴서비스, 콘텐츠 제공(제작), 이용료, 강사료(교육비), 제품 판매, 제품 제조, 중개 수수료, (부가)서비스 판매, 정액제(구독료), 대여료(임대료), 상품권, 파생상품, 인세·저작권료, 데이터 판매, 기부금, 광고수익, 가입비, 발급비, 라이센스 로열티, 투자수익 등

 - 가능한 직업별 수익 구조(주요 수익 구조, 보조 수익 구조로 구분)별 예상 매출(월, 분기, 1년 단위)과 비용을 산출해 본다.

(6) 직업의 차별화 요소

 - 직업별, N잡러의 차별화를 이해하고 접목할 만한 차별화 항목을 찾아 작성한다.

 - 차별화의 예: 무료로, 콘텐츠로, 오프라인으로, 플랫폼으로, 체험할 수 있게, 빠르게, 느리게, 비싸게, 저렴하게, 직접, 대신해서, 온라인으로, 말도 안 되게, 사회적으로, 확장해서, 축소해서, 반대로, 심플하게, 결합해서, 공유해서, 분리해서, 집중해서, 제품으로, 불편하게, 맞춤형으로, 다양하게, 편리하게, 커뮤니티로, 인공지능으로, 원격으로 등

(7) 홍보 마케팅 전략

 - SWOT(강점, 약점, 기회, 위협요소), 4P(Product, Price, Place, Promotion) 등을 작성한다.

 - N잡러가 본인의 퍼스널브랜딩을 위해 끊임없이 홍보마케팅을 해야 하는 상황에서 아래의 홍보마케팅 종류를 참고하여 N잡별로 준비단계, 시작단계, 성숙단계, 브랜딩 단계로 구분하여 선정하고 진행 비용에 대한 분석을 해야 한다. 그래서 최소한 연간 예상되는 비용을 산출해 본

다.

　- 홍보마케팅의 예: 언론보도, 배너광고, 업체제휴, 이벤트, 방송출연, 포털사이트, SNS·메신저, 카페·블로그, 영업, 오프라인 행사, 홈페이지 제작, 강연(교육) 활동, 수상, 오프라인 광고, 판촉물, 특허출연, 인쇄물, 서적출판, 영상미디어 채널, 크라우드 펀딩 등

　- 특히 클라우드, 간단한 AI(인공지능)와 스마트폰 사용법은 조금만 관심을 기울이면 누구나 익숙하게 활용할 수 있다. 이런 것들을 도구로 사용하면서 자신의 브랜드를 구체화하고 널리 알리는 데 적용한다면 창직, N잡을 위한 훌륭한 도구의 역할을 충분히 해낼 수 있다.

(8) 기대 효과
　- N잡별로 직업의 전망과 특성 및 기대 효과를 정리한다.

(9) N잡 추진 일정 및 계획
　- N잡별로 구분하여 주요 업무별로 주간, 월간, 연간으로 세부적인 추진 계획을 세운다.

(10) 운영 예산 전략
　- N잡별로 구분하여(공통적인 부분은 합하여) 주요 항목별로 예산을 수립한다. 매출과 비용이 많아진다면 예상 손익계산서도 작성한다.

(11) N잡러 소개
　- N잡러의 학력, 경력, 대외 활동, 저서, 논문, 수상실적, 자격증 등을

요약한다.

마인드맵(Thinkwise)으로 사업계획서 작성

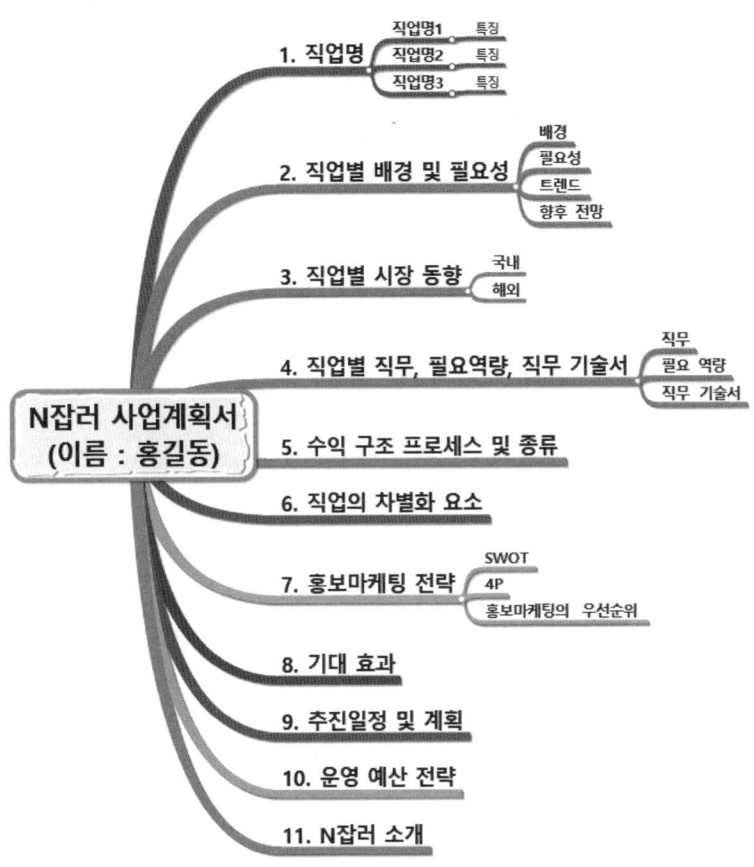

참고문헌

- 잡코리아 홈페이지, 「직장인 91.2% N잡러 꿈꾼다」, 2021.
- 문성식 외, 『신중년 N잡러가 경쟁력이다』, 브레인플랫폼, 2020.
- 문성식 외, 『창직형 창업』, 브레인플랫폼, 2021.
- 정은상, 『창직이 답이다』, 모두출판협동조합, 2018.
- 도영태, 『퇴직 없는 인생 기획』, 김영사, 2019.
- 김영아, 『이제는 커리어 회복 탄력성』, 지식과감성, 2020.
- (사)창직교육협회 블로그(https://blog.naver.com/newjobcre)
- NCS국가능력표준 홈페이지(https://ncs.go.kr)
- (사)창직교육협회 창직컨설턴1급 양성과정 교재
- 주식회사 메인콘텐츠, 슘페터 창업툴킷
- 워크넷 홈페이지(https://www.work.go.kr/)
- VIA 성격강점 분석(https://viacharacter.org)
- 국민연금 노후준비서비스 홈페이지(https://csa.nps.or.kr)

참고사이트

- 워크넷: www.work.go.kr, 고용노동부 구인, 구직 포털 사이트
- 고용노동부: www.moel.go.kr, 고용노동부 홈페이지
- 일자리 위원회: www.jobs.go.kr, 일자리 정책, 국가/지역 일자리 정보
- 한국고용노동교육원: www.keli.kr, 한국고용노동교육원 홈페이지
- 한국직업방송: www.youtube.com/user/worktv2010,
- K-Startup(중소벤처기업부&창업진흥원): www.k-startup.go.kr
- (사)창직교육협회: newjobcre.modoo.at, 창직교육협회 모바일 홈페이지

- (사)창직교육협회: blog.naver.com/newjobcre, 창직교육협회 블로그
- 신중년 일자리 플랫폼: cafe.naver.com/suvmc
- 디큐브N잡러센터: www.njober.net, 디큐브N잡러센터 홈페이지
- 숨고: soomgo.com, 전국의 숨은 고수 매칭
- 유데미: www.udemy.com/ko, 맞춤형으로 학습 추천
- 크몽: kmong.com, 프리랜서 마켓 No.1
- 탈잉: taling.me, 분야별 강의 콘텐츠
- 알바몬: www.albamon.com, 지역별 알바정보
- 알바천국: www.alba.co.kr, 지역별/테마별/우대별 알바정보
- Class101: class101.net, 재능 동영상 강의
- 긱몬: m.albamon.com/services/gigmon, 우리동네 재능마켓

저자소개

문성식 MOON SUNG SIK

학력

- 호서대 벤처대학원 정보경영학과 박사 졸업
- 호서대 글로벌창업대학원 창업학과 석사 졸업
- 전북대학교 토목공학과 졸업

경력

- (사)창직교육협회 이사장
- 명지대학교 겸임교수(방목기초교육대학 창업)
- ㈜인키움넷 대표이사
- (사)한국능률협회 평생교육센터 교수(전직, 창업)
- 한국표준협회 교수(창업, 창직)
- 제이엠커리어 교수(창업, 창직)
- (주)이음길HR 전임교수(전직, 창업)
- 한국컨설턴트 사관학교 전임교수
- (사)한국소기업소상공인연합회 교수

- (상권분석과 입지선정, 리더십아카데미)
- N잡러센터 메인교수
- 소상공인시장진흥공단 상인대학/재기교육 강사
- (사)한국프레젠터협회 이사
- 한국고용노동교육원 교수(창직)
- (사)한국직업상담협회 교수(창직)
- (사)한국중장년고용협회 전문위원, 면접관
- 서울시인재개발원 교수(창업, 창직)
- 강화군 창업일자리센터 자문위원
- 서울시도심권 50+센터 자문위원
- 참지식인력개발원, 시민방송지식인력개발원 교수
- 티뉴스 기자, 뉴스인미디어 논설위원
- 국가과학기술인력개발원 교수
- 저출산고령화정책위원회 서울특별자시치 정책위원
- 전) 한국열린사이버대학교 창업경영컨설팅학과 특임교수
- 전) 호서대 글로벌 창업대학원 외래교수
- 전) 서울벤처대학원대학교 융합산업과 겸임교수
- 전) 한국산업기술대 IT융합학과 겸임교수
- 전) 한세대, 호서대, 대림대 창업 전문 강사
- 전) (사)서울디지털산업단지경영자협의회 홍보분과 위원장
- 전) ㈜이글루시큐리티 통합보안사업본부장 상무이사
- 전) ㈜삼보컴퓨터 이사(국내사업본부 지사총괄)
- 전) 대한민국ROTC중앙회 정보통신분과위원장
- 전) 대한민국ROTC정보통신인연합회 회장

자격

- 평생교육사, 커리어컨설턴트, 기업경영관리사
- 창직 컨설턴트, 창직진로지도사, 창업지도사
- 직무전문면접관, 취업지도사, 방과후지도사
- 소셜경영지도사, SNS판매관리사, 소셜브랜딩관리사, 헤드헌팅전문컨설턴트
- 온라인마케팅컨설턴트, 디지털장의사

저서

- 『오오사카 연수기』, 새솔출판, 2014.(공저)
- 『스토리두잉 역세권상권-상권분석론』, 세솔출판, 2015.(공저)
- 『창업과 창직』, 브레인플랫폼, 2020.(공저)
- 『신중년, N잡러가 경쟁력이다』, 브레인플랫폼, 2021.(공저)
- 『창직형 창업』, 브레인플랫폼, 2021.(공저)

수상

- 한국산업단지 이사장 표창장(2012)
- (사)한국창조경영인협회 신창조경영인대상(2015)
- 글로벌교육브랜드대상 조직위원회 글로벌교육 브랜드 대상(2016)
- 호서대벤처대학원장 우수논문상(2018)
- (사)한국문화교육협회, 대한민국문화교육대상(2021)

15장

은퇴 후,
N잡러로 살아가기

최유재

1. 지금은 N잡러의 시대

1) 은퇴 후, N잡러로 살아가기

　은퇴 이후의 삶은 또 다른 인생이라고 불러도 될 만큼 길어졌다. 지금까지 쌓아온 경험을 활용하면서 좋아하는 일을 자유롭게 즐길 수 있는 방법은 무엇일까? 필자는 이런 고민에 대한 결과로 2000년도에 은퇴 후의 삶을 생각하며 강의 활동을 시작했다. 현재는 시니어 강사, 창업·창직 컨설턴트, 재능나눔 활동가, 뮤지컬배우, 시니어 모델, 자원봉사자, 문화기획자 등 N잡러로서 힘찬 노년을 보내고 있다.

　그 이전에는 한국능률협회, 한국생산성본부 등의 교육단체에 근무했으며, 1991년에는 ㈜해외경영정보연구소를 설립하여 선진우수기업 경영혁신 및 국제화 교육 벤치마킹 연수를 기획하여 삼성, 현대, LG, SK, 대우 그룹 등 국내 많은 기업의 인사제도, 경영혁신, 정보화 교육에 기여한 바 있다.

　이제 필자의 나이는 칠십 대 중반에 다가서고 있다. 나이가 든다는 것은 마냥 좋은 일은 아니다. 그러나 나이가 들어 좋은 점은 딱 하나, 더이상 누구의 눈치도 볼 필요가 없다는 것이다. 더 나아가 노년의 삶을 자연스럽게 받아들이면서 다양한 세대와 즐겁게 어울리는 일도 충분히 가능하다.

지금 이렇게 나이 들어 활동할 수 있는 것은 2008년도에 SERI.org(삼성글로벌리서치 커뮤니티)에 Work&Life Balance(일과 삶) 포럼을 개설한 계기가 컸다.

포럼을 개설한 후 여러 출판사의 후원을 받아 포럼 활성화에 만전을 기했다. 이때 출판사로부터 기증받은 도서만 1,000여 권에 이른다. 일면식도 없는 나에게 이렇게 많은 도서를 지원해주다니 세상의 따뜻함을 느끼는 순간이었다. 필자가 보유한 다양한 교육 자료를 회원들에게 공유하고, 직장인을 위한 야간 세미나를 개설하여 진행하기도 했다. 이러한 노력의 결과로 2011년도 1월의 우수지식인(SERI.org 커뮤니티)으로 선정되어 메인페이지에 필자의 사진이 한 달간 소개되기도 했다.

이 글은 나이가 들어서도 의미 있는 일을 하고 싶다는 나의 소망에서 비롯된 이야기지만 은퇴 후의 즐거운 삶을 꿈꾸는 모든 이들에게 도움이 되었으면 한다.

2) 사회참여 어떻게 할 것인가?

사회참여의 사전적 의미는 '정치, 경제, 사회 문제에 관심을 가지고 그 일에 의견을 내거나 그와 관련된 행위를 하는 것'이다. 사회참여 활동은 연구자가 기준을 어디에 두느냐에 따라 사회참여 활동의 종류만큼이나 그 분류도 다양하다. 사회 경험이 많은 시니어들은 저 나름의 노하우를 바탕으로 한 사회참여로 다채로운 일상을 보낼 수도 있다. 또한,

누군가에게 도움을 주는 사회참여를 통해 삶의 보람과 의미를 찾기도 한다.

필자는 보건복지부와 한국노인인력개발원에서 주관한 '중고령 은퇴 지식인 사회참여 1기' 과정을 2011년도에 이수했다. 이를 바탕으로 서울, 대전, 전주, 강릉, 제주지부 등에 출강을 다니며 공무원연금공단에서 주관한 퇴직공무원 사회참여지원 교육도 하고, 노인사회활동지원사업(일자리)에 참여한 어르신을 대상으로 '노인 사회참여의 의미와 역할'이라는 주제로 강의를 하고 있다.

2. 나는 N잡러다

수명이 길어진 오늘날, 단지 은퇴를 했다는 이유만으로 노년을 그냥 흘려보내는 건 아까운 일이다. 필자는 지금 70대 중반을 바라보지만 4, 50대 때보다 60세 이후에 더 많은 일을 의욕적으로 하고 있다.

나이도 경쟁력이 될 수 있다.

강의 활동을 비롯해서 재능나눔활동, 자원봉사활동, 뮤지컬배우, 시니어 모델, 청소년 멘토, 동년배 교육, 문화 활동 등 그 가짓수도 많다. 보이는 그대로 나는 N잡러다. 이러한 일들은 누가 시켜서 하는 일도 아니고, 내가 좋아서 하는 일이니 하루하루가 즐겁고 행복하다. 나는 건강이 따라줄 때까지 의욕적으로 이 일들을 계속할 계획이다.

1) 시니어 강사로서 인생의 보람을

시니어 강사로서의 활동은 다양하게 시작할 수 있다. 직장 경험과 지식을 바탕으로 강의 활동을 할 수도 있고, 대학이나 평생교육원에서 실시하는 강사 양성과정이나 서울시 50플러스재단 각 캠퍼스와 센터에서 진행되는 프로그램을 이수한 이후에 활동을 시작할 수도 있다.

필자는 2012년 1월 보건복지부와 한국노인인력개발원이 주관한 '노후설계 표준교육 프로그램 시범교육과정'을 수료했다. 2012년 4월 보건복지부와 라이나생명이 함께 한 3개월 과정의 시니어 인턴십 '금융사기방지 시니어 강사 양성과정'을 금융기관 출신들과 함께 수료했으며, 그와 관련하여 현재 금융소비자연맹에 전문위원(강사)으로 활동하고 있다.

내 인생을 강연으로 녹여내다.

최근에는 한국수력원자력 등 기업체를 비롯해서 전국 초·중·고교 교장 선생님을 대상으로 필자의 인생 경험을 사례로 '은퇴 후 멋진 인생 준비하기'라는 주제로 강의 활동을 하고 있다.

전국 초, 중, 고등학교 교장 선생님을 대상으로 한 새롭고 멋진 제2의 인생 은퇴설계과정

2021.11.09. ~ 2022.01.11.

    나는 은퇴 후에 다가오는 모든 기회들을 잡으려고 노력했고 그 결과 재미있는 일들이 마구 벌어졌다. 어떤 일이든 결국 마음가짐을 어떻게 하느냐에 따라 임하는 자세가 달라진다. 2012년 어느 날, 방문한 복지관 게시판을 바라보니 현재 진행되고 있는 다양한 프로그램이 소개되고 있었다. 그 순간 '유레카'를 외치듯 손뼉을 쳤다. 나는 그 순간을 결코 잊지 못한다. 앞으로 내가 가야 할 방향을 정하고 어르신들에게 필요한 프로그램을 개발하기 시작했다.

    노인사회활동지원사업(일자리)과 재능나눔에 참여한 노인을 대상으로 한 교육과정은 기업체의 임직원을 대상으로 하는 강의와 또 다른 느낌을 준다. 복지관이나 시니어클럽은 다양한 사회적 경륜을 쌓은 어르신의 쉼터이고 노인 문화의 중심지다. 나눔과 상생의 다양한 프로그램들이 그곳에서 진행되고 있고 동년배 어르신과는 마음이 통하고 함께 살아가는 희로애락을 공유할 수 있어서 좋다. 그동안 꼭꼭 접어두었던 꿈의 날개를 펴고 계신 어르신들을 보면 힘이 저절로 솟는다.

그동안 필자는 2012년부터 시작해서 2021년 말까지 무려 120,000여 명의 청중을 대상으로 강의를 했다. 수많은 청중 앞에 설 때면 가슴이 설레고 행복감이 충만해진다. 동년배를 대상으로 한 경우는 더욱 그렇다. 내일도 가슴 속까지 따끈따끈한 내용으로 어르신들을 만날 것이다.

노인사회활동지원사업(일자리) 참여 어르신 소양교육 및 직무교육

2) 재능나눔으로 시작하는 인생 2막

재능나눔은 은퇴자가 현역시절 구축한 경륜과 지식 자원을 활용한 자원봉사 성격의 활동으로 누구나 할 수 있다. 필자는 현재 다양한 세대를 대상으로 여러 가지 주제로 재능나눔 강의 활동을 하고 있다. 아름다운서당은 '영리더스아카데미(Young Leaders Academy: YLA)'를 운영하는 서울시에 등록된 비영리단체로 나는 2011년 12월부터 2015년 2월까지 아름다운서당 수원아카데미와 탐라 YLA에서 청년들을 가르쳤다.

사회진출을 앞둔 대학생들을 대상으로 10개월 간의 강도 높은 특별교육을 실시하는 아름다운서당은 대기업 임원, 금융기관 간부, 언론사

간부를 거친 40여 명 시니어들의 지식과 경험을 청년세대에게 물려주고자 설립한 자원봉사 교육기관이다. 2005년 전남대학교 취업능력함양아카데미를 모체로 하여 그동안 서울과 광주, 제주, 전주, 수원, 순천, 인천 등에서 900여 명의 인재를 양성하여 배출하였다.

2020년 한국과학창의재단에서 실시한 개인 (단체)교육기부자 모집에 응모하여 2021년도 12월까지 활동하기도 했는데, 개인 교육기부는 특정 직무를 수행하여 해당 직업에 대하여 진로 멘토링이 가능한 인사들을 개인 교육기부자로 위촉, 학교 현장에 찾아가 전문적인 지식과 경험을 활용하여 다양한 교육기회를 제공하는 자원봉사를 말한다.

개인(단체)기부자 모집은 매년 상반기에 있으며, 경우에 따라서는 하반기에 추가 모집하는 경우도 있다. 기획재정부 산하 비영리 사단법인 '공공기관 사회책임연구원' 소속 단체인 'PSR 엔젤프렌즈 사무국'에서 업무를 대행하니 관심이 있다면 참여하는 것도 좋다.

3) 창업·창직 컨설턴트

창직이란 창조적 아이디어를 통해 기존에 없던 지속가능한 새로운 직업을 발굴하고 이를 통해 일자리를 창출하는 활동이다. 나는 창·취업을 고민하는 중장년층의 진로 컨설팅을 위해 창직 컨설턴트가 되기로 결심했다. 2010년 소상공인진흥원이 주관하고 호서대학교 글로벌창업대학원과 ㈜리봄이 컨소시움으로 실시한 '2010 시니어 창업스쿨 시니어플래너Ⅱ 1개월 교육과정'을 수료했다. 이어서 2011년 호서대학교 글로벌 창업대학원이 주관한 창업지도사 양성과정을 수료했으며 이를 바탕으로 1인창조기업센터를 비롯하여 많은 기관이나 단체에 출강하여 창업·창직 과정에 관련된 강의를 하고 있다.

2011년 4월부터는 은평구 '1인창조기업·시니어비즈플라자'의 자문 위원으로 위촉되어 2014년도까지 강의 및 컨설팅을 하였다. 이러한 경험을 바탕으로 중소기업청 정책설명회 전국 투어와 농촌진흥청 엘리트 귀농대학, 근로복지공단 퇴직예정 간부, 전라북도 전직지원센터(노사발전재단) 등 많은 곳에 출강하였다. 2019년에는 보수교육 차원에서 (사)창직교육협회가 주관한 창직 컨설턴트 1급 양성과정을 수료한 바 있다.

50세 이상 그룹은 젊은 세대와는 다르게 재정 능력, 개인역량, 전문성이 뛰어나지만, 주의 깊게 고려할 사항이 몇 가지 있다. 아무리 좋은 아이템이 있더라도 건강상의 문제, 재정상의 위험, 경험 부족과 지식 부족을 채우기 위한 방법 등을 잘 고려해야 한다. 특히 동업자를 선택하는 데 있어서는 가치와 목표가 상호 조화로울 수 있는지를 살펴보고 반드시 동업 계약서를 작성하여야 한다.

4) 자원봉사 활동가

자원봉사 활동은 강제가 아닌 자유의지에 의한 선택으로 대가를 바라지 않고 자신 이외의 개인이나 공동체에 혜택을 주기 위하여 자신의 시간과 재능, 에너지를 투입하는 일(Work)이다(IAVE자원봉사 선언 2001). 연구 관점이나 학자에 따라서 정의를 여러 가지로 할 수 있으나 자원봉사의 사전적 의미는 '어떤 일을 대가 없이 자발적으로 참여하여 도움 또는 그런 활동'을 말한다.

자원봉사 활동 분야로는 사회복지·보건증진, 청소년과 취약계층, 문화관광·예술체육, 부패방지 및 소비자보호, 공명선거 및 기타, 국제협력·해외봉사, 공공행정 사무지원, 환경보전·자연보호, 교육·상담, 재난관리 및 구호, 교통 및 기초질서 계도, 인권옹호·평화구현, 범죄예방·선도, 지역사회개발 등이 있다(자원봉사 기본법).

필자는 무료급식소를 찾아가 배식이나 설거지, 청소를 돕거나 연탄나눔행사, 겨울옷 나눔행사 등의 봉사활동을 하고 있다. 평균 수명이 늘어나면서 은퇴 후 제2의 삶을 봉사로 계획한 이들이 모여서 단체를 만들고 활발한 활동한 경우가 많다. 자원봉사는 다른 사람과 소통하는 즐거움도 느낄 수 있고, 건강도 챙길 수 있어 일석이조다.

100세 시대에는 인생을 '얼마나 사느냐'만큼 '어떻게 사느냐'가 중요한 문제다. 자신의 건강한 삶, 행복한 삶을 위해 봉사를 추천한다.

5) 뮤지컬배우

나에게는 절대 잊지 못할 순간이 있다. 2020년 2월 16일. 첫 뮤지컬

데뷔 무대를 선보인 날이다. 나이, 직업, 국적이 각기 다른 다양한 캐스트들과 함께 연기하는 것은 결코 쉽지 않았지만, 뮤지컬을 통해서 새로운 연결을 만들어가는 즐거움과 행복감은 이루 말할 수 없다.

뮤지컬배우로 활동하게 된 계기는 2019년 4월경 궁중문화축전의 일환으로 '시간 여행 그날, 고종-대한의 꿈'을 뮤지컬 형식으로 덕수궁 일원에서 3회 공연한 적이 있다. 당시 시민 배우로서 참여했던 경험이 좋아서 큰 무대에서 공연해 보기를 소망하고 있었는데, 때마침 기회가 찾아왔다. 뮤지컬 배우 모집 공고를 보며 두려움과 흥분, 그리고 설렘이 교차했다.

'A COMMON BEAT(어 커먼 비트)'는 누구에게나 있는 다양한 가치를 존중하고 나누자는 취지의 뮤지컬 프로젝트이다. 어 커먼 비트는 미국에서 2000년에 제작된 작품으로, 한국에서는 2015년 풀울림이 일본 비영리단체인 COMMON BEAT와 함께 한일 수교 50주년을 기념해서 첫 공연을 주최했다. 뮤지컬 공연을 준비하는 동안 체력은 바닥이 나고 크고 작은 어려움도 겪었지만 여러 배우, 스태프들과 의지하며 무사히 공연을 치를 수 있었다.

6) 시니어 모델에 도전하다

새로운 도전은 늘 가슴을 설레게 한다. 자신의 길을 찾고 생각하는 것은 누구나 할 수 있으나 행동으로 옮기는 것은 결코 쉬운 일이 아니다.

나는 2020년 더룩오브더이어코리아 클래식모델 선발대회를 시작으로 시니어 모델에 도전했다. '모델은 시대를 상징하는 아름다움의 표본'이라고 한다. '내가 꿈을 이루면 난 누군가의 꿈이 된다'는 생각으로 일단 시작했고 하나하나 준비하는 과정이 즐겁고 행복했다.

본 대회를 통해서 사회적 연결의 힘을 절실히 느꼈고 새로운 분야에 도전하는 시니어들과 영감을 주고받는 큰 경험을 했다. 새로운 도전 앞에서는 결과에 연연하는 것보다 과정을 즐기면서 '삶의 보람과 즐김'의 균형을 맞춰나가려고 한다. 시니어 모델 도전 또한 목적지가 아니라 여정을 사랑하며 스스로 행복해질 수 있는 방법으로 여겼기에 즐거울 수 있었다. 대부분의 시니어 모델은 돈보다는 '자기만족'과 '건강'을 위해 활동을 한다. 필자의 경우도 그렇다.

3. 이제부터 '진짜 내 인생'을 살자

누구나 나이에 상관없이 신체적으로, 정서적으로 즐겁고 행복한 삶을 살 수 있도록 라이프 스타일을 한 단계 더 도약하고자 노력한다. 삶의 의미는 한순간 만들어지지 않고 매일 자신이 반복하는 일이 차곡차곡 쌓여 만들어진다.

김성환의 '인생'이라는 노랫말에는 '스쳐 간 세월 아쉬워한들 돌릴 수 없으니 남은 세월이나 잘해 봐야지'라는 말이 있다. 아쉬워한들 후회한들 과거는 되돌릴 수 없다. 또한, 완벽한 기회란 없다. 변화와 도전이 쉽지는 않지만, 그 결과가 비록 실패로 남더라도 우리는 조금씩 성장한다. 지금부터라도 자신이 지금 하고 있는 일과 앞으로 하고 싶은 일에 대해 좀 더 깊은 탐구를 해 보길 바란다. 일과 삶의 균형은 어떻게 이뤄졌는지, 자신은 세상과 어떤 식으로 관계를 맺고 소통하고 있는지 생각해 보는 것이다. 그리고 이 챕터에는 은퇴 후 진짜 삶을 사는 데 도움이 되는 몇 가지 조언을 담았다.

1) 10년 후를 상상하라

지금까지 쌓아온 경험을 활용하면서 좋아하는 일을 자유롭게 즐길 수 있는 방법은 무엇일까? 나이를 먹어도 자신만의 '새로운 전성기'를 만들 수 있고 충분히 풍요로운 인생을 누릴 수 있다. 때 이른 포기는 금물이다. 삶의 모든 것은 하나의 생각, 소망, 희망 혹은 꿈으로 시작된다. 오늘을 시작으로 자신만의 미션과 비전을, 그리고 10년 후 자기 삶의 모습이 어떨지 세세하게 생각해 보자.

2) 타인의 시선과 평판에 옥죄지 말자

자신의 평판은 자신이 관리하는 수밖에 없다. 타인의 말이나 행동에 휘둘리지 않으려면 자신에 대한 믿음이 중요하다. 타인의 시선이나 평가에 휘둘러 봤자 자신만 손해다. 그들이 내 인생을 대신 살아줄 것도 책임져줄 것도 아니지 않은가? 확실한 목표가 섰다면 자기만족을 우선하고 남의 말에 휘둘리거나 주저하지 말자.

이 세상에 완벽한 사람은 아무도 없다. 내가 할 수 있는 것은 자신 있게 하고 조금 부족한 것이 있다면 부족한 그대로 인정하면서 자신의 삶을 만들어 가보자.

3) 든든한 힘이 되는 자격증, 수료증, 위촉장

자격증의 가치는 시대에 따라 크게 변한다. 자격증을 취득하기 전에는 반드시 시간, 비용 그리고 자격의 장래나 수입 등을 먼저 계산해 보아야 한다. 세상이 떠들어대는 '자격증 시대'란 말에 흔들리지 말고 비용과 효율성을 생각하여 진정한 의미에서 내 인생에 도움이 될지를 파악해야 한다.

언젠가 필요하겠지 하며 무턱대고 자격증 취득에 몰두하는 것은 지양해야 한다. 먼저 자신이 즐길 수 있는 흥미로운 분야를 찾는 것이 동기를 유지하고 공부를 지속할 수 있는 지름길이다. 먼저, 자신의 경험과 지식자산을 뒷받침해 줄 수 있는 분야에 도전해 보기를 추천한다.

강의 요청 시 많은 기관에서 자격증을 요구하는 경우가 많다. 필자는 자격증이 없을 때는 수료증 내지 위촉장으로 대신한다. 만약 어느 기관에 위촉되어서 일하는 경우에 반드시 위촉장을 받아 놓는다면 미래에 도움이 될 수 있다.

4) 디지털 역량을 키우자

코로나19 이후, 식당이나 슈퍼마켓 등의 매장을 가보면 어디에나 괴물 같은 키오스크가 우뚝 서 있다. 우리 생활 깊숙이 디지털 환경이 자리 잡고 있다는 증거다. 이제는 이러한 물결을 거스를 수 없다. PC, 노트북, 모바일(스마트폰/태블릿) 등 디지털 기술 활용 역량을 키우고, 친숙하게 다룰 수 있어야 한다.

필자는 2014년 80여 시간의 SNS 플래너 과정을 이수하였다. 블로그, 페이스북, 유튜브, 인스타그램 등을 통하여 일상, 취미, 관심 등을 공유하고 새로운 관계를 만들어간다.

SNS를 통하여 나를 노출시키는 것이다. 내가 무엇을 생각하고, 무엇을 느끼고, 무엇을 원하는가를 알리는 것이다. 이와 같이 필자는 N잡러로 살아가기 위한 마케팅, PR, 정보공유 등으로 SNS를 최대한 활용하고 있다. 무엇을 준비하고 어떻게 살아야 할까? 답은 '디지털 역량'이다.

5) 오랫동안 지속할 수 있는 운동을 찾아라

건강을 지키고 노화를 방지하려면 운동이 꼭 필요하다는 사실은 누구나 잘 알고 있다. 하지만 나이 들어 운동을 시작하기란 쉽지 않다.

최근의 한 조사에 의하면 국민 10명 중 3명이 코로나 이후 활동량 저하로 체중이 증가하였다고 한다. 신체활동이 부족하면 고혈압, 당뇨병, 심혈관 질환, 암, 골다공증, 근감소증, 비만 등 건강 위험이 커지고 우울증 같은 정신건강에도 영향을 미친다.[1]

건강을 지키는 것은 거창한 것이 아니다. 규칙적인 생활, 균형 잡힌 식단, 건강한 수면, 적당한 휴식, 간단한 스트레칭 등을 하고 활동량을 늘리는 것만으로도 질병을 예방할 수 있다.

나는 코로나19 상황 속에서 '3밀(밀집, 밀접, 밀폐)'의 제약을 받지 않고 비교적 안전하게 할 수 있는 운동으로 '걷기'를 추천한다.

---

1) 한국건강증진개발원, 대한비만학회 2021.

필자는 2013년에 검도에 입문하여 지금까지 수련하고 있고, 10년 차다. 체력을 단련하기 위해 시작했지만, 덤으로 자신감과 판단력, 결단력, 적극성, 용기, 인내심 등 여러 가지 성품을 개발하는데도 크게 도움이 되었다. 훌륭한 스승을 만나서 기본기를 잘 익히고, 좋은 기술을 연마하는 것은 축복이다.

검도를 통해 모든 부분에서 기초를 충실히 하는 일이 얼마나 중요한가를 다시금 느낀다. 운동에 조금만 게으름을 피우면 벌써 몸(체중)이 답을 한다. 건강 나이까지 계속 검도를 하겠다고 나와 다짐했다. 앞으로 더욱 열심히 즐겁게 검도수련에 임할 것이다.

6) '노후엔 여행이나 다니며 살아야죠'라고 말하는 당신에게

기대수명이 길어지면서 사회참여에 대한 관심이 높아졌지만, 아직도 많은 사람들이 노후에 대해 막연하게만 생각하는 경향이 있다. 편안하게 시간을 보내며 여유롭게 여행을 한다거나 손주의 재롱을 보는 재미로 살고 싶다고 말하는 것이다. 새로운 사람들과 낯선 곳을 다니며 여행을 즐긴다는 것은 어찌 보면 은퇴자의 로망일 수도 있다. 아직 못 가본 데도 많고 가야 할 곳도 많을 테니까.

그러나 노후의 시간은 생각보다 길다. 그래서 현대인들의 노후는 무언가 의미 있고 필요한 일을 계속하는 시간들이다. 그게 취미든 봉사든 돈벌이든 자기 취향에 맞는 일들을 계속할 수 있다. 여행하는 일이나 손주를 돌보는 일은 그 사이사이에서 여유를 찾고 하면 된다.

새로운 일을 할 때는 그 시기가 언제든 초보의 마음으로 임해야 한다. 과거의 영광을 지우고 자신을 리셋하는 것. 이것이 인생 2막을 N잡러로 살아가기 위한 사람들의 삶의 지혜다. 지금 스스로가 노후의 일과 삶에 대해 준비한 것이 없다고 해도 조급할 필요는 전혀 없다. 매일이 바로 새로운 시작이기 때문이다. 새로운 출발점에 선 이들에게 용기를 주고자 알버트 아인슈타인의 명언으로 마무리하고자 한다.

> 부의 격차보다 무서운 것은 꿈의 격차이다. 불가능해 보이는 목표라 할지라도 그것을 꿈꾸고 상상하는 순간 이미 거기에 다가가 있는 셈이다.

참고문헌

- 브라이언 트레이시, 『목표 그 성취의 기술』, 정범진, 김영사, 2007.
- 이근후, 『나는 죽을 때까지 재미있게 살고 싶다』, 갤리온, 2014.
- 에릭 플래스커, 『100년 라이프 스타일』, 주민아, 폴라북스, 2007.
- 와다 히데끼, 『나를 리모델링하라』, 이규영, 글담, 2001.
- 박세리, 『세리, 인생은 리치하게』, 위즈덤하우스, 2021.
- 김영기 외, 『신중년, N잡러가 답이다』, 브레인플랫폼, 2021.
- 보건복지부·한국노인인력개발원, 『중고령 은퇴지식인 사회참여사업 교육』, 2011.

저자소개

최유재 CHOI YOO JAE

학력
- 경영학사
- 성균관대학교 경영행정대학원 수료(세무관리 전공)

경력
- 현) 일과 삶 포럼 대표
- 현) 금융소비자연맹 전문위원(강사)
- 전) 시니어일자리연구소 대표
- 인테크연구소 대표
- 해외경영정보연구소 대표이사
- 한국산업기술이전연구소 국제부장
- 한국능률협회 원격교육본부 지도위원
- 한국생산성본부 경영지도실 기업진단위원
- 한국노인인력개발원 노인일자리참여노인 소양교육 전문강사
- 아름다운서당(탐라YLA 영리더아카데미) 교수

- 은평구 1인 창조기업 시니어비즈플라자 자문위원

자격

- 경영컨설턴트(KSA 한국표준협회)
- 창직컨설턴트 1급
- 성품개발트레이너 2급
- 심리상담사 1급
- 아동폭력예방상담사 1급
- 안전교육지도사 1급

16장

스마트폰으로 시작하는 N잡러

박정옥

1. 나는 스마트폰으로 출근한다

　나는 스마트폰에 미쳐버린 여자, '스미녀'라는 온라인 닉네임으로 활동 중이다. 2011년 피처폰을 스마트폰으로 바꾸며 시공간을 초월한 신세계를 경험했다. 스마트폰만 있으면 집에서든 사무실에서든 장소에 구애받지 않고 컴퓨터와 같은 기능을 사용할 수 있다는 것이 신기했다. 그러면서 컴퓨터로 작업하던 대부분을 스마트폰으로 대체 해봤다. 이메일 작업, 온라인 커뮤니티 활동, SNS 활동, 사진, 동영상, 메신저 등 내가 책상에 앉아서 컴퓨터를 켜지 않아도 단 몇 초 만에 앱을 실행하여 대부분 작업을 시작할 수 있었고 한 손안에 쏙 들어오는 크기라 더 편리했다.

　어렸을 때 부모님이 오락실을 운영해서 기계와 자연스럽게 친해진 계기가 되었고, 지금도 초등학생 동창 친구들은 오락실 집 딸로 기억한다. 초등학교 3학년, 10살 때 집에 있는 비디오가 고장 난 일이 있었다. 보통의 여자아이라면 관심도 없었을 텐데, 나는 왜 고장이 났는지 궁금해서 드라이버를 가지고 비디오를 완전히 분해했다. 물론 고치지는 못했고 그냥 다시 덮었지만 즐거운 경험이었다. 그러다 중학생 때는 헤어드라이어가 고장이 나서 열어보니 전선이 끊어져 있어 전선 피복을 벗기고 다시 연결해서 고쳤던 기억이 난다. 대학 때는 컴퓨터정보처리를 전공하면서 하드웨어와 소프트웨어 활용까지 배우고 나니 기계가 더 친근해졌다.

기계와 대화하는 느낌이다. 일상에서 마주하는 기계나 스마트폰이 안 되면 '너 어디가 아프니? 어디가 잘못된 거니?' 하고 대화를 한다. 난 스마트폰으로 출근하여 대부분의 작업과 활동을 하며 수입도 계속 늘어나고 있다. 이렇게 되기까진 쉽지 않았다.

2009년은 남편이 맡고 있던 영상제작팀이 해체되며 회사에서 조기퇴직 할 수밖에 없었고, 36세에 퇴사한 남편과 함께 영상제작업을 시작했다. 창업에 대한 기초 지식도 없었고 교육을 받았던 것도 아니어서 초기 운영의 어려움과 시행착오를 겪으며 수입이 없어서 다양한 아르바이트를 병행하면서 버텼다. 함께 시작했지만 매일 일이 있는 건 아니라서 나의 일도 더 찾아봐야 했다.

2011년 온라인으로 스마트폰 공동구매 카페를 운영하면서 차츰 매출도 많아졌지만 혼자 하다 보니 규모 있는 대리점들과의 경쟁에서 뒤처지게 되어 결국 2년 만에 다시 새로운 일을 찾아야 했다. 이제는 단기보다 장기로 꾸준히 할 수 있는 나의 일을 찾기 위해 경기도 양주에서 첫차 타고 서울까지 1년 동안 다양한 교육과 모임에 참석했다.

2012년 창업모임에서 만난 멘토님이(호서대학교 글로벌창업대학원 창업경영 박남규 학과장) 에듀큐레이터라는 퍼스널브랜드를 만들어주셨고 창직 활동을 시작했다. 강의 현장에서 스마트폰으로 촬영하고 편집해서 강사의 온라인 기록과 홍보를 돕는 일이었다. 내가 좋아하는 교육에 참여하며 기록을 남기는 활동이 즐거웠고 내 몸에 딱 맞는 맞춤옷을 입은 것처럼 너무 만족스러웠다. 중요한 순간을 스마트하게 기록하고 강사님에게 도움을 주며 돈까지 벌다니, 보람 있고 수입도 되는 행복한 일이었다.

그렇게 스마트폰으로 스마트 강의촬영, 온라인 마케팅 등의 일을 하다 보니 2014년 블로그를 통해 사내통신 기자단 스마트 영상제작 강의 요청이 왔고 조금씩 활동을 늘려 가니 2015년에는 한국직업방송에 창직가 사례로도 출연하게 되며 인지도를 높여갈 수 있었다. 스마트폰이 없었으면 지금 나는 어떤 일을 하고 있을까? 지난 시간을 되돌아보니 모든 경험과 소중한 인연에 감사하게 된다.

나는 오늘도 스마트폰으로 출근하고, 미팅하고, 일하고, N잡러 활동으로 입금된 내역을 모바일 뱅킹으로 확인한다.

2. 당신은 가장 강력한 콘텐츠다

당신은 이미 태어나면서 이름으로 최초의 브랜드를 가지고 있고, 지금까지 살아온 이야기가 무궁무진한 콘텐츠가 될 수 있다는 사실을 잊고 있다. 지식과 정보는 검색만 하면 온라인으로 너무 쉽게 찾아볼 수 있으며 나의 소개와 스토리도 검색될 수 있도록 SNS에 글, 사진, 음성, 영상 등 다양한 방법으로 기록할 수 있고 출판을 통해 알릴 수도 있다.

내가 있는 장소가 스튜디오고 내가 가지고 있는 스마트폰이 카메라와 방송국의 역할을 해준다. 스마트한 기록으로 온라인에서 나의 N잡을 소개할 수 있고 크몽, 숨고 등 프리랜서 플랫폼을 통해 나의 일을 소개하며 주문을 받을 수도 있다.

그런데 당신은 아직도 기계가 두렵고 온라인에 나의 정보가 올라가면 큰일 난다고 생각한다. 방법의 차이다. 실명으로 활동할 수도 있고 가명으로 활동할 수도 있고 내가 출연할 수도 있고 아닐 수도 있으니 어떤 방법으로 나의 콘텐츠를 만들면 좋을지 관심 있는 분야의 다른 사람들의 콘텐츠를 보고 아이디어를 찾아보자.

나의 인생극장을 영상으로 만들어보는 것도 좋다. 2000년부터 시작된 KBS1 장수프로그램 인간극장에 꼭 출연하지 않아도 내가 직접 나의 스토리로 셀프 인간극장을 만들어 보는 것도 좋은 방법이다. 1년에 사진 한 장씩 가장 기억하고 싶거나 의미 있는 사진을 앨범에서 찾아본다. 40년의 스토리를 40장의 사진으로 구성하여 영상을 만들어보는 것이다. 개인 영상앨범 정도로 생각하고 만들 수도 있고 나의 일과 관련된 전문성을 보여줄 수 있는 사진과 자료로 준비하면 셀프 홍보영상이 될 수도 있다.

조금씩 영상과 친해진 이후에는 직접 동영상 촬영도 해 보고 편집도 배워보고 누군가에게 도움될 수 있는 영상도 만들어보고 브이로그 기록도 해 보면 조금씩 영상제작의 역량이 높아질 수 있을 것이다. 앱이 자동으로 편집을 도와주기 때문에 어려워하지 않아도 된다. 초보자들이 쉽게 시작할 수 있는 '멸치'라는 앱을 설치하고 실행해 보자. 지금부터 여러분은 셀프 인생극장 다큐멘터리 감독으로 데뷔할 수 있다.

각자가 좋은 방법을 찾으면 된다. 나는 동영상이 좋은 사람이고 스마트한 기록이 시간을 심폐소생 할 수 있는 생생한 방법이라 생각한다. 글이 좋은 사람은 블로그나 브런치 작가로 활동하면 좋고, 사진이 좋은 사람은 인스타그램, 동영상이 좋은 사람은 유튜브 등으로 각자의 방법으로 활동하고 싶은 SNS 채널을 선택하고 당신의 가장 강력한 콘텐츠로 무장하여 N잡을 활성화 시켜 수익을 창출해 보자.

「죽은 시인의 사회」 영화에 키팅 선생님이 "그 누구도 아닌 자기 걸음을 걸어라. 나는 독특하다는 것을 믿어라. 누구나 몰려가는 줄에 설 필요는 없다. 자신만의 걸음으로 자기 길을 가거라. 바보 같은 사람들이 무어라 비웃든 간에"라고 한다. 당신의 콘텐츠로 행복한 N잡러가 될 수 있기를….

3. 유튜브로 재생하다

내가 처음 유튜브를 시작한 이유는 엄마의 만두를 홍보하기 위해서였다. 2011년 초, 스마트폰을 개통하며 시공간을 초월한 스마트한 세상에 정신없이 빠져들었다. 그해 겨울 12월 21일, 엄마가 집에서 예쁜 김치 손만두를 빚어서 아파트 게시판에 광고하고 판매했는데 부추즙, 당근즙, 자색고구마즙으로 반죽한 고운 빛깔의 만두피를 생생하게 보여주고 싶어서 스마트폰으로 동영상을 촬영하고 바로 유튜브에 업로드했다.

이후 전단지에는 스마트폰으로 QR코드를 찍으면 동영상을 볼 수 있도록 하고 지역 카페에는 유튜브 링크와 내용을 공유하여 엄마의 만두 판매를 도운 것이 유튜브 첫 영상이었다. 조회 수가 높거나 고급 편집 영상은 아니지만, 첫 시작을 기억하며 가끔 찾아본다. 엄마에게 스마트한 방법으로 도움을 줄 수 있어 의미 있는 추억이 되었다. 스마트폰이 유용한 도구가 되고 스마트폰 활용이 소중한 기록과 가치를 창출하여 도움될 수 있도록 많은 분들을 돕고 싶다.

2020년 중랑구청과 함께 '우리 동네 통신원(우동통)' 유튜브 교육과정을 진행하며 동마다 대표 통신원들을 선발하고 1년 동안 활동을 이어갔는데 지자체 매니패스토 우수상을 수상하게 되었다. 지역에 남다른 애정을 가지고 있다 보니 통신원들의 오랜 세월 살면서 느꼈던 지역의 알릴 거리를 시민의 눈높이에서 직접 콘텐츠로 만드니 공감과 반응이 좋았다. 영상 통신원의 역할로 개인을 넘어 지역 봉사활동으로 확장되고 꾸준히 활동을 이어가다 보니 1인 미디어 마을강사 및 소소한 영상제작 활동을 이어가고 있다는 반가운 소식에 다시 한번 기쁨과 보람을 느꼈다.

내 이야기를 만들고 내 핸드폰에만 저장하고 보면 나만 보는 이야기가 되지만, 온라인을 통해 공유하면 서로 공감하고 응원할 수도 있고 도움되는 정보가 될 수도 있다.

'게이머로 성공하는 이들도 자신들이 즐기는 것을 하면서 돈을 버니 행복한 거지, 돈을 벌기 위해서 게임을 해야 한다면 얼마나 지옥 같겠냐'며 '유튜브도 하나의 게임처럼 즐겼으면 좋겠다'는 백종원의 인터뷰 기사가 있다. 그는 또 '검색하다가 해외를 돌아다니듯이 외국인들도 우리 유튜브에 들어온다는 사실을 알게 됐다'면서 '관광자원에서 필수요소가 음식'이라고 말했다.

많은 사람들이 유튜브 채널과 콘텐츠로 뭐가 좋을지 고민한다. 확실한 자기만의 콘텐츠를 가진 사람도 있지만 그렇지 못한 경우가 더 많다. 학생들은 게임, 브이로그가 많고 성인은 여행, 브이로그가 많다. 일상에서 접하기 쉬운 콘텐츠를 생각한다. 녹스인플루언서 사이트에 들어가면 다양한 주제로 활동하는 인플루언서 채널을 참고할 수 있다.

내가 좋아하는 것이 무엇인지 찾아보자. 내 스마트폰 갤러리에 들어있는 사진을 보다 보면 내가 좋아하는 것을 알 수 있다. 내가 좋아하는 것이기에 사진이나 동영상으로 촬영하고 저장할 확률이 높기 때문이다.

관심 있는 분야나 전문분야로 동영상 콘텐츠를 만들어 유튜브 채널을 운영한다면 퍼스널브랜딩으로 N잡을 알릴 수도 있고, 클래스101 같은 플랫폼에 레슨을 판매하여 지식서비스 수익을 창출할 수도 있다.

나의 콘텐츠로 나를 재생(再生)하고 유튜브 개인 방송국을 통해 나를 재생(Play)하면서 다양한 이야기를 공유하고 소통하며 긍정적 의미의 선한 영향력을 행사할 수 있다. SNS를 통해서 연결될 수 있는 일들은 생각보다 많다. 많은 유튜버들이 처음엔 그냥 좋아서 시작했지만, 영상편집 의뢰를 받고 창업을 하거나, 전문가로 섭외되거나, 쇼핑몰을 운영하거나, 인플루언서로 활동하는 등 무궁무진한 온라인 시장에서 자신을 재생하여 N잡러 활동을 꾸준히 지속하고 있다. 나의 신규 고객사도 온라인을 통해 매년 10~20%씩 확보되고 있다.

4. 1인 미디어 배워보자, 놀아보자, 일해 보자

미디어 취약계층이라 생각하는 대상이 있다. 경력단절 여성, 시니어, 장애인, 아동, 청소년 등. 1인 미디어를 이제는 어려움과 경계의 대상이 아닌 공존하여 함께 생활하고 이해하고 나도 해 볼 수 있다는 자신감을 키우기 위해 기초 1인 미디어를 배워보자. 배우고 나서 열심히 활용하며 놀아보고 즐겨보고, 이후엔 나의 일과 연결하거나 새롭게 만들어보자.

초보자는 올콘, 씽굿 등 공모전 도전을 추천한다. 올콘과 씽굿에 올라온 동영상 공모전 내용을 살펴보고 관심 있는 주제를 선정한다. 개인이나 팀이 함께 기획하고 촬영, 편집한 후 제출하면 된다. 이때 유튜브 채널에 업로드한 후 링크 주소로 신청하는 경우가 있다. 내 유튜브 채널이 있으면 공모전에서도 유리하다.

올콘 - https://www.all-con.co.kr

씽굿 - https://www.thinkcontest.com

공모전 도전을 해 보며 영상 제작의 즐거운 경험을 쌓고 이후 각 지자체 서포터즈, 기자단 등 공익, 봉사 활동을 해 보는 것도 추천한다. 각 지자체에서 진행하는 다양한 활동들이 많고 특히 유튜브 서포터즈도 많이 모집하고 있으니 도전해서 교육받은 내용을 활용해 보는 것도 좋다.

꼭 영상으로만 수익을 창출할 수 있는 것은 아니다. 쿠팡파트너스 활동으로 상품 리뷰를 해 보는 것도 좋고, 크몽이나 숨고 등의 프리랜서 플랫폼 활동도 좋다. 주부라면 레뷰에서 생활제품들을 써보고 리뷰하는 체험단 활동도 있다. 그러다 제품에 대한 감각이 생기면 직접 라이브커머스로 온라인쇼핑몰 창업을 할 수도 있다. 찾아보면 초보라도 할 수 있는 인플루언서 활동들이 생각보다 많이 있다. 온라인 영향력이 돈이 되는 세상이다.

2014년부터 1인 미디어 교육을 시작하며 1인 미디어로 행복한 세상이 실현되기를 꿈꾸고 있다. 2019년 설립한 한국1인미디어창직창업협회의 설립 목적은 1인 미디어 복지실현(배워보자), 1인 미디어 문화향유(놀아보자), 1인 미디어 창직창업(일해 보자)다. 매월 온라인 정기모임으로 1인 미디어를 배우고 오하영(오늘 하루 영상) 프로젝트로 100일 유튜브 영상 업로드 미션을 성공하면 22만 원 상당의 유튜브 촬영세트를 선물로 보내준다.

어떻게 하면 교육이 끝나도 지속적으로 개인 채널을 운영하고 성장할 수 있을까에 대한 고민에서 출발한 동기부여 미션이고 즐거운 이벤트가 되길 바라는 마음으로 꾸준히 진행 중이다. 2020년부터 지금까지 오하영 미션을 성공한 사람은 6명이다. 새로운 습관 만들기는 누구에게나 어렵다. 그렇지만 도전해 보면 생각지도 못한 새로운 일들이 생기기도 한다. 대한민국의 1인 미디어 발전을 함께하고 싶은 분들은 언제든 환영한다. 이처럼 설립 목적을 항상 새기며 오늘도 1인 미디어 복지실현을 위해 노력한다.

1인 미디어로 행복한 세상을 꿈꾸며….

참고문헌

- 박정옥 외 8명 공저, 『문화路 크리에이터』, JESSEBOOK, 2021.

저자소개

박정옥 PARK JUNG OK

학력
- 한국열린사이버대학교 창업경영컨설팅 학사
- 연세대학교 정경창업대학원 창업학 석사
- 호서대학교 벤처대학원 벤처경영학 박사 과정

경력
- 영상제작업 창업(2009~)
- 에듀큐레이터 창직(2012~)
- 한국1인미디어 대표(2016~)
- 한국1인미디어창직창업협회 회장(2019~)
- 경기도교육청 경기꿈의대학 강사(2017~2018)
- 서울/울산/경남신용보증재단 강사/현장멘토(2017~)
- 강원/원주/횡성 지역산업맞춤형 일자리창출 지원사업 강사/멘토(2017~)
- 서울중부여성발전센터 창업부스입주 심사위원(2018~)
- (사)스타트업미래포럼 이사(2020~)

- 상명대 비대면스포츠 융합 인력양성교육 강사(2020~)
- 서울시 코로나19 극복 공모전 심사(2020)
- 서울의 매력 글로벌 콘텐츠 공모전 심사(2021)
- 수입수산물 안전관리 홍보 콘텐츠 공모전 심사(2021)
- 한국열린사이버대 창업경영컨설팅과 특임교수(2017~2019)
- 한국열린사이버대 디지털비즈니스과 겸임교수(2020~)
- 세경대학교 스마트문화관광과 겸임교수(2021~)
- 1인크리에이터전문가, 미디어커머스전문가 민간자격증 교육 운영 및 강사 양성/파견
- 홍보영상, 라이브, 중계촬영, 이러닝제작
- 온라인마케팅 대행 운영

자격
- 컴퓨터실기교사
- 정보처리산업기사
- 창업지도사, 창업상담사
- 온라인마케팅컨설턴트
- 1인크리에이터전문가
- 미디어커머스전문가

저서
- 『엄마독립만세』 BOOKK, 2016.(박정옥)
- 『스타트업 스타트인』 디자인하우스, 2018.(공저)
- 『창업! 너두 할 수 있어』 BOOKK, 2020.(공저)
- 『문화로 크리에이터』 JESSEBOOK, 2021.(공저)

수상

- 동부화재 가족사랑 UCC공모전 가족상 수상(2016)
- 한국열린사이버대학교 대학발전유공자 포상 장려상 수상(2019)

17장

N잡러 스마트창업 기획자

양정숙

코로나19 팬데믹 상황으로 인하여 2020년 한 해 동안 내내 큰 아이는 학교 수업을 집에서 줌으로 마치고, 졸업했다. 취준생으로 집에서 온라인 영상 강의로 아들이 원하는 직장에 취업하기 위해서 공부를 하고 있다

아들은 필자가 운영하는 쇼핑몰을 관리하는 아르바이트와 필자의 배우자가 운영하는 브랜드샵에서 주 1회 아르바이트로 필요한 용돈을 충당하고 간혹, 당근마켓, 번개장터 앱 등에서 리셀러로 판매 활동을 하면서 추가 용돈 벌이를 하고 있다

작은 아이는 학과 특성상 실습이 많아서 온라인 줌 강의에 적응하지 못하고 1년 동안 학교 휴학을 하고, 지인의 커피숍에서 아르바이트하였다. 수그러들지 않는 팬데믹 상황에 계속된 휴학은 의미가 없다고 판단하였는지 복학하여, 주말 아르바이트를 병행하고 있다.

상상하지 못했던 상황이 2년 정도 지속되니, 이제 적응이 되었는지 온라인 수업, 미팅, 강의, 컨설팅이 자연스럽다. 한편으론 편하다. 모든 게 빠르게 변하는 게 보이는 듯하다

2020년 대학·대학원 등 고등교육기관 졸업자의 취업률이 2011년 조사 이래 가장 낮은 수준으로 떨어졌다. 특히 코로나19 사태까지 겹치면서 채용시장이 직격탄을 맞았다는 분석이 나온다. 반면 2021년 국내 상장사들의 매출과 영업이익은 코로나의 영향을 크게 받지 않아 '고용 없

는 성장'만 지속되고 있다는 지적이 나온다.

2021년 12월 27일, 교육부와 한국교육개발원이 발표한 '2020년 고등교육기관 졸업자 취업통계조사'에 따르면 지난해 고등교육기관 취업률은 65.1%였다. 이번 조사 결과는 취업률 조사를 시작한 2011년 이래 가장 낮은 수준이다.[1]

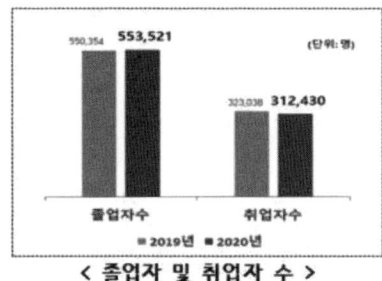
< 졸업자 및 취업자 수 >

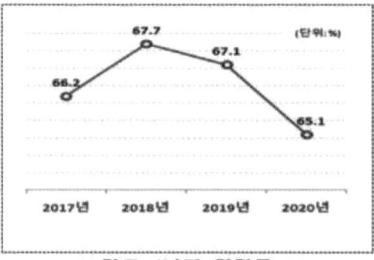
< 최근 4년간 취업률 >

출처: 교육부wideopen@newspin.com

취업률의 저조는 팬데믹이라는 특수한 상황의 일만은 아닐 거로 생각한다. 앞으로 점점 더 취업의 시장은 힘들어서 질 거고, 경쟁 또한 심해질 거라는 거는 누구나가 예측 가능한 상황이다

이러한 상황에서 필자는 2세들에게 정년이 보장된 안정적인 직업만을 권유하질 않는다. 평생 한 분야에서 일하고 퇴직을 하고, 퇴직금으로 노후 생활을 즐기기엔, 은퇴 후에 주어진 시간이 길다…

---

1) 출처: 뉴스핌 www.newspin.com 2021.12.27.

현재의 나는 몇 가지 직업을 갖고 자유로이 활동한다. 때로는 바쁘게 밤샘을 하기도 하고 때로는 한가로이 여행하며, 일하기도 한다. 나이 50세를 계기로 '무엇을 해야 하나'라는 고민을 치열하게 하였고, 지금은 그 고민의 결과들을 하나씩 채워가는 중이다.

1. 신중년 50대 무자본 쇼핑몰 창업

1) 정부지원사업으로 제품 개발-경영이사, 연구원

1972년, 런던협약(폐기물 기타 물질의 투기에 의한 해양오염 방지 협약)에 의하여 해양수산부는 2006년「육상폐기물 해양투기관리 종합대책」을 수립하고, 2013년에는 음폐수의 해양투기를 금지했다.

2012년 디스포저 방식의 음식물 쓰레기 처리기를 판매하던 중에 팔고 있던 제품이 하수구 막힘 현상이 일어나 A/S문제가 자주 발생했고, 지인의 권유로 친환경 제품 개발을 시작했다.

회사설립은 지인 둘과 함께 세 명이 구성원으로 출발했고, 개발하는 제품은 가정용, 업소용 음식물 쓰레기 처리기로 음식물 쓰레기를 미생물로 분해 소멸시키는 제품이다. 일정량의 음식물을 투입하고, 온도와 습도를 맞춰주면 24시간 안에 투입했던 음식물이 분해, 소멸된다. 마법

처럼 없어지는 것이다

음식물의 주성분인 단백질(Protease), 섬유소(Cellulase), 전분(α-amylase) 및 자일란(Xylanase)의 균주를 한국생명공학연구원에 의뢰해서 미생물 균주를 기술이전 받았다.

제품은 아웃소싱 업체를 두고 진행하였지만, 성과가 좋지 않아 결국은 개발비 반환소송까지 해야 했다. 소송에서 승소하였지만, 업체에서 받을 수 있는 돈은 없었다. 돈도 많이 들어가고, 투자한 시간도 길었던 터라, 힘든 상황에서 개발을 포기하고자 하였지만, 그러기엔 투자한 시간과 비용이 너무 컸다.

성남공단의 컨설턴트의 도움으로 정부지원사업을 안내받았고, 2015년 경기테크노파크에서 기술닥터사업 중기애로기술지원사업을 받아서 시제품 개발을 직접 진행했다. 개발은 한두 번의 시행착오로 완성되질 않는다는 것을 개발하면서 알게 되었다.

목업 제품 한 대를 만드는 데도 3천만 원 이상의 돈이 들어가야 했다. 차후에 농림식품부에서 시행하는 R&D 사업 과제를 받아서 4, 5년 동안 제품 개발에 매진했다. 사업 규모는 자부담 포함 18억 규모로 첨단 생산 기술개발 사업과 기술사업화 지원사업으로 두 개의 지원사업을 통해서 연구개발에만 몰두할 수 있었고, 결과 또한 우수 판정을 받았다.

정부지원사업은 참으로 유익한 사업이다. 소상공인, 중소기업, 대기업 구분하지 않고 기술개발에 많은 지원을 해주기에 회사 차원에서는 기술개발에 좀 더 적극적으로 몰두할 수 있는 계기가 될 수 있다.

회사 경영과 연구개발에 참여하면서 한계를 느꼈다, 사이버대에 편입해서 부족한 공부를 채워갔지만, 사업을 진행하면 할수록 필자가 감당하기에는 버거운 사업임을 알게 되었다. 준비 없는 사업 결과로 무엇이 문제이고, 어떤 방향으로 가야 할지 판단하기는 어렵지 않았고, 주식을 넘기고 혼자서 다시 시작해 보기로 했다.

2) 무자본 쇼핑몰 창업 - 1인 창업

정부지원사업을 마치면, 다른 일을 해야겠다고 마음먹었다. 나이도 50이 다 되어가고, 지금 아니면 더 늦어지겠다는 생각에 마음이 급했다. 회사에 책임연구원으로 계시는 교수님의 지인이 어느 날 방문해서 책을 3권 주고 가셨는데, 해외구매대행 쇼핑몰 관련 책이었다. 내용을 보니 무자본으로 부담 없이 시작해 볼 수 있는 창업 아이템이었다. 회사 업무와 쇼핑몰 창업 준비를 같이하던 중에 필자의 배우자가 가게 매출이 떨어진다고 걱정을 하였다.

한 달 2백만 원 되는 '월세나 해결해줘야지' 하는 생각으로 온라인쇼핑몰을 오픈하여 가게 물건을 팔기 시작했다. 같은 품목을 파는 다른 온라인쇼핑몰의 고객 후기와 상세페이지 등을 시장조사하고, 차별 포인트를 잡아 판매를 시작했고, 결과는 성공적이었다. 참 재미있는 세상이다. 흥미로웠다. 사업을 하면, 사업장 마련에 직원에, 제품 개발, 제품 재고 등 할 일이 많은데, 온라인쇼핑몰은 선택의 폭이 넓었다.

나만의 상품 브랜딩을 해도 되지만, 위탁제품을 사입하지 않고 판매해도 되고, 해외구매대행처럼 해외제품을 조달해서 국내 몰에 판매해도 되고(쇼핑몰형 구매대행), 다양한 방식의 판매 방식을 선택할 수 있었다. 무엇보다 좋은 건, 자유로운 시간 활용이다. 노트북 하나면 어디서든 일을 할 수 있다. 온라인쇼핑몰은 다른 일을 병행하기에 좋은 구조를 가진 1인 창업 아이템이다.

온라인쇼핑몰은 컴퓨터, 정보통신 설비 등을 이용하여 재화 및 용역을 거래할 수 있도록 설정된 가상의 영업장을 '몰'이라고 지칭하며, PC 및 모바일을 이용하여 기업·소비자간(B2C) 거래를 주로 하는 몰을 '온라인쇼핑몰'이라고 한다.

통계청 '2021년 11월 온라인쇼핑 동향' 발표자료에 의하면, 2021년 11월 온라인쇼핑 거래액은 1년 전과 비교해 2조 4,736억 원(16.5%) 증가한 17조 5,077억 원으로 집계됐다. 거래액이 17조 원을 넘긴 것은 2001년 통계 집계 이래 처음이다.

온라인 쇼핑의 대부분은 스마트폰을 통해 이뤄지는 것으로 조사됐다.

< 온라인쇼핑 거래액 동향 >

(억원, %, %p)

		2020년	2021년		전월대비		전년동월대비	
		연간	11월	10월ᵖ	11월ᵖ	증감액	증감률(차)	증감액	증감률(차)
○ 총 거래액(A)		1,594,384	150,314	169,125	175,077	5,952	3.5	24,763	16.5
모바일 거래액(B)		1,082,659	101,910	122,941	125,287	2,346	1.9	23,378	22.9
비 중(B/A)		67.9	67.8	72.7	71.6	-	-1.1	-	3.8

 지난해 11월 모바일 쇼핑 거래액은 12조 5,287억 원으로 1년 전 같은 기간과 비교해 22.9% 늘었다. 같은 기간 전체 온라인쇼핑 거래액 가운데 모바일 쇼핑 비중은 71.6%로 3.8%포인트(p) 상승했다.

< 온라인쇼핑 거래액 동향 >

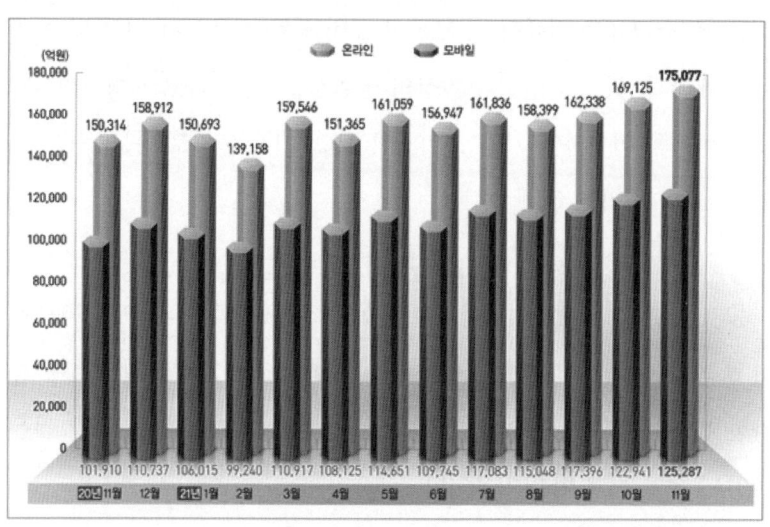

 2021년 3/4분기 온라인 해외 직접 판매액은 1조 62억 원으로 전년 동 분기 대비 39.0% 감소했으나, 해외 직접 구매액은 1조 975억 원으

로 14.6% 증가했다. 온라인쇼핑몰 시장은 커지고 있고, 코로나19 이후 50대의 전자상거래 이용률 또한 상승 중이다.

은퇴 후 활동으로 온라인쇼핑몰 창업은 참으로 매력적이다. 모 온라인도매몰 플랫폼을 운영하는 공유 사무실에서 50대 이후 남녀 사장님들이 창업한 지 1년 전후로 하여 월 300~500만 원을 벌어가는 모습을 보았다. 월 20만 원을 내고 공유사무실에 입점하여 또래의 창업자들과 동료 삼아서 일하는 모습은 보기 좋았다

나이가 들수록 갈 곳과 친구와 일이 있어야 한다고 한다. 그곳에서 친구도 만들고, 일도 만드는 모습이었다. 공유사무실에서 전직 인쇄소를 운영하시던 60대 여성분을 뵈었는데, 일을 그만두고 집에서 1년 정도 놀다 보니 사람이 활력도 떨어지고, 늙어가는 것을 느꼈고, 동년배의 친구들도 별반 다르지 않은 상황에서 다시 일을 찾았다고 한다.

시간과 돈을 많이 들여서 하는 일은 건강에도 자본금에도 무리였기에 경력을 살려서 할 수 있는 일을 찾다가, 국내 위탁판매로 하는 온라인쇼핑몰을 오픈했다고 한다. 회사를 오랫동안 다녀서 컴퓨터 사용에는 무리가 없었고, 제품은 주변 지인들로부터 공급받거나, 마진율이 적어도 도매 온라인쇼핑몰을 이용했다고 한다. 출근이 자유롭고, 수입은 용돈 이상 벌고, 출근하면 친구가 있고, 딱 맞는 일이라고 한다. 경력을 살려서 하는 일은 더욱 좋을 것이다.

필자의 주력은 해외구매대행이다. 코로나 이전 중국 웨이하이에 상가를 얻었다. 중국인 대상으로 뷰티아카데미를 열려고 준비를 했고, 아카데미에 필요한 화장품을 만들었다. 코로나19로 인하여 오픈을 미루다가 장사를 해 보지도 못했는데 2022년 11월이면 만기다. 손실이 무척이나 크다. 상가를 제품 배송지로 쓰려고, 중국 구매대행을 준비했었는데, 지금의 메인 쇼핑몰이 되었다.

좋은 일이든 힘든 일이든, 경험은 소중하고, 나에게 주는 것은 분명히 있다. 중국을 핵심으로 하는 이유는 상가의 문제도 있지만 생각했던 거 보다 중국의 온라인쇼핑몰 시스템은 잘되어 있고, 제품의 품질도 나쁘지 않다. 주로 타오바오와 1688에서 제품을 조달하고 있다. 중국어는 전혀 모르지만 번역기의 도움으로 중국 상인들과 소통을 하고 있다.

필자는 디자이너 출신이 아니기 때문에 상세페이지를 만드는 일도 쉽지는 않았지만, 관련 무료 프로그램들을 사용해서 해결할 수 있었다. 현 쇼핑몰은 '쇼핑몰형 해외구매대행'과 '국내위탁판매'를 같이 하고 있으며, 가끔 잘 팔리는 상품은 사입을 해서 판매 중이다. 네이버 스마트스토어, 쿠팡, 11번가, 위메프, 롯데온 등에 입점되어 있다.

2. 경험으로 시작된 제2의 직업_강사, 컨설턴트

1) 두 번째 N잡, 강의

　50세에 또 다른 변화가 있었다. 호서대 글로벌창업대학원에 입학했다. 책임연구원이셨던 분의 이직과 권유로, 친구 따라 강남 가는 마음으로 2019년에 입학했다. 회사를 운영하는 입장에서 창업대학원의 공부는 많은 도움이 되었고, 진행하는 사업의 문제점도 찾을 수 있었다.

　처음 관련 강의는 대학원 동기의 소개로 강서 여성인력개발센터 교육생들의 현장실습을 진행하게 되었고, 이후 강의는 한국1인미디어창직창업협회의 박정옥 협회장의 제안으로 협회와 센터 계약을 하고, 협회에 입주하여, 강의와 컨설턴트 도움을 받았다. 강의와 컨설팅의 기회를 주고, 지도해준 박정옥 협회장에게 감사와 고마움을 전한다.

　필자가 경험했던 내용을 강의하는 것은 어렵지 않았다. 교육생들도 만족해하고 고마워했다. 강의가 이런 거구나 싶었고, 강의를 듣고 조금씩 성장해가는 교육생들을 대할 때 마음이 따뜻해졌다. 필자의 강의는 필자가 현업에서 하는 실무경험과 이론을 바탕으로 한다.

　온라인쇼핑몰을 처음 시작했을 때 힘들었던 내용, 매출을 만들었던 노하우 등 실무를 바탕으로 강의한다. 매일매일 직접 하는 내용이기에 어렵지는 않다. 실무에 이론을 공부하여, 필자가 경험하면서 꼭 알아야 하는 내용을 중심으로 강의한다. 필자가 생각하는 강의는 책임감이며, 수강생에게 진실하게 최선을 다해야 한다고 생각한다. 강의할수록 느끼는 바는 필자가 더 공부하게 되고, 교육생과 더불어 성장한다는 것이다.

남에게 나누려고 하니 내가 더 성장하는 좋은 아이템이다. 더불어 시간 대비 수익 구조 또한 나쁘지 않다. 시간당 얼마라고 정의하기는 어렵다. 기관에 따라서 나에게 주어지는 대가는 조금씩 다르다.

지난해 4월부터 본격적으로 시작한 강의는 송파 여성경력이음센터에서 '해외구매대행쇼핑몰 창업'을 12주 과정으로 매주 금요일에 3시간씩 강의를 한다. 상명대 비대면 스포츠 융합 인력양성 교육 강사로 디지털 콘텐츠 관련 강의, 양구군청 미디어커머스 전문가 양성과정, 영월 1인 미디어커머스 창업과정, 강서 여성경력이음센터 경력단절 여성 대상 강의를 했다. 이외 다수의 쇼핑몰 창업과정 강의를 했다. 정신없이 달리다 보니, 한해가 훌쩍 지났다.

혼자서는 할 수도 없었을 것이다. 도와주고 지도해주신 분들이 있기에 해낼 수 있었을 것이다. 강의는 할수록 어렵고도 재미있는 일이다. 온라인쇼핑몰 창업에 이어 강의는 두 번째 N잡이다.

2) 세 번째 N잡, 컨설턴트

컨설턴트는 무자본 창업이라고도 할 수 있다. 전혀 자본이 들지 않는다. 사무실도 필요 없고, 강의처럼 일정 공간이 있어야 하는 건 아니다. 해당 분야에 문제 해결 능력만 있으면 할 수 있다.

필자는 석사과정의 전공은 창업경영학, 경영컨설팅이고, 현재는 박사과정으로, 벤처경영학을 공부 중이다. 창업지도사이며, 창업보육전문매니저 자격도 갖추고 있다. 그렇다고 꼭 석사, 박사여야만 할 수 있는 것은 아니다. 관련 자격증 보유와 관련 경력이 있으면 할 수 있다.

필자는 주로 초기 창업자, 소상공인 경영지도, 온라인쇼핑몰 창업, 온라인쇼핑몰 운영, 온라인쇼핑몰 마케팅을 주력으로 하고 있다. 그리고 5년 동안 정부지원 R&D를 진행하면서 경험한 정부지원사업 관련 및 지원사업계획도 컨설팅한다.

창업 분야를 공부하고, 컨설턴트를 메인으로 하는 이유는 창업하면서, 겪었던 애로를 너무도 잘 알기에, 필자와 같은 처지에 있는 창업자들에게 도움을 주고자 하는 게 가장 큰 이유다.

컨설턴트 활동은 컨설팅 회사를 통해서도 하지만, 공고를 통하여 지원해서 할 수도 있다. 관련 기관에서는 연초나 연중에 공고한다. 검색을 통해서 공고에 부합한 자격을 확인 후에 지원하면 되겠다.

대부분의 컨설턴트 모집 공고는 컨설팅 경력을 요구한다. 경력을 만들어서 지원해야 하는 경우가 있으므로, 초기 컨설턴트 진입자는 경력을 어디에서 만들어야 하는지 고민해야 한다. 처음부터 대가를 받고 컨설팅을 하면 좋겠지만, 봉사활동을 통한 컨설팅 경력을 쌓는 것도 추천한다.

컨설팅 수입도 다양하다. 기관에 따라서, 대상에 따라서 다르다. 경력이 쌓일수록 기회가 많아지는 게 컨설턴트 직업이다. 강의와 다른 점이 있다면, 시간의 조정이다. 컨설팅 대상자와 시간을 서로 협의 후 진행할 수 있어서, 다른 일과 병행 하기에 더욱 유리하다.

나의 세 번째 N잡은 컨설턴트다.

3. 스마트창업 기획자

군이 대한민국 평균 연령을 따지지 않아도, 고향에 가보면 마을 어르신들의 나이는 평균 85세 정도 되는 거 같다. 주로 홀로된 할머니들이 대부분이고, 부부가 같이 계시는 경우는 드물게 있다. 필자의 노모도 올해로 83세이고, 아버지는 돌아가신 지가 20년이 넘었다.

어머니는 홀로 고향 집에 계신다. 가끔 그런 생각을 한다. '어머니는 빈 둥지를 홀로 지키고 계시는구나'라고. 각자의 둥지를 만들어 독립한 육 남매와 20년 전에 돌아가신 아버지와의 추억으로 사시는 거 같다. 우리네 부모님은 자신을 위한 투자보다 자식에게 모든 것을 내어주는 삶을 사셨다. 노모는 자신을 위해서 무엇을 해야 하는지 모르시는 거 같다. 자신을 위해서 시간도 돈도 쓰질 않으신다. 때론 답답하고 속상하지만, 오랫동안 습관처럼 몸에 밴 노모의 생활을 탓할 수는 없다.

살아만 있는 게 아닌, 살아가는 삶을 살기 위해 부지런히 직업들을 만들고 있다. '계란을 한 바구니에 담지 말라'는 오래된 투자원칙처럼 지금 준비하는 것들은 나의 인생을 잘 살아 보기 위함이다. 살아온 날들만큼 살아가야 하는 시간을 즐기기 위해서 말이다.

젊은 세대와의 경쟁은 무모하다. 나의 자리에서 내가 잘하는 것을 꾸준히 만들어내고 그것을 확장하는 것이 현명하다고 생각한다. 박사과정 동안 쇼핑몰 운영, 강의, 컨설팅을 더욱 공고히 하는 데 주력하고자 한다. 스마트창업 기획을 위해, '더 많은 N잡을 위해서'.

참고문헌

- 양정숙 외 공저, 『열한 가지 찐 창업 이야기』, 리커리어스북스,. 2021.
- 양정숙, 「해외구매대행 인터넷 쇼핑몰 사이트에서 마케팅믹스 7P 요인이 구매의도에 미치는 영향」, 호서대학교 글로벌창업대학원 창업경영학과, 석사학위 논문, 2020.
- 뉴스핌, 「2020년 고등교육기관 졸업자 취업통계조사」, 2021.12.27.
- 통계청, 「2021년 11월 온라인 쇼핑 동향」

저자소개

양정숙 YANG JUNG SOOK

학력
- 고려사이버대학교 경영학 학사
- 호서대학교 글로벌창업 대학원 창업경영학 석사
- 호서대학교 벤처대학권 벤처경영학 박사과정

경력
- 투비웰 대표(2018~)
- 한국1인미디어창직창업협회 이사(2020~)
- 에코크린바이오 이사(2015~2016)
- 크린바이오 이사(2016~2020)
- 강서여성인력센터협력기관(2020~)
- 송파여성경력이음센터 강사(2021~)
- 영월새로일하기센터 미디어커머스 강의(2021)
- 상명대 비대면스포츠 융합인력양성교육강사(2021)
- 양구군청 미디어커머스 전문가과정 강사(2021)

- (사)스타트업 미래포럼 횡성 지역산업 맞춤형 일자리창출 지원사업(강사/멘토) (2021)
- 청평여울시장 혁신시장 육성-스마트스토어 가입 및 플레이스 등록(컨설팅, 수의계약)(2021)
- ㈜리딩트러스트 컨설턴트(2021~)
- 소상공인 시장진흥공단 경험형 스마트 마켓 컨설턴트(2021~)

자격
- 창업컨설턴트
- 창업지도사
- 1인크리에이터전문가
- 미디어커머스전문가
- 창업보육전문매니저

저서
- 『열 한가지 찐 창업 이야기』 리커리어북스, 2021.(공저)

수상
- 호서대학교 글로벌창업대학원 우수논문상 수상(2021)

ONE잡러에서 N잡러로

임권순

1. 나는 N잡러가 아니었다

솔직히 말하면 아직도 잘 모르겠다. 촬영이란 직업의 횟수로 24년째이고 현재는 N잡으로 학교 강의, 기업 강의, 멘토링을 종종 하고 있지만 지금도 나는 영상쟁이로 살고 있는 느낌이 더 크다. 차지하는 비중 때문일 수도 있고 내가 생각하는 우선순위일 수도 있다.

시작은 1998년 한국방송공사 제작부서 계약직이었고 파견직 같은 형태였다. 촬영 감독 선배님들을 서포트 해주는 역할이었다. 모든 것이 처음이니 지금 생각해도 신기하고 재미있었다. 촬영에 대한 기초를 그 당시 2년 동안 배우고 익혔다. 더 일하고 싶어도 계약은 2년이 만료이기 때문에 퇴사하게 되었다. 그 후 인터넷 방송 회사로 취직을 하고, 또 이직을 하고, 정리해고가 되고, 사업을 시작하는 과정을 거쳤다. 사업이라고 하기엔 거창하고 1인 기업의 작은 규모로 사업자가 있는 프리랜서 촬영 감독으로 지금까지 활동하고 있다. 내 이름을 들어본 적도 없겠고 당연히 메이저 촬영 감독도 아니다. 지내 온 시간에 맞게 적당히 그 바닥에서 먹고 살 만큼의 지식과 경험으로 살아가고 있다고 보면 된다.

어느덧 결혼을 하고 아이를 낳고 평범한 생활의 연속이었다. 발전이라곤 눈 씻고 찾아보려고 해도 찾아볼 수가 없었다. 변화는 아내 덕이었다. 2년제 대학을 졸업한 학력이 다였는데 아내와 함께 사이버대학에 편입하여 졸업하였고, 적극적으로 대학원 진학을 권유하며 공부하게 된 것이 무언가 변화하는 계기가 되었다. 처음엔 별로 내키지 않았다. 빠듯한 살림에 학비가 부담스러웠고 그렇게 공부를 하고 싶은 마음의 여유도 없었다.

끈질긴 설득에 석사를 졸업하고 현재는 박사과정 중에 있다. 여기서 중요한 점이 이 시기, 그러니까 대학원을 입학하면서부터 강사라는 직업으로 강의 시장에 본격적으로 입문을 하게 되었다. 제대로 된 직업이라곤 영상을 촬영하는 능력밖에 없었던 ONE잡러였던 내가 대중 앞에서 강의라니…. 처음은 막막했지만, 기존에 강의를 하고 있었던 아내의 조언 덕에 조금씩 미디어 분야 강사로 역할을 확장해 나가며 N잡러가 되었다.

그리고 내가 해왔던 경험과 노하우를 교육으로 전하는 주 내용들이 정해지고 교안이 정리되면서 다양한 분야와 대상으로 강의를 나갈 수 있게 되었다. 지금은 지방의 작은 대학에 겸임교수로 출강하고 있고, 예비창업자와 소상공인을 위한 미디어 분야 창업 멘토링도 하고 있다. 상상도 할 수 없었던 일이었다.

이런 과정을 거치고 있으면서도 나는 지금까지 N잡러라는 생각을 하지 못했다. 촬영쟁이라는 의식이 더 컸던 것이 이유이기도 하고 N잡러라는 단어에 대해서 최근에야 생각을 하게 되었다. 현실, 상황, 꿈 등이 N잡러를 만들고 있다는 생각도 든다. 예전에는 '한 우물만 파라'고 했는데 시대가 변하고 환경이 변하니 거기에 적응하는 것도 이치에 맞는다는 생각이 든다.

나의 이야기를 이렇게 글로 적어보는 것이 처음이라 어색하지만 나와 같은 생각을 하는 대부분의 일반적인 직업인들에게 N잡에 대한 작은 용기가 되었으면 하는 마음이다. 나 같은 사람도 멀티잡을 가지고 있는데 여러분들이 안 될 이유는 무엇인가?

요즘은 대부분 의도적인 이유로 N잡러로 활동하는 사람들이 많다. 그와 반대로 나는 우연한 기회로 N잡러가 된 케이스다. 의도적이든 아니든 결국 대부분 N잡을 하게 되는 것은 아닌가 싶다.

2. N번째 잡, 크리에이터

내가 크리에이터라는 말은 아니다. 성격이 성격인지라 생각해 본 적도 없다. 지금처럼 N번째 잡으로 크리에이터를 하기 좋은 때는 없는 것 같다. 그리고 접근하기도 정말 쉬워졌다. 물론 적당한 끼와 재능, 그리고 하고자 하는 의욕이 없이는 성립되지 않지만 말이다. 앞서 말한 세 가지 요건을 갖추고 있다면 망설일 일이 아니다. 그리고 무엇보다 의욕만 있다고 하더라도 전혀 문제 될 것이 없다. 다들 처음부터 잘했을까? 크리에이터는 본업 이외에 N잡으로 접근하기가 예전보다 굉장히 쉬워진 분야가 되었다.

여기에서는 크리에이터가 되기 위해 영상 콘텐츠를 만드는 기술적인 문제와 시작하는 관점에 대해 이야기해 보려고 한다. 크리에이터라는 말이 지금은 어색하지는 않을 것이다. 지금도 많은 크리에이터들이 무수히 탄생하고 많은 영상 콘텐츠를 제공하고 있다. 그만큼 많은 소비가 이뤄지고 있다고 봐도 무방할 것이다.

한 번쯤은 '유튜브나 한번 해 볼까?'라는 생각을 해 본 적이 있을 것이다. 그때 가장 걸림돌이 되는 요소는 무엇일까? 대부분 '영상 만드는 것은 어렵지 않나?', '어떻게 만들어야 하지?' 와 같은 고민이었을 것이다. 하지만 결과적으로 보면 그런 제작 환경과 같은 물리적인 문제보다는 마음만 있고 실천을 하지 않는 문제가 더 크다는 것이다. 위에 언급된 물리적인 제한은 이제 거의 없다고 봐도 무방할 정도로 유저, 즉 크리에이터에게 맞춰 엄청난 발전과 편의성을 제공하고 있다. 당사자는 좋은 아이템과 의욕만 갖추면 된다는 것이다.

예를 들어보자. 보통 영상은 기획, 구성, 촬영, 편집, 수정 보완 작업을 거쳐 완성된다. 이 단계 중 촬영, 편집 단계가 물리적으로 시간을 할애해서 작업해야 하는 단계라고 볼 수 있다. 지금 여러분들은 1백만 원 이상의 카메라인 스마트폰을 한 명도 빠짐없이 보유하고 있다. 통화는 기본에 인터넷 서핑도 가능하며 게임기 역할까지 해주는 괴물 같은 기계이며 촬영되는 사진이나 동영상의 화질 또한 4K 이상의 고화질로 저장할 수가 있다. 촬영의 기술 또한 웬만한 유튜브 채널을 검색해 보기만 해도 충분히 익힐 수 있는 상황이다. 한마디로 추가적인 비용 발생이 전혀 없다는 이야기다.

편집에 대한 이야기를 해 보자. 동영상에 관심이 있는 사람이 아니고서야 편집 프로그램을 접해 볼 기회는 많지 않을 것이다. 이 부분도 마찬가지로 환경이 잘 형성되어 있다. 데스크탑, 스마트폰 등에 맞는 여러 가지 동영상편집 프로그램과 앱들이 계속 개발되고 업데이트가 이뤄지고 있다. 심지어 대부분 무료로 제공된다. 인터페이스도 어렵지 않다. 동영상과 사진 소스만 있으면 무엇이든 만들어낼 수가 있는 것이다(물론 소스를 만들어내는 것이 제일 어려울 것이다).

초보용 기초 컴퓨터 동영상편집 프로그램은 '곰믹스', '뱁믹스' 등이 있고, 스마트폰용 앱은 '멸치', '키네마스터' 등이 있다. 기본적으로 무료이면서 유저가 사용하기 쉬운 인터페이스를 가지고 있다. 물론 유료로 전환도 가능하며 유료로 전환했을 시 여러 가지 모션이나 효과를 적용하는 혜택을 누릴 수 있다.

참고로 촬영의 기법에 대해 몇 가지 도움되는 설명을 하고 넘어가려고 한다. 촬영 기법은 크게 구도(사이즈), 각도, 워킹 이렇게 세 가지로 볼 수 있다. 구도부터 살펴보면 다시 인체, 사물, 혹은 환경으로 나눠볼 수 있는데 인체부터 보면 인물 전체를 나타내는 풀샷, 무릎부터 머리까지 나타내는 니샷, 허리부터 머리까지 웨스트샷, 가슴부터 머리까지 바스트샷, 인체의 세밀한 부분을 나타내는 클로즈업샷 등으로 나눠진다. 그리고 사물(환경)로 보면 전체적인 분위기와 상황을 보여주는 풀샷, 적절한 사이즈로 보여주는 미디움샷, 자세하고 세밀한 그림을 보여주는 클로즈업샷 등이 있다.

각도를 보면 눈높이에서 바라보는 기본각도, 그 기본각도를 기준으로 위에서 내려다보는 샷을 부감 또는 High angle, 밑에서 올려다보는 샷을 앙각 또는 Low angle이라고 한다.

워킹은 가장 기본적으로 움직이지 않고 피사체를 바라보는 픽스샷(Fix shot), 좌우 또는 우좌로 회전하며 촬영하는 팬(Pan), 상하 또는 하상으로 회전하며 촬영하는 틸트(Tilt), 렌즈에 있는 줌링을 활용하여 확대 효과를 주는 줌(Zoom), 트랙을 이용하여 카메라를 움직이며 촬영하는 달리(Dolly), 피사체를 따라가며 촬영하는 팔로우샷(Follow shot) 기법 등이 있다. 이외에도 여러 가지 기법과 효과 등이 있다. 당연하게도 유튜브 등에서 찾아보면 친절하게 잘 알려주는 크리에이터에게 더 자세히 배울 수도 있다.

이와 같은 동영상 촬영과 편집 작업을 해야 할 때 사용하는 여러 가지 장비 및 프로그램 등은 여러분이 지금 바로 갖출 수 있다. 여러분들이 생각해야 할 것은 어떤 콘텐츠를 만들 것인가, 어떻게 표현할 것인가, 그리고 가장 중요한 할 것인가, 말 것인가를 정하는 것이다.

위에서도 언급했듯이 몇 가지 특성이 유리하게 작용하기는 하지만, 결국 중요한 것은 '하느냐, 하지 않느냐'이다. 능력이 출중하다고 한들 발휘하지 않으면 무슨 소용인가. N잡러의 시대에 본인이 흥미를 느끼고 있고 관심이 있다고 하면 크리에이터의 길을 걷지 않을 이유는 없는 것이다.

이 시점에서 개인 크리에이터를 시작하는 것이 적절한 시기인가에 대해 생각해 볼 필요가 있다. 혹자는 유튜브 시장은 레드 오션이라고 한다. 하지만 나는 아직 진입의 여지가 있다고 생각한다. 몇 가지 이유를 들자면 첫 번째는 유튜브를 대체할 플랫폼이 아직 없다는 것이고, 틱톡 등이 현시점에서 유튜브와 어깨를 나란히 하며 경쟁을 하는 구도이고 나머지 플랫폼은 미미한 수준이다. 미디어 기반의 온라인 시장에서 유튜브를 빼놓고 이야기를 할 수 없다는 것은 모두 알고 있는 사실이지 않은가.

두 번째는 물갈이가 규칙적으로 이뤄지고 있다는 것이다. 고인물들이 계속 자리를 차지하고 있는 것이 아니라 신규 세력들에게 자리를 내어주고 빠지는 구도로 흘러가고 있다는 것이다. 이것은 누구든 유튜브 스타가 될 수 있는 가능성이 있다는 것을 말한다.

세 번째는 미래에 플랫폼의 지각 변동에도 불구하고 크리에이터는 살아남는다는 것이다. 플랫폼의 우위로 시청자가 움직이는 시대는 아니다. 시청자들이 집중하는 요소는 플랫폼이 아니라 크리에이터이다. 크리에이터로 성장하다 보면 결국에는 플랫폼에 국한되지 않고 시청자들을 몰고 다닐 수가 있는 것이다. 미디어를 활용한 표현 방법이 성장할 만큼 성장한 지금, 그리고 유튜브의 바다에 뛰어드는데 물질적인 재화의 소모가 전혀 필요 없는 지금, 여러분들이 뛰어들지 않을 이유는 없다고 생각한다.

3. 개인적인 것과 창의적인 것

이번 장은 앞 장에 이어 기획과 관련된 이야기를 해 볼까 한다. 기획이란 부분도 이야깃거리가 많지만, 우선은 어떤 것이 창의적인가에 대해서 말해 보려고 한다.

'가장 개인적인 것이 가장 창의적인 것이다'라는 말을 들어본 적이 있는가. 최근 강의 중에는 뭐랄까…. 거의 종교 수준으로 학생들에게 해주는 말이다. 무려 봉준호 감독이 아카데미 시상식에서 했던 말인 줄 알았는데 수상 소감 당시 봉준호 감독이 경의를 표했고 현장에 있었던 거장 '마틴 스콜세지' 감독이 한 말이었다.

이것은 기획과 구성을 하는 단계에서 굉장히 많이 고민하는 부분이다. 독창적인 아이템과 창의적인 내용을 어떻게 이끌어낼 것인가이다.

하지만 우리 평범한 사람들은 나영석, 김태호 PD가 아니지 않은가. 우리가 할 수 있는 범위가 있는 것이다. 그중에서도 창의적인 아이템과 내용을 결정하는 것은 그리 쉬운 일은 아닐 것이다. 여기서 내가 하고 싶은 말은 대단하고 거창한 아이템과 내용이 어떤 온라인 플랫폼에서 꼭 필요하다는 것이 아니라는 점이다.

개개인이 가지고 있는 Identity, Character가 영상의, 혹은 채널의 성패를 좌우한다고 생각한다. 같은 아이템 혹은 피사체를 놓고 어찌 각 개인들이 천편일률적으로 같은 생각만 할 수 있겠는가. 요점은 이것이라고 생각한다. 나만의 해석 방법, 나만의 개성이 묻어 있는 이야기, 나만이 바라보는 시선의 방향 등이 모든 것을 결정짓는 요인이라고 생각한다.

유튜브 시장에는 많은 부류들의 크리에이터들이 공존하고 있다. 크게는 방송, 영화 등 거대한 시장에서 넘어온 부류를 비롯해 태생이 유튜브이며 온라인 시장을 기반으로 꾸준히 성장해온 부류까지, 거대한 자본과 물량을 기반으로 유튜브 시장을 들었다 놨다 하는 인플루언서들이 있다.

그들은 이미 자본, 물량, 캐릭터, 삼박자가 맞아떨어진, 대부분의 조건을 가지고 있는 마치 거대 고래와 같은 존재들이다. 흔히 유튜버라고 하는, 유튜브에서 태어나고 유튜브에서 지금까지 성장해온 인플루언서이고 각자에 맞는 생활 패턴과 공략법 등을 가지고 그 거친 파도에서 살아 남고 있는 것이다.

무엇이 가능케 했을까? 내 생각으로는 단 하나이다. 개인이 가지고 있는 개성, 캐릭터, 브랜드 등이다. 거기에 기획력까지 더해서 그 인플루언서들은 거대한 투자나 자본을 투여하지 않는다. 방송은 소박하며, 기획은 혀를 내두른다. 이 얼마나 효과적인 접근 방법인가? 어떻게 접근을 해야 하는지 이미 답은 정해져 있다. 거대한 자본이 투입되는 시장이 있고 창의력으로 승부하는 시장이 있다. 당연히 고래들은 피해야 하지 않겠는가. 그리고 본인이 잘할 수 있는, 본인의 개성을 잘 살릴 수 있는 쪽으로 방향을 잡아야 한다.

처음부터 기획을 잘하고 제작을 잘하기는 만무하다. 꽤 많은 시행착오를 겪어야 할 것이며 좌절도 할 것이며 화도 날 것이다. 하지만 걱정하지 않아도 될 것은 초반 시작할 때에는 아무도 관심을 주지 않는다. 자신과의 싸움을 이겨내고 영상을 하나하나씩 올리다 보면 언젠가는 빛을 보게 될 날이 올 것이다.

'가장 개인적인 것이 가장 창의적인 것이다'. 지금의 상황에 어떤 온라인 미디어 플랫폼을 막론하고 적용되는 말이다. 말 그대로 콘텐츠는 차고 넘친다. 이 거대하고 복잡한 시장에서 첫발을 내딛기 위해 고민하는 중이라면 무엇보다도 본인의 캐릭터, 본인만의 시야를 먼저 만들기를 강력하게 추천한다. 캐릭터가 굳건하게 잡혀있다면 본인도 흔들리지 않고 그 어느 누구도 흔들 수가 없다.

추가로 유튜브에서 자리를 잡으려면 우선시 되어야 하는 힘이 있다.

물론 창의적인 발상도 중요하지만 내가 가장 중요하게 생각하는 것 중의 하나는 꾸준함이다. 구글에서는 지속성이라고 표현한다. 잘하고 못하고의 문제는 두 번째이다. 첫 번째는 얼마만큼 질기고 끈질기게 가지고 가냐는 것이다.

구독자, 즉 시청자가 구독을 해제하는 것은 숨 쉬는 것보다 쉽다. 이런 이탈을 방지하고 유튜브 채널 주인장인 크리에이터에게 집중하게 하기 위해서는 규칙적인 업로드와 길게 가지고 가는 것이다. 길고 꾸준하게, 거기에 개인의 창의력을 곁들인 내용이라면 더할 나위 없을 것이다.

N잡러가 되기 위해 구상하는 중이라면 크리에이터라는 직업도 고려해 볼 만한 직업일 것이며 여러분 인생의 돌파구가 될 수 있는 포인트가 될 것이라고 생각한다.

저자소개

임권순 YIM GWON SOON

학력
- 호서대학교 벤처대학원/벤처경영전공 박사과정
- 호서대학교 글로벌창업대학원/창업컨설턴트 석사

경력
- 녹스 대표(촬영감독)
- 홍보영상, 바이럴영상 제작, 중계 촬영
- 세경대학교 스마트문화관광과 겸임교수
- 한국열린사이버대학교 디지털비즈니스과 산업체 주임교수(크리에이터 동아리 지도교수)
- 한국1인미디어창직창업협회 이사
- 기업·학교·기관 1인 미디어 강사·멘토

19장

AI와 공존하는 시대에 필요한 능력

이명옥

'인공지능'이라는 용어는 1956년 다트머스 회의에서 시작되었으며 존 매카시(John McCarthy)에 의해 '사람의 두뇌를 흉내 내는 컴퓨터'를 연구하면서 사용되었다. 이후 컴퓨터 산업은 급속한 성장을 이루면서 디지털 혁명 시대를 만들어내고 있다.

인공지능 발달로 의료, 운수, 에너지, 정보통신, 금융, 관광 등 다양한 산업 분야의 생산성이 향상되고 있으며 사회에 큰 변화가 일어나고 있다. 공장의 제조 로봇은 1960년대 이후 점점 더 정교해졌으며, 최근 인공지능 기술을 이용하여 게임 속 아바타뿐만 아니라 모델과 아나운서, 아이돌 등 문화 영역에서 가상인간이 등장하고 있으며 폭발적인 인기를 끌고 있다. 어느덧 우리는 AI와 경쟁하는 시대를 맞이하고 있다.

특히 우리나라는 아직 로봇 기술이 일본보다 2~3년 뒤처져 있음에도 불구하고 로봇 소비는 세계적으로 1위를 차지한다. 이러한 현상은 급격한 최저임금 인상으로 공장뿐만 아니라 자영업자들도 로봇을 구매하고 있기 때문이다. 이런 경향을 반영하여 세계적인 컨설팅 회사인 맥킨지(Mckinsey)는 '한국은 2030년까지 노동 인구의 25~26%가 로봇과 자동화로 인해 일자리를 잃을 것'이라고 전망하였다.

인공지능으로 인해 일자리를 잃은 근로자의 상당수가 재취업의 어려움 속에서 실업 상태로 계속 지내게 될 수 있다. 이러한 현실 속에서 AI에 대하여 이해하고 있다면 AI로 인하여 실직이 발생하더라도 새로운 길을 찾아 나설 수 있을 것이며, AI 기술을 이용하며 살아갈 방법에 대하여 준비를 할 수가 있다. 변화가 진행되는 위기의 국면에서 성장한 기업가들은 창의성과 미래를 볼 수 있는 통찰력을 통하여 변화의 파고를 넘어갔다. 따라서 급변하는 시대에 생존하기 위해서 AI의 가치, 인간만이 가지고 있는 창의성과 통찰력을 기르는 방법에 대하여 터득할 필요가 있다.

1. AI의 가치 이해하기

인공지능을 의미하는 'AI'는 'Artificial Intelligence'의 약자이다. 인공지능이라는 주제를 가장 처음 제기한 사람은 앨런 튜링(A. Turing, 1912~1954)이다. 앨런 튜링은 1936년에 알고리즘으로 풀 수 있는 문제를 컴퓨터가 풀 수 있음을 증명하는 이론인 튜링 머신(Turing Machine)을 제안하였다. 이후 1950년, 논문(Computing Machinery and Intelligence)에서 '생각하는 기계'에 대한 개념을 재정립하였다.

인공지능 연구는 지속해서 이루어지고 있었지만, 세계가 디지털 통신망으로 연결되기 이전까지 인공지능 연구의 성과는 미비했다. 그러나 인터넷으로 모든 사람이 연결되면서 통신망으로 연결된 서버의 데이터 처리 능력이 가능해졌다. 그 이후 인공지능의 기술은 혁명적으로 발전하기 시작하였다.

인공지능 기술은 현재 인지 컴퓨팅, 기계학습, 딥러닝, 자연어 처리, 추론, 감정 인식이 가능한 수준이며, 인간처럼 생각하고 행동하여 다양한 산업에서 활용되고 있다. 이렇게 사람들의 일상과 일터에서 인공지능 기술이 작동하게 됨에 따라 인공지능은 일상과 떼려야 뗄 수 없게 되었다. 2021년 DB 손해보험회사에서는 자동화된 상담과 심사 업무를 처리하는 AI 기술을 활용하여 보험사기를 예측하기 시작하였다.

보험계약 체결 시점부터 보험사기 의도 여부 판단이 가능해짐에 따라 보험사기 위험도가 높은 대상의 파악도 가능해졌다. 보험 상품에 대한 불완전판매를 조사하기 위하여 소비자에게 'AI 로보텔러'가 전화를 걸어 여러 질문을 하며 불완전판매가 없었는지 확인하고 있는 것이다. 세계 최대의 헤지 펀드인 브리지워터(Bridgewater)에서는 인공지능 시스템이 단순히 투자를 결정하는 것 이상으로, 하나의 임원으로서 역할을 하고 있다. 가장 바람직한 영업 전략을 분석하며, 직원들에 대한 방대한 데이터를 가지고 최고의 팀을 누구로 구성할지 알고 있고, 승진할 사람을 추천하고 정리해고를 위한 권고도 한다.

어떻게 AI가 사람보다 더 정교하게 일하는 것이 가능해졌을까? 많은 데이터를 분석하고 예측하는 인공지능 시스템이 오랜 경험과 지식을 갖춘 전문가보다 더 빠르게 더 적은 비용으로 더 나은 의사결정을 내리게 된 것이다.

21세기 인공지능 혁명은 빅데이터에서 시작되었다. 빅데이터는 현실과 가상세계에서 활동하는 사람과 사물이 움직인 흔적이자 신호이다. 이러한 흔적과 신호가 없으면 인공지능은 쓸모없는 깡통이 된다. '딥러닝'을 장착하면서 대량의 데이터를 이용해 패턴을 인식하고 특정 결과에 최적화된 결정을 내린다. 질병 진단이나 보험, 차량 운행, 외국어를 번역하고 바둑을 두고 인공지능 플랫폼인 아마존의 알렉사 등 다양한 분야에서 응용할 수 있게 되었다.

이처럼 체계적이고 정형적인 일의 분야에서 이미 AI가 일을 처리하고 있는 것을 볼 수 있다. 기업가는 흩어져 있는 수많은 정보를 인공지능으로 분석하고 예측하면 사업상 중요한 의사결정을 내리는 데 필요한 통찰력을 얻을 수 있다. 통찰력이 뛰어난 사람은 인공지능을 활용하여 새로운 부와 권력을 창출하게 될 것이다.

21세기에는 사람과 사물이 연결됨에 따라 세상에 있는 모든 것들의 흔적과 신호가 서버에 쌓이고 있다. 이 엄청난 데이터 속에서 진주를 찾아낼 수 있는 기술이 기계학습(Machine Learning) 알고리즘이다. 20세기에는 인간이 컴퓨터에 문제를 푸는 절차를 미리 써서 주었지만 21세기에는 인간이 기계에 스스로 학습하는 절차만을 미리 짜 준다. 그다음에 기계는 그 절차에 따라서 스스로 학습을 한다. 학습을 반복하면서 특정 문제를 푸는 절차를 스스로 찾고 만든다. 자신이 만든 절차에서 오류가 발생하면 알아서 수정하고 학습하지 않은 새로운 문제도 해결한다. 기계학습 알고리즘은 대량의 데이터를 이용해 분석하고 추론하면서 인간이 원하는 결과에 최적의 결정을 내린다.

앞으로 AI 기술을 활용한 새로운 직업이 생기지만 다양한 산업 분야에서 인공지능 대체로 인한 실업자가 더 많이 늘어나게 되어 실업의 위기가 올 것이다. 인공지능으로 인한 실업의 위기를 우리는 어떻게 극복할 수 있을까?

우선 자신의 업무가 인공지능에 의해 대체될 수 있는지 판단해야 한다. 지금 내가 하는 일이 빅데이터를 통해 소프트웨어로 체계화하기 쉬운 영역인지, 반복적으로 하는 일인지 아닌지가 중요하다. 예를 들어 고객이 자주 묻는 질문에 대한 답변 같은 것은 인공지능이 비교적 잘할 수 있는 분야이다. 만약 자신의 일이 고객 상담을 하는 일이라면, 다른 업무로 이직을 준비하고 있어야 한다. 반대로 데이터화하기 쉽지 않은 일들은 인공지능으로 대체되기 어렵다. 대표적으로 창조적인 일, 융통성이 필요한 일, 친화적인 일, 몸을 써야 하는 일 등이다.

둘째, 친화력이 중요하다. 친화력 능력이 업무의 비중을 많이 차지하고 있는 초등학교 교사는 대학교 교사보다 인공지능으로 대체하기 어렵다. 도덕과 사교성 같은 인간적인 능력을 보호하고 가르치는 데는 인공지능 로봇이나 소프트웨어가 한계가 있다.

셋째, 설득의 기술이 필요하다. 인공지능이 하기 어려운 일 중 하나가 의견을 만들어 사람을 설득하는 것이다. 설득은 단순하게 사실을 많이 알고 있는 것으로 잘할 수 있는 것이 아니다. 인공지능이 인간을 대신해서 설득할 수 없기 때문에 자신의 업무를 설득 중심 업무로 바꿀 수 있다면 AI 시대에 좋은 전략이 될 것이다. 또한, 관계 맺는 능력에 대한 준비도 필요하다. 설득이 인간과의 관계 속에서 이루어지므로 관계성 향상은 중요하기 때문이다.

넷째, '스마트팩토리'에 대한 전문지식을 배운다. 전문 교육 기관에서 체계적인 교육과 함께 학위를 받는다면 앞으로 전문가로서 성장하는 데 큰 도움이 될 것이다.

다섯째, 기계와 인간이 공존할 방법을 찾고 준비한다. 인공지능은 문제를 빠르게 해결하고, 인간은 느리지만, 문제를 발견하고 정의 내리는 일을 잘한다. 문제를 예측하고 분석하는 기술은 인공지능이 맡고, 인간은 인공지능을 활용해 새로운 것을 창조하고, 성찰과 통찰력으로 모험과 도전을 한다. 그러므로 미래에는 인공지능을 이해하고 활용할 줄 아는 사람이 인재가 된다.

기계와 만나고 일하는 기회도 늘어나기 때문에 '기계어' 즉 컴퓨터 프로그래밍 언어 코딩을 배워야 한다. 코딩은 컴퓨터가 이해하는 언어로 명령문을 만드는 것이다. 코딩할 때 가장 중요한 것은 알고리즘 구상력이다. 알고리즘은 특정 문제를 푸는 데 정형화된 처리 절차이므로 논리 수학 능력이 중요하다.

마지막으로, 세상의 변화를 예측하는 능력을 키워야 한다. 평상시 기술과 사회 변화를 모니터링하면서 나와 관련된 산업 분야와 사회가 어떻게 변할지를 예상해 보는 훈련을 하는 것이다. 만약 자동차와 관련된 일을 하고 있다면, 인공지능의 발달로 자율주행차가 인간 없이 훌륭하게 운전을 할 수 있게 되면 어떤 변화가 올 것인지 따져보며, 자신은 어떤 준비를 해야 하는지 진지하게 생각해 보는 것이다.

인공지능의 발달로 빠르게 일자리가 사라지고, 또 새롭게 생기고 있다. 새롭게 생기는 그 자리는 평소 준비를 한 사람에게 기회가 갈 수밖에 없다. 기회는 디지털에 대한 준비를 잘하고, 트렌드를 잘 파악해 기회가 어디에 있는지 끊임없이 찾아보는 사람에게 돌아갈 것이다.

2. 창의적 사고를 습관화하기

앞으로 인공지능 시대에는 창의성이 생존을 위한 중요한 능력이 될 것이다. 세계 경제의 글로벌화로 인하여 더욱 경쟁이 치열해지는 가운데 창의성이 대두되기 시작하였다. 어느덧 우리는 신문 지상이나 매체에서 창의적인 인재의 필요성에 대하여 자주 화두가 되는 것을 접하게 되었다.

과연 창의성을 지닌 사람은 어떠한 특성을 지니고 있을까? 창의적인 성격 특성은 독창성, 호기심, 위험 감수능력, 정답은 둘 이상 될 수 있다는 모호함에 대한 인내심과 같은 특성이다. 이러한 특성은 신으로부터 축복받은 재능이 아니라 준비와 노력의 산물로 형성되는 것이다.

긍정심리학의 개척자 미하일 칙센트미하이(Mihaly Csikszentmihalyi)는 '창의성은 행복하고 만족스러운 삶을 사는 데 필요하다. 창의성은 천재나 신동의 전유물이 아니라 모든 사람에게 있는 잠재력 중 하나다'라고 하였다. 마치 숲 속에서 어떤 곳에 자주 가다 보면 길이 만들어지듯이 창의성 계발을 위한 습관을 만드는 데는 새로운 등산로를 만드는 정도의 노력이 필요하다. 그렇다면 창의성 계발에 필요한 요소들을 하나하나씩 살펴보면서 습관화시키는 방법을 알아보자.

1) 놀이를 즐겨라

발달심리학자 비고츠키(Lev Vygotsky)는 아이의 놀이가 곧 창의적 상상의 발상지라고 하였다. 창의적 사고와 문제 해결에 있어서 두뇌의 유연성은 중요하다. 두뇌의 유연성을 키워주는 것이 놀이이다. 아이들이 놀이에 빠진 모습을 관찰하면 호기심으로 눈빛이 반짝거리며 모험심으로 가득 차 있는 것을 발견할 수 있다. 그들은 작가와 배우와 감독의 역할을 맡아 뚝딱뚝딱 이야기를 만들어내고 즐겁게 실연한다.

어른이 되어서도 아이 같은 놀이 감각이 있다면 업무에 임할 때나 새로운 아이디어를 낼 때 유연하게 접근하며 과도하게 스트레스를 받거나 에너지가 고갈되는 일 없이 집중하여 업무를 이어갈 수 있다. 창의적인 작업에는 진지하게 할 때도 있고 놀이 감각을 깨워야 할 때도 있지만,

최고의 성과는 진지한 노력과 유연함이 결합할 때 나온다. 그러므로 창의성 면에서 빼어난 사람들을 보면 진지함과 재미와 기쁨 사이에서 균형을 이루고 있다는 것을 알 수 있다.

나이가 들면서 점차 삶이 일과 진지함에 장악되어 버리면서 우리는 유희와 재미의 기백을 잃고 만다. 조지 버나드 쇼는 '우리는 나이가 들어서 놀이를 그만두는 것이 아니다. 놀이를 그만두는 까닭에 나이가 드는 것이다'라고 하였다. 이는 성인에게 놀이가 삶의 질에 영향을 끼치고 있음을 알 수 있게 하는 대목이다.

또한, 유쾌한 호기심은 성인의 틀에 박힌 사고방식에서 깨고 나올 수 있게 해준다. 잘 노는 어른일수록 스트레스를 덜 느끼고, 스트레스 대처 능력도 좋으므로 생활 만족도가 높아 긍정적인 결과를 더 많이 누린다. 그러므로 나이가 들어도 창의성과 활기를 잃지 않게 하는 유희 정신을 유지하기 위해 다음 실천사항을 제시한다.

첫째, 춤을 추고, 그림을 그리고, 새로운 곳을 탐험하면서 동심으로 돌아가 즐겨보자. 창의적인 활력이 솟구치는 게 느낄 것이다.

둘째, 아이의 관점에서 사물을 바라보자. '내가 5살이라면 어떻게 했을까?'라는 질문을 통하여 아이의 상상력을 동원해 보자. 그러려면 일단 유치해질 용기가 필요하다.

셋째, 끊임없이 호기심을 가져라. '왜, 만약에, 왜 안 돼?'를 아이가 엄마에게 물어보았듯이 나에게 늘 질문해야 한다. 그리고 왕초보의 눈으로 세상을 바라보고 사고하자.

2) 자기 분야에서 전문성을 확보하라

전문적인 지식과 경험은 창의성의 마중물과 같다. 전문적인 지식과 경험을 기반으로 한 참신한 아이디어는 사회적으로나 경제적으로 가치를 만들어낸다. 땅속 깊은 곳에 창의성이라는 물을 길어 올리기 위해서는 우선 한 바가지의 마중물이 필요하다. 마중물인 전문성은 어떻게 쌓을 수 있을까? 그것은 교육과 해당 분야에 대한 경험이다.

그래서 우리는 평생교육이라는 타이틀 아래 직장을 다니면서도 해당 분야에 대한 지식을 끊임없이 배우고 익히고 있다. 이러한 노력은 전문성을 높여주고 다양한 지식도 습득하게 된다. 지식이 많으면 많을수록 여러 가지 해석과 더불어 다양한 형태의 조합능력이 가능해지므로 창의성이 향상된다. 그러므로 창의성을 가지기 위해서는 넓고 깊은 형태의 지식이 축적되어야 한다.

또 다른 방법이 있다면 무엇일까? 독서이다. 일상에 밥을 먹는 것은 생존에 관련된 문제이다. 마찬가지로 독서는 창의성을 가지기 위해서 우리 머리에 매일 밥을 주는 행위이다. 밥은 우리의 건강을 유지해 주고 에너지를 준다. 그와 같이 책도 큰 힘을 준다. 책은 정보 습득을 시작으로 벅찬 감동과 지혜, 카타르시스 등을 통해 우리를 현명한 길로 이끌며 때로는 마음의 아픔까지 치유해준다. 다양한 책을 읽으면 다양한 관점으로 세상을 바라볼 수 있다. 독서를 통한 새로운 간접경험은 두뇌를 자극해 아이디어를 더욱 촉진 시킬 수 있다.

미국 터프츠대 교수인 매리언 울프는 『책 읽는 뇌에서』 '인간의 아름다운 이해력을 지켜가려면 디지털 화면에서 멀어져 책의 세계에 빠져야 한다'고 이야기했다. 이어 그는 다독하면 기억력, 독해력, 추론 능력, 창의성 등이 복합적으로 발달한다며 많이 읽기를 주장한다. 독서는 지식을 가장 저렴하게 습득할 수 있는 방법이다. 밥을 매일 먹듯이 독서도 매일 함으로써 두뇌에 활력을 넣는 것이다.

3) 고정관념에서 벗어나라

'세상엔 아주 단단한 것이 세 가지 있다. 그것은 강철과 다이아몬드 그리고 당신의 인식이다'라고 벤자민 프랭클린(Benjamin Franklin)이 말했다.

당신의 인식, 즉 고정관념을 바꾸기란 여간 어려운 게 아님을 암시한다. 고정관념이란 우리가 세상을 바라볼 때 사용하는 렌즈나 스크린과 비슷하다. 따라서 과거의 경험과 지식이 만든 필터를 통해 세상을 바라보는 것과 같다. 고정관념은 과거가 당신의 현재와 미래를 지배하고 결정하는 것이며 과거의 노예로 둔갑하게 하는 것이다. 그게 싫다면 고정관념이라는 틀에서 벗어나라!

'창의성이란 특별한 재능을 가진 사람들만 할 수 있는 것이다'라는 고정관념을 깬다면 누구나 창의적인 사고를 할 수 있다. 창의성 계발은 고정관념에서 벗어나서 불가능하다고 생각하는 부정적인 사고에서 긍정적인 사고로의 변신이다. 마치 사람의 근육이 훈련을 통해 강화되듯 사고하는 능력도 훈련을 통해 창의성이 계발되는 것이다.

철학자이자 심리학자인 윌리엄 제임스는 '우리 세대의 가장 위대한 발견은 자신의 마음가짐을 바꾸면 자신의 인생을 바꿀 수 있다'라고 하였다. 이 말의 의미는 우리가 생각하는 대로 할 수 있다는 것이다. 그런데 이기고 싶은 마음 한구석에서 '힘들다'고 생각하면 결코 이길 수가 없다.

그러므로 우리는 늘 긍정적이고 창의적인 생각을 해야 한다. 자신을 최고의 창의적 존재라고 믿자. 평소 우리의 생각은 행동으로 나타나고 육체와 건강, 삶까지도 영향을 미친다. 그래서 인간은 자기 생각만큼만 딱 이룰 수 있는 것이다. 다음은 고정관념에서 벗어나기 위한 실천 방안이다.

첫째, 익숙한 것을 다른 관점에서 바라보는 것을 해야 한다. 즉 대안적 관점에서 바라보아야 한다. 다른 방향에서 문제에 접근하고, 다른 질문을 던지는 것이다. 그동안 당연하게 여겼던 것을 왜 이렇게 되었을까

하고 궁금해하는 것이 필요하다.

둘째, 사건을 미래에서 바라보자. 미래로의 이동은 새로운 관점을 창조하며 현재에 매몰되지 않도록 해준다. 예를 들어 사건이 실제로 일어났다고 가정하자. 그다음, 미래로 이동해 그 사건이 어떻게 일어났는지 회고해 보라. 미래의 시점에서 6월이나 1년 전, 어떤 일이 일어나 그런 결과가 발생하였는지 생각하고 시나리오를 작성하는 것이다.

4) 나만의 개성을 존중하라

사람마다 지문이 다르듯이 생각도 행동도 달라야 한다. 남과 다른 당신만의 생각을 가지는 건 지극히 당연하다. 따라서 우리는 살아가는 동안 개성을 드러내면서 존재감을 높여야 한다. 그런 개성은 다양성이고, 다양성은 창의성의 모태다.

다양성을 가진 창의적 인간의 특성은 상황의 지배를 받지 않으며 항상 기존 원칙을 무너뜨린다. 다양성 회복은 사람들의 의견에 동조하는 것을 거부하는 데서 시작한다. 탈무드에서는 '애매한 친구보다는 분명한 적이 되어라'라고 하였다. 이 말은 주변에 편승하거나 동조하기보다 명확하게 당신의 입장을 정리하라는 것이다. 그럴 때 비로소 당신의 존재 의미가 분명해진다.

살아있는 물고기는 물의 흐름에만 편승해 움직이는 것이 아니라 지느러미를 끊임없이 움직이면서 험난한 물살을 거스르며 나아간다. 이처럼 우리도 다른 사람의 의견에 편승해서 살아가기보다는 나만의 생각을 존중하는 태도, 개성을 살리는 태도와 선택이 중요하다. 나를 존중할 때 비로소 다른 사람의 의견도 존중할 수 있으므로 내 안에 다양성이 자리 잡을 수 있다. 그렇게 할 때 창의성은 다양성과 함께 계발할 수 있다.

5) 동기부여를 자극하라

인간의 욕구는 행동을 할 수 있도록 하는 원동력이다. 그 욕구를 적극적으로 행동할 수 있도록 하는 것이 바로 동기부여다. 동기부여에 영향을 강하게 미치는 내재적 동기는 몰입을 유발하고 즐거움, 호기심, 열정과 같은 긍정적인 심리적 상태를 제공한다. 내재적 동기가 높은 사람들은 일은 일이요, 놀이는 놀이라는 이분법이 없다. 또한, 점점 더 난도가 높은 과제에 도전하게 만드는 동력이 된다. 쉽게 결론이 나지 않을 문제에 도전하고 난관을 헤치며 해결하는 순간 느끼는 희열은 또다시 창의적 난제를 찾는 선순환의 고리를 만들어 준다.

이러한 동기부여는 '어떤 목표를 달성하기 위해 큰 노력을 자발적이고 적극적으로 할 수 있도록 부추기고 지속해서 행동하도록 하는 심리적 과정의 총칭'으로 정의할 수 있다. 그러므로 어떠한 일을 이끌어 가는 추동으로서의 동기부여를 활용하려면 목표를 해결하려는 목적의식이 필요하다. 더불어 동기부여를 자극할 수 있는 것은 경쟁의식이다.

경쟁은 피할 수 없는 우리 삶의 일부분이다. 사회와의 경쟁, 자연과의 경쟁, 경쟁자와의 경쟁, 영원히 끝나지 않는 것과의 경쟁을 기꺼이 맞이하라. 그로 인한 창의성 결실은 엄청나게 크다.

6) 몰입상태에 빠져라

칙센트미하이 교수는 몰입을 외적인 보상이 없어도 자신이 하는 일 자체가 즐거워서 푹 빠져 있는 심리적 상태라고 하였다. 마치 사랑하는 사람에게 푹 빠져 있는 것과 같이 자신이 하는 일을 사랑하는 상태이다. 그러므로 창의성의 정의를 '좋아하는 일을 할 수 있는 용기'라고 할 수 있다.

창의적인 사람들은 일반 사람들보다 몰입을 좀 더 자주, 그리고 오랫동안 경험한다. 이러한 차이는 어디에서 나오는 것일까? 창의적인 사람들은 일의 난이도와 능력의 균형, 분명한 목표, 명확한 피드백 이 세 가지를 가지고 있다.

첫째, 일의 난이도와 자신의 능력이 균형을 잘 이루고 있을 때 몰입이 나타난다. 자신이 그 일을 어느 정도 어렵다고 느끼는지, 또 그 일을 감당할 능력이 있다고 생각하는지에 따라서 몰입의 경험이 달라진다.

둘째, 분명한 목표다. 목표가 분명하지 않으면 몰입에 들어가기 어렵다. 그러므로 구체적인 행동목표를 정하여 성취감을 느끼는 것이 중요하다. 목표성취의 기쁨과 보람은 곧바로 재미로 이어지기 때문에 몰입에 더 자주 들어가게 되고 이로 인하여 창의성이 향상된다.

셋째, 즉각적이고 명확한 피드백이 있으면 열심히 하고 싶은 마음이 생긴다. 그렇지만 창의적인 일을 하는 사람들은 현장의 평가 기준을 알고 있으므로 전문가들의 의견이 없더라도 스스로 피드백을 할 수 있는 능력을 갖추고 있다. 스스로 자신을 평가할 수 있는 것은 중요한 능력이다.

이 세 가지가 몰입의 열쇠이다. 그리고 몰입의 경험은 창의성 성취의 밑거름이 된다. 다음은 몰입에 대한 경험을 실제로 해 보는 실천사항이다.

첫째, 아침에 일어나면서 특별한 목표를 생각한다. 매일 의미 있는 일이 일어난다고 믿고 하루를 시작한다. 또는 매일 밤 다음 날을 생각하면서 오늘과 비교해서 좀 더 재미있고 흥미로운 일을 선택하고 잠을 잔다. 목표는 쉬운 것부터 시작하여 점차 수위를 높여 가는 것이 창의적 습관 형성에 도움이 된다.

둘째, 무엇을 하든 간에 집중해서 한다. 어떠한 일이든 분명한 목표와 기대를 하고, 행동의 결과에 주목하고, 성심성의껏 일하고, 진행 중인 일에 집중한다. 이러한 규칙은 우리를 즐겁게 만들 수 있다. 예를 들어 피아노나 외국어를 배우기로 했을 때 구체적 목표를 세우고 집중해서 하는 몰입의 조건을 활용하면 즐기면서 배울 수 있으므로 창의적 잠재력이 확대된다.

셋째, 가장 일상적인 활동에서도 몰입의 즐거움을 느끼자. 이를 닦으면서, 샤워하면서, 옷을 입으면서, 아침 식사를 하면서, 직장에 출근하면서 어떻게 하면 즐거움을 느낄 수 있을까? 질문을 생각하고 떠오르는 대안을 실천하는 모습의 상상은 일상에서 즐거움을 느낄 수 있을 것이다.

7) 광고를 자주 보라

광고는 창작물인 동시에 중요한 텍스트이다. 광고 창작자는 다양한 방식으로 예술과 종교를 통해 이루어진 철학적인 의미를 광고에 부여한다. 그러므로 광고는 아이디어나 삶의 태도, 동기, 꿈, 욕망, 인간의 가치 등을 드러내고 있으며 언어와 영상의 의미가 부여되는 과정으로 사회적·문화적 요소가 담겨있다.

또한, 광고는 전달하려는 메시지에 대하여 참신하고 독창적으로 정보를 조합하여 소비자의 구매 욕구를 자극한다. 아이디어가 잘 떠오르지 않아서 헤매고 있을 때 세상에 나와 있는 수많은 광고를 자주 그리고 많이 접하라. 광고 속의 영감은 번득이는 창의성을 키워줄 것이다.

8) 수평적 사고를 요구하는 문제와 친해지자

보통 사람들은 수직적 사고는 능숙하지만, 수평적 사고는 잘 하지 않는다. 수직적 사고는 어떤 문제나 생각이 맞고 틀림을 따지기 위한 선택적, 체계적, 논리적, 비판적 사고다. 즉 상식과 경험에 비추어 타당하다고 여겨지는 정답을 끌어내기 위하여 논리를 깊이 파고 들어간다. 수평적 사고는 논리적 사고와 다르게 '수평' 방향이라는 시점을 확대하는 사고법이다. 따라서 다양한 선택을 할 수 있으며, 이것이 문제 해결로 이어지기만 하면 모두 정답이다.

그러므로 다양한 가능성을 찾기 때문에 변화 지향적 사고이고, 어떤 전제조건에도 지배되지 않는 '자유로운 사고법'이라 할 수 있다. '발상의 틀을 확대하는 사고법'으로 확산적 사고와 유사한 측면이 있다.

수평적 사고는 주어진 문제가 사물을 다른 측면에서 접근하고 이를 통해 새로운 발상을 모색하기 때문에 수평적 사고 문제는 감성적인 우뇌 자극과 호기심, 창의성을 촉진하는 데 도움을 준다.

수평적 사고와 더불어 수직적 사고를 증진할 수 있도록 도와주는 기법을 창안한 드 보노(De Bono)는 인간의 사고 형태를 여섯 가지 색깔의 모자에 비유했다. 어떤 상황에서 어떠한 모자를 선택하느냐에 따라 생각이 달라지는 것을 체득하는 방법인 육색 사고모 기법은 다음과 같다.

① 백색모: 중립적이고 객관적인 사고로 사실과 정확한 정보에 기초한 사고 양식이다.
② 적색모: 감정적 표현이나 정서의 사고이다.
③ 황색모: 긍정적 사고와 낙관적 사고로 희망의 사고를 나타낸다.
④ 흑색모: 매사를 부정적이고 비판적으로 보는 사고이다.
⑤ 녹색모: 창의적 사고로 확산적 사고를 상징한다.
⑥ 청색모: 지휘자의 사고이며, 다른 사고모를 쓴 사람들을 지휘, 감독하고 조직화하는 역할을 한다.

육색 사고모를 바꿔 써가면서 생각하는 연습을 자주 해 보면 수평적 사고가 증진된다고 하였다. 육색 사고모 기법을 활용하는 데 지켜야 할 절차가 있다.

첫째, 황색모가 흑색모보다 먼저 와야 한다. 이것은 먼저 긍정적인 사고를 통해 문제를 볼 수 있도록 한 다음에 비판적 사고로 평가하는 것이다.

둘째, 목적이 무엇인가에 따라 모자를 쓰는 순서가 다르다. 아이디어를 생성하는 것이 목적일 때에는 백색모→ 녹색모 → 황색모 → 흑색모 → 적색모의 순서로 쓰면서 생각을 정리하는 것을 많이 활용하면 수평적 사고가 증진된다. 아이디어를 판단하거나 평가할 때는 적색모→ 황색모 → 흑색모 → 녹색모 → 백색모의 순서로 모자를 쓰는 것을 많이 활용하면 수직적 사고가 증진된다.

셋째, 집단에서 활용하면 집단 구성원들이 사고의 형태가 다양하다는 것도 체험할 수 있다. 청색모를 쓴 사람이 사회자 역할을 하고 집단 구성원들 각자는 서로 다른 사고모를 쓰고 자신의 모자가 상징하는 사고만을 하도록 한다.

꾸준히 연습하여 수평적 사고를 습관화시켜 창의적인 사고로 나의 가치를 높이는 사람이 되자.

9) 상상력을 가져라

미래는 상상력의 시대이며, 상상력이 곧 경쟁력이 되는 시대이다. 코펜하겐 미래학 연구소에서는 '산업사회를 지나 정보화 사회를 거쳐서 지금 상상력 사회로 진입하고 있으므로 그에 대해 준비를 해야 한다'고 발표하였다.

상상력이란 사전적 의미로 과거의 경험을 통해 얻은 심상을 새로운 형태로 재구성하는 정신작용이다. 즉 눈앞에 없는 사물의 이미지를 그리는 정신 능력이다. 신기하게도 상상하면 현실이 된다. 상상은 현재와 미래를 비춰주는 거울이다. 오늘과 다른 내일을 만들기 원한다면 꿈과 풍부한 상상력을 가져라. 상상할 때는 눈 앞에 펼쳐지듯 자세하게 이미지를 그려라. 예를 들면 일부 사업가들은 성공적인 결과가 이뤄지는 모습을 상상한다. 그들은 예전의 성공적인 일이 이루어졌을 때 어떤 기분이었는지 기억해내고, 그 이미지를 불러들여 방 안의 모든 사람이 웃으며 환호하는 모습을 바라본다. 그리고 한 단계씩 거꾸로 거슬러 올라가 어떻게 해서 성공하게 되었는지, 더불어 또다시 성공에 도달하려면 어떻게 해야 하는지 생각하면서 새로운 것들을 창조해내곤 한다.

상상력은 어렸을 때부터 시작하여 성인 초기에 정점을 이룬다. 성인기 대부분의 사람은 단조로운 일상생활에 적응해 가면서 상상력이 감퇴하는 반면 창의적인 사람들은 성인 초기의 상상력을 유지하고 있다. 나이가 들면서 상상력 감퇴를 방지하기 위해서 가장 좋은 방법은 평소에 한 번도 해 보지 않은 일을 해 보는 것이다.

창의적 상상력은 새로운 일을 경험하는 것에서 시작된다. 새로운 경험을 해 보는 것은 자신의 창의성을 밖으로 끄집어내는 활동이다. 예를 들어 멜로물만 좋아했던 사람은 액션 영화를 보고, 된장찌개만 있으면 된다고 주장하는 사람은 이태원에 가서 아랍이나 인도 음식을 맛보는 것이다. 스포츠와 담쌓은 사람은 야구장에 직접 가서 현장의 박진감을 느껴 보고, 여행하기, 새로운 취미, 기술 배우기 등을 한다.

또 다른 방법은 인문학의 눈으로 세상을 바라보아야 한다. 인문학은 상상력의 원천이며 위기를 극복하는 지혜의 보고다. 컴퓨터의 황제 빌 게이츠(Bill Gates)는 어릴 적부터 시작된 인문학에 관한 관심이 상상력과 미래를 읽는 눈을 길러주는 자기계발의 원천이었다고 고백했다. 시를 비롯한 문학 속의 은유, 환유, 의인 등의 표현 방법은 창조적 사고력을 훈련해줄 뿐만 아니라, 후에 창조적 리더로서 성장하는 데 아주 중요한 역할을 한다.

10) 지속성이 중요하다

창의성 전문가인 로버트 와이스버그(Robert W. Weisberg)는 '창의성을 구현하기 위해서는 관련 전문분야에서 10년 동안의 노력이 필요하다'며 '10년의 법칙'을 주장하였다. 이로써 지속성이 창의성 형성에 중요한 역할을 하고 있음을 알 수 있다.

세계적인 심리학자 존 크럼볼츠(John Krumboltz)는 '계획된 우연의 이론(Planned Happinstance Theory)'을 제창하였다. 그는 오늘날처럼 급변하는 사회에서 전혀 예상치 못한 사건을 당했을 때 그것을 기회로 받아들일지, 재난으로 받아들일지에 따라 삶이 크게 바뀔 수 있다고 주장한다. 그렇다면 우리는 맞닥뜨린 사건을 재난이 아닌 기회로 받아들이는 것이 본분이요. 소망이다.

크럼볼츠는 이를 위해선 다섯 가지 요소, 호기심, 지속성, 유연성, 낙관주의, 모험심이 필요하다고 주장했다. 이 중에서 특히 주목해서 본 요소는 '지속성'이다. 어떤 문제의 답을 찾고자 노력하는 과정에서 답을 찾거나 찾지 못하였더라도 우리는 이미 창의적인 생각을 하는 것이다. 이렇게 노력하는 과정을 지속해서 하면 우연을 기회로 사용할 줄 아는 창의적인 사람이 되는 것이다.

누구든 창의적으로 자신의 삶을 살 수 있다. 단 한 가지 조건이 붙는다. 자신을 돌아보고, 생각하고, 글을 쓰고, 사람을 만나며, 새롭게 하는 작업을 통하여 자신의 일상을 흔들어야 한다. 그런 노력을 할 때 오늘 하루가 바뀌고, 내일이 달라질 수 있다.

3. 핵심을 통찰하는 능력 갖추기

우리는 복잡하고 빠르게 변화하는 세상 속에서 미래를 예측하고 새로운 기회를 붙잡는 일이 불투명한 시대에 살아가고 있다. 그렇지만 관심을 집중하면 변화의 물결 속에서 미래의 기회를 잡을 수 있을 것이다. 미래를 바라볼 수 있는 눈 이것이 통찰이다. 세상의 변화를 꿰뚫어 보는 역량인 통찰력을 가지고 있다면 변화하는 미래를 선점할 수 있을 것이다.

스티브 잡스는 1976년 스티브 위즈니악(Steve Wozniak)과 동업으로 애플컴퓨터를 세운 이래 일반 PC에 최초로 마우스를 장착하는 등 세계에서 가장 혁신적인 상품과 최고의 기업을 이끌었다. 독창적인 아이디어와 혁신을 바탕으로 금세기 최고의 경영자가 되었다. 그는 2005년 8월 스탠퍼드 대학 졸업식장에서 놀라운 상상력과 뛰어난 의사결정 능력의 비밀을 공개했다.

내가 나의 '호기심과 직관'을 따라가다가 부딪힌 것 중 많은 것은 나중에 값으로 매길 수 없는 가치로 나타났다. (중략) 가장 중요한 것은, 당신의 마음과 '직관'을 따라가는 용기를 가지라!

GE의 전설적 CEO였던 잭 웰치(Jack Welch)도 '자신의 직관을 읽을 수 있는 사람은 깨달음을 얻게 된다'라고 하였다. 작은 소매점에서 출발해 10년 만에 세계 최고의 커피 기업으로 성장한 스타벅스의 신화도 하워드 슐츠(Howard Schultz)의 직관에서 시작되었다.

이처럼 기업에서 성공한 사람들은 성공적인 판단의 80~90%를 직관에 의존한다. 그만큼 직관의 역할은 결정적이었다. 미래사회로 갈수록 직관은 과거보다 더욱더 큰 비중을 차지하게 될 것이다. 직관과 관련된 탁월한 통찰력은 훈련을 통해 습득된다. 통찰력은 '훈련된 통찰력'과 '직관적 통찰력'이 있다.

직관적 통찰력은 훈련된 통찰력을 기반으로 긴급하고 위급한 상황에서 직관적으로 빠르게 작용하는 것이다. 평소 다양한 훈련으로 경험을 많이 축적한 선수는 실전에서 예측할 수 없는 상황이 발생했을 때 당황하지 않고 최고의 판단과 행동을 동물처럼 빠르고 직관적으로 할 수 있다. 이처럼 위급한 순간에 빛처럼 다가오는 직관적 통찰력은 평소에 철저하게 훈련된 통찰에 바탕을 둔다.

훈련된 통찰력은 세 가지 방법으로 훈련할 수 있다. 첫째, 정보를 업데이트해야 한다. '학습'을 통해 새로운 정보와 경험을 쌓아두어야 한다. 실수도 중요한 훈련이다. 미래사회에서는 정보를 습득하는 능력보다는 정보를 분석하고 종합하고 활용하는 능력이 중요하다.

둘째, 정보 필터링(Filtering)을 해야 한다. 새로운 정보를 아는 것이 중요하지만, 정보가 폭발적으로 증가함에 따라 '직관을 흐리게 하는 정보나 경험의 장애물'을 제거하거나 걸러서 선택해야 한다. 좋은 정보란 지금 하는 일이나 목표와 직접 관련된 정보이다. 그러므로 자신이 하는 일과 세운 목표 그리고 상황을 인식하고 필요한 정보인지 판단한 후 선택해야 한다.

셋째, 시뮬레이션(Simulating)을 통해 학습한다. 경험적 지식의 형태로 저장하는 것이 유리하다. 영어 단어를 무작정 외우기보다 외운 단어를 다른 사람들 앞에서 발표하거나 가르치는 '경험'을 하게 되면 뇌가 강력하게 기억을 한다. 위의 세 가지 요소를 조합하여 통찰력 훈련이 이루어지고 이 훈련된 통찰력으로 직관적 통찰력을 발휘하는 데 효과가 크다.

참고문헌

- 기무라 나오요시, 『약은 생각』, 박재영, 스카이 출판사, 2013.
- 김광희, 『창의력을 씹어라』, (주)넥서스, 2011.
- 김영한, 『창조적 습관』, for book, 2007.
- 리처즈 휴어 주니어, 『CIA심리학 고정관념과 인식의 오류를 극복하는 방법』, 양병찬, 생각의 힘, 2019.
- 미하이 칙센트미하이(Mihaly Csikszentmihalyi), 『창의성의 즐거움』, 노혜숙, 북로드, 2008.
- 스콧리 카우프만·캐롤린 그래고어, 『창의성을 타고나다』, 정미현, 클레마지크, 2017.
- 에드워드 드 보노(Edward de Bono), 『창의력 사전』, 이구연·신기호, (주)북스21, 2004.
- 이광형, 『이광형 교수의 3차원 창의력 개발법』, 비즈니스맵, 2012.
- 장재윤·박지영, 『창의성의 심리학』, 가산출판사, 2007.
- 조중혁, 『인공지능 생존수업』, 솔로미디어그룹, 2021.
- 최윤규, 『그러니까 상상하라』, 고즈윈, 2012.
- 최윤식, 『당신 앞의 10년 미래학자의 일자리 통찰』, 김영사, 2020.
- 최윤식, 『미래학자의 인공지능 시나리오』, (주)대성, 2016.
- 최윤식·최현식, 『2030 미래의 대이동』, 김영사, 2016.
- 최인수, 『창의성의 발견』, 쌤엔파커스, 2013.
- 토마스 람게(Thomas Ramge), 『누가 인공지능을 두려워 하나?』, 이수영·한종혜, 다섯수레, 2021.
- 김상후, 「인공지능(AI) 플랫폼에서 고객 충성도에 미치는 소비자 혁신성의 영향」

강원대학교대학원, 심리학과 석사학위논문, 2019.
- 신명진, 「보험업계도 AI 기술 열풍」, 2021.
- 최상경, 「가상인간 '로지'」, 2021.

저자소개

이명옥 LEE MYUNG OK

학력

- 세종대학교 지리학과
- 한세대학교 치료상담대학원 아동청소년과
- 한세대 대학원 상담학 박사

경력

- 고용노동부 1980~2009
- 서울사회복지대학원 대학교 평생교육원 교수
- 라움협동조합 심리상담센터장
- 한국도박문제 관리센터 도박예방교육
- 한국양성평등교육원 양성평등교육
- MBTI 전문교육
- 푸른나무재단 학교폭력예방교육 및 진로 전문 교육

자격

- 국제공인 아들러 심리상담사
- 2급 전문상담사(한국상담학회)
- 미술심리상담사
- 부부가족상담 전문가
- 교류분석상담사
- 가족생활 교육사

저서

- 『상담 이론과 실제』 하나의학사, 2020.(공저)
- 『사회복지와 문화다양성』 교학도서, 2020.(공저)
- 『가족상담 및 가족치료』 조은, 2021.(공저)

수상

- 국무총리 표창장 2009.
- 감사장 한국상담학회 2014.
- 감사장 서경대학교 2021.

N잡러 컨설턴트의 대두와 시대적 요구

권오선

1. 'N잡러 컨설턴트'란?

1) 'N잡러'로 불리는 사람들

최근 세계 경제는 코로나19 팬데믹에 따른 글로벌 공급망 악화로 급격한 하방 경제로 치달으며 경기침체를 가속화하고 있다. 대부분의 국가 및 산업에서 나타나는 고용 현상은 양질의 일자리는 급격히 감소하고 많은 사람들이 의사와 관계없이 실직으로 내몰리고 있는 상황이다.

이러한 이유로 고용 불안에 따른 투잡, 쓰리잡(Job)을 하는 직장인도 크게 늘고 있으며, 퇴직 등을 한 신중년의 일거리 찾기와 MZ세대를 비롯한 젊은 층의 일자리 찾기 등이 확산되면서 'Multiple Worker' 또는 'N잡러'로서의 수요는 급증하는 추세라 하겠다.

(출처. 픽사베이)

N잡러와 관련해서 전문가 등이 정리해 놓은 개념은 대체로 동일한데, 필자는 가능한 주업(직장인)이 있는 N잡인을 대상으로 살펴보기로 한다.

네이버 지식백과(시사상식사전)에서 'N잡러'는 "2개 이상의 복수를 뜻하는 'N', 직업을 뜻하는 'Job', 사람이라는 뜻의 '러(-er)'가 합쳐진 신조어로, 생계유지를 위한 본업 외에도 개인의 자아실현을 위해 여러 개의 직업을 가진 사람을 의미한다.

'매일경제용어사전'에서는 "2개 이상 복수를 뜻하는 'N'과 직업을 뜻하는 'Job', 사람을 뜻하는 '~러(er)'가 합쳐진 신조어로 '여러 직업을 가진 사람'이란 뜻이며, 본업 외에도 여러 부업과 취미 활동을 즐기며 시대 변화에 언제든 대응할 수 있도록 전업(轉業)이나 겸업(兼業)을 하는 이들을 말한다.

기술보증기금에서는 'N잡러는 단순히 생계를 위해 여러 직업을 가지는 것이 아닌, 긴 평균 수명과 불안한 고용시장 속에서 자기만의 커리어를 쌓고 자기계발과 비전을 성취하고자 분주히 움직이는 사람들을 말한다'

이성순 박사는 'N잡러가 노동시장의 트렌드'라는 제하의 글에서 'N잡러는 생존형 업무를 병행하는 투잡족 부업과는 다르다. 생존형 투잡족은 본업으로 부족한 수입을 메꾸기 위해 대리운전, 점포 창업 등 자신의 흥미와 관계없는 일을 하는 경우를 의미하는데 N잡러는 경제적 소득 외에도 본업에서는 충족할 수 없는 개인의 자아실현을 중시하며 다른 부업과 취미생활을 통해 가치를 충족시키는 사람들이다'

임은조 박사는 N잡러가 신조어라 하지만 이미 널리 사용되고 있는 '긱 경제(gig economy)'와 그 맥을 같이 하고 있으며, "긱 경제는 고용주가 필요에 따라 사람을 구해 단기로 계약을 맺고 일회성의 일을 맡기는 경제 방식을 뜻한다. 근로자는 어딘가에 소속돼 있지 않고 필요할 때만 일을 구하는데 이 일을 '긱 워크(gig work)', 혹은 '독립형 일자리'라고 한다"라고 하면서 N잡과 같은 의미로 여겨진다는 것이다.

최근 워라벨타임스의 김영배 기자도 잡코리아 설문조사 결과를 근거로 보도한 기사에서, 취업시장이나 노동시장에서 가장 두드러지게 나타나는 현상 중의 하나가 '멀티커리어리즘'과 'N잡러'라고 한다. '멀티커리어리즘은 하나의 직업에 얽매이지 않고 다양한 사회활동으로 자아를 실현하고자 하는 현상을 의미' 하며, "N잡러는 여러 수를 의미하는 'N'과 직업(일)을 의미하는 'Job', 사람을 뜻하는 '~러(er)'가 합쳐진 신조어로 여러 직업을 가진 사람'을 의미한다"고 한다. 멀티커리어리즘과 N잡러는 복수의 직업을 갖는다는 의미에서 비슷하나, 멀티커리어리즘이나 N잡러를 바라보는 시각에 따라 세대 간 약간의 차이는 있다는 것이다.

예컨대 '40~50대 N잡러 직장인들은 보통 경제적 문제 해결을 위해 시작한다면 2030 MZ세대들은 경제력보다도 자아실현이나 일과 삶을 모두 즐기는 목적에서 출발하는 경우가 많다는 것'이다. '멀티커리어리즘과 N잡러는 코로나19와 함께 도입이 확산되고 있는 재택근무나 유연근무제와 함께 빠르게 늘고 있다'고도 한다.

직장인 10명 중 3명 이상이 퇴근 후 등을 이용해 부업을 하고 있다는 조사가 있을 정도로 '부업 전성시대'가 열리고 있다. 본업 외에 부업을 병행하는 멀티커리어즘 이른바, '엔(N)잡러'가 늘고 있는 것인데, 엔잡러가 증가는 재택근무 등 유연근무가 확산된 것도 한 요인으로 분석되고 있다. ⓒ워라밸타임스

출처: 워라밸타임스

남녀 직장인 636명을 대상으로 한 설문조사 결과를 보면, 응답자의 34.7%가 현재 본업 외에 부업을 병행하고 있고, 남성(37.3%)이 여성(33.3%)에 보다 부업을 하는 비율이 다소 높다. 연령대별로는 30대(42.4%), 40대(40.0%), 20대(29.5%)이고, 미혼(32.8%)보다는 기혼(44.4%) 직장인들의 부업 비율이 높은 것으로 나타났다.

남성은 택배·배달 등 배송 부업(22.7%)이 가장 많고, 블로그·SNS 운영 및 판매(21.6%), 매장관리·판매서비스(19.3%), 배송분류·식재료 포장(13.6%), 문서 제작(12.5%) 등의 순이었다. 여성은 블로그·SNS 운영 및 판매(32.3%)가 가장 많고, 매장관리·판매서비스(16.5%), 디자인 관련 제작(12.0%), 쇼핑몰 운영(11.3%), 사진 및 영상 제작(10.5%) 등의 순이었다. 특히, '여성 직장인들 중에서는 남성 직장인들에 비해 바리스타와 베이커리 관련 부업을 하는 경향도 다소 높았다'고 한다.

직장인들이 부업을 시작하게 된 이유(복수응답)는 아래 도표에서와같이 '추가 수입을 얻기 위해서'가 가장 압도적인 응답률(57.9%)을 보이고, 그 외에 '퇴근 후, 주말 활용을 위해', '재택근무로 인한 여유 시간 활용' 등이다.

부업을 통해 얻는 수익은 월평균 52만4000원으로서, 30만~50만 원(20.4%)이 가장 많았으며, 수익규모는 70만 원 미만이었고, 부업을 하는 시간대는 주로 저녁 시간(39.8%)이 가장 많고, 주말(20.4%), 재택근무를 하면서 틈틈이(18.6%), 이른 오전 시간(11.3%), 야간 새벽 시간(8.1%) 등이었다.

아울러 부업 주기는 일주일에 1~2일(39.4%), 일주일에 3~4일(20.8%), 비정기적(20.4%) 순이고, 1회 부업 시 투자 시간은 1~3시간 이내(41.2%), 3~5시간 이내(26.7%), 1시간 이내(13.6%), 8시간 이상(10.0%) 등의 순이었다.

본업을 제외한 현재 하고 있는 부업의 개수는 1개가 67.4%로 가장 많았으며, 2개의 부업을 하고 있다는 직장인도 24.9%로 10명 중 2명이 넘었다. 부업을 하는 근무지는 집에서 재택으로 하는 부업이 55.7%로 절반 이상이 넘었으며, 근무지로 출근해서 하는 부업(36.2%), 리모트워크(공간 제약 없이 자유롭게 근무, 8.1%) 순이었다.

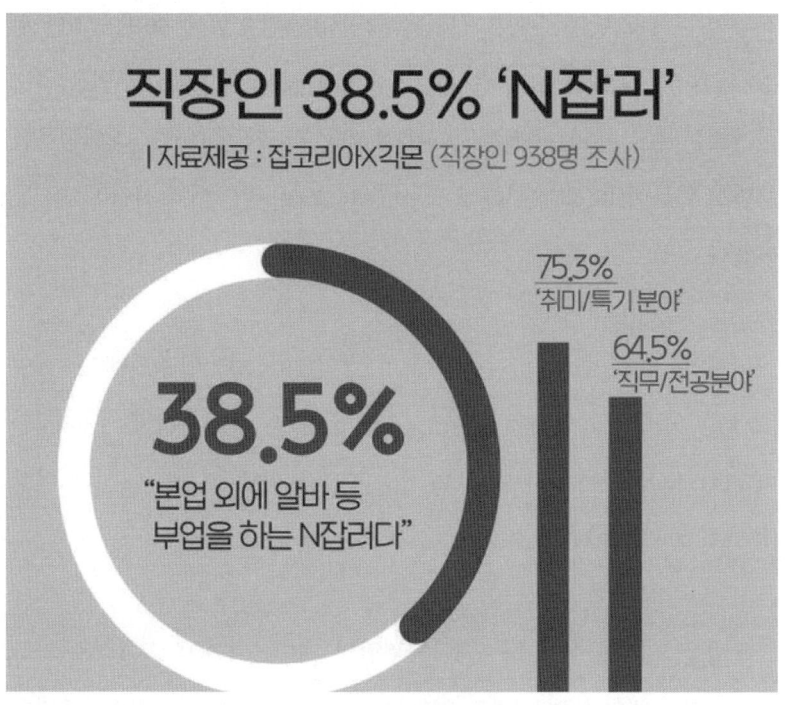

리쿠르트타임스의 김민수 기자의 보도에 따르면 취업 플랫폼 잡코리아가 지역 기반 재능거래앱 '긱몬'과 함께 직장인 938명을 대상으로 '직장인 N잡 현황'에 대해 설문조사를 진행한 결과에서도 위 도표에서와 같이 '아르바이트나 부업 등으로 N잡을 하는 직장이 10명 중 4명에 이른다는 것이다.

직장인이 알바나 부업을 할 때도 '직무나 전공분야'보다는 '취미나 특기'를 살려 N잡을 하는데, 취미나 특기를 살려 N잡을 하는 경우가 75.3%, 직무나 전공을 살려 N잡을 하는 경우가 64.5%라 한다. 취미나 특기 중에는 '악기 레슨이나 과외'로 N잡을 하는 직장인이 가장 많고(24.6%, 복수선택 응답률), 디자인/드로잉(19.1%), 재테크/자격증 관련(18.8%), 문서작업/프로그래밍 관련(15.4%), 사진/영상편집(14.7%) 순으로 취미, 특기를 살려 N잡을 하고 있다는 것이다.

"지역 기반 재능거래 앱 '긱몬'에 등록된 재능거래 컨텐츠 중에도 '과외/레슨' 분야의 재능등록 건수가 전체의 17.9%로 가장 많았다"고 하며, 이어서 '디자인(10.8%), 상담/노하우(9.9%), 반려동물 관련(9.5%), 핸드메이드(9.1%)' 순으로 재능등록 컨텐츠가 많았다고 한다.

이와 관련 잡코리아 변지성 팀장은 'MZ세대가 주를 이루는 요즘 직장인들은 다양한 분야에 관심이 많고 새로운 일을 경험해 보는 것에 적극적인 편이다. 지난해 부캐 열풍에 이어 부업을 희망하는 직장인들이 크게 늘면서 평소 관심 분야의 취미와 특기 등을 살려 부업을 하는 직장인들이 증가하는 것으로 보인다'고 풀이했다.

김형환 행복전도사는 『신중년의 도전, N잡러가 희망이다』에서 건강 100세 장수시대를 살아가면서 인생 2막 행복한 삶을 위해서 N-JOB 직업인이 되려면 아래 '희망(일자리) 설계 영역'을 참조하라고 조언한다.

즉, 생애경력 설계를 바탕으로 (재)취업을 하는 방안, 그리고 귀농(어), 귀촌을 하는 방안, 사회공헌을 하는 방안, 창업을 하는 방안 등이 있는데, 가능한 범위 내에서 자신에 맞게 복수의 방안으로 선택할 수도 있다고 한다.

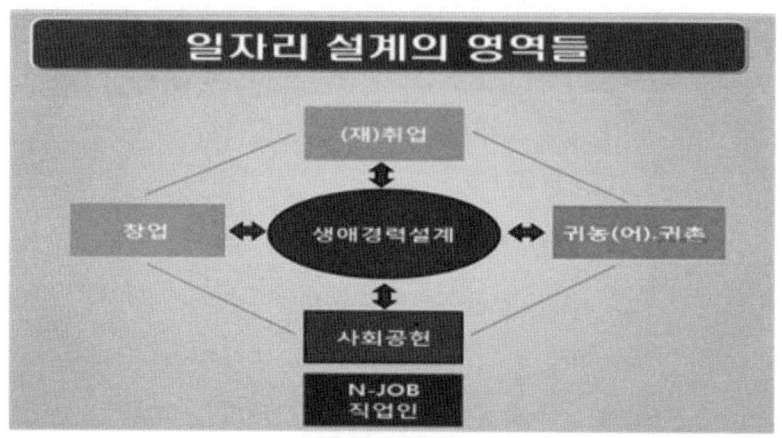

희망(일자리) 설계 영역

출처: 『신중년의 도전, N잡러가 희망이다』, 2021.

    N잡러라 부를 수 있는 사례로는 수없이 많겠으나, 네이버 지식백과에서는 대표적으로 '1인 크리에이터'와 '배달직'을 들고 있다. '1인 크리에이터는 SNS 매체가 발달하고, 시간이나 장소의 제약이 크지 않아서 진입 장벽이 낮은 점에서 인기가 많다'는 것이다. 특히 '배달 아르바이트는 일정 시간의 사전교육을 듣고 스마트폰에 앱을 설치하면 누구나 쉽게 시작할 수 있어서 많은 사람이 선호한다'는 것이다. 이 밖에도 '비누, 향수, 방향제 등 집이나 공방에서 소소하게 만들 수 있는 물건들을 판매함으로써 자신의 취미를 또 하나의 직업으로 연결하기도 한다'라는 사례를 들기도 한다.

    그러나 전문직을 원한다면 자신이 직장에서 경험했던 업무 지식 등을 활용해서 '프로보노'와 '전문멘토, 컨설턴트 등'으로서 활동하는 길도 있을 것이다. 관련 분야에 대한 공부를 더 하면서 석·박사 학위나 전문자격증을 취득하고, 그 분야의 전문가로서 공공기관 또는 기업이나 소상공인들이 필요로 하는 진단, 지도, 상담, 자문, 대행 등의 활동을 하는 것도 좋다.

그 이외에도 공공기관의 위촉을 받아 심사 또는 평가, 전문위원으로의 활동도 가능할 것이며, 작가로서 글을 쓰거나, 교육, 강의 등 본인이 잘할 수 있거나, 하고 싶은 것을 할 수 있는 일자리를 찾아 '업'으로서 하는 것도 N잡러의 한 유형이 될 수 있다.

정리해 보면, N잡러는 본업 이외 재능이나 관심사를 살려 '복수의 직업에서 수입을 얻는 사람을 의미한다'라고 하겠으며, 다음 몇 가지 중 하나라고 필자는 생각한다.

첫째는, 주업이 있으나 추가적인 경제적 보상을 기대하며 여가 시간을 이용하여 다른 일자리에서 일하는 사람이 있다.

둘째는, 주업이 있어서 경제적인 보상과는 관계가 없으나 사회봉사나 자아실현 등을 위해 여가 시간을 이용하여 본인이 하고 싶은 일이나, 잘할 수 있는 일 등을 찾아 다른 일자리에서 일하는 사람이 있다.

마지막으로는, 특별한 주업이 없어 여가 시간 여부와 관계없이 경제적인 보상을 위해 자신이 할 수 있는 여러 가지 일자리에서 일하는 사람 등이다.

향후 인공지능(AI), 사물인터넷(IoT), 로봇 기술, 드론, 자율주행차, 가상현실(AR) 등이 주도하는 '4차산업혁명'이 경제·사회 전반에 정보통신기술(ICT)의 융합으로 혁신적인 변화를 가져올 것이다. 또한, 선진국에서는 저출산 고령화로 젊은 인구가 급격히 감소하는 가운데, 며칠 전 캐나다 몬트리얼대 연구팀은 금세기 내 인간의 수명이 130세에 도달할 것이라는 발표가 있었다. 개인의 수명이 100세, 130세로 늘어나면서 65세 이상 고령 인구가 급속히 증가하는 장수 시대가 도래하고 있는 것이다. 개인의 입장에서 보면 이른바 '장수혁명'이 퇴직 이후의 소득 또는 소일거리 여부에 따라, 생존 또는 개인의 삶의 질과 직결되므로 더욱 중요한 관심사가 된다.

최근에는 지구온난화와 전염병 위기가 전 세계를 강타하고 있다. 특히 지구 환경악화에 따른 바이러스의 변이로부터 온 것으로 추정되는 코로나19 팬데믹은 당장 인간의 생존을 위협하며, 지속적인 일자리 감소와 글로벌 공급망의 붕괴를 가져오고, 수년째 우리의 생존을 위협하고 산업기반을 송두리째 흔들어 놓고 있다. 정치, 경제, 사회, 문화, 의료·보건, 노동 등 모든 분야에 많은 영향을 미치고 있다.

따라서 향후에는 우리의 일상과 일의 종류, 일하는 방식 등이 어떠한 모습으로 바뀌게 될 것인가 예상하기가 그리 쉽지는 않다. 눈앞에서 진행되고 있는 4차산업혁명과 장수혁명, 그리고 코로나19 팬데믹에 따라 어떠한 일자리든 고용의 안정성이 더이상 보장될 수 없는 상황에서 일자리 수요는 꾸준히 증가하고 있다.

그럼에도 불구하고 일자리를 찾지 못했거나 실직한 사람들, 주업(일자리) 또는 한 가지 일자리만으로는 최소한의 삶마저도 살 수 없는 사람들의 어쩔 수 없는 '일자리 또는 신규 일자리 찾기'에 따른 수요급증이 N잡의 기대로 더욱 증가하게 될 것이다.

이러한 상황에서 필자는 자신의 일자리를 찾아 최소한의 품위를 유지하며, 인생 2막, 3막 등을 준비하고 살아가는 것은 적절하다고 본다. 새로운 시대에 적합한 생존전략에 대한 대비는 반드시 필요하다고 보며 그 일환으로 'N잡러'가 대안이 될 것이다.

2) 'N잡러 컨설턴트'는 누구인가?

최근 N잡러에 대한 관심과 수요가 급증하면서 '자신이 하고 싶은 일 또는 하고자 하는 일, 하고 있는 일' 들에 대해 시행착오를 줄이고 업무의 효율성 및 수익을 극대화할 수 있는 방안 등에 대해 '코칭과 자문' 등을 받고자 하는 욕구가 증대하기도 하고, 이들에게 자신이 잘 알고 있는 지식과 경험 등을 토대로 그 일을 잘할 수 있도록 도와주는 전문가, 즉 'N잡러 컨설턴트'의 역할을 기대하는 시대가 되었다.

그동안 주위에서 많이 들어 온 '컨설턴트'는 다양한 분야에서의 활동을 통해 클라이언트들이 가진 문제에 대해 최적의 Solution을 제공하기 위한 전문가로서의 역량과 노력을 다해 왔다. 즉, 창업컨설턴트, 경영컨설턴트, 기술컨설턴트, 마케팅컨설턴트, 정보컨설턴트, 여행컨설턴트,

의료컨설턴트, 교육컨설턴트, 부동산컨설턴트, 결혼컨설턴트, 날씨컨설턴트, 보험컨설턴트, 법률컨설턴트 등 다양한 컨설턴트들이 클라이언트의 기대에 부응하고 반대급부인 자신의 경제적인 목적을 실현하기 위해 각 분야에서 활동해 왔다. 컨설턴트의 호칭은 컨설턴트 명칭 앞에 '~컨설턴트'라고 하면 그럴듯한 컨설턴트가 되는 것이다.

최근에는 N잡러의 급속한 증가와 더불어 이들에게 도움을 줄 전문가, 즉 'N잡러 컨설턴트'라는 호칭이 심심치 않게 언론을 비롯하여 전문가들 주변에서 들리고 있다. N잡을 가지려 하거나, N잡을 가진 사람들에게 그들이 하거나 하려는 사업 또는 부업 등에 대해 요청에 따라 전문가적 식견과 역량으로 컨설팅을 해줄 신종 컨설턴트가 필요해진 것이다.

컨설턴트에 관한 정의는 관점에 따라 다양하며, 많은 전문가들이 이러 저러한 사람이라고 정의를 하는데 그중 일부를 소개하는 것으로 대신한다.

이의준 박사는 『21세기 한국의 컨설팅』이라는 그의 저서를 통해 콜린스 코빌드(Collins Cobuild) 영어 사전에서의 컨설턴트 개념이 '의학의 한 분야에 정통한 경험 있는 의사(Experienced Doctor) 또는 특정 분야에 있어서 개인 또는 조직에 전문적인 자문(Expert Advice)을 제공하는 사람'이라 했고, 1972년 「영국 옥스퍼드 영어사전」에서는 '직업상의 자문과 서비스를 제공하는 자격자'를 컨설턴트 개념에 추가하여 정의했다고 전한다.

또한, 조민호 컨설턴트 등은 『컨설팅 프로세스』라는 그들의 저서에서 '컨설턴트는 기업 혹은 조직의 경영·업무상 해결해야 할 문제나 과제에 대해 전문적인 식견을 가지고 조언과 지도를 해주는 전문 직업인이다' 라고 하면서 아래와 같이 몇 가지를 열거하여 설명한다.

- 경영상의 문제를 CEO의 시각으로 보고 사실에 근거하여 철저하게 분석하여 고객의 상황에 적합한 최적의 답을 제시하며, 도출된 해결책의 효과적인 실행을 위해 지속적으로 고객을 지원하는 사람

- 경영 현상을 객관적으로 관찰·분석하고 문제점을 조기에 지적하며, 풍부한 경험을 바탕으로 적절한 해결방안을 조언하는 비즈니스 닥터

- 기업의 조직·계획·지시·통제 등 경영에 관한 문제를 밝혀내고 전문가적인 입장에서 문제를 해결하는 데 필요한 교육 경험 기술적 능력을 가진 사람으로, 공평하고 객관적인 조언으로 기업에 봉사하는 사람

- 기업 경영의 전반 또는 각 부문에 대한 문제점을 지적하고 개선의 제안과 실시·지도·교육 등의 여러 활동을 행하며, 기업 경영의 합리화·고도화 측면에서 지원하는 기업 외부의 전문가

아주 오래전부터 사람들은 자신이 필요한 지식을 대가를 지불하고 거

래했으며, 컨설팅이 대규모의 비즈니스가 된 것은 20세기 이후라고 한다.

The Staff of Vault 등에 의하면 '최초의 컨설턴트들은 엔지니어링 경력을 바탕으로 클라이언트를 위해 프로젝트를 수행했다'고 하는데, 오늘날에는 많은 산업과 Job에 따라 클라이언트들이 가지고 있는 Needs에 대한 다양한 문제가 있을 수 있으며, 그 문제에 최적의 솔루션(Solution)으로 도움을 줄 수 있는 컨설턴트를 필요로 하게 되었다.

이러한 이유로 개인의 이해에 따라 N잡의 일을 해야 하는 사람들 중에는 자신을 도와 N잡의 업무수행을 잘할 수 있도록 컨설팅을 해 줄 수 있는 전문가로서의 식견과 역량을 가진 컨설턴트를 찾게 되는 것이고, 그것이 바로 'N잡러 컨설턴트'의 등장 배경이 아닐까?

그렇다면 'N잡러 컨설턴트'가 무엇인가에 대한 개념 정의를 분명히 해 둘 필요가 있을 것이다. N잡러가 최근에 나온 신조어이듯이 'N잡러 컨설턴트'도 최근에 N잡러로 인해 생긴 신조어라 할 수 있으니 개념이 아직까지 특별히 정의된 바가 없는 것으로 보인다.

혹자는 물론 'N잡러 컨설턴트'를 'N잡을 가진 컨설턴트'로 개념 정의를 할 수도 있을 것이다. 즉, 경영컨설턴트, 전문강사, 심사위원&평가위원, 자문위원, 전문위원, 공공기관 면접관, 멘토 등 복수의 Job을 가진 컨설턴트를 지칭할 수도 있을 것이다.

그러나 필자는 이참에 'N잡을 가지고 N잡러를 하려고 하는 사람' 또는 'N잡을 가지고 N잡러를 하고 있는 사람 등'(이하 'N잡러 등')으로서 추구하는 목적을 달성하도록 전문가적 지식을 가지고 상담하고 자문하는 일을 하는 사람'이라고 개념을 특별히 정리해 두고, 이 장에서 언급하는 'N잡러 컨설턴트'로 국한하려 한다.

2. 'N잡러 컨설턴트'의 사명과 역할

1) 'N잡러 컨설턴트'의 사명

네이버 지식백과에서 '사명'은 주어진 임무, 존재 의의, '섬기다'는 뜻에서 유래한 말, 주어진 과업, 임무 등으로 관련 사전 등을 근거로 그 의미를 정리하고 있다.

영어로는 'Task, Mission'이라고 하는데, 서울대학교 철학사상연구소에서는 "'명(命)'은 하늘의 명령이라는 뜻이다. 즉 천명(天命)이다. 『맹자』 안에서 이 천명은 다시 두 가지 뜻으로 사용된다. 하나는 현대어로 '사명'이라고 할 수 있는 내게 주어진 의무라는 뜻으로 쓰인 경우이고, 다른 하나는 내 의지와 노력으로 어떻게 할 수 없는 '객관 상황'을 의미한 경우이다. '사명'의 의미에서 '명'은 하늘이 내게 준 책임이나 의무라는 의미이다"라고 설명한다.

그러면 'N잡러 컨설턴트'의 사명은 무엇일까? 필자가 생각하는 'N 잡러 컨설턴트'의 사명은 'N잡러 등'의 요청에 따라 컨설턴트로서의 '주어진 임무 또는 존재 의의'를 다해야 하는 사람이다. 'N잡러 등'의 Needs와 수요를 충족시키기 위한 컨설턴트로서의 임무를 다하려면 당연히 준비가 필요하며, 준비라는 것은 해당 Job에 대한 충분한 이해와 현업에서의 경험과 실적 등을 토대로 한 전문가로서의 진단, 지도 능력과 자질을 말하는 것이다.

따라서 'N잡러 컨설턴트'에게는 어떤 임무가 주어지며 존재 의의는 어디에 있는 것일까? 여기서는 특별히 A 컨설팅사의 홈페이지에서 기술된 내용을 통해서 살펴보려 한다.

A사의 Vision은 'Vision as a Professional Consultancy', Mission은 'from Strategy to Execution, from Target to Value!(전략에서 실행으로, 목표가 성과가 되도록!)'이다. 또한 '고객을 리드하는 최고의 SCM 전문가 그룹을 지향합니다. 이를 위한 우리의 사명은 고객 비즈니스에 대한 깊은 이해와 통찰력을 통해 일반 컨설팅 기업과는 차별화된 서비스를 제공함으로써 고객에게 실질적 가치를 주는 데 있습니다'라 설명한다.

여기서 사명과 관련된 키워드를 찾아보면 '고객 비즈니스에 대한 깊은 이해와 통찰력', '차별화된 서비스', '실질적 가치 제공'이며, A사는 이러한 비전과 사명의 달성을 위해 다음 3가지 Key Lever에 중점을 둔다고 한다.

(1) Industry Expertise

고객 산업에 대한 전문가적 지식과 통찰력으로 고객이 가진 문제의 본질을 파악하고 실천 가능한 해결안을 제시한다. A사는 규모와 다양성보다는 선택적 집중을 통한 차별적 가치 제공에 힘쓰고자 했으며, 담당 산업, 업무 분야에서 오랜 경험과 실적을 쌓은 검증된 전문가인 Leading 컨설턴트들은 고객과는 지속적 신뢰 관계로 발전할 수 있도록 Partnership 체계로 운영한다.

(2) Logical Thinking

고객이 의뢰하는 과제의 대다수는 문제의 원인이 복잡하고, 사례가 없는 새로운 유형의 이슈가 많다. 따라서 컨설턴트는 전문지식과 경험에 기초하여 항상 새로운 관점으로 문제를 추론하고 해결의 실마리를 풀어 가는 자세가 요구된다. A사의 컨설턴트들은 문제의 근본 원인 파악에서 해결안을 제시하기 위한 문제 해결(Problem Solving) 능력을 핵심 역량으로 규정하고, 반복적 훈련과 학습을 통해 논리적 추론과 전략적 사고력을 고도화하도록 노력해야 한다.

(3) Specific Solution

동일 병을 앓는 환자라도 연령, 건강 상태, 타 질환 여부 등 환자의 처한 상태에 따라 서로 다른 처방과 치료가 필요하듯 A사는 고객이 처한 고유한 환경과 이슈에 따라 올바른 대응이 가능하도록 산업과 분야에 전문화된 방법론, 기법, Tool 등의 솔루션 적용 및 개발에 힘쓰고 있다. 또한, 다양한 산업에서 우수한 성능 또는 역량이 확인된 파트너사와의 협력을 통해 새로운 기업환경에 맞는 솔루션 연구, 개발에 힘쓰고 있다.

위 A사의 사례를 통하여 'N잡러 컨설턴트'의 사명에 대해 정리해 보면, 'N잡러 컨설턴트'의 존재 의의(이유)는 'N잡러 등'의 요청으로 고객 비즈니스 또는 업무에 대한 깊은 이해와 통찰력을 바탕으로 그가 가진 '문제의 본질을 규정하고, 차별화된 서비스로 실천 가능한 해결안 즉, 실질적 가치를 제공하는 것'이라 할 수 있다.

또한, '전직 및 재취업 지원 서비스, 컨설팅, 교육 전문기관 등'을 표방하는 B사의 홈페이지를 통해 B사의 존재 의의를 살펴보기로 한다.

B사의 비전은 '기존직무 강점 전문화', '창직, 창업, 스타트업 및 PB 브랜드화', '전방위적 실무/실전지식 지혜 리트레이닝', '엔젤리더 멘토단 활동 및 지식 성숙 사회공헌'이다. 이를 위해 신규맞춤, 전직교육, 창직창업, 퍼스널브랜드, N잡러 등 교육과정을 다음 그림과 같이 두고 있다.

    B사는 '코로나 애프터 시대를 준비하면서 4차산업의 혁명과 인공지능(AI), 로봇기술, 빅데이터, 에듀테크의 대두 속에서 조기 은퇴자의 증가, 예비창업자들의 증가, 나아가 인생 2막을 열어가려는 직장인, 중장년층, 경력단절 여성들에게 필요한 실무적인 지식과 전문적인 지식들을

단순 전달을 뛰어넘어 깊이 있는 지식, 노하우, 노웨이들을 전수시켜 주는 컨설팅과 교육의 집중 심화 과정 중심으로 체계적인 정보, 지식, 인사이트와 아웃사이트들의 통찰까지 전수해주기 위해 마스터 컨설케이터(창직가)들을 전문 교수진으로 모시고 전방위적인 컨설케이션 프로그램들을 교수 설계하여 트레이닝, 퍼포먼스, 시너지효과를 창출해내고 있습니다'라고 말한다.

내용을 살펴보면 B사의 존재 의의는 4차산업혁명에 따른 조기 은퇴자 및 예비 창업자들의 증가, 그리고 인생 2막을 준비하는 직장인, 중장년층, 경력단절 여성들에게 필요한 실무 지식 및 전문지식을 전수해 주는 교육 심화 과정 및 컨설팅 등을 통해 'N잡러 등'이 재취업 및 창직, 창업 등을 할 수 있도록 안내하고 도와주는 길잡이 역할을 자임하고 있는 것이다.

여기서 이들에게 컨설팅이나 교육을 통해 재취업 및 창직, 창업을 할 수 있도록 안내하고 도와주는 '길잡이로서의 역할'이 사실상의 'N잡러 컨설턴트'라 할 수 있는데, B사에서는 '마스터 컨설케이터(창직가)들을 전문 교수진으로 전방위적인 컨설케이션 프로그램들을 교수 설계하여 트레이닝, 퍼포먼스, 시너지효과를 창출하도록 한다'고 한다.

위 A사, B사의 사례를 통해 살펴보았듯이 'N잡러 컨설턴트'는 시대적 상황에 따라 점증하고 있는 'N잡러 등'을 위해 많은 역할이 필요하고, 또한 그것을 위해 존재할 가치가 있다면 사명으로서의 존재 이유(존재 의의)는 충분하다고 할 것이다.

다만, 'N잡러 컨설턴트'가 고객이 만족하는 역할을 제대로 해낼 수 있는 것인가, 해낼 수 있다면 그 여부를 사전에 확인해 볼 수 있는 방법은 있는가? 만일 그렇지 않다면 고객이 만족할 수 있는 수준의 컨설팅이 가능한지를 고객 스스로가 판단할 수 있도록 하는 근거로서의 제도적 장치는 있는가가 중요하다. 그것은 'N잡러 등'이 객관적으로 '컨설턴트로서의 능력과 자질을 갖춘 자'로서 인정을 하게 되고 '자신이 원하는 일자리에 시행착오를 줄이고 찾아갈 수 있을 것'이라는 믿음을 줄 수 있을 것이다.

2) 'N잡러 컨설턴트'의 자격과 요건

'N잡러 컨설턴트'도 컨설턴트로서 활동하기 위해서는 사실상 필요한 자격 요건이 있어야 하나 아직까지 국가나 민간 등 어디에서도 특별히 공인해 주는 자격은 없는 것 같다.

자격을 공인한다는 것은 '최소한의 법적인 책임과 의무가 수반됨을 전제로 하는 것'을 의미하는데, 최근 민간부문에서 수요가 급증하고 있으며 시대가 요구하고 있음에도 공인자격이 없다는 것은 제도의 정비를 필요로 한다고 할 수 있다.

향후 필요하다면 'N잡러 컨설턴트'의 자격은 정부 또는 민간부문에서 자격요건을 마련하고 소정의 자격 기준에 적합한 전문가 등에게 검정을 통해 자격을 인정해 줄 수는 있을 것이다. 그러나 아직까지 'N잡러 컨설턴트'의 자격이 없다고 해서 최소한의 요건도 갖추지 못하고 'N잡러 컨설턴트'가 될 수는 없다. 따라서 지금은 일반 컨설턴트에게 필요한 요건을 'N잡러 컨설턴트'의 요건으로 준용해도 크게 문제 시 될 것은 없다고 본다.

그러므로 'N잡러 컨설턴트'의 필요한 요건은 다음과 같다고 생각하며, 필자는 조민호 등이 자신의 저서에서 언급한 내용을 발췌, 요약하는 것으로 정리한다.

(1) 자질
- 상담, 조사, 교육, 설명회 등에 요구되는 의사소통 능력이 필요하다.
- 인터뷰, 프리젠테이션 기술 등이 필요하다.

(2) 기본지식
- 경영일반에 대한 이해로서 경영관리와 주요 업무활동 기능(재무, 회계, 자재구매, HR, 연구개발, 외부환경, 정보시스템, 생산물류, 마케팅 등)
- 분석 및 진단기술로 정보수집, 인터뷰, 설문작성, 데이터 분석, 문제정의 등
- 해결 및 실행기술로는 문제 해결 능력, 창의력, 벤치마킹, 설계기술
- 프로젝트의 사전기획과 제안 작성으로 프로젝트 진행단계별 모니터링

- 프로젝트의 추진능력으로 컨설팅 절차와 기법의 숙지

(3) 전문지식
- 해당 분야 업무의 수행절차와 연관업무의 전반적인 관계 이해
- 객관적인 평가와 올바른 판단을 위한 고도의 전문지식
- 새로운 컨설팅 영역의 개척과 신기법 연구개발
- 전문분야에 대한 정보수집 채널 필요(예: 전문서적, 국내외 정기간행물, 세미나 및 강의 수강, 컨설팅 발표자료, 사례연구자료, 학회활동 등)

(4) 경험지식
- 기업체의 실무·현장 경험
- 프로젝트 수행을 통해 얻게 되는 프로젝트 관리 역량(일정, 비용, 인력, 조달, 위험, 의사소통, 품질, 범위 관리)

(5) 개인적인 능력
- 개인적인 능력은 지적·육체적 능력으로 선천적인 것과 상대방에 대한 이해 용기, 목적지향, 도전의식, 문제 해결 능력, 판단력, 커뮤니케이션 능력 등의 후천적인 것이 있다고 한다. 그러나 이 중에서 가장 중요한 요건이 분석력과 창의력, 성실성이다.

이 밖에도 공평성, 긍정적 사고, 자기 동기부여, 기동력, 유연성, 설득력, 전문인으로서의 매너 등도 일반적인 컨설턴트 등과 마찬가지로 'N잡러 컨설턴트'가 지녀야 할 기본요건이라 하겠다.

3) 'N잡러 컨설턴트'의 역할

컨설턴트가 하는 일을 '컨설팅'이라 하는데 컨설팅은 이미 우리가 알고 있듯이 수출입, 경영, 기술, 생산, 마케팅, 인사, 재무, 창업, 엔지니어링, 환경, 기업 인수 및 합병, 의료, 보험 등 다양한 분야에서 이루어지고 있다. 누구든 각자의 독특한 배경은 타인이 흉내 내기 어려운 노하우를 가지게 한다. 이런 노하우가 클라이언트의 수요로 연결되고 마침 필요한 경험이나 자질, 기술 등을 가지고 있어서 그것이 고객에게 충분히 도움이 될 수 있도록 한다면 그는 훌륭한 컨설턴트가 될 수 있는 것이다.

컨설턴트는 한마디로 '필요한 정보나 도움, 미래에 대한 전망을 제공해주는 사람을 의미한다'라고 한다. 조직 내 또는 조직 외부에 있으면서 자원과 관련된 문제, 목표 성취에 대해 구체적인 전문성을 가지고 조언을 하며, 문제 해결을 촉진하는 사람으로서 계약에 의해 그 대가를 보수로 받는 것이다.

'N잡러 컨설턴트'도 이처럼 하는 일과 역할이 위의 내용과 크게 다르지는 않을 것이다. 다만, 일반 컨설팅이 대상으로 하는 컨설팅은 업무와 관련하여 개인, 조직, 집단 등을 대상으로 하는 것이라 하겠으나, 'N잡러 컨설턴트'는 주로 'N잡러 등' 개인을 대상으로 Job과 관련하여 클라이언트가 의뢰하는 것에 대해 제한된 범위 내에서 컨설팅 또는 코칭을 한다는 것이다.

즉 컨설팅 등의 범위가 대부분 '주업보다는 부업이 될 것'이라는 점을 주목할 필요가 있다. 컨설턴트의 역할을 하는 일의 프로세스에 따라 구체적으로 열거해 보면 다음과 같다.

- 사실에 근거한 분석작업
- 문제의 진단과 해결책의 모색
- 전문적인 해결책의 제시
- 실행 계획의 개발
- 운영시스템과 수단 제공
- 조직의 변화를 계획·관리
- 경영자와 조직원의 훈련·개발
- 개인적인 카운슬링 제공
- 객관적이고 편견 없는 판단 제공
- 새로운 아이디어나 신선한 방법 제시
- 전문적인 정보와 자료 제공
- 임직원에게 필요한 추가적인 기술 제공
- 새로운 제도의 도입 적용

이상에서 살펴본 내용을 바탕으로 'N잡러 컨설턴트'의 역할을 재정리해 본다. 즉, 'N잡러 컨설턴트'가 N잡을 가지고 N잡러를 하려고 하는 사람을 도울 것인가, 아니면 N잡을 가지고 N잡러를 하고 있는 사람을 도울 것인가에 따라, 그들 고객이 원하는 바가 달라질 것이므로 고객 Needs에 맞는 역량을 갖춘 전문가로서의 역할은 아래와 같다.

(1) N잡러를 하려는 사람을 위한 'N잡러 컨설턴트'의 역할

N잡러가 되고자 하는 사람 또는 시작하려는 사람들은 자신의 사정에 따라 여러 가지 이유가 있을 수 있으나, 평생직장 개념의 상실, 부동산 현황, 얼어붙은 고용시장, 파이어족의 등장 등으로 대부분 추가적인 수익확보에 있는 것으로 보인다. N잡러로 진입하려는 이러한 사람들을 위해 언제, 어디서, 무엇을, 어떻게, 왜 시작하려는 것인지, 어떻게 잘할 수 있는지를 성공한 전문가 또는 'N잡러 컨설턴트'들이 직간접으로 쌓은 노하우와 방법 등을 전수받을 수 있다면 시작에 대한 부담은 매우 낮아질 것이다.

따라서 이들에게 도움을 줄 'N잡러 컨설턴트'에게 요구되는 역할은 일반적으로 경영컨설턴트의 역할과 크게 다르지는 않을 것이나, 다음 몇 가지로 생각해 볼 수 있다.

첫째로, 고객의 Needs를 먼저 확인하고 고객이 처한 현재 상황이나 사실(입장)을 기반으로 Needs의 내용을 분류하고 분석하는 것이다.

둘째로, 실현 가능한 고객의 Needs를 선별하고, 채택된 Needs는 고객이 실행과정에서 예상되는 문제가 있는지를 진단하고 창의적인 해결책을 고객과 함께 찾는 것이다.

셋째로, 전문가로서의 식견과 역량을 발휘하여 해결책을 제시하고, 고객을 'N잡러의 길'로 잘 인도하며, 고객이 기대하는 소기의 목표가 달성될 수 있도록 필요한 경우 훈련 또는 교육을 통해 실시하는 것이다.

넷째로, 언제든 고객의 요청이 있을 경우는 카운슬링을 성실히 제공하고, 고객이 N잡러가 되기 위해 원만한 의사결정을 할 수 있도록, 객관적이고 편견 없는 판단을 통한 전문적인 정보와 자료 등을 제공하는 것이다.

마지막으로, 고객이 N잡러로서 성공할 수 있도록 새로운 아이디어나 신선한 방법으로 고객에게 비전과 수입 증대 방안을 제시하여 주는 것 등이다.

(2) N잡러를 하고 있는 사람을 위한 'N잡러 컨설턴트'의 역할

N잡러를 이미 하고 있는 사람들을 위한 'N잡러 컨설턴트'의 역할은 N잡러를 시작하려는 사람들과는 다소 차이가 있을 수 있으나, 현재의 일자리들을 돌아보고 잘하고 있는 것인지, 더 잘할 수는 없는 것인지, 아니면 또 다른 일자리 들을 통해 N잡을 하는 것이 바람직한 것인지 등에 대해 고객의 요구로 진단·지도(이하 '컨설팅')와 상담·자문, 교육·훈련 등으로 도움을 주는 역할을 하는 것이다.

그러므로 여기서는 'N잡러 컨설턴트'의 역할이 기본적으로 앞서 살펴본 컨설턴트로서의 역할과 크게 다르지 않다는 전제하에 별도의 설명을 하지 않을 것이다. 다만, 특별히 언급하고자 하는 것은 클라이언트가 현재 자신이 하고 있는 일에 대해 컨설팅을 의뢰한다면, 본업과 부업을 그대로 가져가게 할 것인지, 그대로 가져간다면 고객의 수입을 추가적으로 증대시킬 수 방안은 있는 것인지, 그렇지 않다면 지금의 일자리 중 바꾸어야 할 일자리는 무엇이며, 어떤 이유로 그 일자리로 바꾸는 것이 좋은지에 대한 충분한 근거와 설명이 되어야 하며, 고객이 공감할 수 있고 곧바로 실천 가능한 솔루션을 주어야 한다는 것이다. 'N잡러 컨설턴트'가 추천하는 일자리가 고객이 공감하지 못하고 만족하지 못한다면 사실상 컨설턴트로서 존재감은 소멸할 것이기 때문이다.

그러나 그리 걱정할 필요 없이 기왕에 N잡러로 활동을 해 오고 있던 사람이라면 그동안 N잡러로서의 지식과 경험 등을 통해 'N잡러 등'을 지도 자문할 수 있는 'N잡러 컨설턴트'가 될 수 있을 것이며, 'N잡러 등'을 컨설팅할 준비가 이미 되었거나 'N잡러 등'의 컨설팅 등으로 활동해 오던 컨설턴트들은 'N잡러 컨설턴트'로 지금까지 불리지는 않았지만 'N잡러 등'을 위한 사실상의 'N잡러 컨설턴트'인 것이다.

따라서 'N잡러 등'을 위해 능력 있는 컨설턴트로서 활동하려는 사람들은 자신에게 필요한 학습 등을 통해 부족한 자질과 역량 등을 강화하여, 'N잡러 컨설턴트'로서 고객과 시대가 요구하는 바에 부응할 수 있어야 할 것이다.

3. 4차산업혁명 시대와 'N잡러 컨설턴트'의 동행

1) 4차산업혁명 시대의 'N잡러 컨설턴트'는 시대적 요구

네이버 지식백과에서는 4차산업혁명을 "정보통신기술(ICT)의 융합으로 이뤄지는 차세대 산업혁명으로, '초연결', '초지능', '초융합'으로 대표된다"라고 요약 정리해 놓았다.

제4차 산업혁명
〈그림: 미래창조과학부 블로그〉
출처: IT용어사전

1차, 2차, 3차산업혁명에 이은 차세대 산업혁명인 4차산업혁명은 인공지능(AI), 사물인터넷(IoT), 로봇기술, 드론, 자율주행차, 가상현실(VR) 등이 주도하는데, 2016년 6월 스위스 다보스 포럼(Davos Forum)에서 의장이던 클라우스 슈밥(Klaus Schwab)이 처음으로 사용하면서 이슈화되었다고 한다.

당시 슈밥 의장은 그간에 있었던 산업혁명이 전 세계적 환경을 혁명적으로 바꿔 놓은 것처럼 4차산업혁명은 전 세계 질서를 새롭게 만드는 동인이 될 것이라고도 했다.

그리고 3차산업혁명 이후, '로봇이나 인공지능(AI)을 통해 실제와 가상이 통합돼 사물을 자동적·지능적으로 제어할 수 있는 가상 물리 시스템의 구축이 기대되는 산업상의 변화를 일컫는다'는 4차산업혁명이 시작된 것이다.

2016년 3월 세기의 대결로 전 세계인의 관심을 불러 모았던 알파고(Alphago)와 이세돌의 바둑 대결은 4차산업혁명의 한 단면을 보여 주는 사건이다. 인공지능과 로봇, 사물인터넷, 빅데이터 등을 통한 새로운 융합과 혁신이 빠르게 진행되고 있음을 보여 주는 놀라운 사건이었다.

특히 인공지능이 인간의 미래에 대해 커다란 화두를 던진 것은 '인간의 일자리를 정말로 기계류가 대신할 수 있는 것인가' 등의 현실적인 문제, 인공지능은 인간의 지능을 모방하는 데 그치지 않고 인간의 지능을 초월한 초지능을 갖게 되는 경우 인간의 존재는 어떻게 될 것인가 하는 근본적인 문제를 동시에 던지는 계기가 되었다는 것이다.

따라서 4차산업혁명은 현실과 가상의 경계가 모호해지고, 인공지능이 인간의 모든 업무를 대신하게 된다는 예견이 꾸준히 나오고 있는 가운데, 세계적인 일자리의 감소와 실업자 증가, 빈부 격차의 심화 등이 예상된다는 것이 전문가들의 공통된 견해이다.

그러한 상황은 많은 국가에서 이미 벌어지고 있으며 나날이 가속화되고 있는 실정이다. 더욱이 2020년 3월 초부터 급속 확산된 코로나19가 팬데믹을 오래도록 연출하고 있는 가운데 우리의 생명을 위협하고 있다. 그것은 또 대면의 일상에서 비대면의 일상으로 모든 것을 바꾸어 놓고 있으며, 이로 인한 일자리의 급격한 감소가 생존을 위협하기도 한다.

'국제노동기구(ILO)는 2016년 7월 수작업을 대신하는 로봇의 확산으로 앞으로 20년간 아시아 근로자 1억 3,700만 명이 일자리를 잃을 수 있다고 경고했다. 태국, 캄보디아, 인도네시아, 필리핀, 베트남 등 5개국 임금근로자의 56%에 이르는 규모다'. 개발도상국은 그동안 저임금을 바탕으로 공장을 유치해 돈을 벌었으며, 이렇게 쌓인 자본을 투자하여 경제 규모를 키웠다고 한다. 한국, 대만, 중국 등도 뒤늦게 산업화에 뛰어들어 저임금을 바탕으로 한 공장유치 등을 통해 성장했으나, 무인공장이 확산되면 이런 형태의 성장은 힘들다고도 한다.

선진국도 일자리에 있어서 안전지대는 아니다. 2020년 1월 스위스 다보스포럼에선 4차산업혁명으로 2020년까지 선진국의 사무, 행정, 제조, 생산, 건설, 예술, 미디어, 법률 등 부문의 일자리 약 700만 개가 사라질 것이며, 반면에 금융관리 등, 매니지먼트, 컴퓨터 관련, 엔지니어링, 판매, 교육 관련 등 부문의 일자리는 약 200만 개가 늘어난다는 예측도 나왔다고 한다. 일자리가 약 500만 개가 사라지면 저임금 근로자들은 많은 타격을 받을 수밖에 없다는 의미일 것이다.

그러나 일자리에 대한 속단은 금물이며, 과거 1·2·3차산업혁명 때도 '기계가 일자리를 없앤다'는 경고가 나왔지만, 사라진 일자리보다 새로운 일자리가 많이 생기면서 논란은 불식되었다고 한다. 4차산업혁명도 그럴 수 있다는 희망적인 생각도 없는 것은 아니나, 누구라도 겪어보지 않은 미래를 정확히 알 수는 없다.

다만, 인간이 직접 하던 노동을 기계가 대신함으로써 자동화, 산업구조의 개편에 따른 일자리 감소, 고용 불안 등 사회문제의 일시적인 발생은 피할 수 없는 사실이나, 일자리의 총량은 어떻게 되는 것일까?

교육부의 '4차산업혁명이 가져올 미래 사회 모습 4가지'는 정책브리핑 자료에 의하면 다음과 같다.

① 미래사회에 가장 큰 변화가 일어날 '일자리, 산업, 경제 영역'
② 인공지능, 빅데이터, ICT 기술의 발달로 인한 '초지능화'
③ 모든 것이 서로 연결되는 '초연결사회'
④ 접속과 공유를 기반으로 하는 '공유경제, 공유사회'

우리의 일자리는 과연 어떨까? 이러한 궁금증에 대해 아래 독일의 사례는 명쾌한 답을 준다.

독일 경제정책연구센터(CEPR)에서 발표한 보고서에 의하면, '1994~2014년 20년 동안 진행된 자동화를 고려했을 때, 로봇의 도입으로 사라진 제조업 일자리는 27만 5,000개에 달하고, 사라진 일자리는 제조업 일자리가 줄어드는 대신 다른 업종에서 일자리가 늘어나 고용 구성에만 변화를 주고 독일 내 일자리 총량에는 차이가 거의 없었다'고 한다.

4차산업혁명이 '일자리 감소 혹은 일자리 대체를 가져올 것인가에 대한 담론은 무성하나 기업이 새로운 미래 유망산업에 뛰어들거나, 기존 방식과는 다른 비즈니스 모델로 경쟁력 강화에 나서고 있어 일자리는 별 영향이 없다'는 것이다. 클라우드 슈밥은 '4차산업혁명에서는 고용을 증가시키기 위한 신산업 창출 효과의 속도와 타이밍을 제대로 이끌어내는 것이 중요하다'라고 지적하였다.

기술의 변화가 전 산업에 걸쳐 광범위한 영향을 미치는 것은 지극히 당연하지만, 기업이 얼마나 신속하게 대응하느냐에 따라 향후 기업의 생존과 경쟁력에 결정적 영향을 미치게 되었다는 것이다.

따라서 사물인터넷, 인공지능 등에 기반한 4차산업혁명에서 만들어지는 새로운 환경에 적응하지 못한다면, 시장 상실, 업무량 감소, 품질 저하 등의 결과는 당연하고, 반대로 기술을 수용하고 적극 활용하면 새로운 시장을 넓히고 업무량도 증가하며 품질을 높이는 결과로 이어졌으며, 더불어 고용을 늘릴 수 있었다고 전한다.

매킨지 글로벌 연구소도 '4차산업혁명에서 신생기술과 관련한 새로운 직업과 산업 분야에서 일자리가 등장하고 고숙련 노동자의 수요가 증가할 것으로 예상하였다. 자동화, 기계화로 예전보다 생산성이 향상되면 인력 수요는 줄어들 수 있으나, 시장의 확장으로 인한 수요 증가로 고용창출이 가능하다'라고 하였다.

제조업을 중심으로 4차산업혁명에 선제적으로 대응하고 있는 독일의 경우에도 디지털의 가속은 생산력을 높이고, 이어서 고용창출을 가져올 것으로 기대하고 있다고 한다.

아래에서는 한국고용정보원의 김동규 외 연구원들이 MBN에 제출한 '4차산업혁명 미래 일자리 전망 보고서'의 일부를 가감 없이 인용하여, 4차산업혁명에 의한 '초연결'의 시대에 기업에서 어떻게 새로운 비즈니스가 등장하게 되며, 그 결과 일자리 창출 등에 어떤 영향을 주는가를 보기로 한다.

2017년 세계 시가총액 톱10 기업 중 7개 업체가 IT 관련 기업으로, 2011년 조사와 비교해 보면 최근 디지털 인프라에 기반을 둔 업체의 놀라운 성장을 알 수 있다. 이들 업체는 특정 서비스에 한정되는 것이 아니라 디지털기술에 기반을 둔 다양한 플랫폼 서비스, 인공지능, IoT, 빅데이터 등의 기술을 지속적으로 '융합'하고 있다.

세계 시총 톱10 기업의 변화

	2011년		2017년(7월 21일 종가 기준)	
1위	엑손모빌(미)	에너지	애플(미)	IT
2위	페트로차이나(중)	에너지	구글(미)	IT
3위	애플(미)	IT	마이크로소프트(미)	IT
4위	중국공상은행(중)	금융	아마존(미)	IT
5위	페트로브라스(브라질)	에너지	페이스북(미)	IT
6위	BHP빌리톤(호주·영국)	에너지	버크셔해서웨이(미)	금융
7위	중국건설은행(중)	금융	알리바바(중)	IT
8위	로열더치셸(영국)	에너지	존슨앤드존슨(미)	소비재
9위	셰브론(미)	에너지	텐센트(중)	IT
10위	마이크로소프트(미)	IT	엑손모빌(미)	에너지

자료: 파이낸셜타임스·블룸버그

4차산업혁명 시대는 이른바 '초연결'의 시대가 될 것으로 전망한다. 기존의 사람과 기계의 연결을 넘어 기계와 기계, 사람과 제품, 제품과 제품 등 산업, 기업, 개인이 서로 촘촘한 연결망으로 얽히고, 연결망 사이에 수많은 데이터가 왕래하고 축적되면서 부가가치와 서비스를 양산하는 가운데 기존에는 존재하지 않았던 새로운 비즈니스가 등장하고 있다.

4차산업혁명으로 인한 여러 기술의 변화로 창출되는 새로운 비즈니스는 기존 기업에는 혁신을 통한 미래 먹거리와 비전을 이끌게 하고, 새롭게 시장에 진입하는 신생기업에는 그동안 기존 기업이 제공하지 못했던 서비스를 통해 경쟁력을 높이는 계기가 되도록 할 것이다. 데이터와 플랫폼에 기반을 둔 서비스 제공은 고객의 구매와 소비패턴의 변화를 가져오고 이는 다시 기업이 적극적으로 패러다임을 바꾸고 디지털 플랫폼을 활용한 새로운 사업 모델을 발굴하여 혁신을 꾀하게 한다.

4차산업혁명 참여 기업별 주요 전략

기업명	전략	응용분야
폭스콘	로봇생산체제 도입	스마트폰
닛산	무인자동차 개발	전기, 자율주행자동차
아마존	신개념 쇼핑체계(아마존 고) 구축, 인공지능비서(에코) 프로그램 개발	쇼핑, 스마트홈
GE	디지털 트윈 활용 '비포서비스' 구현	발전기, 엔진
스타벅스	O2O기술(사이렌오더), 고객맞춤형 서비스 구축	비콘(Beacon), 커피
아디다스	로봇생산체제 도입, 공장 본국(독일) 소환	신발, 웨어러블 기기
IBM	인공지능 컴퓨터 시스템(왓슨) 개발	센서
우버	운송·물류 효율화, 스마트시트 구축	자동차(자율주행)
쓰타야	동네친화적 놀이터, 마을사랑방 구축	도서, 마일리지 체계
테슬라	무인 전기자동차 개발, 재생에너지 생산	전기차, 솔라시티

출처: 최재홍(2017)

다양한 분야에서의 새로운 비즈니스 출현은 하이테크 업무의 증가를 가져와서 관련 분야의 직업과 일자리 창출에 긍정적 영향을 미칠 수 있다. 고객의 니즈와 수요를 즉각적으로 제품에 반영하기 위한 '상품기획가', 데이터사이언티스트와 이들을 지원하기 위한 인력, 또한 빅데이터 속의 숨은 가치를 찾을 수 있도록 디자인해 주는 '빅데이터기획자', '사물인터넷전문가', 기업에 요구되는 새로운 경영전략을 수립할 수 있도록 지원하는 '뉴비즈니스 경영컨설턴트', '컴퓨터보안전문가', 대기업에 비해 상대적으로 열세인 중소기업을 대상으로 새로운 기술과 경영전략을 수립해 주는 '중소기업 코디네이터' 등의 수요 증가를 가져올 수 있다.

물론 이를 위해서는 양질의 전문 인력을 양성하는 시스템 확충도 동반되어야 한다. 우리나라가 글로벌 4차산업혁명을 선도하기 위해서는 무엇보다 인재가 필요함은 말할 것도 없다. 산업연구원·한국산업기술진흥원(2016.1.)에서 발표한 신산업 인력 수요 전망을 보면 2020년까지 174만 7,000명이 필요하다.

신산업별 인력 수요 전망

단위: 천명

	2015	2016	2017	2018	2019	2020	CAGR
미래형자동차	7.4	7.9	8.8	9.7	10.7	12.0	10.1%
산업용무인기	0.2	0.3	0.4	0.5	0.6	0.8	30.9%
지능형로봇	7.8	9.4	11.3	13.6	16.4	19.8	20.4%
웨어러블디바이스	0.8	1.1	1.5	2.1	2.8	3.6	35.1%
스마트홈	39.5	47.2	56.2	66.8	79.3	94.1	19.0%
ESS	0.5	0.6	0.8	1.0	1.4	1.8	28.1%
태양광	1.2	1.4	1.7	2.0	2.3	2.8	17.6%
스마트그리드	2.1	2.6	3.2	4.0	5.0	6.2	24.5%
바이오의약	14.7	15.5	16.5	17.4	18.5	19.6	5.9%
스마트헬스케어	2.9	3.3	3.8	4.3	4.9	5.6	14.1%
탄소섬유	1.9	2.1	2.4	2.7	3.1	3.5	13.6%
마그네슘·타이타늄	3.4	3.7	4.0	4.3	4.6	5.0	8.1%
계	82.4	95.2	110.6	128.5	149.6	174.7	16.2%

주: CAGR(연평균 증가율), ESS(에너지저장시스템)
출처: 산업연구원·한국산업기술진흥원(2016.1.)

이제 사물인터넷, 인공지능 등에 기반한 4차산업혁명이 어느새 우리 곁에 다가와 있다.

혁신적인 기술의 발달과 산업의 변화, 인구의 급격한 감소 등은 지금의 일자리 상당수를 사라지게 하고 새로운 비즈니스에 의한 신규 일자리가 그 뒤를 이을 것이라는 전망이다. 따라서 많은 사람들이 각자의 필요, 시대적 요구 등에 따라 추가적인 수입을 목적으로 하거나, 그들의 적성, 취미 등을 살린 'N잡러 등'으로 살아야 하는 시대가 된 것이다.

이러한 시대에는 새로운 직업(창직)과 창업을 통해 '새로운 또는 추가적'인 일자리를 가지려는 많은 사람들은 일자리의 변화를 경험하게 되는데, 이 일자리의 변화에서 당연히 고객의 Needs와 수요가 발생하게 된다. 그리고 Needs와 수요를 가진 'N잡러 등'에 대응해야 하는 컨설턴트가 바로 'N잡러 컨설턴트'라는 것이 필자의 견해이다.

향후에는 '좋은 일자리'나 '좋은 직업'의 대한 고정관념이 많이 달라질 것이다. 지금까지 우리가 원하던 안정적인 일자리와 일자리의 환경은 프리랜서, 1인 기업가, 혁신적 창업가 등의 등장과 유연근무제 등의 도입으로 사람들은 자유롭게 협업하고, 특정된 한 기업에 고용되어 급여를 받지 않으며, 혼자서 '일거리'를 수행하면서 다양한 수요자로부터 보상을 받게 되는 경우가 비일비재할 것이다.

이럴 경우 '창직' 또는 창업으로 N잡러가 되려는 사람들을 위한 컨설팅 수요가 있게 된다. 컨설턴트는 전문가로서 당연히 고객의 기대에 부응할 수 있는 자질과 역량을 갖추고 있어야 하며, 이것이 바로 4차산업혁명 시대가 요구하는 '시대적합형 N잡러 컨설턴트'가 되는 것이다.

2) 'N잡러 컨설턴트'의 수익 모델

필자가 말하려는 'N잡러 컨설턴트'는 앞에서도 언급했지만 N개의 Job을 가진 컨설턴트를 의미하는 것이 아니다. 'N잡러 등'을 위해 존재하고 그들을 '창직' 또는 창업으로 이끌어야 하는 전문컨설턴트를 지칭하는 것이다.

물론 광의의 개념으로 보면 'N잡러 컨설턴트'는 컨설턴트가 N개의 Job을 가지고 N잡러로서 활동하는 경우도 당연히 포함된다. 즉 컨설턴트로서 ISO 인증심사원, 자문위원, 전문위원, 심사·평가위원, 지도위원, 교수, 강사, 조리사, 판매원, 자영업자, 사업가 등으로 불리며, 복수의 직업을 가지고 활동하고 수익을 올리는 경우이다.

이들은 특정 직업을 가지고 있으면서 부업으로 관심 분야의 일을 하기도 하고, 특정 직업 없이 프리랜서로 고객의 요청으로 복수의 일을 하며 수익을 올리기도 한다.

그러나 여기서 다루고자 하는 'N잡러 컨설턴트'는 협의의 컨설턴트로서 'N잡러 등에게 컨설팅을 해 주는 컨설턴트'만을 대상으로 하는 것임을 다시 한번 강조한다.

최근 KBS klab에서 보도한 '악어와 악어새'의 관계는 '공생관계'가 아니라는 전문가들의 견해가 공통적이라고 한다. 그러나 고대 그리스의 역사학자 헤로도투스가 처음 사용한 이래 아리스토텔레스를 거쳐 최근까지도 '공생관계'를 비유하는 말로 사실확인 없이 상식처럼 많이 쓰여 왔기에, 필자도 'N잡러 등'이 악어라면 'N잡러 컨설턴트'는 악어새라는 '공생관계'에 있음을 전제로 설명한다.

출처: KBS 뉴스(klab), 2022.01.15.

그러면 'N잡러 컨설턴트'가 관심을 가지는 수익 모델은 어떻게 만들어질까? 모든 제품이나 서비스의 수익 모델은 기본적으로 '수요와 공급'에서 발생한다는 것이 경제학적인 관점이다. 예컨대, 'N잡러 등'이 '창작'과 창업을 위해 'N잡러 컨설턴트'가 공급하는 서비스의 수요가 발생하면 용역비 또는 자문비용 등을 합리적으로 결정해서 지불하고, 지불받게 되는 것이다.

그러므로 'N잡러 등'이 컨설팅이나 교육·자문 등을 요청하는 경우는 원칙적으로 'N잡러 컨설턴트'의 입장에서 보면 '그가 공급하는 서비스의 수요가 발생한 것'이므로, 계약 또는 정해진 룰(Rule)에 따라 비용을 청구하고 받으면 될 것이다. 이것이 'N잡러 등'이 요청하는 경우에 수익 모델이 될 것이다.

필자는 계약이나 기본적으로 정해진 룰에 따라 수익이 발생하는 'N 잡러 등'의 요청에 의한 경우는 여기서 특별히 다루지 않는다. 다만, 'N 잡러 등'의 컨설팅 또는 자문 등의 요청이 없는 경우에 'N잡러 컨설턴트'가 컨설턴트로서 역할을 할 수 있는지와 역할을 한다면 수익 구조는 어떻게 될 것인지를 사례를 통해 살펴본다.

(1) 사례 1

유망 패션지 VOGUE의 손혜정 씨(前 함께N 네이버포스트 '열혈청년창업가' 에디터)가 「트렌드 코리아 2018」 'Daily Archives(2018년 4월 12일)'에 기고한 글에서 필요한 전문의 일부를 사례연구 차원에서 부분적으로 인용해 살펴보고, 수익 모델은 있는 것인지, 있다면 어느 정도의 금액이 수익 모델에서 나오게 될 것인지를 생각해 본다.

① 홍진아

'홍대 앞에서 자신의 브랜드를 키워가는 청년'이란 주제로 자기 분야에서 '주인장(대표)'으로 활동하며 여러 직업을 동시에 갖는 'N잡러(N잡러)'들을 만났다. 하고 싶은 것이 많아서 퇴근 후에 여러 프로젝트를 하며 갈증을 해소해온 홍진아(35세)도 그중 한 명이다.

그녀는 '관심 있는 것이 많은데 왜 한 가지 직업으로만 나를 설명해야 하지?'라는 의문에서 N잡러가 됐다. 홍진아는 비영리조직의 지속가능한 성장을 위해 다양한 시도를 하는 '진저티 프로젝트'와 민주주의 활동가들의 그룹인 빠띠에서 '미디어 커뮤니케이션 매니저'로 활동한다. N잡러가 된 뒤 그녀는 해 보고 싶었던 '시도'를 하며 일에 있어 재능과 재미를 찾았다.

홍진아의 경우, 진저티 프로젝트와 빠띠에서 동시에 스카우트를 받은 후 협의를 통해 일주일 중 2일은 전자에서, 3일은 후자에서 근무하고 있다.

② 이희준

N잡러 이희준(31세)은 전통시장 도슨트, 참기름 소믈리에, 어반플레이 콘텐츠 디렉터 등으로 활동한다. 국내에서 유일한 작업이라며 사명감이 대단하다. "현재의 업에서 인적 네트워크와 사회적 가치, 삶의 지혜를 얻고 있어요. 향후에도 가치 있는 여러 일을 병행하며 살고 싶어요."

위 두 사례의 경우 현재 상황에서 'N잡러 컨설턴트'의 서비스 공급을 원치 않는다면 'N잡러 컨설턴트'는 수익 모델을 찾기가 어렵고 수익은 발생되지 않을 것이다.

사례인들은 이미 자신이 원하는 부업 또는 창업을 통해 일자리를 확보하고 있으며, 위 사례의 내용만으로는 Needs 여부를 자세히 알 수도 없다. 그러므로 부업 또는 창업 등을 통해 추가적으로 'N잡러 컨설턴트'의 서비스 공급을 원하지 않는다면 수익은 없다. 그러나 어떤 경우라도 Needs는 있을 것이며 적극적인 상담 등을 통해 'N잡러 등'에게 다가간다면 필요시 적합한 솔루션의 제공을 통해 'N잡러 컨설턴트'로서 수익 모델을 만들어 갈 수 있을 것이라 확신한다.

(2) 사례 2

부산에서 결혼식·돌잔치 사회 등을 보는 조그만 이벤트 회사를 운영하던 윤대균씨의 N잡러 사례를 보자.

낮에는 배달노동자, 저녁엔 맥줏집 사장, 주말엔 행사 사회 보는 N잡러 윤대균 씨. 고용 여건 악화, 플랫폼 노동 확대, 코로나19 쐐기로 파편화된 노동자의 삶을 살고 있다. 주 52시간 근무제 시행으로 노동 시간 감소, 플랫폼 노동 확대, 고용 여건 악화 등의 이유로 윤씨 같은 N잡러가 늘고 있다.

윤씨는 청년 인구 감소로 행사가 줄자, 지난해 생활 터전을 서울로 옮기면서 성동구 뚝도 시장에 수제맥줏집을 차렸다. 하지만 예상치 못한 코로나19 사태 장기화로 윤씨가 사회자로 마이크를 잡을 수 있는 날은 손에 꼽을 정도가 되었고, 텅 빈 맥줏집을 지키는 일은 일상이 됐다. 결국, 윤씨는 배달 플랫폼 노동으로 생활을 유지하고 있다.

배달노동자와 맥줏집 사장, 행사 사회자로 일하는 윤대균씨의 모습을 각각 촬영해서 찢어 붙이는 콜라주 기법을 이용해 한장의 사진으로 완성했다. 사진 박종식 기자, 디자인 송권재 기자

출처: 한겨레, 2021.01.22.

"코로나19 때문에 행사 사회 의뢰도 거의 없고, 수제맥줏집은 개점휴업 상태입니다. 배달 알바를 뛰면서 생계를 유지하고 있는데, 언제까지 버틸 수 있을지 모르겠네요."

어떤 이들은 자기 계발과 좀 더 나은 미래설계를 위해 N잡러가 되기도 한다지만, 윤씨는 '비자발적 N잡러'인 셈이다. 위 사례는 생계를 위해 주말엔 '결혼식 등 사회 보는 일을 하는 이벤트 회사 대표', 낮에는 '배달 노동자', 저녁엔 '맥줏집 사장'으로 숨 가쁘게 살고 있으면서도 미래를 기약하지 못하고 있는 한 N잡러의 고단한 삶을 '한겨레'가 취재한 것이다. 이벤트가 주업이었으나 청년 인구 감소로 현재는 일거리가 거의 없으며, 맥줏집을 개업해서 운영 중이나 코로나19 사태 장기화로 개점휴업 상태이고, 배달 알바를 통해서 생계유지에 급급한 것으로 보이는 N잡러의 슬픈 이야기다.

위 사례의 윤씨는 '생계유지의 목적으로 비자발적인 N잡러가 된 경우'라고 하는데, 'N잡러 컨설턴트' 입장에서 보면 윤대균 씨의 일자리 선택에서 몇 가지 아쉬움이 있다.

첫째는 일자리 선택에 앞서 '나는 어떤 일을 하는 게 맞는지, 어떤 것을 잘할 수 있는 사람인지' 등 자기 통찰의 시간을 가졌었는가 하는 것이다. 둘째는 생활터전을 서울로 옮기고 맥줏집을 개업하기 전 전문기관의 도움을 받아 컨설팅을 받고 사업계획을 수립한 후 개업을 하였는가 하는 것이다. 셋째는 배달노동자의 선택 외 다른 대안은 없었는가 하는 것이다.

따라서 'N잡러 컨설턴트' 입장에서 이런 상황을 고려한 N잡러 윤씨의 일자리에서 수익 모델을 찾는다면, 우선 그의 현황을 정확히 파악하고 Needs는 무엇인가로 시작해서 실현 가능한 해결안을 제시하고, 실행 의지를 확인하여 가능하다면 추진할 수 있도록 도움을 주는 것으로부터 출발해야 할 것이다.

결론적으로, 'N잡러 컨설턴트'의 수익 모델은 컨설팅이나 강의·교육, 지도·자문, 고문 등을 통해 나올 수가 있는데, 'N잡러 컨설턴트'의 수익은 'N잡러 등'의 요청으로 무언가 그에게 도움이 되는 행위 등으로 나타날 때, '서비스 제공에 따른 보상'으로 만들어지는 것이라 하겠다. 특히 제도적인 뒷받침 속에 'N잡러 등'의 부담을 덜어 주는 '창직'이나 창업이 보다 많은 'N잡러 컨설턴트'의 일자리로 확산되는 것이 필요하다.

3) 'N잡러 컨설턴트'로 성공 요건

(1) 'N잡러 등'의 수요시장의 확산

중국 우한에서 촉발된 것으로 알려진 코로나19 팬데믹으로 많은 사람들이 죽어가고 있는 가운데 경기침체, 글로벌 공급망 대붕괴 등으로 일자리를 잃은 사람이 급속히 증가하자, 정부는 실직 및 휴폐업한 사람, 특수고용직 종사자와 프리랜서 등을 대상으로 804억 원을 투입해 지역 일자리 사업을 추진했으나, 추진 결과는 '매우 불만족'으로 '임시 일자리도 아닌 사업'으로 국가 예산만 낭비했다는 비판의 목소리가 비등한 가운데, 국민적 기대에 미치지 못했다.

미래 일자리 전망도 그리 밝지 않은 가운데 한국개발연구원(KDI)의

'코로나19로 인한 고용 충격의 양상과 정책점 시사점 보고서'는 '2020년 108만 개의 일자리가 사라졌고, 향후 서비스업을 중심으로 충격이 더해질 것'이라는 암울한 전망이 미래를 불안하게 한다.

이렇게 환경의 변화는 자신의 의사와 관계없이 일자리를 잃거나, 정년퇴직자, 명퇴자, 휴폐업 등으로 많은 실업자를 속출하게 한다. 그러는 중에도 기업에서는 저출산 고령화로 줄어드는 인력을 충당하기 위해 정년 연장도 한다. 정년을 연장해서 일을 더 할 수 있도록 하는 것이다. 또한, 유연근무제 등을 통해 부분적으로 필요한 인력 문제도 해결하고, 추가인력을 고용하는 움직임도 있을 것이다.

그러나 한국개발연구원의 보고서가 전망했던 것처럼 그동안 사람들이 평생직장이라는 생각으로 일해 오던 많은 일자리가 소멸되면서 새로운 일자리를 위한 '창직', 창업 시장은 사람들의 주목을 받게 되었고, 새로운 일자리를 얻기 위한 경쟁은 더욱 뜨겁게 달아오르고 있는 것이 오늘의 현실이기도 하다.

'한국의 젊은 세대는 미래에서 현재로, 특별함에서 평범함으로, 행복은 강도에서 빈도로' 가치관이 이동하고 있다고 한다. 따라서 노동 환경의 급속한 변화와 함께 유연근무제 등의 확산으로 시간적, 공간적인 여유를 누리고자 하는 MZ세대들은 필요에 따라, 언제든 회사를 그만둘 수 있다는 생각으로 과거의 기성세대와는 달리 특정 회사에서만 일하는 것은 선호하지 않으며, 회사 일도 하고 취미생활도 하면서 또 다른 소득

창출 수단도 만드는 사람, 즉 N잡러를 지향한다는 것이 각종 조사 자료에서 확인되고 있다.

또한, 취업정보나 채용정보를 습득하기 위해 취준생들이 많이 보는 콘텐츠 1위는 취업정보사이트의 '정형화된 콘텐츠'가 아닌 '직장인 브이로그'와 같은 '기업 현직자가 만든 콘텐츠'라고 한다. 여기서 특별히 주목할 점은 '브이로그를 직접 만드는 직장인이 늘어나고 있다'는 사실이다.

다시 말해 '직장에서 근무하는 동안 주어진 일만 하는 게 아니라, 자신의 일하는 모습을 찍어서 SNS 등에 올려 내 채널을 키우기도 하고, 소정의 수익도 창출하는 동시에 자신이 추구하는 목적도 달성한다는 것'이다. 이처럼 MZ세대들의 대략 30% 정도가 현재 다니고 있는 직장에서도 사실상 'N잡러 등'이 되어서, 필요시 언제든 직장을 그만두고 '프리랜서 N잡러'로 활동할 수 있는 준비가 되어 있는 것이다.

위에서 살펴본 바와 같이 'N잡러 등'의 일자리가 자발적이든 그렇지 않던 급속하게 증가하는 것은 고용 불안 등으로 주업이 있는 상태에서 제2 또는 제3의 일자리를 갖거나, 취미나 적성 등을 살려 주업과는 다른 일을 하며 일부 추가 수입을 기대하거나, 주업이 아직 없는 상태에서 이런저런 일자리와 일을 찾은 노력의 일환이다. 정부의 일자리 창출 목표를 달성하는 데도 도움이 됨은 물론, 일자리 부족 문제를 해결하는 측면에서도 다행스러운 일이다.

그것은 장수혁명 시대를 살아야 하는 사람들로서도 경제적 자립을 할 수 있는 기반이 되거나, 또는 취미 등을 살린 부업으로 수입도 얻게 되는 매우 바람직한 모습이다. 따라서 'N잡러 등'의 수요시장이 확산되는 것은 'N잡러 컨설턴트' 수요의 확산을 가져오게 되고, 이때 'N잡러 컨설턴트'가 서비스 공급자로서 역할을 충분히 할 수 있다면 성공 요건은 충족되었다고 본다.

(2) 'N잡러 컨설턴트'의 활동과 제도적 지원 강화

N잡러의 길이 쉬운 길이 아니듯이 'N잡러 컨설턴트'의 길도 쉬운 길은 아니다. 그것은 다양한 일을 하는 N잡러에 대해 업무 전반을 이해하고 그들에게 컨설턴트 역할을 통해 도움을 주는 것이 그리 쉬운 일만은 아니기 때문이다.

N잡러의 기본 가치는 '주도적인 삶'에 있을 것이다. 이를 위해 수반되어야 하는 조건이 있는데 기존 직업이 N잡러의 삶과 부합하지 않는다면 그것을 포기하거나 바꿀 수 있는 용기도 필요하다.

N잡러로서의 삶이 매우 고단할 수도 있으나, 시간과 일을 주도적으로 사용하는 대신에 수입, 휴가, 기타 보상 등에 대해서는 양보해야만 하는 경우가 발생할 수도 있다. 이런 상황에서 컨설턴트는 조력자로서 N잡러가 바른 의사결정을 할 수 있도록 해야 한다.

현재 소상공인시장진흥공단(www.semas.or.kr)은 '소상공인마당(www.

sbiz.or.kr)을 통해 소상공인 자영업자의 '창업지원', '경영성장', '재기지원', '전통시장', '정책자금' 등의 지원사업을 하고 있으나, 'N잡러 등'을 위한 '창직', 전직 등 지원사업을 하는 곳은 실질적으로 어디에도 없다.

다만, 정부의 '재취업(전직)지원서비스 의무화'를 위한 준비는 2020년 5월 1일부터 '고용상 연령차별금지 및 고령자고용촉진에 관한 법률' 개정 시행령에 따라 '재취업지원서비스 제공 의무화'가 다음과 같은 내용으로 시작되었을 뿐이다.

① 전년도 고용보험 피보험자의 월평균 인원이 1,000인 이상인 사업의 사업주
② 정년 등 비자발적 사유로 이직하는 50세 이상 근로자
③ 진로설계, 취업알선, 취·창업 교육 등 재취업지원서비스를 의무적으로 제공

고용노동부는 당초 4월 중에 정책설명회와 기업의 담당자 대상 교육을 통해 관련 서비스 내용에 대해 상세히 설명할 예정이었으나, 코로나 19 사태 등으로 인해서 관련 계획은 아직 실행되지 못했고, 법에 따라 '재취업지원서비스 의무화'는 시작되었다.

그러나 대상 업체 및 근로자의 범위, 지원서비스의 한계 등으로 'N잡러 등'을 위한 실질적인 지원제도가 되지 못해 많은 한계가 있으므로, 4

차산업혁명 시대에 일자리의 새로운 트렌드 'N잡러 등'에 부합하는 제도의 전면 재정비가 필요할 것으로 보인다.

물론 시대가 요구하는 'N잡러 등'에 관한 필요한 지원제도라면 당연히 제도의 설계와 실행이 머지않아 확립되고 정착될 것이다. 이러한 토양을 만들어 줄 때 '악어와 악어새' 관계인 'N잡러 등'의 일자리와 그를 위한 'N잡러 컨설턴트'의 성공이 가능할 것이라 필자는 믿어 의심치 않는다.

참고문헌

- 네이버 지식백과, N잡러(시사상식사전, pmg 지식엔진연구소)
- 이의준, 『21세기 한국의 컨설팅』, 새로운제안, 1999.
- 엘렌 러펠 셸, 『일자리의 미래』, 김후, ㈜예문아카이브, 2019.
- William A. Cohen, 『컨설팅이란 무엇인가』, 윤은기, ㈜유나이티드컨설팅그룹, 1991.
- 이형환, 『신중년의 도전, N잡러가 희망이다』, 브레인플랫폼, 2021.
- http://www.wlv.kr/news/articleView.html?idxno=2446, 워라벨타임스 2021.12.28
- 신승희 기자, 「직장인 91.2% 'N잡러 꿈꾼다'」, 베리타스, 2021.07.05.
- http://www.pcg-korea.com/Vision
- 네이버 지식백과, 4차산업혁명(4th Industrial Revolution)(한경 경제용어사전, 2020.04.22.)
- 네이버 지식백과, 4차산업혁명을 맞으며(4차산업혁명, 2016.10.20., 김대호)
- 대한민국 정책브리핑(www.korea.kr) 자료, 2021.04.19.
- 김동규 외, 「4차산업혁명미래 일자리 전망 보고서」, 한국고용정보원, 2017.
- 다큐브엔잡러센터 홈페이지(http://www.njober.net)
- 조민호 외, 「컨설팅프로세스」, 새로운 제안, 1999.
- KBS 뉴스(klab), 「악어와 악어새가 공생관계? 새빨간 거짓말!」, 2022.01.15.
- https://www.vogue.co.kr/2018/04/12/직업엔잡러/
- 한겨레, 「이 순간, '나는 엔(n)잡러입니다' 파편화된 노동자의 삶」, 2021.01.22. https://www.hani.co.kr/arti/society/labor/979907.html#csidx45997e017a6a0d2aa4927027cec3a9d

저자소개

권오선 KWUN OH SUN

학력
- 경영학사
- 경영학 석사
- 경영학 박사

경력
- KCA한국컨설턴트사관학교 전임교수
- 한국사업전략연구소 소장
- (주)기업혁신센터 수석컨설턴트
- 한국생산성본부 컨설턴트
- 경기도경제과학진흥원 평가위원
- 공공기관 NCS 블라인드 전문면접관
- 한국디자인진흥원 창업패키지 평가위원
- 한국고용정보원 고용서비스기관 인증심사평가위원
- 한국산업평가관리원 평가위원

- 농촌융복합산업지원지원센터 현장코칭전문위원
- 인천지방노동위원회 심판조정위원
- 인천광역시노사민정협의회 노사협력조정분과 위원
- 중소벤처기업부 현장클리닉 자문위원
- 인천테크노파크 기술지도위원
- 공공기관 NCS 블라인드 전문면접관

자격

- 경영지도사
- ISO국제선임심사원(ISO9001&14001,22000)
- 소자본창업지도사
- 포장관리사
- 산업카운슬러(2급)

저서

- 『완구점 창업가이드』, 중소기업청(소상공인중앙센터), 1999.
- 『ESG경영』, 브레인플랫폼, 2021.(공저)
- 『메타버스를 타다』, 브레인플랫폼, 2021.(공저)
- 『N잡러 컨설턴트 교과서』, 브레인플랫폼, 2022.(공저)

21장

메타버스 시대! N잡러, 메타버스 유통 플랫폼 전략

이성순

일하는 사람에게는 다양한 욕망과 능력이 있다. 스스로 일들의 조합을 만들어내 직업을 창조하는 것을 'N잡러'라 한다.

1. 이제는 N잡러 트렌드가 대세다

1) 전문분야 경험과 역량을 공유하면 된다

새로운 패턴의 N잡러가 노동시장의 트렌드로 자리 잡고 있는 가운데 현재 직장인들의 80%가 N잡러를 원한다고 한다. 이는 자신만의 역량을 키움으로써 불안한 미래의 대비를 위함이다. 이러한 사회적 현상은 주 52시간 근무제의 영향이 무척 큰 편이다. 근무시간의 단축으로 인해 또 다른 수입원이 필요해졌기 때문이다.

더욱이 코로나19, 팬데믹, 오미크론 등 긴박한 비대면 상황의 가속화로 인해 실업률이 높아지면서 실업급여를 받는 인원이 더 많아진 것도 한 이유다. 더불어 갈수록 취업 시장도 불확실하고, 은퇴의 나이는 점점 빨라져 노후 생활의 불안정이 오고 있기 때문이다.

최근 다수의 연예인들과 1인 방송 등, 곳곳에서 수익 창출을 위해 N잡러로 활동하고 있고 유튜브 등에서 다양한 N잡러들이 온라인으로 활동할 수 있는 새로운 플랫폼들이 속속 나타나고 있다. 따라서 투잡, 쓰리잡, N잡러로 활동하는 사람들이 그만큼 많아지고 있다.

여기에서 최근 급속하게 유행하는 'N잡러'는 생존형 업무를 병행하는 투잡족 부업과 다소 다르다. 생존형 투잡족은 본업으로 부족한 수입을 메꾸기 위해 대리운전, 점포창업 등 자신의 흥미와 관계없는 일을 하는 경우를 의미한다. 직장인들 사이에서 최근 유행하는 'N잡러'는 경제적 소득 외에도 본업에서는 충족할 수 없는 개인의 자아실현을 중시하며 다른 부업과 취미생활을 통해 가치를 충족시키는 사람들이다.

그동안 주된 일자리에서 쌓아온 경험과 역량, 네트워크 등을 활용하여 자아를 실현할 수 있는 관심 분야에 도전하는 'N잡러'에 도전할 능력이 충분하다. 특히 재능 있는 개인이 주목받을 수 있는 각종 온라인 플랫폼을 활용할 수 있다면 N잡러는 어렵지 않다.

따라서 누구든지 전문분야 경험과 역량을 공유함으로써 수익을 창출하면서 'N잡러'로서 재능을 활용하게 된다면 지속적인 수익화는 물론이고 퍼스널브랜딩으로 일을 할 수 있는 선순환 구조가 가능하다. 앞으로 기업에 정규직으로 취직하지 않더라도 다양한 형태로 기업과 일할 수 있게 될 것이다. 직업의 기회가 더욱 다양하고 유연하고 넓어지는 것이다.

2) 제2의 인생, 우선 '경제적 자유'를 지향하고 있다

최근 직장인들은 '생각 날 때마다 가끔씩 업무성과나 이력서를 정리해 두고 있다'고 하는 경우가 있고, '정기적으로 이력서를 업데이트하고 있다'는 직장인들도 증가하고 있다. 이직에 대한 정보는 대부분 취업포털 등에서 제공하고 있는 채용 공고나 정보를 이용하고 있는 경우가 많았다.

한편, 이들이 여름 휴가 대신 이직준비를 하는 이유로는 코로나19 여파로 휴가를 떠나기 불안해서가 가장 많으며, 휴가 기간 동안 여유롭게 이직할 기업도 알아보고 지인들도 만나보려는 직장인도 있다. 제2의 인생에서 이들이 가장 중요하게 생각하는 것은 '경제적인 자유'인 것으로 나타났다.

인생 이모작을 위해 직장인들이 현재 준비하고 있는 것으로는 재테크 등 경제력 향상이 가장 크고 다음으로 이직 및 재취업, 취미 및 특기 개발, 외국어, 직무능력 향상 등 자기계발, 개인사업 및 창업 준비 등이 있다.

또한, 인생 이모작을 준비하는 데 있어 어려운 점은 자금부족이라고 생각하는 경우가 많으며 시간 부족, 가족 부양, 의지 부족, 거시적 안목 부족이라고 생각하는 경우가 있다. 제2의 인생에 있어 가장 중요하게 생각하는 것은 '경제적으로 자유로워야 한다, 마음 편히 살아야 한다,

일하면서 보람을 찾아야 한다, 봉사활동 등 사회공헌을 해야 한다'는 의견이 있다. 이러한 점들이 종전의 기성세대들이 지향했던 평생직장, 평생직업관 개념과는 전혀 새로운 밀레니얼 트렌드 변화라고 볼 수 있다.

2. 메타버스 시대! N잡러의 경쟁력 향상 방안은?

1) 소통 능력을 통한 경쟁력 향상이 최우선이다

최근 직장인들이 메타버스 시대 경쟁력 확보를 위해 가장 필요한 것이 무엇인가에 대한 분석 결과로서 첫째는 커뮤니케이션 즉 소통 능력을 통한 경쟁력 향상을 최우선 과제로 꼽고 있다. 둘째는 메타버스와의 협업 즉 관리가 가능하도록 인공지능, 빅데이터 등의 관련 기술 지식 습득이다. 셋째는 고객 및 동료와의 교감, 유대감 형성을 통한 경쟁력 확보인 것으로 나타나고 있다.

이밖에 업무에서의 유연성, 문제 예측 및 해결 능력 등 메타버스에 뒤처지지 않는 경쟁력을 갖추기 위해 노력, 메타버스가 대체할 수 없는 다른 직무로의 전환을 준비, 메타버스 시장을 개척하거나 메타버스를 직접 실무에 적용하는 등 이미 메타버스를 적극적으로 업무영역에 활용하고 있는 경우도 있다.

2) 일자리 매칭 플랫폼을 활성화해야 한다

신규 일자리 창출에 메타버스 기술은 아주 커다란 영향을 끼치고 있으며, 미래 일자리 증가를 견인할 것으로 보인다. 또한, 직무 역량과 특성에도 상당한 영향을 미치는 것으로 나타났다. 특히 우리나라의 노동생산성은 메타버스 도입 시 31%까지 상승할 것으로 보인다. 일본과 같은 인구 노령화로 인해 고민을 안고 있는 국가에서도 메타버스로 인해 2035년까지 예상 경제성장률이 3배 이상 상승할 것이란 주장이다. 메타버스가 반복적이고 일상적인 업무를 처리할 수 있단 것은 더 긍정적인 대목이다.

이로 인해 근로자들은 보다 고차원적인 업무를 수행할 시간이 늘어날 수 있기 때문이다. 메타버스와 자동화 기술 도입으로 근로자의 업무가 고차원적 사고가 필요한 역할로 전환됨에 따라, 근로자의 임금을 2030년까지 10% 상승시키는 것으로 확인됐다.

또 호주와 일본에서 이루어진 연구에 의하면 메타버스 도입으로 위험한 육체노동이 대체됨에 따라 업무환경 재해가 11% 감소하고 직무 만족도는 20% 증가할 것으로 조사됐다. 따라서 인공지능 도입의 긍정적 효과를 도출하기 위해선 그에 맞는 교육과 대응이 필요하다.

메타버스로 인한 사회, 경제적 변화에 앞서 각국 정부와 기업들이 선제적으로 정책과 전략을 준비할 필요성을 강조하고 있다. 정부와 기업은 일자리와 인력의 미스매치를 해결하기 위해 일자리 매칭 플랫폼을 활성화하고 노동시장의 유연화로 인한 새로운 고용기회 창출을 위해 노력하는 한편, 시장 수요에 부합하는 AI 인력양성을 위해 교육 커리큘럼을 개발하고 교육을 시행해야 한다.

즉 근로자가 충분한 재교육을 받고 메타버스로 창출되는 새로운 일자리로 전환할 수 있도록 적극적인 지원이 필요하다는 것이다.

3. 누구나 N잡러가 될 수 있다

1) 투잡 희망 이유는 추가 수입이다

최근 리크루트타임스에서 직장인 642명을 대상으로 '투잡 의향 조사'를 실시한 결과 전체 직장인 중 84.1%가 투잡 의향이 있는 것으로 나타났다. 세부적으로 살펴보면 기혼보다 미혼 직장인 그룹에서 투잡 의향이 있다는 답변이 높았다. 연령대별로는 20대와 30대가 평균보다 투잡 의향이 높았고, 40대 이상 그룹은 상대적으로 가장 낮았다.

직장인들이 투잡을 희망하는 가장 큰 이유는 단연 '추가 수입을 벌기 위해서'였다. 이외에 '평소 흥미를 가지고 있던 일을 해 보기 위해'와 '퇴근 후 시간이 남아서', '자기계발·취미생활의 일환으로', '창업 등 새로운 커리어 준비를 위해' 투잡을 희망한다는 의견이 있다. 직장인들이 투잡으로 기대하는 수익은 평균 61만 원이었고, 투잡을 위해 투자할 수 있는 시간은 하루 평균 2~3시간으로 나타났다.

한편, 직장 경력을 포기하고 신입직 채용에 '올드 루키(Old Rookie)로 지원해 본' 직장인이 많다. 올드 루키 지원 경험은 남성 직장인이 여성 직장인보다 많다. 연령대별로는 30대 중 올드 루키 지원 경험이 가장 많다. 이는 직장인들이 경력이 있음에도 불구하고 경력을 포기하고 신입직 채용에 지원하는 가장 큰 이유는 '복지제도가 우수한 기업에서 일하고 싶기 때문인 것으로 나타났다. 그다음으로는 '높은 연봉을 받기 위해서', 비전이 높은 기업에서 일하기 위해, 현재 업무에 만족하지 못해 새로운 일을 하기 위해, 빨리 회사를 옮기고 싶어 취업 경쟁력을 높이기 위해 순으로 나타났다.

이는 원하는 조건의 직장에 취업하기 위해, 경력을 포기하고라도 계속 구직활동을 하는 직장인들이 증가하고 있는 가운데 복지제도나 연봉 등 원하는 조건을 갖춘 일자리를 찾는다면 경력을 인정받지 못하고 신입사원으로 취업해도 괜찮다는 직장인들의 사고를 볼 수 있다.

2) 부캐 문화 긍정적인 이유는 자아 정체성을 표출이다

한 사람이 다양한 캐릭터로 분화돼 각각에 걸맞은 활동을 하는 부캐는 '부(副)캐릭터'의 줄임말로 게임에서 원래 캐릭터인 본(本)캐 외에 새롭게 만든 캐릭터를 지칭하던 용어였다. 하지만 이제는 하나의 사회적 현상으로까지 번지고 있는 부캐 열풍에 대한 직장인과 구직자들의 의견을 들어봤다.

특히 부캐 열풍에 대한 선호도는 30대에서 가장 높았으며, 부정적인 견해는 40대에서 가장 높아 연령대별로 차이가 있었다. 부캐 문화 열풍에 대해 긍정적인 이유로는 '다양한 자아 정체성을 표출할 수 있다, 새로운 자아 발견, 현실에 포기된 꿈 및 취미 실현' 등이다.

반면 부정적으로 생각하는 이유로는 '거짓 행동 같다, 디지털 세상이 가져온 양면적인 모습, 익명을 내세워 악용될 소지가 있다, 나에 대한 정체성 혼란' 등의 의견이 있다.

이들이 부캐를 가지고 있거나 향후 가지고 싶은 이유로는 또 다른 내 모습을 만들거나 표출하기 위해서가 가장 높았으며, 다음으로 퇴근 후 직장과 다른 모습으로 모드 전환, 인스타그램, 유튜브 등 SNS 부계정 운영, 현실에서 좌절된 꿈 실현을 위해, 부캐를 활용한 투잡을 위해, 그냥 재미있어서, 연예인이나 캐릭터 등이 있다.

부캐를 통한 향후 직업으로의 연결에 대해서는 부캐는 철저하게 일 바깥 영역이고 싶다는 의견이 부캐를 통해 세컨잡을 찾고 싶다는 의견보다 다소 높은 의견을 보이고 있다.

3) 방법이 다를 뿐 불가능은 없다: N잡러 실천 사례

4차산업혁명 시대와 동시 다모작 시대를 맞이하여 변화의 속도가 빨라지면서 업의 경계가 없어지는 가운데 'N잡러'의 시대가 급속하게 확산되고 있다. 이제는 여유 시간에 틈틈이 일을 하고 원하는 만큼만 일하기를 원하는 사람이 늘고 있는 것이다. 환언하면 다양한 플랫폼들이 생겨나면서 여유 시간이 생기면 즉시 모바일로 필요한 일을 찾아 수입을 올릴 수 있는 여러 일자리가 생겨나고 있다. N잡러를 원하는 직장인뿐 아니라 학업과 병행하고 싶은 대학생도 손쉽게 일자리 매칭 플랫폼에서 일거리를 찾아 원하는 시간에 일하며 원하는 만큼 벌 수 있는 서비스가 눈길을 끌고 있다.

그동안 저자는 다년간 대기업에 근무를 하면서 N잡러를 꾸준하게 진행해왔고, 현재도 중소기업 2개 법인을 운영하면서 꿈과 비전을 갖고 새로운 일자리 매칭 플랫폼에 도전을 멈추지 않고 있는 실질적인 N잡러의 현장 사례를 소개하고자 한다.

말하자면 30년 전 시대 상황은 지금의 상황과 너무나 다르게 직장인의 하루하루가 너무나 빠르게 지나갔다. 즉, 새벽녘에 출근하여 업무를 마치고 퇴근하여 집에 도착하면 거의 자정을 알리는 뻐꾸기 소리를 듣는 경우가 많았다. 이러한 경황없는 삼성인의 생활에서 학업을 병행한다는 것이 얼마나 힘겨운 것인가를 새삼 깨닫게 되었고, 결국 둘 중의 하나를 선택하는 상황에 이르렀다.

몇 달을 고민한 결과, 한 살이라도 젊었을 때 석·박사 과정을 하지 않으면 시간이 갈수록 더 어려워질 것으로 예측되어 과감하게 학업 병행을 결정하게 되었다. 물론 학업 중간에 건강이 안 좋아져 병원에 입원하는 상황을 초래하여 주변에 많은 분들에게 심려를 끼쳐 드리기도 하였다. 그 당시에는 어려운 상황을 극복하고 나면 이제 좋은 일만 있을 것으로 생각되었는데 현실은 그리 녹록하지 못했다. 한 달에 대형 점포를 많게는 4~5개까지 오픈을 해야 하는 강도 높은 업무가 10여 년간 지속되었다. 이러한 상황에서의 주경야독은 정말 삶의 사활을 거는 전쟁 수준이었다.

돌이켜보면 그때 힘겨운 상황에서의 학업 병행이 더없이 소중한 보약으로 작용하여 현재의 교육 플랫폼 시장에 쉽게 뛰어들 수 있게 되었다. 예를 들면 여러 대학과 대학원 강단에 설 수가 있고, 전문교육기관을 통하여 대기업, 중견기업에서 강의 요청이 있었으며, 더불어 중소기업에서는 경영컨설팅과 경영자문을 맡을 수 있게 되었다. 더 나아가 15~20곳의 공공기관 평가위원, 전문위원, 전문컨설턴트 등에서 활동적으로 참여할 수 있어 현재는 시간이 경과 할수록 N잡러의 역할 수행은 더욱 더 바쁜 일정으로 몰아가는 느낌이다.

결론적으로 누구나 삶의 과정에서 N잡러의 길은 열려 있으니 어떠한 어려움이 있더라도 결코 포기하지 않고 주어진 목표를 향해 최선을 다해 경주할 수만 있다면 방법이 다를 뿐 불가능은 없다고 생각된다.

4. 미래 'N잡러 수익원 창출' 방향은?

1) 인터넷 유통 플랫폼 전략

인터넷 쇼핑몰을 활성화하기 위해서는 다음과 같은 9가지 전략을 사용하여야 한다.

첫째, 사이트 활성화를 위한 쇼핑몰을 기획하는 것이 중요하다. 사이트는 차별화된 콘셉트를 잘 살리는 디자인이어야만 한다. 디자인의 단순함으로 상품의 품질을 높여야지 너무 화려한 디자인은 안 된다. 상품으로 디자인의 승부를 해야 하고 아이디어를 디자인으로 승화시켜야 한다.

또한, 클릭 수를 최소화하는 내비게이션을 구축해야 한다. 대분류와 중분류를 메인 카테고리에 노출시켜야 하며, 네티즌들은 홈페이지에 들어가 7~9초 안에 원하는 정보나 서비스를 찾지 못하면 다른 곳으로 떠나버린다는 사실에 유념해야 한다.

상품 카테고리, 노출상품의 배열순서 등에서도 고객의 인기도를 반영하는 것이 중요하다.

둘째, 상품배열에 관한 전략이다. 사람들의 시선은 좌측 상단에서 우측 하단으로 이동한다. 그러므로 좌측 상단에 가장 중요한 포인트를 주어야 한다는 것이다. 상품의 카테고리는 수직으로 중분류까지 한 번에 클릭할 수 있도록 배열하고 우측에 시선이 보다 오래 머물러 있으므로 우측 상품배열을 전략적으로 하여야 한다.

로그 분석을 통해 판매 순, 조회 순으로 상품을 배열해야 하며, 사이트 내부검색창의 키워드분석이 매우 중요하다. 또한 상품정보 페이지에 관련 상품을 나열해야 하고, 장바구니에 할인가격과 적립률을 명시하여야 한다. 코너마다 전시방법을 바꾸고 구매 결정 과정을 짧고 쉽게 만들어야만 더 좋은 효과를 낼 수 있다.

셋째, 상품 사진과 설명이 감성을 자극하여야 한다는 것이다. 쇼핑몰의 큰 특징 중 하나는 실물이 아닌 이미지를 파는 것이다. 이미지와 감성 마케팅의 중요성을 간과해서는 안 된다. 따라서 상품 사진마다 다양한 각도의 이미지를 최대한 많이 활용한다. 이것은 미지에도 스타일이 필요하기 때문이다.

그리고 상품 설명에 있어 고객의 60%는 상품 설명이 부족하다고 지적한다. 카탈로그 식의 설명이 아닌 구매자의 눈높이에 맞춘 설명이어야 감성을 자극할 수 있다.

넷째, 쇼핑몰 커뮤니티전략으로 사이트 최적화 운영전략이다. 이것은 체류시간과 재방문을 유도하는 전략으로 감성 마케팅 전략, 고객참여 마케팅 전략, 판촉 이벤트전략을 주로 사용한다.

다시 말해 고객과의 커뮤니티를 통해 입소문을 유발할 수 있는 효과가 있다. 이 전략에서는 효과적인 검색엔진 키워드 광고가 중요하며 카페와 블로그를 운영하거나 댓글을 달아 마케팅 전략을 펼치기도 하고 펌질 될 콘텐츠전략을 쓰기도 한다.

　다섯째, 감성 마케팅 전략이다. 감성 마케팅을 인간미로 승부하는 것이다. 그 사례는 호신안전용품 전문몰의 경우 명함과 인사편지 동봉하기, SK텔레콤의 '사랑을 향합니다', 알바생들의 권리를 이야기 하고 있는 알바천국 등으로, 인간미를 살려 성공한 사례이다. 대개 생활 속 자연스러운 모습을 노출시키는 전략이라고 볼 수 있다.
　일부 쇼핑몰의 경우 후원쇼핑을 주최하여 이웃들에게 봉사하는 나눔의 정신을 보여줌으로써 감성적으로 다가간다. 또 다른 방법으로는 축하카드, 세련된 포장, 좋은 문구, 기프트 카드, 친절 도우미 서비스, 세스코의 게시판 관리 등 감동을 부르는 서비스를 통해 감성 마케팅을 하고 있다.

　여섯째, 판촉 이벤트 및 체험 마케팅 전략이다. 판촉 이벤트의 경우 고객의 일면을 계속 두드리는 것이 중요하다. 구매를 이끌어내는 이벤트, 주력상품 특가 이벤트, 적립금 이벤트, 오픈기념 사은품 이벤트, 주력상품 특가 이벤트, 1+1 이벤트, 패키지 할인 이벤트 등이 있다. 주기적인 이메일 서비스를 통해 구매를 이어 가야 하며 참여자를 회사 영업사원으로 즉, 서포터즈로 활용해야 한다.
　체험 마케팅을 활용하는 경우에는 후기 코너, 멤버 커뮤니티, 공짜 이벤트, 농원 체험하기 등이 있다. 다음은 철저한 회원관리 전략이다. 회원관리를 할 때는 구매고객에게 더 큰 혜택을 주어야 함을 명심해야 한다. 회원의 등급을 나누어 차등서비스를 기획하고 재구매 이상의 고객

특별 관리 프로그램을 선보이는 등의 VIP 마케팅을 펼친다. 기존 고객의 입소문을 활용하는 추천인 제도, 소개 마케팅을 활용하기도 한다.

일곱째, 펌질 콘텐츠 제작이다. 자발적으로 생산하는 커뮤니티를 만들어야 한다. 이를 위해서는 게시판의 주제가 매력적이어야 하고 참여자에게 보상을 주어야 한다. 초기 활성화는 직접 작업을 해야 하고 반드시 댓글기능을 지원해야 한다.

다운로드해 갈 수 있는 콘텐츠를 기획하고 바이러스 마케팅을 연계한다. 오락적이거나 정보성이 강한 콘텐츠, 코디 웹진, 화보 같은 의류 촬영사진을 이용한다.

지식IN, 오픈사전을 활용할 수 있는 콘텐츠를 기획한다. 지속적으로 지식IN 질문, 답변을 테스트하고 오픈사전에 등록할 신지식을 찾아 출처를 노출시키는데, 정보성 콘텐츠가 많을수록 유리하다. 다만 유의할 것이 있다면 너무 과장되거나 허위의 자료를 만들어내서는 안 된다는 점을 명심해야 한다.

여덟째, 카페와 블로그 운영이다. 카페와 블로그 운영을 마케팅으로 활용하고 있는 사례는 점차 늘어나고 있으며 이는 키워드 광고효과를 대체하고 있다. 제휴보다는 직접 운영을 하는 것이 효과적이다. 직접 카페를 만들어보면서 키워드전략을 체험하고 구매를 높여줄 콘텐츠가 점차 모이면 보다 충성도 높은 고객을 만들 수 있기 때문이다.

요즘 추세는 사이트 안에서 카페 및 블로그를 활용할 수 있도록 자체 기능을 넣어주는 것이 포인트이다. 블로그는 펌질을 염두에 두고 활용해야 하고 정보 위주의 전문 블로그를 키워야 한다. 사례로 보면 유아용품 공구 카페로 성공한 '맘스공구', 수입 보세 의류쇼핑몰 '펀펀걸'이나 '업타운걸', 여성 의류쇼핑몰 '립합' 등 최근 유명세를 탄 의류몰은 개인 카페와의 연결고리로 성공하였다.

아홉째, 제휴 마케팅 전략이다. 인터넷 쇼핑몰로 성공하기 위해서는 많은 소비자들이 관심을 갖게 하는 것이 중요하다. 제휴 마케팅 전략이란 우리 회사가 갖지 못한 것을 다른 회사가 갖고 있다면 상호 간의 제휴를 통해 상생할 수 있는 방법을 찾는 전략이다.

모든 것이 경쟁이고 기업마다 차별화를 위해 노력하다 보니 서로를 위해 손을 잡는 것이기도 하다. 이 외에도 많은 종류의 방법이 있지만 가장 기본적이면서 누구나 할 수 있는 방법이다. 이러한 방법만 잘한다면 인터넷 쇼핑몰이 잘 될 수 있다고 생각한다.

2) 메타버스 유통 플랫폼 방향

유기적 생태계에서 중요한 것은 '제품과 브랜드를 매개로 어떻게 디지털 연결해 주는 네트워크에 소비자를 참여시킬 것인지'이다. 제품 출시 전에 어떻게 고객의 의견을 모으고 담을 것인지, 제품 출시 후에 어떻게 고객들과 함께 성장해 갈 것인지, 제품과 브랜드에 어떤 역할을 부여하고, 고객들에게 어떤 놀이의 장을 만들어 줄 것인지로 마케팅 요소를 전면 개편해야 한다.

제품만 보지 말고 어떻게 고객을 도울 것인지, 고객의 삶을 지원할 것인지 철저히 서비스 마인드의 접근이 필요하다. 제품은 조연일 뿐이다. 이제 주인공은 소비자여야 한다. 메타버스 유통 플랫폼을 활성화하기 위해서는 다음과 같은 7가지 전략을 사용하여야 한다.

첫째, 고객을 끌어당기는 힘을 발휘해야 한다. 유통 플랫폼 운영은 결국 '브랜딩'으로 귀결된다. 경쟁이 치열한 이커머스 시장에서 선택받기 위해서는 결국 브랜드의 정체성을 바로 세워서 고객을 끌어당기는 힘을 발휘해야 한다.

오픈마켓이 세일즈를 지향한다면, 자사몰은 브랜딩을 지향해야 한다. 새로운 브랜드의 법칙을 세우는데 철저히 고객 데이터 기반으로 고객의 라이프 스타일을 설계할 수 있는 시각으로 접근해야 한다. D2C 시장이 뜰수록 플랫폼 시장은 개인 취향 중심으로 더 세분될 것이다.

둘째, 제품을 파는 것이 아니라 경험을 파는 것이다. 제품을 파는 것이 아니라 경험을 파는 것으로 비즈니스를 전환해야 한다. 그것이 마케팅의 디지털 트랜스포메이션 지향점이자 브랜딩 뉴노멀이다. 한 방향(ONE WAY) 오프라인 시대의 브랜딩에서 벗어나 쌍방향 디지털 시대의 브랜딩으로 가야 한다.

셋째, 고객관계 관리에서 고객경험 관리로 대전환해야 한다. 고객관계 관리(Customer Relationship Management, CRM)는 고객의 구매 이력 데이터 분석을 통해 고객의 브랜드 충성도 관리를 의미하고, 고객경험 관리(Customer Experience Management, CEM)는 빅데이터 시대에 있어 고객의 충성도 관리라는 한정적인 접근에서 벗어나 고객이 제품을 탐색하는 과정에서부터 구매, 사용 단계에 이르기까지 모든 고객의 경험을 관리하는 CEM에 주목해야 한다.

이뿐만 아니라 고객 여정은 고객이 상품이나 서비스를 구매하기까지의 단계를 일목요연하게 정리를 잘해야 하고, 고객경험 지도 즉 고객 여정의 단계, 타임라인, 마케팅이벤트, 정성적 반응, 정량적 정보, 판단 및 평가 기준, 불편사항 등을 통해 고객이 서비스를 어떻게 받아들이고 사용하는지 고객 관점에서 파악할 수 있고, 문제점 파악 및 기회를 발견하는 것이 중요하다.

넷째, 라이프 스타일을 제안하는 전략으로 방향을 바꾸어야 한다. 이러한 고객경험을 설계하는데 가장 중요한 것은 차별화된 핵심가치를 뽑는 것이다. 원래 고객이 원하는 니즈는 궁극적으로 행복, 따뜻함, 자부심, 배려 등으로 인간이 느끼는 본연의 감정에서 비롯된다. 다른 플랫폼에서 제공해 주지 않는 우리만의 차별화 요인, 모든 비즈니스 활동의 근간이 되는 브랜드 결정체인 '자기다움'을 견고히 갖추어야 한다. '그 서비스가 왜 필요한가, 왜 다른 것이 아니고 그것을 선택해야 하는가?'를 명확히 알아야 한다.

디지털마케팅은 사람들을 끌어들일 수 있는 자기다움으로 디지털 생태계 즉, 라이프 스타일 플랫폼을 만들고 운영 확장하는 일이다. 이를 위해 고객의 불편을 해소하고 욕구를 충족할 수 있는 지점에서 신 고객가치를 발굴할 수 있다.

경쟁의 관점에서 차별화 전략이 아니라, 고객의 삶에서 라이프 스타일을 제안하는 전략으로 방향을 바꾸어야 한다. '자기다움'에 에너지를 모으고 디지털 공간에 이를 던져 자신만의 유니버스를 구축하는 것, 이것이 디지털트랜스포메이션 시대의 새로운 브랜드 전략이다. 오리지널 전략은 소위 '여기에만 있다'의 전략이다. 독자성에 의한 존재의 가치가 명확해야 시시각각 새롭게 생성되는 신생 플랫폼들 사이에서 빛을 발산할 수 있다.

다섯째, 라이프 스타일 플랫폼을 구축하는 것이다. 강력한 거리 이점을 확보하기 위해서는 '라이프 스타일'이란 영역에 집중할 필요가 있다. 라이프 스타일이 거래가치가 있게 되면 고객들은 자연히 붐비게 되고 이때부터 플랫폼은 안정적인 성장세로 진입할 토대를 얻게 된다. 그렇다면 라이프 스타일을 제안하기 위해 어떤 거래 이력을 활용할 것인가를 집중 연구해야 한다.

또한, 초개인화 마케팅을 위해 개인화 변수로 고객 정황, 고객 접점, 고객 취향이 중요하게 부각되기 시작했다. 싱글소스를 중심으로 데이터 플랫폼을 구축하고 고객의 구매 여정에 따라 하루 일상을 쫓아가다 보면 다양한 생활 속 모멘트를 확보할 수 있다. 내부 역량만으로는 확장되는 생태계에 대응하기 어려우니 외부 협업을 통해 소비자 생활반경에 침투하는 것이 필요하다. 성공한 플랫폼들은 제품을 사고파는 유통의 장이라기보다, 소비자에게 다양한 생활정보를 제공하고 이들의 편의와 니즈를 충족시키는 생활의 장으로서의 비전을 가지고 있다.

여섯째, 지속가능한 플랫폼으로 커뮤니티를 형성한다. 브랜드 플랫폼을 이끌 팬을 만든다. 브랜드 철학을 구축하고 이를 기반으로 브랜드 스토리와 콘텐츠를 개발하고 공감대 있는 소통을 시도해야 한다. 일단 소수의 팬이 형성되면, 팬이 스스로 화자 역할을 하면서 플랫폼을 움직이는 동력이 된다.

그리고 팬들의 놀이터가 되게 한다. 고객참여를 통해 브랜드 플랫폼을 운영하는 것, 그것을 가능하게 하는 것은 브랜드 철학을 근간으로 하는 커뮤니티의 순수성이다. 브랜드는 소스만 제공해도 고객들은 알아서 모여서 논다. 브랜드의 비하인드 스토리, 제품에 대한 다양한 관점의 경험 등 콘텐츠가 필요하다. 기타 브랜드 전용 전시회, 출판물, 캐릭터를 이용한 전용 굿즈, 타기업과의 콜라보 등이다.

다음으로 팬들과 실시간으로 소통한다. '댓글리테이션'이라는 말이 있을 정도로 고객의 댓글을 살피고 댓글에 찰떡같이 반응하고 댓글이 활성화될 수 있도록 말을 거는 것 등이 커뮤니티 운영의 열쇠다. 그만큼 댓글은 고객과 만든 2차 콘텐츠의 위용을 갖는다. 댓글 소통은 정교함보다 꾸준함이 필요하다.

일곱째, 메타버스 브랜딩 고도화를 통해 기업 가치를 높인다. 유통업계는 최근 AR, VR 기술 서비스를 통해 오프라인 매장과 연결하고 구매를 유도할 수 있는 새로운 채널로 메타버스를 주목하고 있다. 비대면 트렌드가 자리 잡음에 따라 가상공간을 통해 색다른 체험 콘텐츠를 제공하고 '큰 손'으로 떠오른 MZ세대까지 끌어올릴 수 있어서다.

국내에서도 편의와 실용성, 즐길 거리를 제공하는 메타버스 서비스가 속속 도입되고 있다. 화장품을 VR 전시 형태로 국내·외 공개하면서 공략하는가 하면 가상공간에서 성형, 메이크업, 랜선 파티 등을 즐길 수 있는 서비스도 등장했다.

유통업계의 메타버스 전략은 기능과 기업 브랜딩이라는 크게 두 가지 측면의 전략이 가동되고 있다. 전자, 메타버스를 일종의 오프라인 및 이커머스 판매 플랫폼 연장선으로 규정해 실제 수익활동을 거두는 창구로 삼는 전략이다. 실질적인 수익창출을 노린다는 점에서 기존 유통업계 채널 확보의 또 다른 선택지로 볼 수 있다.

후자, 메타버스에 모여든 MZ세대 등의 이용자 특성에 주목, 그들의 취향에 맞는 무형의 가치를 제공해 기업 가치를 끌어올리는 전략이다. 일종의 광고판 전략에 가깝지만, 회사와 이용자의 교감을 일종의 콘텐츠로 삼아 유기적인 생태계 전략을 창출한다는 점에서 단편적인 광고나 브랜딩과는 차원이 다르다. 직접적인 상품 판매도 중요하지만 브랜딩 고도화를 통해 기업 가치를 끌어올릴 필요가 있는 유통업계의 관심이 메타버스에 집중되는 이유다.

참고문헌

- 김난도, 『트렌드 코리아 2021』, 미래의창, 2020.
- 김유나, 『브랜드 유니버스 플랫폼 전략』, 학지사, 2021.
- 김용섭, 『라이프 트렌드 2021』, 부키, 2020.
- 자오궈둥·이환환·쉬위엔중, 『디지털 신세계 메타버스를 선점하라』, 미디어숲, 2022.
- 전승환, 『프로N잡러』, 인터비즈, 2020.
- 유석윤, 『N잡러를 위한 '된다'』, 이지스퍼블리싱, 2021.
- 한승현, 『이번 생은 N잡러』, 매일경제신문사, 2021.
- 최하나, 『언젠간 혼자 일하게 된다』, 더블엔, 2020.
- Peter W, Hawkes (Ed.), 『Advances in Imaging and Electron Physics, Vol. 103-Academic Press』, 1998.
- Donald L. Voils, 『Advanced Business Programming with C#』, 2005.
- 미디어피아 www.mediapia.co.kr
- 리크루트타임스 www.recruittimes.co.kr

저자소개

이성순 LEE SEONG SOON

학력

- 중앙대학교 무역학과 학사
- 중앙대학교 국제경영학과 경영학 석사
- 홍익대학교 경영학과 경영학 박사
- 고려대학교 경영대학원 최고경영자과정(AMP 71)

경력

- 주식회사 베스트키퍼스 대표이사
- 주식회사 한국기업자금평가원 대표이사
- 경희대학교 겸임교수, 협성대학교 객원교수, 강남대학교 겸임교수
- 중앙대학교, 홍익대학교, 을지대학교, 안양대학교 외래교수 외
- 사) 한국여성경제인협회 전문평가위원
- 사) 한국강소기업협회 전문위원
- 재) 농업기술실용화재단 경영기술전문가 컨설턴트
- 중소기업유통센터 평가위원

- NCS 블라인드 공공기관 전문면접관
- 중소벤처기업부 비즈니스지원단 전문위원
- 한국어촌어항공단 ONE-STOP 창업지원 컨설턴트
- 중소기업기술정보진흥원 평가위원
- 경기도 기술개발사업 평가위원
- 서울시 탤런트뱅크 전문가 인증
- 경기도경제과학진흥원 평가위원
- 울산테크노파크 기술닥터 전문위원
- 해양수산과학기술진흥원 기술가치평가 평가위원
- 서울산업진흥원 서울기업지원센터 전문위원
- 소상공인시장진흥공단 컨설턴트
- 한국정보통신진흥협회 디지털전환 컨설턴트
- 전) 삼성그룹 공채(제29기)
- 전) (주)신세계백화점, (주)이마트 상무이사
- 전) 중소기업청 자문위원
- 전) 농촌진흥청 유통, 마케팅 자문위원
- 전) 한국생산성본부(KSA) 전문위원
- 전) 한국표준협회(KPC) 전문위원

자격

- 경영지도사
- 창업지도사
- ISO 9001 국제심사원
- ISO 37001 국제심사원
- 기업 R&D 지도사
- 창직 컨설턴트(1급)

- 사회적기업컨설턴트
- 협동조합코칭컨설턴트(1급)
- 신지식인 인증(교육)

저서

- 『고객을 사로잡는 머천다이징』 청람, 2015.(공저)
- 『쉽게 배우는 상품기획 및 매입』 한국표준협회, 2015.
- 『쉽게 배우는 상품 및 운영 경쟁력강화』 한국표준협회, 2015.
- 『쉽게 배우는 점포운영 실무』 한국표준협회, 2015.
- 『AI블록체인과 브레인경영』 브레인플랫폼, 2020.(공저)
- 『4차산업혁명 시대 창업과 창직』 브레인플랫폼, 2020.(공저)
- 『경영기술컨설팅의 미래』 브레인플랫폼, 2020.(공저)
- 『신중년 도전과 열정』 브레인플랫폼, 2020.(공저)
- 『신중년, N잡러가 경쟁력이다』 브레인플랫폼, 2021.(공저)

수상

- 우수중소기업 표창, 서울지방중소벤처기업청장, 2018.12.
- 대한민국문화교육대상, 사)한국문화교육협회, 2020.12.

인문학도를 위한 N잡러 _침묵한 학이시습지 (學而時習之)의 부활

안수현

1. 인문학의 저주?

고개 숙인 인문학도들이여! 학문의 트로이카로 존경받아 온 '문·사·철(文·史·哲)'은 르네상스의 첨병으로 자리매김해 왔던 인문학은 더 이상 쓸모없는 영역인가? 21세기 현재 인공지능의 대두, 초고령화사회 진입, 종신 고용과 대졸 신입 직원, 일과 채용의 종언 등 지금까지의 통념이 통하지 않는 격동의 시대를 맞이하고 있다. 다시 말해 전대미문의 변화에 저항하지 않으면 안 된다는 현실을 깨닫게 했다. 변변한 스킬(?)을 보유하지 못한 인문학 졸업자는 현실적으로 체험하는 이 시대를 어떻게 살아남을 수 있을까? '어디서나 통하는' 인문학이 되기 위한 인생전략은 과연 어떤 모습이어야 하는가?

취업이란 삶에서 자신을 드러내는 가장 확실한 사건이다. 인문학도는 죽어가는 자를 위한 광시곡(Rhapsody)의 주인공이 아니다. 취업에 대한 본능적인 두려움은 '없는 자'와 '있는 자'를 목격한다. 취업은 삶의 또 다른 얼굴이며 빛과 그림자의 양면을 가지게 한다. 인문학도의 취업은 선택과 배제 이전 '산산조각'으로 해체된 서사로서 철저히 봉인되며 '거친 숨'만을 내쉴 뿐이다. 취업에 드리워진 차가운 그림자와 함께 달리고 있을 뿐이다. 취업은 실존의 증명이며 모든 존재는 취업과 마주치게 되는 숙명을 가지게 된다. 자신의 신념에 의해 인문학을 선택했음에도 불구하고 불행한 운명에 얽힌 사건에 대한 해명은 더 이상 고립을 강요해서는 안 된다. 궁극적인 '인문학'의 원형은 삶 속에서 '자아의 실체'라는 구심점을 지향한다. 따라서 인문학도는 삶의 빛을 지지하기 위해 안개 그림자를 기꺼이 꺼안음으로써 취업에 대한 세계관의 부각을 의도한다.

2. 리버럴 아트(Liberal Arts)와 리버럴 사이언스(Liberal Science)의 공존

중세 유럽의 대학은 신학을 제외한 7과목 즉 문법(文法), 수사학, 변증법, 산술(算術), 기하학(幾何學), 천문학, 음악 등은 근대 이후 정립된 문과와 이과의 영역처럼 구분하지 않은 한 덩어리였다. 다시 말해 학문은 법학과 의학 그리고 신학 중심이었고 교양을 요구하는 예비과정으로 단순했다는 의미이다. 중국의 경우 또한 '큰 가르침'을 의미하는 대학은 취업과 직접 관련지어 사유하지 않았고 더구나 저주받은 문과와 이과는 처음부터 구별은 존재하지 않았다.

세계에서 통용되지 않는 인문계와 자연계의 구분은 문과와 이과라는 세계와 단절이라는 대사건을 초래하게 되었다. 두 세계의 마주침은 취업을 두고 두려움과 부정적 감정뿐만 아니라 서로의 영역에 대한 공포와 불안을 품고 있다. 두 영역의 구별은 결국 현실적 취업문제로 환원된다. 그러나 문과와 이과의 경계를 상징하는 '취업문'은 더 이상 두려움과 공포의 대상이 아니어야 한다.

상징이란 필립 휠라이트(Philip Wheelwright, 1901~1970)가 '긴장감 있는 상징들'이라고 불렀듯이 인식의 불편한 기호이다. 생생하게 양각되는 취업의 징후, 공포의 투사과정을 목격하는 인문학도의 사유는 삶을 지지하는 투쟁의 원리가 침투하고 있으며 적극적 리얼리티를 표상하는 근본적 태도가 저변을 관통하고 있다.

매스컴을 통해 많은 이들이 인문학의 성장은 대학입시를 거치는 동안 멈추어버렸고, 인문학 전공자의 공간은 자의든 타의든 흡사 직업훈련학교로 전환되고 말았고 그들은 불확실한 미래에서 살아남기 위한 네비게이터에 의존하고 있는 것이 실상이다.

인문학도의 한정된 취업과 창업은 교조적 학문의 속박이 가져온 결과이다. 인문학 전공자는 이미 속박을 알면서도 선택한 한 셈이다. 따라서 칸트와 공자가 자신을 먹여 살려주지 않는다는 사실을 깨닫지 않으면 안 된다. 스스로 강해지려는 철학이 필요하다. 공자는 '인부지이불온(人不知而不慍) 불역군자호(不亦君子乎)' 즉, 사람들의 조직이, 지역사회가 자신을 알아주지 않아도 화를 내지 않으면 완성된 자라는 역설은 오늘날 취업을 앞둔 인문학도에게는 설득력이 떨어진다.

남이 나를 알아주도록 철저히 대응해야 한다. 인문학도는 이공계열 혹은 동일한 맥락의 문과라고 하더라도 상경계열과 경쟁하게 될 때 새로운 문제와 직면하게 된다. 상경계열과 이공계열과 경쟁에서 반드시 필요한 것은 '체질 개선'해야 한다. 예컨대 자동차의 구조와 원리를 다

알 필요도 없고 알 수도 없다. 나아갈 방형과 목적을 분명하게 세우고 실행하면 그뿐이다. 어설픈 수용론에 머무는 것이 아니라 적극적인 도약에 가치가 있다. 4년간 태평성대를 누리고 넋 놓고 앉아 A4용지 졸업장 한 장이 보장해주는 기업은 없거니와 일문학도의 취업활동을 차단하는 장벽만 견고해질 것이다.

따라서 취업이라는 공간은 인문학도의 취약한 지점을 병치시킨다. 병치는 소통의 욕망을 암시하며 상호충돌은 연대의 욕망을 제시한다. 이 두 가지 욕망은 서로 치열한 대결로 확장되어야 한다. 인문학도의 변덕스런 세계관은 모든 것을 어제의 것으로 돌려놓으려 한다.

취업은 일종의 과학적 미메시스(Mimesis)의 재현이며 텍스트를 통해 상상한 '모방'이다. 취업활동을 실현해 나가는 과정에서 개입되는 개별성의 모방이 아니라, 보편성과 잠재성의 발견이다. 그러므로 인문학도의 모방은 특정한 사물보다도 실제적인 체질 개선을 거쳐 나아가야 한다는 말이다. 취업에 있어서 '탈개인화'는 존재로서 가지는 고유한 개인성의 파괴를 의미하는 것이 아니라 그 개인성에 투영할 사이언스에 대한 가치와 변화를 허용하는 것이다. 남 탓하지 말자. 이런 점에서 정치와 경제 및 문화 등 혼란의 세계를 해석하고 대안을 제시하고자 노력한 논어 담론을 호출하는 것도 의미가 있을 것이다.

3. N잡러로서의 공자

공자(BC 551~479)의 인(仁)은 도덕적 본성(本性)으로 회자된다. 혼란한 춘추 사회를 구원하기 위하여 천(天)과 인(人)의 관계에 인(仁)을 개입시켜 멀어진 양자를 서로 연결하고, 인을 통한 예(禮)의 회복을 제시하였다. 즉 인과 예의 정신적, 사회적 가치 환원을 시도함으로써 세계의 '질서'를 세우고자 한 것이다.

이러한 그의 인예론(仁禮論)을 이해하기 위하여 유교(儒敎)의 계보학적 접근이 요구된다. 우선 은(殷)으로 거슬러 올라가야 한다. 은(殷)은 주지하다시피 제정일치 국가였던 만큼 종교적 제례의식은 절대적이었음을 가늠할 수 있다. 특히 '유(儒)'라는 문자는 갑골문(甲骨文)에 의하면 비 혹은 떨어지는 물을 끼얹고 양팔을 벌리고 있는 사람의 형상이다.

다시 말해 제사를 올리기 전 목욕재계하는 행위를 문자화한 것이다. 이로써 유자(儒者)는 제사의례를 담당한 계층이었음을 보여준다. 은(殷) 이후 주(周)가 들어서면서 종래 신(神) 중심 세계관에서 인간중심 세계관으로 대체되었다는 사실이다. 은의 권위로 군림했던 종교성은 대량 폐기하거나 축소되었고, 새로운 질서와 통합장치로서 예(禮)가 확립되었다. 이는 서구 철학의 경우 예컨대 아리스토텔레스에 의해 '철학의 아버지'로 일컬어지는 탈레스(BC625?~547?)가 만물의 근원을 '물'이라고 주장하며 신화 세계의 인격신을 극복하고 자연과학적 사유를 통하여 현상을 논리로 규명하고자 시도한 반신화적이며 비인격적 아르케(Arche) 즉, 근원과 원리의 선언과 아주 닮아있다. 이른바 미토스로부터 로고스의 전환이라 할 수 있다.

인간과 사회 문제를 제기하고 개선하고자 하는 자신의 사상을 보여주는 무대가 아니라 토론 공간을 통해 인문학도의 취업현상을 '창'의 안과 밖을 '나 다움(Me-ness)'에서 설명될 수 있다.

공자의 '아침에 도를 깨치면 저녁에 죽어도 좋다(朝聞道, 夕死可矣)『論語』「里仁」. 이른바 '석사가의(朝聞夕死)' 담론은 참된 인간과 도(道)의 자각의 지난함을 이르는 복잡성 개념이며 그 기반은 카오스적 세계이다. 카오스는 장기적으로 예측이 불가능한 궤적들의 집합을 말한다. 단순한 사건으로부터 예측이 불가능한 형태의 패턴을 만들어내는 카오스의 메타포는 중장과 종장에서 나타난다. 예컨대 시에서 등장하는 '명줄' 과 '원(願)' 등은 비가시성으로서 생성과 변화가 끊임없이 일어나는 혼돈의 상태를 환기하는 것이다.

이들은 비가시성으로부터의 출현으로써 혼돈으로부터의 생성을 감지될 수 있으며, 인생의 의미를 진지하고 심오하게 관조하는 주체적인 틀을 일상적 경험을 의도적 일탈을 시도함으로써 게오르규의 소설 '25시'의 모리츠가 체험한 카오스적 삶과 숙명적으로 소멸되는 짧은 순간을 거부한다. 그것은 회상으로부터 확인하는 '나 다움(Me-ness)'이 아닌 미래의 개척이다. 세계의 내적 존재인 시인은 기간의 물리적인 흐름 속에 동참하면서 세계의 모습에 민감하게 반응하며 그것을 인식하며 시를 생산하는 것이다.

예(禮) 철학의 확립과 더불어 유(儒) 집단의 성격은 종래와는 다른 이질적 성격을 띠게 되었다. 종교성이 약화되고 의례와 같은 형식의 담당자로 격하되었고 그 의미와 비중 또한 축소되었다. 주나라의 분열과 해체를 상징하는 춘추시대에 접어들어 상황은 더욱 악화되었다고 볼 수 있다. 그나마 공자가 나고 자란 노(魯)나라는 여러 제후국 가운데 예(禮)의 명맥이 보존되고 있던 지역이었고, 공자가 체험한 천하의 혼란을 수습할 수 있는 장치는 예(禮)의 복원에 있음을 확신하였다. 예(禮)가 설득력을 확보하기 위하여 내면적 자율적 도덕성의 인(仁)을 새롭게 가미했다. 비록 완벽한 예(禮)를 이루었다고 하더라도 인(仁)의 부재는 미완이며, 인(仁)의 존재가 개입함으로써 예(禮)가 완성된다고 하였다. 인(仁)의 본질에 대해 공자는 '극기복례위인(克己復禮爲仁), 일일극기복례(一日克己復禮), 천하귀인언(天下歸仁焉), 위인유기 이유인호재(爲仁由己 而由人乎哉) 안연편(顔淵遍) 제1장' 곧 자기를 극복하여 예(禮)로 돌아가는 것이 곧 인(仁)이 되는 것이니, 하루라도 자기를 극복하여 예(禮)로 돌아가면 천하가 인(仁)으로 돌아간다. 인(仁)을 하는 것은 자기로 말미암는 것이니 남으로 말미암는 것이 아니다. 결국, 수기(修己)와 수신(修身)에 그 근본을 두고 인간이 보유해야 할 본성으로서 인(仁)에 도달하기 위하여 방법론적 예(禮)와 실천이 곧 인간성 회복의 인(仁)을 설명하고 있다. 더불어 '조문도석사가의(朝聞道夕死可矣)'를 들어 참된 이치를 깨달으면 죽어도 여한이 없다고 한 것은 인(仁)과 예(禮)를 완성하기 위한 첫 번째 전제조건이 다름 아닌 배움과 익힘이라는 것이다. 따라서 논어(論語)의 첫 화두가 시작되는 곳에 '자왈(子曰); 학이시습지불역열호(學而時習之不亦說乎). 유붕자원방래불역락호(有朋自遠方來不亦樂乎). 인부지이불온불역군자호(人不知而不慍不亦君子乎). 학이편(學而篇)'가 존재하는 것이다. 처음 논어를 접했을 때 조우한 이 세 문장의 평이함을 제대로 이해하지 못한 채 오랜 시간이 흘렀다. 그러나 겨우 3문장에 불과한 일견 지극히 진부하다고 생각할 정도의 텍스트를 그것도 논어(論語)를 대표하는 학이편(學而篇)의 첫머리에 두었을까 하는 의문이 들 것이다. 그 뜻을 대략 풀어보면 각 해석본의 차이는 다소 있겠으나 다음과 같다.

학이시습지(學而時習之)
: 배우고 때때로 익히면 또한 기쁘지 아니한가.
유붕자원방래불역락호(有朋自遠方來不亦樂乎)
: 벗이 멀리서 찾아오니 또한 즐겁지 아니한가.
인부지이불온불역군자호(人不知而不慍不亦君子乎)
: 남이 알아주지 않는다고 화내지 않으면 또한 군자가 아니겠는가.

공자는 군자가 되는 길을 일러 '배우고 익혀야 된다'고 가르쳤다. 그렇다고 배움의 정의를 제도권을 전제로 하여 내려지는 것은 결코 아니다. 배움이란 무엇이며 왜 즐거운 일인지, 그 의미를 제대로 해석해야 한다. 학(學)은 지금까지 자신이 경험하지 못한 미지(未知)의 세계와 첫 만남을 말하는 것이다. 이질적인 것이며 낯선 것이며 체험한 저 너머에서 온 것이다. 습(習)은 처음 만난 학(學)을 자신의 것으로 만들어 가는 이른바 내면화의 상징이다. 따라서 설(說)은 학(學)과 습(習)이 이루어진 상태를 나타내는 말로 완성체를 의미한다. 그러므로 중용(中庸)에서도 학(學)과 습(習)을 전제한 교육의 중요함을 가리켜, '천명지위성(天命之謂性), 솔성지위도(率性之謂道), 수도지위교(修道之謂敎). 중용(中庸) 제1장' 즉 하늘이 명한 바를 성(性)이라 하고, 성을 따르는 것을 도(道)라 하고, 도를 닦는 것을 교(敎)라고 전개한 연유가 그것이다. 주체의 발견을 인간의 본성(本性)임을 일차적으로 자각하라는 것이며, 그런 주체가 나아가야 할 바가 도(道)이며 도(道)를 실행하기 위하여 전제되어야 하는 것이 곧 가르침이어야 한다는 의미이다.

'현실'을 거부하지 않는 곳에서 인문학도는 본질적으로 제도와 틀의 부정이라는 무리수를 두지 않고 있다는 점을 부각해야 한다. 취업의 칼바람을 뚫고 걸어가는 인문학도의 투사적 삶을 드러내야 한다. 거역의 몸부림을 은폐한 외적 무력감을 리버럴 사이언스로 환치해야 한다. 아침과 밤의 얼굴이 다르듯이 엇갈린 '취업 현실' 속에서 인문학도는 준비된 저항으로써 그 간극을 채워야 한다. 순환되는 힘과 그 순환에서 벗어나 또 다른 세계로 진입하려는 두 축의 에너지를 취업과 창업을 지향한 '인문학적 모듈'을 통하여 균형적으로 신뢰해야 한다. 해결되지 못하고 끝나버릴 지도 모를 '복종'에 대비해야 한다. 견고한 신념일수록 희망과 절망을 통제할 수 있으며 설령 절망의 극한에서도 묵묵히 환기하는 자신을 호출해야 한다.

위정편(爲政篇) 15장(章)에 학(學)을 실천함에 있어서 사(思)의 확장을 들어 '학이불사즉망(學而不思則罔) 사이불학즉태(思而不學則殆)' 즉, '배우기만 하고 생각하지 않으면 모두 잃으며, 생각만 하고 배우지 않으면 위태롭다(思而不學卽殆)'는 경계의 말과 자연스럽게 이어진다. '학(學)'과 '사(思)'의 관계를 '망(罔)'과 '태(殆)'를 들어 독단에 빠질 우려를 경고하고 있다. 배움을 통해 자신의 고유한 생각을 정립하는 일의 중요성을 강조하는 글이다. 배움과 생각의 관계는 불가분의 관계를 가리키며 자칫 배움 없이 생각만 하여 독단에 빠지면 패망의 길을 걸을 수가 있다. 이는 곧 배움을 항상 자기화하는 과정을 기꺼이 수용하여야 한다는 가르침을 주는 것이기도 하다.

문과와 이과를 연결하는 환원적 언어 담론은 21세기 현재 한 궤를 이루고 있다. 21세기형 인문학의 출발은 텍스트 원형의 대체일 것이다. 죽어 있는 언어에서 살아있는 언어로 전환함으로써 가까운 미래에 영향을 미칠 자신의 신화를 발견해야 한다.

일찍이 공자가 위정편(爲政篇)에서 시경(詩經)을 평하여 '시경 삼백 편은 한마디로 생각에 사특함이 없다(詩三百, 一言而蔽之曰 思無邪)'고 하였다. 다시 말해 시(詩)란 외부와 접촉하여 자신의 내면적 사유를 한쪽으로 치우치지 않는 방향인 것이다. '생각'이란 자신이 이미 가지고 있거나 체험한 것을 바탕으로 전개되는 것이다. 아직 모르는 것을 두고 생각할 수는 없는 법이다. 예컨대 시의 중요성을 논하며 올바른 생각을 위해 배워야 한다는 요구를 아들 백어(伯魚, 季氏13)와 제자들(양화, 陽貨9)에게 했다. 특히 진항(陳亢)과 백어의 대화(季氏13) 가운데 공자의 가르침은 2가지의 중요한 명제를 던졌다. 첫째, 시를 배우지 않으면 가장 중요한 자신의 말을 할 수 없다는 점(不學詩, 無以言) 둘째, 예(禮)를 배우지 않으면 실천에 이르러 자신을 스스로 세울 수 없다는 점(不學禮, 無以立)이다.

인문학의 역사에서 확인할 수 있듯이 대립적 사유는 오늘날 글로벌리즘(Globalism) 공간에서 재논의 되고 있다. 인문학의 근본적인 문제 역시 세계화의 현실과 대치되는 '감금' 상태에 놓여있다는 점을 부인할 수 없다. '나'를 중심으로 타자를 이해하려는 지향이 결국 오리엔탈리즘과 옥시덴탈리즘의 본질이므로, 양자의 등가적 상관관계의 타자정립을 위한 '지향성'에 주요 맥락을 두어야 할 것이다. 따라서 취업을 지향한 인문학의 가능성을 제시할 관건은 지금까지 고수해 온 편협한 '자문화중심주의(Ethno-Centrism)'의 해체를 통해 영속적(Enduring) 질서를 모색해야 한다.

이와 같이 논어(論語)는 유가(儒家)를 대표하는 공자의 철학과 언행 및 그의 삶의 면모를 제자들이 영원히 공유하기 위한 마음에서 출발하였다. 공자의 가르침을 집약하며 논어(論語)를 대표하는 선언 곧 학이편(學而篇)의 새로운 해석은 다음과 같이 제시할 수 있겠다.

첫째, 학이시습지불역열호(學而時習之不亦說乎)는 인간으로서 기본적으로 갖추어야 할 '배움에 대한 기쁨'과 '익힘에 대한 기쁨'으로 시작되었다는 점이다.

둘째, '유붕자원방래(有朋自遠方來)'의 '붕(朋)'은 단순히 어울려 친한 벗이 아니다. 물리적, 공간적 혹은 시간적 격리를 제거하고 단순히 오랜만에 만난 벗과 우애를 다지는 것이 즐거운 일이라고 공자가 말하고자 했을까는 의문이다. 붕우(朋友)는 결코 함께 자란 친구만을 국한하여 말하는 것이 아니며 또한 고정된 대상이 아니라는 점이다. 이런 점에서 유림은 소통과 대동의 철학을 이미 선언하고 있지 않은가. 좁게는 학문적 뜻을 같이하는 동지이고 넓게는 '안의 사유'를 초극하여 '바깥의 사유'를 말함이며 이를 적극적으로 수용하고 나눌 수 있는 자세를 곧 '참된 즐거움, 불역락호(不亦樂乎)'라고 봐야 할 것이다. 즉, '붕(朋)'이란 삶에 있어서 배움과 익힘으로써 함께 그 가치를 사유할 수 있는 모든 대상을 가리킨다고 할 수 있다.

셋째, 인부지이불온불역군자호(人不知而不慍不亦君子乎) 즉, 자신이 오랜 세월 동안 힘들여 이룩한 학문적 성과를 비록 세상이 인정해 주지 않는다고 해서 세상의 평판에 좌우되지 말 것이며, 군자란 세상의 평가를 초월해야 한다는 것이다.

물론 오늘날 이 부분에 관하여 혼란한 춘추시대에 몸소 현실정치에 참여하여 실패한 지식인 공자의 회고록 즉 실패학에 불과하다거나 스스로 위로하기 위하여 니체(Nietzsche, Friedrich Wilhelm)의 실험철학을 인용한 '디오니소스적 긍정'으로 치부해 버리는 시각도 있으나 이는 철저히 오해이다. 왜냐하면, 텍스트 이면의 숨겨진 '진실'을 보아야 할 필요가 있기 때문이다. 앞서 배움과 생각을 동시에 수련해서 획득한 기쁨은 이미 군자가 가지는 사유의 본질이며 군자는 곧 세상의 평판을 초극할 수 있는 '완성체'라고 믿었기 때문이다.

처음으로 돌아가자는 말은 과거로의 단순한 회귀가 아니라 가치관의 혼란을 바로잡고 새롭게 거듭나자는 신념이다. 유림 존재의 현상적 상실이기보다 본질을 다시 읽기이다. 따라서 유림은 독립된 존재자로서 사유해 온 '학이시습지(學而時習之)'는 이제 그 오랜 침묵으로부터 벗어나야 한다. 침묵은 지금까지의 예(禮)를 지탱하는 하나의 의례에 지나지 않았던 패러다임이다. 예(禮)의 종속에서 벗어나 개별적 독립체로서 실존적 예(禮)의 부활이다. 그렇지 않으면 인(仁)과 예(禮)가 결핍은 아감벤(Giorgio Agamben)이 현대 사회의 병리적 현상을 두고 수많은 호모 사케르(Homo Sacer)를 양산하고 있다고 주장한 것처럼 사회 질서의 정신적 구조는 해체될 우려가 있다.

그럼에도 불구하고 '학이시습지(學而時習之)'는 현대를 살아가는 모든 이들에게 자신의 위치를 제대로 치유케 하는 순기능을 할 수 있는 장치이며 필자는 이러한 공자의 아포리아를 긍정적으로 평가하고 싶다. 그것은 '극기복례(克己復禮)'와 '조문도석사가의(朝聞道夕死可矣)'와 맞닿아 있기 때문이며 폐기되어버린 낡은 사유가 아닌 오히려 그 '낡음'으로써 존중받아야 할 소중한 가르침이다.

새로운 것만이 모두 정답이라는 보장도 없다. 공자가 말했듯이 현재의 일도 다 모르면서 어찌 내일을 알 수 있겠는가(미능사인(未能事人), 언능사귀(焉能事鬼), 미지생(未知生), 언지사(焉知死);선진11(先進11))라는 화두를 현실과 관념의 충돌 혹은 반목으로 해석하지 말고 그것은 어느 시대이든 '혼란'이라는 진행형인 당대의 문제를 해결하기 위한 자연스러운 현상으로 수용해야 할 것이다. 이상 침묵을 벗어나는 '학이시습지(學而時習之)'의 대안에 주목했고 논어가 던지는 자립적 세계와 정신비약의 교훈을 새로 읽음으로써 향후 우리가 맞닥뜨릴 수많은 변수에 대하여 한쪽으로 경도되지 않게 슬기롭게 대처해 나갈 수 있을 것이다.

4. 학력사회와 보험

문과 혹은 이과를 막론하고 학력은 세계 어디서나 종신보험처럼 당연시되어왔음은 부인할 수 없다. 천부적인 특출한 재능을 가지고 태어난 극소수 슈퍼맨에게 학력의 비중은 그다지 문제가 되지 않았지만, 이는 영화나 드라마에서만 가능한 일이다. 남겨줄 재산 한 푼 없는 부모들은 적어도 대학 나올 자식의 홀로서기를 보장해 주기 위해 스스로 순교자가 되어 너도나도 거룩한 보험을 바쳤고 대학 역시 학력이라는 꿈을 팔았다. 소외된 자로 낙인찍히지 않기 위하여 대학은 사회의 구성원으로서 자리매김할 수 있게 하는 장치이기 때문이다.

시대의 요구와 사회의 필요에 의해 대학은 꾸준히 재생산되어 왔으나 인문학은 상경계열 및 이공계 등의 실천학문보다 학문의 특성상 교육의 영역으로 일찌감치 자의든 타의든 우선순위에서 밀리게 된다. '너도나도 거룩한 보험'의 수혜자인 가운데 스스로 인문학을 선택한 인재임에도 불구하고 어느새 꿔다 놓은 보릿자루가 되었다는 점이다.

처음부터 대학이 인문학의 출발을 세속과 떨어진 '태평성대'를 고수하는 것도 아니며 인문학 전공자를 채용하는 기업의 시선 또한 달라져야 한다는 한가한 소리를 하는 것이 아니다. 본질적인 화두는 인문학 전공자야말로 인간의 존재와 사회를 규명하는 경로를 정확히 학습한 인재들이라는 점이다. 그러므로 인문학 전공자는 피해의식과 잔류의식에서 벗어나야 한다. 인문학 전공자는 이미 전공 외국어를 통해 셰익스피어와 볼테르, 칸트를 충분히 읽고 각 시대의 구조를 파악하여 온고이지신(溫故而知新)의 지혜를 발휘할 수 있는 인재들이다. 시대의 고민들을 추적하여 현재와 미래를 대체할 새로운 것을 발견하고 대체해 가는 능력을 보유하고 있다.

예컨대 조선 시대 인문학도의 취직난 역시 언제나 해결하기 힘든 사회적인 문제였다. 문관, 무관, 기술관 등을 막론하고 이른바 체아직(遞兒職) 운영 경험과 근세 일본의 사무라이 취직과 전직은 생존과 관련된 절박한 현실적 문제이기도 했다.

AI로 대표되는 4차산업혁명의 권위는 직업에 대한 비관론과 낙관론을 배태했다. 인간은 언제나 환경에 적응하며 새로운 대체안을 제시해 왔다. 전통적인 근대 산업화시대의 직업은 지적 스킬과 업무 스킬을 개입시켜 지시, 명령, 관리, 감독의 패러다임이었다면 현재 및 가까운 미래의 새로운 직업관은 사회적 스킬 즉 피드백과 소통을 통한 바람직한 인간관계망의 형성 능력에 있다. 이 지점에서 인문사회계와 자연계 전공의 경계를 초월한 융·복합적 생존을 위한 직업관의 제시는 글로벌 시대를 주도하는 다양한 컨텐츠를 바탕으로 이루어져야 하는 담론화 과정이 요구된다.

예상하지 못한 21세기의 또 다른 얼굴 '팬데믹'은 세계 경제와 문화 전반에 대해 '인간성' 회복을 질문하는 구조적인 변화를 가져다 주었다. 디지털 리터러시, 정보 리터러시, 에듀테크, 디지털 플랫폼, O2O(Online to Offline), 메타버스 등의 신조류는 오히려 인문학이 개입이 필요하다. 호모 사피엔스 사피엔스(Homo Sapiens Sapiens)를 대체하는 4차산업혁명 시대에의 다양한 혁신적 인간형 '포노 사피엔스(Phono Sapiens)'와 호모 파덴스(Homo Padens)의 출현에 초점을 맞추어야 한다.

변경으로 축소된 '인문학'의 지평을 확대하여 경제 서사 축의 중심을 이루는 국가와 기업의 사유 차원에서 벗어나 그에 가려진 인문학의 원형을 현장에서 발굴함으로써 자유로운 생산 공간으로 재구성되어야 한다. 인문학의 표상은 자각을 통해 세계를 새로운 모습으로 재현할 수 있는 가능성을 보여준다. 따라서 AI 시대이니 메타버스 등의 새로운 흐름에 대해 스스로 감금하는 인문학 전공자는 되지 않아야 하며 변화에 적응하는 자신을 가져야 한다.

5. 순혈주의에 거부하다

 취업 빙하기, 의자 뺏기 놀이(Musical Chair), 오징어 게임(Squid Game) 등 용어들로 장식되고 있는 취업 현장은 어제오늘의 이야기는 아니다. 그런데 하이브리드형 인간을 부르짖으면서 여전히 인문사회계열과 이공계열을 처음부터 구분해 놓고 주조형(鑄造型) 인간을 양산하고 있는 점이다. 이른바 전공의 순혈주의다. 전공 일치도와 같은 시대착오적 괴물 덩어리(?)는 철저히 지양되어야 한다. 21세기 현재는 대학에서 물리학을 전공한 학생이 영문학을 강의하고 연구하는 자유로운 세계이어야 함에도 불구하고 '전공 순혈주의'라는 전근대적 사유에 머물러 있다는 점이 안타깝다.

 '전능'한 인문학도는 강요되는 외적 고립에 저항하며 또 다른 세계로 향하기에 행복하다. 좁은 길을 스스로 나선 무모한 존재로 비칠지라도 발산과 모순을 품고 조화 속으로 몸을 던진다. 과학이 발달할수록 비인간화되어 버린 바쁜 삶은 인문학적 평온을 생각할 틈을 허락하지 않기에 사람들은 대개 현존재와는 무관한 사건으로 방치하며 살아간다. 시간성에 기반 된 하이데거와 시간성을 초월한 불교적 사유는 니체가 바라본 '삶'의 사유가 솔직하다.

 인간의 지능은 생물체로서의 한계와 죽음에 대한 절대적인 공포의 판도라 상자를 열고 말았다. 취업에 대한 잠재적인 공포는 언제나 현실 세계를 위협하기에 공포를 제거하기 위한 방어책으로써 일련의 대체안을 마련해야 했다. 취업문제가 초래하는 불안을 해소할 수 있는 완충적 장치의 요구다. 취업이라는 독립변수에 압도당한다 해도 인문학도가 선택하는 삶의 정의는 해석 가능한 중심축의 설정에 따라 배후에서 시공간을 지배하는 '진실'의 이동 경로가 무너지는 연쇄 분열을 막는다.

그래서 더욱 취업과 같은 누구도 대답할 수 없는 대명제 앞에서 인문학도들의 페르소나는 의연하다. 다시 말해 사느냐 죽느냐의 문제이다. 햄릿은 결코 결정 장애도 아니었고 다만 그렇게 해석하고 싶어 한 대중들의 상상이며 돈키호테 역시 시대착오적인 인간이 아니었음을 기억해야 한다. 취업 현실의 개입을 객관화함으로써 현실이라는 시간 속에 존재하는 오해를 반지성주의(Anti-intellectualism)로써 경계해야 한다. 적어도 취업과 관련된 비정한 현실 세계에 대한 언어를 외면해서는 안 된다. 순환적 생명현상을 일상의 관계망으로 교차시켜 취업활동 순기능의 회복을 견인해야 한다.

한 뿌리에서 나온 학문이 시대에 따라 단절되고 경계 지어진 속에서 외재적 제도에 저항하는 투사의 모습이 오늘날 인문학도의 자화상이다. 이른바 '세상'은 생성되는 매 순간 모든 대상과 상황의 얽힘 속에서 구분 지은 경계와 조우하는 물리적 변화를 겪으며 결합되고 질서화된다. 인문학은 변용의 원형을 탐색하는 일이다. 에토스와 파토스의 교차가 피할 수 없는 운명인 것처럼 인문학도는 결코 현실을 포기하지 않는다. 현상에 머물지 않으며 침묵의 세계보다 적극적인 목소리 속에서 끊임없이 진실을 묻는 담론을 옹호하고 있다.

취업은 계절과 같이 인간의 삶에 영향을 미치는 통과의례와 상응한다. 인문학도는 고통스런 시련을 견디고 무지와 미성숙을 떨쳐낸 영웅담 서사와 같은 상상력의 해방을 기다린다. 그래서 시대의 관념성과 추상성을 배제한 거친 리얼리즘의 재현을 체험하고 취업 현장의 안과 밖을 적나라하게 들추어냄으로써 개별자와 제도 사이에 놓인 모순의 관계망을 타진하고 있다. 완벽한 절망으로 찾아온 취업 빙하기를 회피하지 않는다. 전공 격리의 논리로 무장한 순혈주의에 대하여 인문학도는 적막 속의 함성으로 공명하고 있다. 혐오스럽고 저급한 '순혈주의'는 주조형 인간과 같은 절대복종을 강요하지만 양 세계의 코스몰로지(Cosmology)는 결핍과 잉여라는 대척으로 구별되고 있다. 모든 현상들 사이에서 발생하는 과업활동의 바탕에는 자유전공의 순환이 이루어져야 한다. 다시 말해 모든 전공 영역에 부는 바람은 '트임'과 '막힘'의 명제로 정당화되어야 한다.

6. 취업활동에 있어서 인문학도의 메리트(Merit)와 디메리트(Demerit)

메리트의 첫째, 시간적으로 여유가 있다는 점이다. 시간은 창조성과 직결되는 요소이다. 고대 그리스 이래로 광기는 창조성과 관계지어 해석했다. 플라톤은 '신이 부여한 최고의 선물은 광기'라고 하였다. 중세와 르네상스까지 광기의 경험은 타락, 신의 의지, 야수, 변태의 이미지들로 폄하되었다. 근대에 이르러 광기는 인간 안에 존재하는 동물성의 정신 병리로서 격리와 치료의 대상으로 간주되었다. 합리적 이성의 영역에서 분리하기 시작함으로써 광기는 마침내 타자성으로 정의되었다.

푸코는 17~18세기의 '고전주의 시대'에 광인은 부랑자, 빈민, 범죄자와 함께 감금되는 현상을 지적하였고, 18세기 말 광인에 대한 감금은 '이중의 처벌' 여론에 의해 수용되기도 했다. 그러나 오늘날 광기에 대한 해석은 곧 창의성을 대체하게 되었고 균열된 세계 속에서 방황하는 개별자의 자화상을 투영시킴으로써 유동적으로 돌변하는 사회에 대한 역전 논리를 전개하여 공동체의 보편적 서정과 유기적으로 연관되어 있음을 자각하게 한다. 일반적으로 이공계 학생의 경우 연구실에서 전문적인 실험을 하는 학생이 대부분이다. 실험 연구실 환경에 따라서 코어타임(Core Time)이 정해져 있어서 취업활동을 위한 시간을 따로 할애해야 하는 이중고를 겪기도 한다. 그러므로 인문학도는 이공계 학생과 비교해서 시간적으로 여유가 있다는 의미이다. 이러한 메리트를 살려 면접훈련에 충분한 시간을 가지고 준비할 수 있다.

둘째, 서류전형을 받는 기업의 수가 의외로 많다는 점을 활용해야 한다. 이공계 졸업자는 강의를 통해 전문적인 지식과 기술을 익혀 자신의 전공과 관련된 기업에 운명적으로 입사하는 경우가 많다고 할 수 있다. 이에 반해 인문학도는 자신의 전공과 관계없이 폭넓게 다양한 업계로 눈을 돌려 취업준비를 하는 사람이 많은 경향이다. 또 준비할 시간적인 여유와 맞물려 수많은 기업에 입사할 수 있다. 서류전형을 받은 기업이 많다고 하는 것은 많은 기업에 대해서 알 수 있는 사실이며 그 속에서 자신과 맞는 기업을 선택할 수 있다는 점을 살려야 한다.

디메리트로 작용하는 첫째는 전문적인 스킬을 보유하고 있지 않다는 점이다. 지원 기업이 요구하는 전문적인 기술을 학습한 이공계 학생과 비교해서 인문학도의 경우 해당 과업과 직결되는 기술을 보유하고 있지 않은 경우가 대부분이다. 그러므로 취업준비활동 중 자신과 타자를 차별화하는 일이 어렵다. 인문학도가 취업활동에 불리하다고 평가되는 물리적 이유가 바로 이 지점이다.

둘째, 문과계와 이과계 입사 비율은 일반적으로 3:7로 알려졌듯이 내정비율이 높다는 점이다. 제조업계와 인프라업계 대부분의 기업이 인문학도보다 이공계열 채용비율을 높게 책정한다. 그러므로 인문학도가 이들 기업에 지망할 경우 필연적으로 충돌할 수밖에 없다.

입사 시 현실적인 영역의 하중을 견디면서 신중한 이해자를 지향한다. 인문학도의 입사 경로는 최종적으로 차별적 내정비율의 도그마를 넘은 지점을 발견해야 한다. 내적 및 외적 저항에 의하여 '시야'의 확장으로 나아가야 한다. 낯설고 새로운 것의 발견에 주목하고 도그마를 극복하기 위한 몸부림을 가공함으로써 실현해야 한다. 즉, 조작적 리얼리티를 마비시킴으로써 취업활동의 흐름 속에 상실된 역량마다 맥이 끊어지지 않도록 해야 한다. 입사 후의 과업을 상상하고 계획하면서 디메리트를 제거하려는 단호한 태도로써 취업 기호화를 시도해야 한다. 전공에 대한 '자기애'적 과잉은 경계해야 하며 벌어진 간극을 생동의 형식으로 전환해야 한다. 수용된 균형적 생동 형식은 과업 탐색과 응집을 통해 가열되어 견고한 통일성으로 채색된다. 진부한 서사를 개입시키지 않으면서 상상한 삶의 순간을 탄탄하게 견인할 것이다.

따라서 인문학도가 취업활동에서 반드시 필요한 자세는 첫째, 인문학 전공자 불가론이라는 발상을 던져버려야 한다. 많은 인문학도가 마음속에 품고 있는 '전공불가론'에 대한 서사는 충분히 이해된다. 그러나 이러한 기분을 안고 취업활동에 나서면 자신의 가능성을 오히려 스스로 축소시키거나 차단시키는 오류를 범하게 된다. 예를 들어 IT기술개발자와 같은 경우 이공계 출신만이 아니라 인문학 전공자도 많이 활약한다는 사실이다. 지금 시점에서 보유하고 있지 않더라도 재학 중 준비와 노력에 따라 전문적인 스킬을 얼마든지 획득할 수 있다. 더 이상 막연하게 자신이 속한 학과에 미래를 기대하지 말고 자신의 역량을 강화할 수 있는 프로그램을 캠퍼스 내외에서 찾아야 한다.

둘째, 입사 면접을 차라리 즐기고 익숙해지라는 것이다. 입사 전형에서 최종적인 합격과 불합격의 운명은 면접에 따라 결정된다. 그러므로 재학 중 면접 시뮬레이션에 노출시키고 익숙해져야 하는 점이 무엇보다 중요하다. 또한, 온라인 면접이 주류인 최근의 면접 스타일을 숙지하고 자신이 있는 장소의 배경과 밝기, 마이크 상태 등 정밀한 부분까지 배려해야 한다. 개인에 따라 혼자서 준비를 할 수 있으나 가능한 팀을 통해 이루어져야 한다는 점을 간과해서는 안 된다. 다시 말해 피드백이 가능한 동료 혹은 선후배와의 커뮤니케이션 소통과 스킬이 중요한 과정이다. 이러한 물리적 입사 면접의 준비과정은 비트겐슈타인(Ludwig Josef Johann Wittgenstein)이 '언어의 한계는 내 세계의 한계를 의미한다(The limits of language are the limits of my world)'고 했듯이 언어는 세계관의 확장이며 생명체와 같다. 즉 인문학도의 뛰어난 언어력을 충분히 활용해야 한다.

언어는 해체와 생성이 동시에 일어나는 인간만이 가진 혼돈이다. 고대 그리스인들은 동물을 가리켜 '이성과 언어를 갖지 못한 자' 즉, '알로가(Aloga)'라고 불렀다. 인간은 다행히 '언어의 창조자'이기 때문이다. 사르트르(Jean Paul Sartre)는 『문학이란 무엇인가』에서 문학을 예술과 산문으로 나누었다. 시의 층위는 예술과 산문이 교차하는 지점이라고 말했다. 그에 의하면 산문은 언어를 통한 외부 대상의 통제가 가능하지만, 미술과 음악은 통제 불가로 보았다. 게다가 음조, 색채와 형태는 기호가 아니며, 외부 지향적이지 않다는 것이다. 사르트르가 말한 미술은 회화나 조각을 말하고, 기호는 언어적 기호를 가리킨다. 한편 폴 발레리(Ambroise Paul Toussaint Jules Valery)는 '산문은 보행이며, 시는 무용이다'라고 했다. 산문은 보행과 마찬가지로 명확한 대상과 목적성을 가진 행동인 반면, 시는 행위의 체계로서 무용과 유사하지만, 행위 자체가 목적이다. 시는 목표 지향적이라기보다 언어의 황홀한 상태이며 순간의 꿈이다. 언어적 기호는 물리적, 유기적 구성에 묶여있지 않고 총체적 핵심에서 해방된다. 지금도 인문학도에게 낙인찍힌 절망의 언어는 취업에 대한 불안을 되새김질하고 있는 것은 사실이다. 사유와 존재는 이중적인 변환을 의미하며 인문학도의 연결망에서 재배치된다.

셋째, 단기 및 장기 인턴에 도전하는 것이다. 특히 인턴 기간이 3개월에서 1년 정도를 장기 인턴이라 할 수 있다. 장기 인턴의 경우 해당 기업의 현직 사원과 동일한 과업을 맡아 수행하며 취직 후 직무와 직결된 기술을 습득할 수 있다. 직무 내용과 종류는 영업, 기획, 라이팅 등 자신이 키워 온 역량에 응한 업무를 수행할 수 있다. 다만 인턴 활동에 참가할 때 주의해야 하는 점이 있다. 목적을 가지지 않고 인턴에 참가하면 주체적으로 행동할 수 없어서 수동적, 종속적 행위에 그치게 되며 결과적으로 시간을 허비하게 될 뿐이라는 점이다. 그러므로 자신이 세운 목적과 목표를 세운 후 그에 적합한 인턴에 도전해야 한다. 인턴 활동을 수행하는 직무 중심주의 세계관을 수용할 때 경험하지 못한 그 외부세계에 대한 수용 장치는 자신이 준비해온 데이터와 상호보완적인 프로세스를 가진다. 인턴 과업을 인지했다 하더라도 주체에 의한 이해와 판단 역시 중요하기 때문이다. 세계를 인식하고 자아를 드러내는 통로로서의 '주체'를 표명함으로써 목표했던 과업적 상상력이 작동되어 확장된 의식은 견고한 조직의 영역으로 이행한다.

메리트와 디메리트를 바라보는 시점(Prospective)의 완성은 오직 과업의 순조로운 진행을 통해 진술되는 세계이다. 기업의 언어 사용과 궤를 함께 함으로써 인턴 현상과 각 존재의 관계망을 스스로 체험한다. 인턴 과업을 위협하는 사건들을 언어로 수용함으로써 기업의 오브제로 상호 보완적 세계를 구축한다. 인턴의 눈은 스스로의 정체성을 밝히는 세계를 지향해야 한다. 인턴 수행 중인 인문학도의 이념적 도구는 기업 구성원의 타자화에 실패하지 않도록 커뮤니케이션에 주목해야 한다. 설령 차단된 도구라고 하더라도 인턴은 근원적인 과업활동의 구체적인 표상임을 확인하게 한다. 그러므로 현실과 이상이 반복되는 인턴 수행 속에서 인문학도는 '나'와 '세계' 간의 연결이 확보될 수 있는 의지를 보여야 한다. 억압된 주체는 '지금 여기'의 현존재를 해석할 수 없다. 인턴은 그가 속한 시공간에서 고립된 존재가 아니며 열린 시공간으로 나아가는 것이다.

경험하지 못한 기업의 질서 편입과 인턴 과업의 실현으로 이루어진 프로젝트는 미지의 세계에서 이미 설정한 체계에 '축적'된 타자를 확인하는 과정으로 오해받을 수 있다. 예컨대 조작된 인턴 담론은 정당성 확보가 필요했으며 끊임없는 '모방'이라는 기법을 통해 실현된다는 것이다. 그러나 모방의 논리는 인문학도가 수집한 선험지식의 축적을 정당화할 수 있다. 디메리트는 인문학도에게 있어서 반드시 제거해야 할 세계이면서 유토피아의 그림자이다. 메리트와 디메리트와 같은 이분법적 담론은 담론의 주체인 자신의 관점에 따라 전자는 진취주의, 후자는 종속주의 영역으로 해석된다. 여기에 디메리트를 타자화하려는 메리트의 동적 서사를 호출한다.

'약한 것은 죄악'이라는 선언은 유효하다. 취업 현장의 적장자를 둘러싼 빛과 그림자의 이항대립은 그림자의 존재에 인색하다. 오히려 음양(陰陽)의 사유와 같이 음적(陰的) 요소가 우선되는 그림자는 양적(陽的) 요소를 부각하는 장치이자 공간이라는 점이다. 양자는 서로 순환과 치환을 반복하며 음양의 본질은 오직 하나밖에 없는 태양과 '자신'에 있다. 문과와 이과 등 두 세계는 상호투사를 기본원리로 작동된다. 어느 한 세계의 굴욕적인 종속이 아니라 공시공존의 등가성은 적극적으로 옹호되어야 하며 취업은 선택의 원리로 해석되어야 한다.

선택의 원리는 근본적으로 결합의 원리를 암시하고 있다. 아비투스(Habitus)의 변화를 통한 개인의 행동과 사고의 내재적 양식은 '비틀기'에 따라 얼마든지 변형될 수 있다. 기존의 질서에 대한 맹목적 복종을 거부하고 새로운 대안을 모색하는 '전략'이다. 물리적으로 빛을 지향한 아폴론적 지향과 디오니소스적인 그림자에 대한 빛과 그림자의 사유방식은 재고되어야 한다. 인문학도는 취업의 그림자를 통해 환상을 예찬하지 않는다. 현실의 요구에 굴복하여 자신이 지켜 온 신념의 닻을 내린 것은 더더욱 아니다. 인문학도가 지향하는 취업의 빛과 그림자의 페르소나는 건강한 유토피아의 재생에 있다.

7. 인문학 카타르시스(Catharsis)

아리스토텔레스의 『시학』에 의하면 비극이란 완성된 행위의 모방이

자, 공포와 연민의 감정을 일으키는 사건의 모방이다. 취업을 준비하는 인문학 전공자에게 다가오는 공포·연민의 감정은 절망과 같은 비정한 스펙타클(Spectacle)에 의하여 환기된다. 플라톤은 일찍이 사건과 인물 간의 관계망에서 생산되는 예술적 모방은 도덕적 가치가 없다고 판단했지만, 아리스토텔레스에게 있어서 예술적 모방은 일정한 간격을 두고 배출하는 도덕적 기능 즉 카타르시스 기능을 담당한다고 주장하였다.

연민과 공포에 의한 감정의 카타르시스 기능은 이성(理性)의 운동성을 보다 유효하고 적절하게 한다고 믿었다. 그러므로 비극의 본질은 '정화(Purification)'와 배설(Evacuation)의 뜻을 함유한 카타르시스와 같은 맥락으로 해석되어야 한다. 비극은 마치 세익스피어의 '비극적 결함(Hamartia)'과 같이 의도하지 않았던 사건에 의해 경계인으로 존재해야 하는 숙명을 제거할 수 있는 훌륭한 장치로 작동될 수 있는 기회로 받아들여야 한다.

인문학의 저주와 취업 현실에 대한 불순종으로 배태된 인문학의 비극은 삶의 원형으로 재현될 것이다. 취업하려는, 인간들 모두가 현실과 호흡하는 경계 속에서 태어난 사실은 부정할 수 없다. 21세기라는 시대성과 역사성이 강요된다 하더라도 현실로부터 괴리되어 설명되지는 않는 법이다. 인간은 누구나 시대와 감응하며 기억을 남긴다. 모든 현상을 시계열(時系列)마다 늘어놓아 해석함으로써 기업문화 혹은 조직문화를 발전시켜 나가는 토론과 논증의 단계에서 창의와 융합의 역량으로 재현하는 자가 곧 인문학 전공자이다. 미래를 예측하고 판단하는 인간의 선택적 행위 자체는 비극의 조건이자 시작이며 인간의 한계임을 증명시킨다. 그러나 비극은 원뿌리에 대한 강한 열망이 집결되어 있다. 더 이상 현실에서 스스로 목소리를 낼 수 없는 위치와 억압적 제도 속에서 주변화되어 질식하는 서발턴(Subaltern)이 아님을 선언하고 있다.

참고문헌

- 백산, 『인문학도가 IT 기업에서 살아남는 법: BizOps 이야기』, 2019.
- 찰스 퍼시 스노우, 『두 문화』, 오영환, 사이언스북스, 2001.
- 다나카 마사토, 『철학용어 도감』, 김선숙, 성안당, 2019.
- 岩崎日出俊, 文系が20年後も生き残るためにいますべきこと, イースト・プレス, 2017.
- 은수미, 「일본의 고용전력 변화-비정규직과 제2안전망」, 일본비평4호, 2011.
- 한상근 외 3명, 「시장부문에서의 인문학의 활용현황과 활성화 방안」, 인문정책연구총서 2005-05, 경제·인문사회연구회, 2005.
- 教育再生実行会議, ポストコロナ期における新たな学びの在り方について(第十二次提言), 2021.
- 熊倉正修, ジョブ型雇用と大学教育, 世界経済評論 IMPACT+ No.18, 2021.
- 採用と大学教育の未来に関する産学協議会, ポスト・コロナを見据えた新たな大学教育と産学連携の推進, 2021.
- 日本経済団体連合会, 今後のわが国の大学改革のあり方に関する提言, 2018.
- 広島大学高等教育研究開発センター編, 今後の大学教育を考える-文理融合型教育への時期と課題-, 高等教育研究叢書156, 2020.
- Saburo TAZAKI, 「Seeking for Effective University Innovation」, Fundamentals Review Vol.4 No.1, 電子情報通信学会, 2010.
- 千葉隆一, 文系大学で海外インターンシップの意義·効果についての考察, 文京学院大学外国語学部文京学院短期大学紀要 第10号, 2010.
- 長沼祥太郎·松下佳代, 文系生徒のための科学学習補助教材(SLASH)の開発と評価科学教育研究 Vol.44 No.1, 2020.

저자소개

안수현 AN SOO HYUN

E-mail: waka1162@pusan.ac.kr
Mobile: 010-4154-9096

학력

- 동아대학교 관광경영학과(경영학사)
- 동아대학교 대학원 경영학과(경영학석사)
- 부산외국어대학교 대학원 일어일문학과(문학석사)
- 부산대학교 대학원 일어일문학과(문학박사)

경력

- 인문학자·문학평론가·번역문학가
- Tourism College(SBTC) 관광미학 조교수
- 현) 부산가톨릭대학교 인문학연구소 연구위원
- 현) 부산대학교 점필재연구소 연구위원

- 전) 부산대학교 한국민족문화연구소 전임연구원
- 전) 경성대학교 인문과학연구소 전임연구원
- 전) 부산대학교 일본연구소 전임연구원
- 전) 부산외대 아시아지역연구소 전임연구원
- 현) 일본하이쿠교류협회(HIA) 국제교류지원사업 심의위원
- 현) 부산문화재단 문예지원 심의위원회 심의위원
- 현) 부산광역시 문화협력위원회 위원
- 문학계는 『시조21』을 통하여 문학평론가로 등단하였고, 『한국동서문학』에서 시조부문 신인상을 수여 받았다. (사)국제시조협회 평론분과 위원장, Japan Kajin Club(日本和歌) 會員, 俳句『蔦』편집위원, 동래향교 유교인문학 아카데미 담당 교수로 활동하고 있다.
- 주요 평론은 「일본의 미의식-식물적 세계관에서 잉태된 미학적 개념들-, 문학도시 4월호, 2016.」 「화투에 나타난 일본의 문화코드, 한국동서문학 21집 봄호, 2017.」 「성담론과 혼인제도로 살펴본 일본, 한국동서문학 22집 여름호, 2017.」 등 다수이다.
- 시사 월간 「오늘의 한국」에서 '안수현의 까칠한 인문학' 연재 및 인문학 공간 「시네바움」에서 하이쿠 미학 강좌 등 창작과 비평을 통하여 대중과 더불어 호흡하는 인문학 강의, 평론 및 집필활동을 펼치고 있다.
- 시조 르네상스를 통한 인문학 교육을 통하여 한국 인문학의 지평을 확대해 왔다. 특히 청소년층과 국내거주 외국인 및 시민 인문강좌 나아가 일본, 캐나다, 미국의 문학 단체와 교류하며 국제적인 인문학 교육 현장에서 새롭게 정립될 '한국형 인문학'의 활성화와 국제화에 노력했다. 21세기 지식정보사회에 부응하는 새로운 인간상을 정립하고 다양한 지식정보의 공유를 통하여 생산력 향상 및 국가경쟁력 강화에 기여한 점을 인정받아 2021년 12월 제38회 교육 분야 '신지식인'으로 선정되었다.

저서
인문학

- 『일본신화에 나타난 세계관』, 합천박물관, 2021.
- 『인간이 된 일본의 신들』, 합천박물관, 2021.
- 『사무라이리더십』, 시네바움 인문학, 2021.
- 『'상인'사무라이의 환상과 허구 - 이시다 바이간(石田梅岩)과 마쓰시타 고노스케(松下幸之助)』, 합천박물관, 2020.
- 『'정치' 사무라이의 욕망과 트라우마 - 요시다 쇼인(吉田松陰)과 아베 신조(安倍晋三)』, 합천박물관, 2020.
- 『화투에 나타난 일본의 문화코드』, 한국동서문학 21집 봄호, 2017.
- 『식물적 세계관이 잉태한 일본 미학』, 부산미학연구회 제22회 기획발표, 2016.
- 『일본의 미의식-식물적 세계관에서 잉태된 미학적 개념들』, 문학도시 4월호, 2016.

번역서

- 한일번역시조집 『봄여름가을겨울』, 국제시조협회, 2021.
- 한일번역시조집 『시조에서 하이쿠까지』, 국제시조협회, 2020.
- 한일번역시조집 『현대시조 100인선』, 국제시조협회, 2020.
- 번역시조집 『母の日記』, 한국문인협회 월간문학출판부, 2020.
- 한일번역시조집 『들풀의 아침』, 국제시조협회, 2019.
- 번역시조집 『母の声』, 한국문인협회 월간문학출판부, 2019.
- 하이쿠 번역집 『둘의 가락』, 세종출판사, 2019.
- 하이쿠 번역집 『겨울밤』, 목언예원, 2018.
- 『고문서해제 도서해제 제15집』, 부산광역시립 시민도서관, 2017.
- 『박목월 탄생 100수 번역시집』, 동리목월기념관, 2017.
- 김일연 일어번역시조집 『꽃벼랑』, 목언예원, 2016.

- 안수현 『藤原定家의 詩學』, 해찬솔, 2016.
- 이영도 일어번역시조집 『아지랑이』, 목언예원, 2016.
- 『고시조 100선 번역시조집』, 목언예원, 2016.

논문
- 「후지와라 데이카(藤原定家)의 美意識 '요염(妖艶)'에 관한 고찰」, 2021.
- 「『데이카짓타이(定家十体)』의 '고토시카루베키요(事可然様)'에 관한 고찰」, 2019.
- 「『定家十体』의 「鬼拉体」에 관한 고찰」, 2018.
- 「통신사행 동래부 왜학역관과 일본 시가문학」, 2018.
- 「藤原定家의 達磨歌에 관한 고찰」, 2016. 등 다수

23장

N잡러,
부자 되는 길

김숙자

1. 대한민국에서 N잡러로 산다는 것

1) ONE-JOB 시대의 종말

(1) 극단의 직업 세계에서

　2016년 제조업에 큰 충격을 준 일이 발생한다. 바로 스포츠 브랜드 아디다스 신발 공장이 독일로 이전했다. 그동안 디자인은 독일 본사에서 했고, 생산은 베트남 공장에서 했다. 쉽게 볼 수 있는 아웃소싱 방식이었지만, 2016년 '스마트 팩토리'란 이름으로 새로운 제조공장을 독일에 만든 것이다.

　하루 생산목표치 5만 켤레로 주문자 생산 방식이다. 주문자가 원하는 디자인과 기능을 선택하면 공장에서 생산한다. 모든 방식은 자동생산이다. 이전 5만 켤레를 주문자 생산 방식은 600명 직원이 필요했다. 하지만 이 공장을 운영하는 데 필요한 인원은 10명의 엔지니어뿐이다. 즉 590명의 일자리가 사라졌다.

　이 아디다스 스마트 팩토리를 어떻게 되었을까? 결론부터 말하면 실패했고, 다시 동남아 공장으로 이전 예정이다. 이유는 원단을 절단하고, 고무를 성형하는 기계가 아직 대량생산에 적합하지 않기 때문이다. 하지만 많은 전문가는 기술적 한계일 뿐 자동화 실패라 평하지 않는다. 기술만 따라준다면 590명이 필요 없는 공장은 언제든 나온다. 고용 없는 공장은 아디다스 이야기뿐일까. 언론에 등장하지 않을 뿐 이미 자동화 공장은 곳곳에 생기고 있다.

자동화는 경영자에게 편하다. 24시간 일하고, 복리후생도 필요 없으며, 안전사고 걱정도 없다. 얼마 전 만난 제조업 경영자는 '3년 인건비만 투자하면 15년 넘게 기계로 돌릴 수 있다'라고 말했다. 편리한 시스템이면서도 끔찍한 이야기다.

과거 직업 세계는 '경영자-관리자-근로자'가 유기적으로 연결되었다. 90년대 경영학자 피터 드러커는 '중간이 사라진다'고 말하며 관리자의 종말을 고했다. 지금은 '경영자-근로자'에서 자동화시킬 수 있는 '거대한 자본을 가진 경영자'와 자동화 로봇을 운영하는 '소수의 엔지니어'만 남은 극단의 세계로 가고 있다. 이 세계를 '극단의 직업 세계'라 부른다. 고용할 이유가 없는 경영자와 언제든지 대체 가능한 근로자만 있는 세계이다. 이런 상황에서 당신은 어느 위치에 있는가.

자동화 로봇

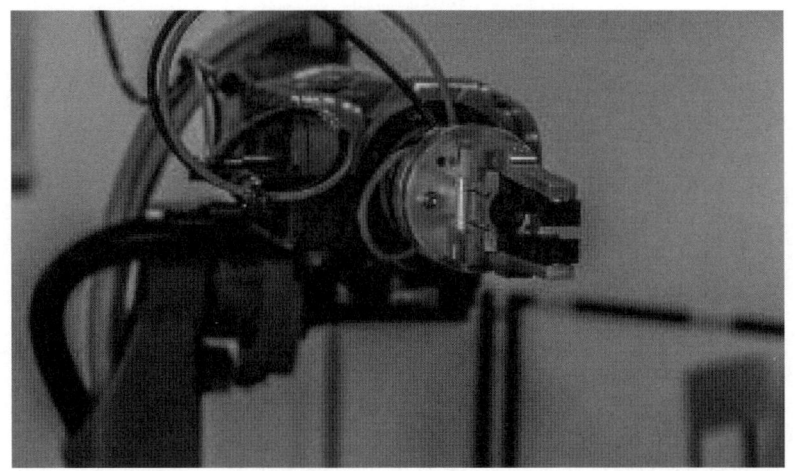

출처: 픽사베이

(2) N잡러와 TWO-JOB의 차이

졸업식장에 가본 적 있을 것이다. 대학 강의를 하기에 졸업식장을 매년 본다. 그리고 그곳에 사진기사를 볼 수 있다. 모두가 스마트폰 카메라로 찍어줄 때 우둑하니 서 있는 사진기사를 볼 때마다 생각이 복잡해진다. 거대한 변화 속에 개인은 무기력하다. 과거 글로벌 필름 기업 '코닥'도 디지털 시대를 읽지 못해 망했다. 하물며 사진기사 개인은 말해서 무엇할까.

거대한 변화 속에 개인이 할 수 있는 건 자각하고 변화하는 일이다. 문제는 사람은 변화를 거부한다. 변화는 피곤하고 귀찮다. 냄비 속 개구리 신세가 될 것을 알고 있지만, 실천이 어렵다. 이 생각의 벽만 깬다면 N잡러로 변화가 시작된다.

많은 사람에게 N잡러를 이야기하면 투잡(Two-job)을 떠올린다. N잡러와 투잡은 어느 정도 공통점은 있지만, 분명한 차이가 있다.

N잡러 – 전문성을 기본으로 이익과 확장으로 일한다
투잡 – 업무의 연장선이며 이익 극대화로 일한다

'이익'이라는 공통점은 있지만, 확장성에서 N잡러가 훨씬 앞선다. 많은 사람이 확장성에 두려움만 깬다면 은퇴 후는 물론 현역에 있을 때도 N잡러로 활동할 수 있다.

사실 변화는 두렵지만, 그렇다고 손 놓을 수 없다. 우선 내가 가진 것에서 시작하면 된다. 나에게는 나의 전문성과 경험이 있지 않은가.

김숙자 박사 강의 준비 중

(3) 규모만 작을 뿐 꿈까지 작지 않다

N잡러는 규모가 작다. 대부분 1인 기업으로 일한다. 때에 따라 팀으로 일하지만, 프로젝트가 끝나면 다시 혼자다. 외로움은 N잡러의 숙명이다. 하지만 혼자이기에 변화가 빠르며 의사결정이 신속하고 빨리 학습해서 활용할 수 있다.

규모가 작다고 꿈까지 작지 않다. 혼자 일하며 여느 기업 못지않게 수익을 내는 N잡러가 있다. 그들은 N잡러의 장점을 십분 활용한다. 작기에 리스크는 적고, 변화가 빠르기에 새로운 시장을 선점할 수 있다.

'교토삼굴(狡兎三窟)'이란 말이 있다. 한 가지만 묻히기에 직업 세계에 변화는 빠르고 냉정하다. 여러 개의 굴(직업)을 파놓으면 과감한 도전과 변화를 꾀할 수 있다. 극단으로 갈라지는 직업 변화에 위기를 알면서도 발만 동동 구르기에는 인생이 길다. 수익을 다각화해서 살아가는 N잡러를 꿈꿔보자. 방법은 내가 가진 것, 내가 있는 곳에서 하면 된다.

2) 나의 N잡러 이야기

(1) 조직과 윈-윈 하는 기술

필자는 2020년 정년퇴직했다. 공무원으로 직업 1막을 마무리한 것이다. 그런데 1막보다 N잡러로 사는 지금이 훨씬 바쁘다. 나를 불러 주고, 찾아 주는 곳이 있기에 가방과 기차 시간을 점검한다.

필자는 대한민국 1호 여성 토목시공기술사다. 그리고 건설안전기술사도 취득했다. 즉 국가기술자격법에서 인정한 전문가다. 이런 전문성으로 조직과 윈-윈 하는 N잡러를 차분히 준비했다.

필자는 토목설계, 심사, 허가, 발주, 완공 후 점검 등을 종합하는 부서에 있었다. 매일 설계 도면과 관련 법률과 씨름하며, 25년 넘게 정신없이 일만 했다. 어느 날 스스로 부족함을 느낀다. 직장 10년 차가 오는 갈증이다. 이 시기 동기들은 골프, 등산, 악기 등 취미활동을 시작했지만, 필자는 전문성을 쌓기로 마음먹는다. 그래서 야간으로 공학석사를 입학했다. 당시 근무하는 보령과 대전을 오가며 운전을 많이 했다. 무사히 졸업하고 배움의 갈증이 심했다.

토목 분야 전문성을 인정하는 기술사를 마음에 품고 있었다. 더는 늦출 수 없다는 생각으로 이어졌다. 문제는 공부 여건이 쉽지 않았다. 학원은 서울에 있었고, 보령에서 완행열차를 타고 가야 했다. 피곤한 몸을 이끌고 공부하러 간 것이다. 앞에도 이야기했듯이 여성 1호 기술사이기에 학원에도 여성은 나 혼자였다. 다행히 좋은 스터디 그룹을 만나 토목시공기술사를 취득했다.

기술사 취득 전과 후 많은 것이 달라졌다. 속도가 생명인 건설업 특성상 민원에 전문성을 요구했다. 미팅 때 기술사 명함을 내밀고 만나면 전문가로 인정해주는 분위기였다. 자연스럽게 협조를 이끌었다. 또한, 기술사를 공부하며 쌓아온 전문지식이 업무에 도움이 되었다. 까다로운

공사를 맡겨도 공부했던 지식과 쌓아온 인맥 인프라를 가지고 해결했다. 나의 전문성 발전이 조직 발전에 도움을 줬다고 생각한다. 서로 도와주는 구조다.

내가 말하는 N잡러는 전문성을 바탕으로 한다. 나의 전문성 성장이 조직 운영에 도움이 된다고 생각한다. 즉 상생하는 구조다. 내가 하는 업무로 전문성을 키워야 한다. 그것이 나를 N잡러로 발전시키고, 조직의 업무능력을 향상하는 방법이다.

(2) 최소 자본으로 시작했다

고층 빌딩에 멋진 사무실, 전문성이 있는 직원들, 부러워하는 사내 복지까지. 누군들 이런 사업체를 꾸리고 싶지 않을까? 문제는 '고정 비용'이라는 부메랑으로 돌아온다. 수익이 나지 않으면 다 내 주머니에서 나간다.

필자는 공용 오피스를 사용한다. 10년 넘게 이어온 N잡러 지인들과 함께하는 사무실이다. 각자 분야가 있기에 정보를 나눈다. 외로운 N잡러에게 의지가 된다. 공용 오피스라 비용은 공평하게 분담한다. 비용은 최소지만, 수익 파이프라인은 여러 가지다.

나의 수익 파이프라인은 크게 3가지다. 토목건설, 안전, 시공 분야로 컨설팅을 나간다. 은퇴 전 공학 박사를 취득했고, 기술사가 있기에 가능하다. 특히 국가안전대진단 등 국가적 프로젝트가 있다면 우선순위로 나를 부른다. 현직에 있을 때, 나의 전문성을 요구하는 곳이면 부서장 허락을 받고 도움을 주었다. 그 인연이 지금도 이어진 것이다. 그래서 지금 있는 곳에서 많은 활동과 인맥 인프라를 쌓으라고 조언한다.

자문위원활동

다음은 강의 분야이다. 강의는 대학교, 일반기업체, 이공계 단체 등 다양하다. 강의에서 국민안전처 정부 합동 점검관으로 123층 제2 롯데타워를 안전진단했던 스토리가 나의 대표 강의다. 모든 사람이 알고 있는 건물에 나의 스토리가 있기에 강사로서 라포(Rapport) 형성에 큰 도움이 된다.

다음은 프로젝트 사업으로 토목건설, 안전, 시공 분야에 '법 개정', '집필 작업', '진단' 등에 참여하는 것이다. 공직에 쌓은 경험이 많은 도움이 된다. 또한, 프로젝트 특성상 경력관리에 유리하다. 이외에 출판,

칼럼 기고, 여성과학기술인 활동 등 직간접으로 N잡러 생활을 하고 있다. 만약 누구나 꿈꾸는 멋진 사무실과 직원이 있었다면 고정비 부담으로 활동에 제약이 많을 것이다. 작기에 최소 자본이 들고, 작기에 많은 활동을 빠르게 할 수 있다.

제2 롯데월드 123층 아쿠아리움 합동 점검 중 지적사항

출처: 노컷뉴스

(3) 결국, 전문성으로 시작된다

1997년 IMF 사태 이후 공무원은 인기 직업이 되었다. 이유는 채용의 공정성과 미래의 안정성이다. 가끔, 나의 과거를 돌아보면 치열했던 박사 과정과 1~2점에 조마조마했던 기술사 시험, 그리고 다양한 곳에 나갔던 컨설팅 등이 생각난다. N잡러 준비를 위해서 본업도 완벽히 수행

해야 했다. 치열했던 과정을 돌아보면, 당시는 힘들었어도 결국 추억이고, 나에게는 스토리다. 모든 과정은 전문성이라는 단어와 연결된다.

직업인이라면 자기 분야가 있다. 어느 정도 나이가 있다면 10년 이상 일했던 분야다. N잡러의 승부처는 전문성이다. 단순히 속도만 빨라서는 안 된다. 공식적으로 인정하는 증명서(자격증, 학위 등)가 있으며, 관련 분야 사람들에게 인정받는 것이다. 방법은 준비뿐이다.

2. N잡러, 스스로를 진화시켜라

1) 지금 있는 곳에서 준비한다

(1) 본업, 그 단단한 뿌리

N잡러의 시작은 본업을 튼튼히 하는 것이다. 생각보다 본업(회사)은 우리에게 많은 걸 제공하며, N잡러의 기초체력을 키워준다.

첫째, 월급이다. 우리가 졸린 눈 비비며 출근하는 절대적 이유다. 금융수익, 임대수익이 없고, 월급도 없다고 생각해 보자. 기본적인 생활조차 어렵다.

둘째, 소속감이다. 소속감은 안정을 준다. 그리고 '내 편'이 있다는 든

든함도 준다. N잡러 중 소속감을 그리워하는 사람이 많다. 나를 지켜주는 테두리가 소속감이다.

셋째, 검증이다. 회사는 나의 실력과 능력을 검증할 수 있다. 검증은 경험으로 바뀌고 경험 자본이 된다. N잡러를 찾는 고객은 검증할 여유를 주지 않는다. 나를 대체할 사람은 넘쳐흐르기 때문이다. 이외에 회사는 많은 걸 제공한다. 만약 N잡러를 꿈꾸고 준비한다면 본업에 더 충실해야 한다. 이것이 N잡러의 시작이다.

*"조직에서도 인정 못 받는데,
나 혼자 일하는 N잡러로 성공한다는 건 어불성설입니다."*

강의에서 종종 하는 말이다. 우선 조직에서 인정받고 전문성을 쌓자. 차츰 나를 따르는 사람도 생기고, 세상이 필요로 하는 지식도 눈에 보이게 된다. 그리고 본업에서 검증받으면 된다.

N잡러는 하나의 업(業)을 만드는 과정이기에 급하면 안 된다. 한 발짝 물러서서 내가 가진 전문성이 시장에 적합한지 고민하는 건 지금 있는 곳에서 지금 하는 업무로 검증해야 한다.

한밭대학교 졸업식 축사

출처: 유튜브

(2) 콘텐츠 확장으로 생존력을 높인다

N잡러로 성공 이전에 생존이 우선이다. 세상은 전문가가 넘쳐흐르고 매칭 플랫폼 발전으로 전문가 매칭이 쉬워졌다. N잡러를 위해 조직을 떠났다면 살아남는 게 지상 과제가 된다.

대부분의 N잡러는 '지식기반형 N잡러'다. 다기능 N잡러가 있지만, 내가 말하는 지식기반형 N잡러와 결이 다르다. 지식기반형 N잡러는 지식의 활용과 확장으로 수익을 창출한다.

지식기반형 N잡러의 주 수입원은 '컨설팅, 강의, 칼럼 기고, 출판, 동영상 플랫폼, 교육 서비스' 등이다. 생존이 우선인 초기 N잡러는 자기 특기가 있으면서도 수입원을 확장하는 게 생존에 유리하다.

나의 주 수입원은 컨설팅이다. 그리고 강의, 출판이다. 3개는 유기적으로 수입을 부른다. 강의를 나가면 컨설팅 제휴가 들어오고, 출판으로 강의를 문의한다. 선순환 구조다. 다음은 생존력을 높이는 초보 N잡러에게 추천하는 과정이다.

우선 본업(회사)이 허락하는 범주에서 블로그 활동을 권한다. 블로그는 전문성을 글로 표현하는 나만의 공간이다. 유튜브가 대세라지만, 제작기술이 요구된다. 반대로 블로그는 접근성이 쉽고, 검색키워드 방법만 알면 노출이 쉽다. 블로그를 통해 나를 알리고, 축적한 데이터를 체계화할 수 있다. 여기에 연락처도 함께 넣는다.

두 번째 매칭 플랫폼 활동이다. '크몽, 숨고' 등 전문가 매칭 플랫폼이 많다. 나의 프로필과 전문분야를 올리고 고객에 선택받는다. 처음 하는 사람에게 쉽지 않지만, 시장에서 평가받을 좋은 기회다.

필자는 블로그, 매칭 플랫폼 활동을 하지 않았지만, N잡러로 살고 있다. 돌아보면 더 어려운 대면 활동으로 나를 확장했다. 블로그나 매칭 플랫폼 활동을 하는 N잡러를 보면 시공간을 초월하는 활동이 부러울 때가 있다. IT기기 발전으로 지식기반형 N잡러 활동이 쉬워졌다. 결국, 실천하는 사람이 전부를 갖는 구조이다.

(3) 지식을 표현하는 방법을 배워라

수준 높은 지식이 있어도 그걸 표현하지 못하면 혼자 알다 사라진다.

N잡러는 지식을 표현하는 사람이다. 우리가 지식을 표현하는 방법은 두 가지다.

첫째, 말(言)

둘째, 글(書)

눈으로 보는 동영상 플랫폼도 말, 글의 조합이다. 둘은 N잡러에게 필수가 아닌 생존이다. 공직생활 시절, 주말이면 같은 고민을 하는 사람들과 'CEO스피치'를 청강했다. 매일 하는 말인데도 남들 앞에서 하려니 어려웠다. 내가 강의했던 비디오를 수십 번 돌려보며 연습했었다. 이때 나의 비디오 돌려보는 걸 창피했다면 N잡러로서 강의 활동에 제약이 많을 것이다. 지금은 강의를 나가면 '누구를 만날까?' 기대에 부푼다. 언어 능력, 정확히는 강의력은 N잡러가 반드시 극복하고 잘해야 한다.

다음은 글이다. 우리는 글을 두려워한다. 말은 휘발성이 있지만, 글은 증거가 있기 때문이다. 말은 쉽게 사라지지만, 글은 남는다. 고로 더 멀리 퍼진다. 여기에 내가 쌓은 전문성인 기술사, 박사는 글쓰기를 해야 취득할 수 있다. 특히 기술사 시험은 A4용지 14장을 내가 주도해서 채워야 한다. 논문은 말할 것도 없다.

글쓰기 능력은 짧은 시간에 늘리는 건 어렵다. 필자도 고민하는 문제다. 주변 작가들은 '생각 완성 후 글쓰기'를 조언한다. 토목에도 설계가 기본이듯, 글을 쓸 때 생각을 미리 완성하는 것이다. 그리고 표현만 하면 된다. 필자는 칼럼 기고, 집필 작업 시 연습장에 '글감 설계도'를 완성 시킨다. 생각을 미리 했으니, 남은 건 채우면 된다.

필자의 공동 저서

(4) 자유와 함께 오는 책임감

출퇴근이 자유로운 N잡러는 많은 사람이 꿈꾸는 직업이다. 반대로 책임감도 따른다.

얼마 전, 제주도경관위원회를 참여한 적이 있다. 위원회에서 여러 배려로 편하게 다녀왔다. 강의와 컨설팅으로 제주도는 종종 갔다. 이전과 차이가 있다면, 여유 시간을 많이 줬다. 제주도를 돌며 휴식을 취했다. 컨설팅에서 만난 제주도 지인에게 여행 코스 조언을 받았다.

여행 중 '업무와 여행을 동시에 할 수 있는 직업이 몇이나 될까?' 생각했다. N잡러의 장점은 자유에 있다. 단, 자유에는 책임이 따른다.

건강, 스케줄 관리, 비용, 멘털 등 모든 걸 혼자 해결한다. 발생하는 책임도 온전히 내 것이다. 자유를 꿈꾸며 많은 사람이 N잡러에 도전한다. 분명 전문성과 자유가 있기에 화려한 삶이다. 하지만 수면 아래에서 발을 열심히 저어야 한다. 이것이 N잡러의 삶이다.

우선 자신을 살펴보자. 고객이 원하는 전문성과 자유와 책임이 공존하는 N잡러가 자신에 맞는지 말이다. N잡러의 길을 간다면 수면 밑에서 끊임없이 배우고, 미팅하고, 제안하는 열정으로 무장할 필요가 있다.

토목의 날 행사

저자소개

김숙자 KIM SUK JA

학력
- 충남대학교 공학 박사
- 한밭대학교 공학 석사
- 한밭대학교 토목 학사

경력
- 건양대학교 겸임교수
- 국무조정실 근무
- 국토교통부
- 행정안전부
- 한국여성기술사회장

자격
- 토목시공기술사
- 건설안전기술사

- 국제기술사
- 재난관리지도사
- 행정사 등 다수

저서
- 『메타버스를 타다』 브레인플랫폼, 2021.(공저)
- 『공학도들에게 들려주는 기술사 성공 스토리』 피서산장, 2021.(공저)
- 『두려워하지마, 나도 그랬어』 책과나무, 2016.(공저)
- 『We Build a City』 건기원, 2011.(공저)
- 「지반굴착에 따른 침하인자 평가」

수상
- 대통령상
- 국토교통부 장관상
- 행정안전부 장관상
- 2020 안전대상
- 효녀상 등 다수

24장

N잡 시대에
무엇을 하며 살 것인가?

김상길

1. 들어가는 말

1) 보통사람들의 이사 이야기

우리 사회의 가장 큰 관심거리 중 하나가 부동산문제 일 것이라고 생각된다. 우리 사회는 최근 5년여에 걸쳐서 아파트 등 주택 가격이 가장 큰 폭으로 상승하였다. 이유가 어떻게 되었든 감당하기 어려운 너무 높은 가격 폭등으로 특히 젊은 청년들은 미래 주택 구입 가능성에 대한 기대와 희망이 좌절됨을 뼈저리게 느끼고 있는 것이 현실이다.

필자의 주위 사람들의 이야기를 들어보면 우리 사회의 평범한 사람들의 경우를 살펴보면 이사를 하지 않는 경우도 있지만, 평균적으로 평생 아파트를 사고파는 것은 3회 내지 4회 정도, 이사는 7회 내지 8회 정도 한다고 한다. 부동산의 특성상 공공재적 성질을 가지면서도 수요와 공급에 의해 가격이 형성된다. 우스갯소리로 급격한 부동산 가격변동에 따라서(모두가 성공적으로 하는 것은 아니지만) 재테크를 잘하는 사람들은 이사를 자주하는 사람들이라고 한다.

2) 직업 이야기

직업이나 직장에 관해서 평생직장이냐, 평생직업이냐에 관해서 다양한 의견이 있을 수 있다. 한 직장에서 일생 근무하면서 성공한 사람들,

한 가지 직업을 갖고 전문성을 바탕으로 성공한 사람들, 평생을 한 가지 일을 하면서 나름대로 성취감을 얻고 행복하게 사는 사람들도 있다.

필자가 주변 사람들을 살펴보고자 한다. 역사와 전통이 있는 지역에는 가끔 20년, 30년 동안 한자리에서 같은 식당을 운영하고 있는 경우를 볼 수 있다. 음식의 맛과 서비스로 지켜온 역사가 있는 식당들, 일종의 골목식당들을 볼 수 있다. 인천지역의 경우 ○○한정식, ○○○식당, ○○시장 등 지역사회를 지켜온 사람들도 많이 있다.

기능공으로 출발하여 중소기업을 운영하는 사장님 중에는 금형을 전문으로 하는 기업인도 있는데, 평생 금형 기술자로 살아오면서 실력으로 인천에서 최고는 아니어도 최소한 두 번째 실력가로 자신 있다면서 자기 일에 자부심을 가진 중소기업인도 있다.

절친한 친구 중에 재미있는 사례도 있다. 입시학원 사업을 하여 나름대로 재산도 모으고 성공했다고 하는 사람이 있다. 50세까지 그동안 하던 사업을 모두 정리하고 사회적 공헌에 관심이 있어 사회적 기업, 사회적 협동조합 일을 하는 친구가 있다. 50세까지 해왔던 일과는 전혀 다른 일을 하고 있다. 삶이 즐겁단다.

또 다른 경우는 주물, 철물 관련 중소기업을 운영하던 분이 있다. 이분은 나름 재산도 꽤 모았고, 성공적이라고 평가하였다. 60세까지 40여 년 운영해왔던 사업을 정리하고 도심 가까운 곳에서 주말농장 개념으로 농사를 짓고 있다. 10년 넘게 농사짓고 맑은 공기를 마시면서 작물과 함께하는 적당한 노동이 있는 일상이 행복하다고 한다.

최근 우리 사회에 직업, 직장에 관해 극단적 상황을 살펴볼 수 있다. 직장을 얻기에 사회적 여건이 만만치 않은 결과라고 생각되지만, 평생직장이 보장되는 공공분야의 취업 경쟁률이 민간분야 경쟁률보다 훨씬 높고, 공무원 시험 준비하는 청년들이 너무 많다고 한다. 100세 시대, 60세 정년 개념으로 본다면 평생직장 개념이 한계가 있을 것이 분명한데 말이다.

한편으로 다양한 직업과 평생직장 개념이 허물어진 시대에 새로운 일을 개척하고 또한, 창업을 해서 성공한 청년 기업가들도 수없이 많다. 『한국의 젊은 부자들』(이선영, 메이븐, 2017.)에서 보면 돈, 경험, 기술, 학벌 등 내놓을 만한 것들이 없는, 그러나 성공한 젊은 부자들을 소개하고 있다. 평균 나이 33세, 연평균 매출 100억 원 이상 규모로 회사를 만들어 낸 60인을 소개하는 내용이다. 기회는 준비하고 도전하는 자에게 있다는 것이다. 얼마 전 어떤 강연에서 임종을 앞둔 분들에게 한 설문조사 결과를 소개하는 것을 들었다. 일생을 뒤돌아볼 때 가장 아쉬운 것 중 하나가 일상에 매여서 새로운 것을 시도하거나 많은 것을 해보지 못한 것이었다고 한다.

2. N잡 시대

1) 100세를 넘어 130살 시대가 전개될 것이다

　조선일보에 소개된 내용이다. 이번 세기에 130살 시대가 될 것이라는 말이다. 캐나다 몬트리올 대학교의 경영대학 연구팀은 100세 전후 인구의 수치화된 데이터를 분석하여 130살 시대가 열릴 것이라고 예측하였다. 성경에도 130살 이야기가 나온다. 100세 이상 장수 시대가 보편화될 것이다.

2) 기업의 근무 연수가 평균 6년이다

　고용노동부의 고용형태별 근로실태조사에 따르면 2020년 근로자의 평균 근속 연수가 6.8년이라고 한다. 한편으로 60세 정년이 사회적으로 정착된 제도라면 한 직장에서 정년까지 일한다는 것은 불확실성이 너무 많다고 할 수 있다. 정년이 보장된 공공기관을 제외하고는 우리 사회에 한 직장 개념이 무너진 지가 오래되었다고 볼 수 있다.

3) 할 일 찾는 60세 퇴직자들

　필자도 아직 현역에서 일하고 있지만, 조만간 은퇴하게 될 것이다. 퇴직하신 선배님들 얘기를 들어보면 이구동성으로 할 일이 없는 것에 대한 무료함, 그리고 소일거리가 없는 관계로 삶의 재미가 없다는 것이다. 최소한 취미나 좋아하는 운동이라도 없으면 결코 행복할 수 없다는 것이다. 다시 말해서 60세 이후 할 만하고, 또한 할 수 있는 것이 없다면 100세 시대에 삶의 행복을 만들어 갈 수 있을까?

4) 평생직업인가 평생직장인가?

직장이 날 보호해 줄 생각도 능력도 없다는 것을, 젊어도 구조조정으로부터 자유롭지 못하다는 것을, 많은 분야에서 로봇이 사람을 대신하고 있는 것을 볼 수 있다. 쉽게 이해할 수 있는 것은 평생직장 개념이 우리를 지켜주지 못한다는 것이다. 중요한 것은 경험과 실력, 성취가 있는 직업 개념으로 볼 때, 좋은 평가가 있다면 직장은 개인적 성장과 발전, 더 좋은 조건의 직장으로 선택될 수도 있고, 바꿀 수도 있다. N잡 시대, 직업에 대한 인식의 전환과 전문가적 경험과 실력을 쌓는 것이 무엇보다 중요하다고 볼 수 있다.

3. N잡 시대 직업에 대한 전망과 준비

1) 무엇을 할 것인가?

N잡 시대에 대응하는 직업, 하고자 하는 일, 행복할 수 있는 일을 찾

는 것이 중요하다. 필자의 경험으로 볼 때 직업이나 직장의 선택 문제는 개인의 역량과 잠재력, 적성 등을 고려해서 항상 가장 좋은 대안을 선택하는 경우가 많지 않은 것이 사실이다. 다만 주어진 여건에서 최선, 차선의 선택을 하는 것이라고 생각한다.

물론 우연한 기회에 성공의 요소를 찾아서 직업적 성공을 하는 경우도 왕왕 있다. N잡 시대에 급변하면서 다양한 변화에 따라 적절히 대응할 수 있는 분야로 방향 설정을 하고, 자기가 잘할 수 있고 즐길 수 있는 일, 시대 트렌드에 비추어 봤을 때 미래 전망이 기대되는 일을 찾는 것이 중요하다.

2) 평생직업으로 성공한 사람들

필자가 평소 가깝게 지내는 사람들 중에 평생을 한 가지 분야에서 지식과 경험, 자기만의 사업 노하우를 확보함으로써 나름대로 성공한 사람으로 평가받는 사람이 있다. 최근 관심이 높아지고 있는 유아교육 분야다. 끊임없이 유아교육에 대한 공부와 연구, 현장에서의 시행착오도 많이 겪었다. 어려운 시간을 극복해 가면서 유아교육에 대해서는 일가견을 가진 전문가가 된 것이다. 현장에서의 경험을 바탕으로 아이들이 좋아하는 놀이도 만들고, 현장에서 체험하는 새로운 개념의 교육도 하면서, 베스트셀러로 판매되고 있는 인기 있는 유아교육 교재도 만들어 호평을 받고 있는 분이다. 또 한 분은 환경 분야다. 환경오염 측정과 분석을 전문으로 하면서 틈새시장인 측정기계 및 장비 분야에서만 평생을 투자하였다. 두 차례 부도도 겪고, 창업도 여러 번 하는 등 어려움도 많이 겪으면서도 결코 그 분야를 떠나지 않았다. 최근 미세먼지 등 환경문제가 큰 이슈가 되면서 그야말로 각광받는 사업이 되었고 회사도 크게 확장하고, 성장시켰다. 평생 한 분야, 한 직업을 고수하면서 성공의 달콤한 맛을 만끽하고 있는 분들이다.

3) 시대의 트렌드를 읽어야

미래 어떤 분야가 좋을까? 앞으로 어떤 분야가 뜰까? 가까운 미래일까? 장기적 전망일까? 그러한 전망 속에 무엇을 하면 좋을까? 시대의 트렌드를 읽고 그 트렌드 속에서 내가 할 일을 찾아보고, 그 가능성을 확보하는 것이 매우 중요하다. IT 분야의 발전에 따라 IOT, AI, 빅데이터, 가상현실, 로봇, 자율주행차, 신소재 산업 등 기술발전 트렌드, 최근 코로나19 팬데믹에 따른 건강 및 비대면 분야의 산업 트렌드, 국민들의 생활 및 소비수준 변화에 따른 산업 트렌드 등을 읽어 내고 그 흐름을 타는 것이 중요하다.

4) 어떻게 할 것인가?

기업인으로서 성공한 사람들, 평생직업으로 성공한 사람들, 은퇴 후에도 자기 일을 가지고 행복하게 사는 사람들을 살펴보면 열정이 특별한 것을 알 수 있다.

자기에게 어울리는 즐거움을 만들어 가는 사람들이 분명하다고 본다. 『논어』에서 '알기만 하는 사람은 좋아하는 사람만 못하고, 좋아하는 사람은 즐기는 사람만 못하다'고 했다. 하고자 하는 일에 대한 열정과 그것을 즐기는 것이 성공의 기반이다.

5) 창직형 창업도 기회

최근 벤처 창업과 관련하여 새로운 분야에 창직형 창업이 관심의 대상이 되고 있다. 새로운 기술의 등장, 창의적인 아이디어, 취미나 평소 관심 있던 분야에서 창업을 하여 새로운 직업으로 사업기회를 만들어 내는 것이다. 창직형 창업도 N잡 시대에 새로운 대응전략이다.

4. 마무리하는 글

1) 100세 시대에 살고 있는 우리는 목표가 있어야 한다

무엇을 준비하고 행동해야 할까? 새롭게 펼쳐지는 4차산업혁명 시대, 과학기술 시대에 먼저 방향 설정과 목표가 중요하다. 은퇴하기 전의 목표, 은퇴 후의 목표 등 물론 목표는 바뀔 수도 있다. 새로운 목표를 추가할 수도 있다. 그래도 중요한 것은 목표를 가지고 있는 사람, 올바른 목표를 가지고 있는 것이 직업의 성취와 인생의 성공에 있어 가장 중요한 요인이라고 할 수 있다.

2) N잡 시대에 살고 있는 우리는 많은 경험과 공부가 필요하다

아이디어와 창의성이 중요하다. 더욱더 중요한 것은 현장에서의 다양한 경험이다. 현재 내가 일하고 있는 분야, 직장에서 많은 경험을 쌓는 것이 필요하다. 창업을 하는 경우 직장에서 할 수 있는 일은 끝까지 해 보면서 준비하는 것이 절대적으로 필요하다는 것이 전문가들이 강조하는 내용이다. 그러한 경험이 있어야 새로운 분야에서 일할 수 있는 선택의 폭이 넓어지는 것이다.

3) 청년의 열정이 있어야 한다

오늘날 우리가 살고 있는 시대는 우주여행도 하는 무엇이든 상상한 대로 가능케 하는 과학기술, 높은 삶의 질과 욕구를 충족시켜 주고자 하는 민주적인 정치행정 사회에 살고 있다. 꿈을 꾸고, 시도해 보고, 경험하고, 성취하는 청년의 패기와 열정이 있어야만 한다. 그러한 청년의 열정이 있었기에 오늘날 삶의 풍요가 만들어졌다. 청년의 열정으로 N잡 시대에 좀 더 행복에 가까워질 수 있다.

참고문헌

- 김영기·한승우, 『창업과 경영의 이해』, 도서출판 범한, 2015.
- 김승·이정아·정동완, 『새로운 미래직업』, 미디어숲, 2019.
- 권도균, 『스타트업 경영수업』, 위즈덤하우스, 2021.
- 김영기 외 공저, 『창직형 창업』, 브레인플랫폼, 2021.
- 제프리 버스강, 『하버드 스타트업 바이블』, 신현승, 2020.
- 이신영, 『한국의 젊은 부자들』, 메이븐, 2017.
- 고용노동부, 「고용형태별근로실태조사」, 2021.

저자소개

김상길 KIM SANG GIL

학력
- 인하대학교 행정학과 학사
- 미국 텍사스 TWU MBA 졸업
- KDI국제정책대학원 경제정책과정 수료

경력
- 제37회 행정고시
- 인천광역시 인천경제청 기획과장/기획본부장
- 인천광역시 인재개발원장
- 인천광역시 재난안전본부장
- 인천광역시 계양구 부구청장
- 인천광역시 부평구 부구청장
- 현) 인천환경공단 이사장
- 현) 사단법인 반디 우리들 세상 이사장

자격
- 평생학습사

수상
- 대통령표창(2011년)
- 중소기업청장상(2001년)
- 교육부장관상(2002년)

25장

N잡러를 위한 세무회계

송준원

1. 종합소득세 신고란?

통계청에서 발표된 2020년의 소득분배지표를 살펴보면 근로소득으로 인한 처분가능소득은 2,624만 원이다. '처분가능소득'이란 한 해의 개인 소득에서 세금을 빼고 그 전해의 이전 소득을 합한 것을 의미한다. 평범한 직장인이 마음대로 쓸 수 있는 금액이 한 달 평균 220만 원도 안 된다는 말이다. 최저임금 인상 같은 눈에 보이는 명목임금은 매년 증가하고 있으나 화폐가치 하락으로 인한 물가상승 역시 지속되고 있어 실질임금은 계속 하락하고 있는 상황이다.

이와 동시에 작년부터 시작된 코로나 팬데믹으로 인한 산업구조의 대변혁은 소위 'N잡러' 시대를 가속화했다. 사양산업이 늘어나고 양질의 일자리가 감소하였다. 물가는 오르고 수입은 줄거나 변함이 없어 쓸 수 있는 돈이 더욱 부족해졌다는 말이다.

이러다 보니 어느새 필자조차도 N잡러로 활동하고 있으며 주변에서도 심심치 않게 추가 부수수입을 위해 본업 이외 부업을 하고 있다는 소식이 들려온다. 필자의 본업을 아는 지인들은 이 글을 쓰게 된 동기를 부여해준 다음과 같은 질문을 종종 해온다.

"직장 월급 말고 다른 부수수입이 발생하는데,
세금신고를 따로 해야 해?"

N잡러란 말 그대로 2개 이상의 복수를 뜻하는 직업을 가지신 분들이기에 '무조건'은 아니지만 '대부분'이 소위 종합소득세 신고라는 별도의 세금신고를 해야 한다. 누구에게는 너무나도 당연한 사실이지만 또 다른 누군가는 잘 모르거나 어렵고 귀찮을 수 있는 부분이다.

'종합소득'이란 이자소득, 배당소득, 사업소득, 근로소득, 연금소득, 기타소득을 합산한 것을 뜻한다. 대한민국에 거주하고 있는 납세자라면 위에서 열거된 소득 중 단 한 가지라도 발생하는 경우 원칙적으로 매년 5월 31일까지 국세청에 종합소득세 신고를 진행해야 한다. 그렇다면 이 글을 읽고 계신 독자님들 대부분은 다음과 같은 의구심이 생길 것이다.

> "나는 회사를 다녀서 근로소득이 발생하는데
> 왜 종합소득세 신고를 해본 적이 없을까?"

답은 간단하다. 대한민국의 모든 직장인들은 매년 종합소득세 신고를 한다. 다만, 5월에 신고를 진행하는 것이 아닌 매년 3월 10일까지 진행되는 연말정산 절차를 통해서 말이다.

1,500만 명이 넘는 근로자분들이 매년 5월 종합소득세 신고를 한다면 대한민국 국세행정은 마비가 되어 제 기능을 발휘하지 못할 것이다. 이를 방지하기 위해 회사에서 매월 월급을 받으면 급여와 피부양자 수준에 따라 '간이세액표'에 열거된 일정 금액의 소득세와 지방소득세를 미리 공제하고 최종적으로 연말정산 절차를 통해 정확한 세금을 산출하

는 것이다. 그렇다면 N잡러에게 종합소득세 신고란 왜 중요할까? N잡러 대부분의 소득원천이 '사업소득'이기 때문이다.

사업소득이란 자기의 계산과 책임 하에 계속적·반복적으로 행하는 활동을 통하여 얻는 소득을 뜻한다. 예를 들어 주말에 영어학원 강사로서 수업을 진행한다든가, 블로그를 운영하여 맛집, 여행, 데이트 등 광고를 대행해주는 경우 사업소득이 발생한다고 볼 수 있다. 요즘 MZ세대에게 익숙한 크리에이터들의 수입 역시 사업소득의 한 종류다.

겸업, 겸직 금지 의무가 없는 회사라면 복수의 회사에 재직하고 있더라도 연말정산을 통해 충분히 종합소득세 신고를 갈음할 수 있다. 하지만 대다수 회사는 사규를 통해 근로자의 개별 영리 행위 추구라든지 별도의 사업자등록을 금지하고 있으며 N잡러의 특성상 4대 보험에 가입하지 않거나 회사에 알리지 않은 소득이 발생하는 경우가 많기 때문에 거의 대부분 종합소득세 신고를 해야 한다.

사업소득 다음으로 자주 발생하는 소득은 '기타소득'이다. 기타소득은 이자, 배당, 사업, 근로, 연금소득을 제외한 소득으로써 세법에 열거된 소득을 의미한다. 사업소득과 구분이 어려울 수 있지만 계속·반복적으로 발생하느냐(사업소득) 일시·우발적으로 발생하느냐(기타소득)에 따라 구분하면 쉽게 분류가 가능할 것이다.

다만, 현실은 소득을 지급한 자가 신고한 소득구분에 따라 결정되는 경우가 대다수이다. 이제부터 소득원천에 따른 종합소득세 신고 유형과 절차에 대해 살펴보도록 하겠다.

2. N잡러를 위한 종합소득세 신고

1) 사업자등록증을 갖고 있는 경우

세무서의 사업자등록을 통해 사업소득이 발생하는 N잡러들의 경우 대부분 '세금계산서'를 발행하고 '부가가치세 신고'를 진행해야 한다.

세금계산서란 재화 또는 용역을 공급하고, 이에 대해 부가가치세를 포함하여 거래하였다는 사실을 확인하는 문서이다. 예를 들어 슈퍼마켓에서 물건을 사고 카드로 결제하는 경우 받는 영수증과 동일한 개념이라고 생각하면 쉽다.

부가가치세 신고의 경우 상품(재화)의 거래나 서비스(용역)의 제공과정에서 얻어지는 부가가치(이윤)에 대하여 과세하는 세금이며, 사업자가 납부하는 부가가치세는 매출세액에서 매입세액을 차감하여 계산한다.

부가가치세 = 매출세액 - 매입세액

부가가치세는 6개월을 과세기간으로 신고 및 납부하게 되어있고 개인, 법인사업자의 형태에 따라 과세기간을 다시 3개월로 나누어 중간에 예정신고기간을 두고 있다. 다만, 최근 세법 개정으로 인해 소규모법인 사업자의 경우 개인사업자와 동일하게 예정고지로 대체되는 경우가 있다.

과세기간		과세대상기간	신고납부기간	신고대상자
제1기 1.1.~6.30.	예정신고	1.1.~3.31.	4.1.~4.25.	법인사업자
	확정신고	1.1.~6.30.	7.1.~7.25.	법인·개인일반 사업자
제2기 7.1.~12.31.	예정신고	7.1.~9.30.	10.1.~10.25.	법인사업자
	확정신고	7.1.~12.31.	다음해 1.1.~1.25.	법인·개인일반 사업자

※ 일반적인 경우 법인사업자는 1년에 4회, 개인사업자는 2회 신고
- 개인사업자 (일반과세자) 중 사업부진자, 조기 환급발생자는 예정신고와 예정 고지세액납부 중 하나를 선택하여 신고 또는 납부할 수 있습니다.
- 개인 간이과세자는 1년을 과세기간으로 하여 신고·납부하게 됩니다.

과세기간	신고납부기간	신고대상자
1.1.~12.31.	다음해 1.1.~1.25.	개인 간이사업자

현재는 국세행정시스템의 발달로 세금 신고기간이 다가오면 우편 또는 카카오톡, 이메일 같은 전자 수단을 통해 안내를 해주고 있지만, 여전히 우편물의 분실 또는 납세자 본인의 실수같이 다양한 사유로 인해 신고기간을 놓쳐 쓸데없이 가산세를 부담하는 경우가 많다. 최고의 절세는 신고기한 준수와 성실신고임을 알아두자.

또한, 영세한 소규모 사업자의 세제지원을 위한 간이과세자 제도가 있다. 간이과세자란 1년간의 매출액이 8,000만 원에 미달하는 사업자이며 일반과세자와는 다른 세액 기준을 갖고 있어 동일한 매출이 발생하여도 실제로 납부하는 세 부담이 현저히 낮은 경우가 많다.

구분	기준금액	세액 계산
일반과세자	1년간의 매출액 8,000만원 이상	매출세액(매출액의 10%) - 매입세액 = 납부세액
간이과세자	1년간의 매출액 8,000만원 미만	(매출액×업종별 부가가치율×10%) - 공제세액 = 납부세액 ※ 공제세액 = 세금계산서에 기재된 매입세액 × 해당업종의 부가가치율

■ 간이과세자의 업종별 부가가치율(2021.7.1. 전)

업 종	부가가치율
전기·가스·증기·수도사업	5%
소매업, 재생용 재료수집 및 판매업, 음식점업	10%
제조업, 농·임·어업 숙박업, 운수 및 통신업	20%
건설업, 부동산임대업, 기타서비스업	30%

■ 간이과세자의 업종별 부가가치율(2021.7.1. 이후)

업 종	부가가치율
1. 소매업, 재생용 재료수집 및 판매업, 음식점업	15%
2. 제조업, 농업·임업 및 어업, 소화물 전문 운송업	20%
3. 숙박업	25%
4. 건설업, 운수 및 창고업(소화물 전문 운송업은 제외), 정보통신업	30%
5. 금융 및 보험 관련 서비스업, 전문·과학 및 기술서비스업(인물사진 및 행사용 영상 촬영업은 제외), 사업시설관리, 사업지원 및 임대서비스업, 부동산 관련 서비스업, 부동산임대업	40%
6. 그 밖의 서비스업	30%

예를 들어 컨설팅 매출을 1,100만 원(VAT 포함)으로 올린 일반과세자 A와 간이과세자 B가 있다고 가정하고 각각 납부해야 할 부가가치세를 계산해 보도록 하겠다.

일반과세자 A

1,000만 원 x 10% = 100만 원

간이과세자 B

1,100만 원 x 10% x 30%(업종별 부가가치율) = 33만 원

이와 같이 간이과세자에게 부가가치세 납부에 대한 혜택을 주고 있음

을 명심하고 사업자등록을 준비하시는 분이라면 초기에는 간이과세 사업자등록을 추천드린다. N잡러들은 다양한 분야의 수입을 발생시키는 경우가 많다.

따라서 처음 사업자등록을 한다면 각각의 사업자등록을 따로 진행하거나(예: 컨설팅사업자, 교육사업자 2개 등록), 하나의 사업자등록증에 복수의 업종을 넣으면 된다(예: 주 업종 컨설팅 사업, 부 업종 교육사업).

다만, 여기서 주의할 점은 2개 이상 복수의 사업자등록을 하기 위해선 사업자등록을 위한 사업장 또한 복수의 장소가 필요하기 때문에 별도의 임차료가 발생하여 초기 고정비가 증가할 수 있으며 부가가치세 신고 역시 2번 해야 하는 번거로움이 발생할 수 있으니 복수 사업장의 유불리를 고려하여 신중히 결정해야 할 것이다.

최근에는 국세청 홈택스 사이트를 활용해 부가가치세 신고를 하는 사례가 많아졌고 각종 블로그나 유튜브 동영상을 통해 홈택스를 활용하는 방법이 자주 소개되고 있으니 이를 참고하면 많은 도움이 될 것이다.

하지만 신고서를 직접 작성하는 경우 일부 매출 또는 매입을 누락 한다든가 서식을 잘못 작성하는 경우가 발생할 수 있으니 기회비용을 따져 수수료를 지급하더라도 안전하고 편리하게 세무사에게 의뢰하는 방법도 나쁘지는 않다. 필자의 고객인 C사장님의 경우 직접 신고를 진행하다 큰일이 날뻔한 사례가 있다.

코로나 팬데믹 이전까지만 해도 매년 부가세 신고기간이 되면 세무서에서 부가가치세 신고창구를 운영해왔다. 직접신고가 어려운 경우 아르바이트생을 고용하여 신고대행을 무료로 진행해주는 서비스인데 C사장님이 5월 종합소득세 신고기간이 되자 다급히 신고안내문을 들고 사무실을 찾아오셨다.

"세무사님, 저희 사업장의 작년 신용카드 매출은 2,000만 원에 불과한데 종합소득세 수입금액은 2억 원으로 기재가 되어 신고를 하라고 날라왔습니다. 어떻게 해야 할까요?"

황급히 수임을 진행하고 세무서 신고창구에서 신고된 자료를 살펴보니 부가가치세 신고서에 매출액이 2,000만 원에 0이 하나 더 붙어 2억 원으로 기재된 사실을 발견하였다.

공교롭게도 C사장님은 간이과세자 였고, 위에서는 언급하지 못하였지만, 간이과세자의 경우 신용카드 매출액의 최대 2.6%만큼 공제를 받는 혜택이 있어 2억 원의 매출을 신고하고도 단 한 푼도 부가가치세를 내지 않았던 것이다.

이후 잘못 신고된 부가가치세 신고서를 수정하고 문제없이 종합소득세까지 잘 마무리하였고 지금까지도 좋은 거래관계를 유지하고 있다.

부가가치세 신고를 마무리했다면 대망의 '종합소득세 신고'가 우리를 기다리고 있다.

N잡러들에게 가장 중요한 세금신고이므로 이자소득, 배당소득, 사업소득, 근로소득, 연금소득, 기타소득 내역을 점검하여 단 하나의 소득도 누락하지 않도록 신고를 하여야 한다. 사업자가 있는 분들의 경우 부가가치세 신고 시 기재한 수입금액이 종합소득세 신고안내문에 표기되므로 다시 한번 내가 누락한 수입이 없는지 꼼꼼하기 검토할 필요가 있고, 만약 과소 또는 과다하게 신고 되었다면 즉시 부가가치세를 수정 신고 후 종합소득세 신고 시 반영해야 한다. 늦었다고 생각했을 때가 가장 빠른 법이다.

종합소득세 신고기한은 다음연도 5월 1일에서 5월 31일이다. 수입금액이 높은 경우 성실신고사업자로 분류되며 6월 30일까지 신고기한을 연장해준다.

이자소득과 배당소득을 합산한 소득을 금융소득이라 한다. 분리과세 소득으로 불리기도 하는데 금융소득이 2,000만 원 이하인 경우 종합소득세 신고에 반영하지 않고 말 그대로 별도로 분리되어 과세되기 때문이다. 은행에서 예금이자로 100만 원을 받는 경우 일반적으로 원천세 14%와 지방소득세 1.4%를 합산한 15.4%만큼의 세금을 공제한 후 지급을 받기 때문에 따로 합산하여 신고할 필요가 없는 것이다. 저금리 기조가 지속되고 있어 고배당 주식을 보유하고 있는 경우가 아니라면 예금으로 10억 원 이상을 예치하고 있어도 금융소득 합산과세가 쉽지 않다. 금융소득 합산과세자가 되는 것이 필자의 꿈이기도 하다.

사업소득의 경우 부가가치세 신고와 유사하게 총수입금액에서 필요경비를 차감한 순이익을 합산하여 신고하여야 한다. 필요경비란 소득의 계산상 공제되는 경비로서 부가가치세 신고 시 반영하는 적격증빙(세금계산서, 계산서, 신용카드, 현금영수증)수취 외에 직접 소요된 비용인 인건비, 판매비, 일반관리비, 이자비용 등을 말한다.

가장 중요한 점은 '사업 관련성'이 있어야 한다는 점인데 같은 비용을 써도 사업 관련성 유무에 따라 필요경비로 인정받기도 하고 못하기도 한다. 예를 들면 미용실에서 헤어, 메이크업으로 비용을 지출한다면 일반적으로는 사업 관련성이 없기 때문에 필요경비로 인정받을 수 없다. 하지만 이러한 비용을 지출한 사업자가 TV에 출연하는 연예인 또는 영화배우라면 사업 관련성이 있기 때문에 필요경비에 해당할 것이다.

사업 관련성이란 이토록 주관적인 판단이 들어가는 경우가 많기 때문에 일률적으로 법에 열거되지 못할 뿐만 아니라 사업 관련성 없는 비용을 종합소득세 신고 시 반영한다고 하더라도 그 즉시 문제가 발생하지 않기 때문에 이를 고의적으로 혹은 실수로 잘못 계산하는 경우가 굉장히 많다. 하지만 이러한 사업 관련성 없는 필요경비의 경우 추후 세무조사 시 부메랑이 되어 징벌적 성격의 가산세와 함께 더욱 큰 지출을 유발할 수 있으니 각별히 유의해야 할 것이다.

대표적인 사례로 BJ, 유튜버 등 크리에이터로서 수입을 얻으시는 분들의 경우 오피스텔을 임차하여 낮에는 촬영 등 사업활동으로, 밤에는 주거용으로 혼재되어 매달 임차료를 지출하는 경우가 많은데 최근 다수의 세무조사 사건에서 사업 관련성이 부족하다는 이유로 필요경비를 부인 당해 많은 세금을 추징당하기도 하였다.

이외에도 신상품 혹은 관심이 높은 상품이 출시되는 경우 상품을 구매한 뒤 포장을 뜯으며 장단점 등을 소개해주는 '언박싱' 영상이 유행되기도 했는데 이때 등장했던 명품 등의 구매비용을 필요경비에 반영하였다가 부인 당한 경우도 있었다.

2) 사업자등록증이 없는 경우

이어서 사업자등록증이 없어도 사업소득으로 분류되어 종합소득세를 신고하여야 하는 경우에 대하여 살펴보도록 하겠다. 반드시 사업자등록증이 있어야 사업소득이 발생하는 것이 아니기 때문에 블로그의 광고수입, 헬스장의 트레이너, 학원 강사의 강의 수입 등 인적용역을 제공함으로써 사업소득이 발생하는 경우에도 종합소득세 신고 시 사업소득으로 반영하여야 한다.

종합소득세 신고 시 국세청은 지급처와 지급액에 대한 정보(이하 지급명세서)를 제공한다. N잡러들의 경우 이러한 프리랜서의 소득이 여러 곳에서 굉장히 많이 발생하는 경우가 있으므로 반드시 실제 통장으로 입금된 금액과 지급명세서상 금액이 일치하는지를 주의 깊게 살펴보아야 한다.

지급명세서란 사업소득을 지급하는 주체인 사업주가 국세청에 신고하게 되어 있으며 여기에 기재된 수입이 합산되어 종합소득세 신고안내문에 기재된다. 따라서 이 금액이 과소, 또는 과대 계상된다면 세금신고 자체가 잘못되어 추후에 가산세를 부담하게 될 위험이 발생할 수도 있다.

지인이 재직했던 D학원의 경우 실제 지급된 강의비보다 큰 금액이 지급명세서에 잘못 기재되는 바람에 학원 강사님이 수년이 지나 세무서에 직접 계좌내역을 소명하여 수정 신고를 하게 된 경우도 있었다. 본인의 책임은 아니었지만, 회사의 실수로도 번거로운 일이 발생할 수 있으므로 사전에 점검하는 습관을 키우는 게 무엇보다 중요하다. 내 실수가 아니더라도 이에 대한 책임을 지려는 사람은 나타나지 않는다는 점을 명심하자.

근로소득이 있는 N잡러라면 회사에서 연말정산을 진행하기 때문에 종합소득세 신고 시 근로소득 자료를 합산신고 해주기만 하면 된다. 하지만 문제는 프리랜서 또는 사업자를 내기 위해 중도에 회사를 퇴사한 경우다. 중도 퇴사자의 경우 국세청이 연말정산 자료를 제공하기 전이므로 회사가 연말정산을 해주고 싶어도 해줄 수 없는 상황이 발생한다. 따라서 중도 퇴사자 혹은 복수의 근로소득이 발생한 경우라 회사에서 연말정산을 제대로 하지 못한 경우 종합소득세 신고 시 연말정산 자료를 반드시 반영해야 종합소득세 절감이 가능하다.

마지막으로 기타소득의 경우 원칙적으론 당연히 종합소득세 신고를 해야 하지만 한 가지 기억해둘 개념이 하나 있다. 바로 '선택적 분리과세' 제도이다. 기타소득 역시 사업소득과 마찬가지로 대응되는 경비인 필요경비를 차감한 순이익인 '기타소득금액'을 합산신고해야 한다.

하지만 기타소득금액이 300만 원 이하인 경우라면 납세자의 선택에 따라 종합소득세 신고 시 합산과세 또는 분리과세를 선택할 수 있다. 기타소득은 일반적으로 금융소득처럼 기타소득도 20%의 원천징수 이후 소득자에게 지급된다. 따라서 나의 다른 종합소득을 합산한 결과 부담하여야 할 세율이 20%를 넘는다면 분리과세를, 넘지 못한다면 종합소득 금액에 포함하여 세금 일부를 환급받아 유리한 방법을 선택할 수 있는 것이다.

다만 주의할 점은 종합소득 금액이 커짐에 따라 세금뿐만이 아니라 국민연금, 건강보험 등 다른 사회보험이라든가 청약자격 등 소득 기준에 영향을 미치므로 신중하게 선택하여야 할 것이다.

3. N잡러를 위한 4대 보험 파악

국가나 지방자치단체가 일반 국민에게 강제로 징수하는 세금은 의사결정에 상당한 영향을 끼친다. 수입이 늘면 자연스레 세금이 증가하듯이 4대 보험 역시 비례하여 증가한다. 그래서 4대 보험 또한 준조세 성격이 강하므로 일종의 세금이라고 생각하고 고정비로써 고려를 해주어야 한다.

4대 보험이란 국민연금, 건강보험, 고용보험, 산재보험을 말하며 일반적으로 회사에 적을 두고 있는 근로자인 직장가입자라면 4대 보험 전부를, 이외 지역가입자라면 국민연금, 건강보험을 의무적으로 가입해야 한다. 다만, 고용, 산재보험의 경우 근로자만 부담하므로 국민연금과 건강보험 위주로 설명하도록 하겠다.

국민연금은 노령으로 소득이 중단되거나 근로소득 상실을 보전하기 위해 만들어진 제도로 직장(사업장)가입자와 지역가입자로 구분된다. 국민연금에 가입된 사업장의 18세 이상 60세 미만의 사용자 및 근로자 또는 국내에 거주하는 국민으로서 18세 이상 60세 미만인 자 중 사업장가입자가 아닌 사람이 가입 대상이 된다.

현재 국민연금은 가입자의 기준소득월액의 9%가 부과되며 지역가입자는 전액을 본인이 부담하지만, 직장가입자의 경우 절반인 4.5%는 사업주가, 나머지 4.5%를 본인이 부담하므로 N잡러의 경우 급여가 작더라도 회사에 소속된 직장가입자로 국민연금 자격을 유지하는 것이 유리하다.

건강보험은 국민의 질병·부상에 대한 예방·진단·치료·재활과 출산·사망 및 건강증진에 대하여 보험 급여를 실시하는 제도로써 국민연금과 달리 나이제한도 없이 국내에 거주하는 국민이라면 의무적으로 가입을 해야 한다.

국민연금과 유사하게 건강보험도 지역가입자와 직장가입자 자격을 이분화하여 운영되고 있으며 보수월액의 6.99%가 부과된다. 추가로 건강보험료의 12.27%가 장기요양보험료 명목으로 부과되며 국민연금과 마찬가지로 지역가입자는 본인이 건강보험 전액을, 직장가입자는 사업주와 근로자가 각각 50%씩 부담하여 납부를 하게 된다.

다만, 국민연금과 결정적 차이가 하나 있는데 건강보험의 경우 소득뿐만 아니라 가입자가 보유한 재산(토지, 주택, 건축물 등)과 자동차도 부과 요소에 포함시켜 추가 부과된다. 따라서 동일한 소득을 얻었더라도 지역가입자는 추가적으로 재산점수가 부과되어 많은 건강보험료를 부담하게 된다.

N잡러의 경우 회사를 관두고 고정된 수입이 없는 상태로 사업을 구상한다든가, 새로운 업무영역을 알아보는 경우가 굉장히 많으므로 이에

대한 준비를 반드시 해야 한다.

 따라서 섣부르게 사업자등록을 한다면 국민연금과 건강보험이 고지될 수 있으니 국민연금의 경우 '납부유예 및 예외제도', 건강보험의 경우 '피부양자 유지' 제도를 통해 초기 고정비를 최대한 절감하려는 노력을 기울여야 할 것이다. 또한, 건강보험의 경우 본인의 피부양자 등록이 어려운 경우 '임의계속가입 제도'를 활용하여 임의계속가입자 보험료가 지역 보험료보다 적은 경우 임의계속보험료로 납부할 수 있으니 이를 적극 활용하길 바란다.

종합소득세 신고 개요

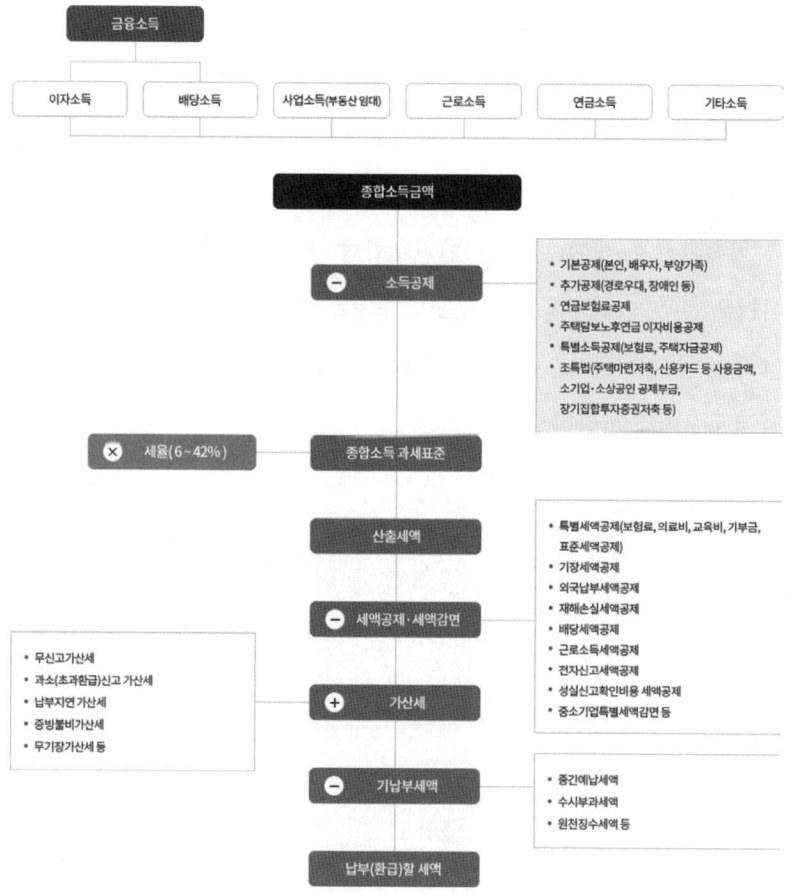

참고문헌

- 국세청(www.nts.go.kr)
- 국민연금공단(www.nps.or.kr)
- 건강보험공단(www.nhis.or.kr)

저자소개

송준원 SONG JUN WON

학력
- 수지고등학교 졸업
- 경기대학교 회계세무학과 졸업

경력
- 서울 신용보증재단 업종닥터
- 서울시50+ 서부캠퍼스 전문가멘토
- 서울시50+ 남부캠퍼스 전문가멘토
- 인천신용보증재단 컨설턴트
- 소상공인시장진흥공단 사업정리컨설턴트
- 광명시 청년창업지원센터 멘토 및 자문위원
- 시흥시 청년협업마을 컨설턴트
- 경기도 재도전성공센터 전문상담위원
- 전) 경기도여성능력개발센터 멘토
- 전) 용인시 마을세무사

- 전) 기흥구 주민예산참여위원

자격
- 세무사
- 경영지도사

26장

N잡러의 수익 모델

김세진

1. 경제적 자유를 갈망하는 N잡러의 탄생

1) 평범한 인생에 벌을 내려라

"기업이 책임지는 시대가 끝나고
개인이 스스로 책임지는 새로운 시대가 왔다."
- 톰 피터스(Tom Peters)

신중년을 위한 N잡 분야 대표도서(김영기, 김세진 공저)

필자는 전작 『신중년, N잡러가 경쟁력이다』에서 N잡의 생애주기와 프리에이전트에 대해 소개했다. 사회경제적 요인으로 인해 이제 기존 Job 한 가지만으로는 삶의 영위가 힘들어지고 있다. 개인의 여가생활 및 자아실현과 꿈꾸는 미래를 실현하기 위하여 새로운 Job에 대한 관심과 참여가 갈수록 증대되고 있다. 서점을 방문하게 되면 N잡 관련 서적이 수십 종에 달하는 것을 볼 수 있을 것이다. 많은 분들이 N잡러로 뛰어들고 있는 것이 최근 양상이다. 그에 따라 다양한 유형의 수익 모델이 출현하고 있다.

유튜브, 블로그, 스마트스토어, 아마존을 위시한 글로벌셀러, 네이버 지식인 엑스퍼트, 블로그, 네이버 카페, 크라우드펀딩, 해피캠퍼스와 같은 리포트 판매, PDF 판매, 스톡 영상, 스톡 사진, 크몽과 같은 재능 마켓, 라우스소싱, 아이디어스, 폴리마켓, 탈잉이나 클래스101, 유데미 등에서의 강의, 퍼블리 등에서의 콘텐츠 발행, 영상편집, 쿠팡파트너스와 같은 제휴 마케팅, 웹소설, 전자책, 리셀, 배민커넥트, 쿠팡플렉스, 제페토 등 아이템 열거만 해도 한참 얘기할 수 있을 것 같다. 이 중에는 전통적인 아이템들도 있지만, 무척 생경한 아이템도 제법 많다. 각각의 장단점이 있으니 꼼꼼히 살펴보도록 하는 것이 좋다.

네이버 지식인 엑스퍼트

2) 성공은 아이디어가 아닌 실행에 있다

　이렇게 많은 N잡러를 위한 아이템 가운데 본인에게 적합하고 활용 가능한 아이템을 찾는 것은 너무도 중요하다. 현재 뜨거운 인기를 구가하고 있다고 해서 부화뇌동할 필요도 없고, 어쩌면 아직 활동하는 사람이 많지 않은 분야를 초기에 선점하는 것도 좋은 방안이 될 수 있다. 여러 사례를 살펴보고 최종적으로는 자신의 인사이트를 반영해 보자. 모든 N잡의 성공은 충분한 시장조사와 실행력에 좌우된다!

2. 아이템의 탐색과 적용

　이번 도서에서는 N잡의 수많은 유형 가운데 상대적으로 쉽게 진행해 볼 수 있는 아이템 몇 가지를 정리해 추천해 보려 한다. 이미 많은 분들이 활동하고 있지만 그만큼 단기적인 성과가 바로 나타나기 때문에 지금도 후발주자들이 들어오고 있고, 또 충분히 성과를 낼 수 있는 아이템들이다.

1) 유튜브

(1) 수익 구조

많은 독자들이 유튜브의 수익 구조에 대해서 질문을 한다. '구독자가 많으면 수익이 커지는 것인가' 하는 질문도 당연히 많다. 유튜브의 수익 구조에 대해 살펴보자.

구독자가 1,000명 이상, 누적시청시간이 4,000여 시간을 넘어가면 구글이 운영하는 광고프로그램인 '애드센스'를 신청할 수 있다. 애드센스를 신청해서 승인이 되면 올리는 영상에 자동으로 광고가 붙게 된다. 이후 시청자가 광고영상을 시청하거나 배너광고를 클릭할 때 수익이 발생하는 구조다. 이때 발생하는 광고수익을 구글과 채널운영자가 45:55의 비율로 나누게 된다.

애드센스 승인 후, 수익이 10달러가 넘어가면 주소 인증을 해야 한다. 애드센스 사이트에 주소를 입력하면 우편으로 핀 넘버가 날아오는데 이 번호를 입력하면 된다. 주소 인증 후에는 은행에서 달러 계좌를 만들고, 애드센스에 계좌를 연결시키면, 매달 수익이 100달러 이상 될 때 달러로 입금이 된다. 수익이 100달러 이하면 이월된다.

엄밀히 말하면 영상조회 수와 수익은 직접적인 관계가 없다고 볼 수 있다. 영상광고와 배너광고에서 수익이 발생하는 구조를 살펴보면 다음과 같다. 영상광고는 시청자가 특정 시간 이상 혹은 끝까지 광고를 시청해야 수익이 잡히고 광고를 건너뛰는 경우 수익이 잡히지 않는다. 배너 광고도 광고를 클릭해야 수익이 발생하는 구조다.

따라서 영상의 조회 수가 많다 하더라도 시청자들이 광고를 끝까지 시청하지 않거나 배너광고를 클릭하지 않으면 수익은 발생하지 않는다. 그렇지만, 조회 수가 많으면 영상광고를 시청하거나 배너를 클릭하는 사람 또한 확률적으로 많을 것이라고 유추할 수 있기 때문에 대개 조회 수가 많으면 수익도 많다고 회자되는 것이다.

광고마다 책정되는 단가가 모두 달라서 같은 조회 수를 가진 영상도 광고수익은 천차만별이다. 광고단가에 영향을 미치는 요소는 크게 업종, 국가, 시기 등 3가지를 꼽는다. 업종을 살펴보면 일반적으로 화장품, 게임, 키즈 분야의 광고단가가 높다고 알려져 있다. 고객이 많은 분야의 크리에이터가 타분야의 크리에이터보다 더 높은 광고수익을 창출할 수 있는 것이 일반적인 경향이다.

국가에 따라서는 동남아시아권이나 개발도상국의 광고단가에 비해 미국과 유럽, 일본 등 선진국의 단가가 높다. 따라서 광고단가가 높은 국가들을 타겟으로 하는 채널의 광고수익이 많다. 시기는 광고 성수기와 비수기를 의미하는 것으로, 광고비수기인 1월보다 성수기인 연말에 광고단가가 높다.

이로 인해 크리에이터들의 광고수익도 연말에 더 높아진다. 광고단가

외에도 영상길이 역시 광고수익에 영향을 미친다. 길이가 10분이 채 안 되면 광고가 1개 정도 붙지만, 10분이 초과하는 영상이라면 광고를 여러 개 붙일 수 있다. 따라서 10분 이상의 영상을 올리는 크리에이터 수익이 10분 미만 영상을 올리는 크리에이터보다 더 많은 편이다.

이렇게 복합적으로 작용하기 때문에 조회 수와 수익의 관계를 획일적으로 정확하게 예측하기는 매우 어렵다. 정확한 수치는 아니지만, 전문가들에 따르면 평범한 주제로 국내 시청자를 대상으로 채널을 운영하는 경우 조회 수 1회당 대략 1.5원에서 2원 정도 수익이 발생하는 것으로 추정하고 있다. 물론 앞에서 언급한 여러 변수가 복합적으로 작용하기 때문에 정확한 수익은 사실 크리에이터 당사자만 알 수 있다.

이 광고수익이 끝이 아니라 더 큰 수익도 있다. 바로 흔히 브랜디드 광고라고 하는 기업광고다. 채널이 성장하면 기업에서 협업이나 광고 제안이 온다. 단가도 수백만 원에서 수천만 원을 호가한다. 필자 역시 IP(Intellectual Property)를 통해 수천만 원의 사용료를 지급하고 상품을 기획 생산하여 유통비즈니스를 하고 있는 사람 중 한 명이다. 이렇게 구독자만 많으면 기업광고와 협업을 통해 광고수익보다 훨씬 큰 수익화를 거둘 수 있다.

따라서 유튜버 활동을 계획한다면 기업광고 유치가 용이한 주제를 타겟으로 삼는 것도 좋은 방법이 될 수 있다. 다만, 주의해야 할 점은 최근 뒷광고 논란에서 알 수 있듯이 기업광고를 받았을 경우, 광고임을 꼭 알려야 한다. 광고임을 밝히지 않거나 애매모호하게 표현할 경우 시청자들의 반발과 외면을 초래할 수 있으니, 꼭 유료광고임을 명시해야 할 것이다.

(2) 장단점

　유튜브의 가장 큰 장점은 말 그대로 돈이 된다는 것이다. 유튜브로 인생 역전도 가능하며 실제 그 사례가 속출하고 있다. 매일 일하지 않아도 24시간 구동되는 영상을 통해 수익이 발생한다. 매달 달러 계좌로 수익금이 입금되기 때문에 마치 건물주(임대인)가 월세를 받는 듯한 만족감을 느낄 수 있는 점이 매력적이다.

　만약 영상이 크게 성공해서 조회 수가 폭발적으로 나오게 되면 크리에이터의 인지도 또한 크게 올라간다. 높아진 인지도를 활용해서 강의하거나, 사업을 하는 등 또 다른 새 기회를 창출할 수도 있다.

　경쟁이 매우 치열하다는 점은 숙명이다. 유튜브는 어느덧 성숙기에 다다르고 있는 시장이다. 이제는 영상 퀄리티가 상향 평준화되어 스마트폰으로 대충 찍은 영상으로는 살아남기가 어려워지고 있다. 예전과 달리 시간과 노력을 더 많이 쏟아야 하기에 N잡러가 주말을 이용해 가볍게 시작하기에는 훨씬 힘들어진 것이 현실이다. 또한, 구독자 1,000명과 누적시청시간 4,000시간을 확보해야 광고가 붙는데, 이 구간을 넘어서는 것이 생각보다 쉽지 않다.

유튜브 플랫폼 자체의 인기가 식을 가능성도 있다는 회의론자들도 있지만, 어차피 영상의 시대이고, 향후 등장하는 신규 서비스도 영상의 범주를 벗어날 수 없기 때문에 유튜브 활동을 통해 축적한 역량을 그때 가서 발현하면 될 것이라고 본다.

(3) 실행방안

처음 유튜브를 시작하면, 1~2분짜리 영상을 만드는 것도 엄청난 시간이 소요되기 마련이다. 게다가 이렇게 공들여 만든 영상의 조회 수가 턱없이 적다면 낙담할 수밖에 없다. 투입하는 시간 대비 결과가 초라하니 많은 유튜버들이 청운의 꿈을 안고 들어섰다가 한두 달을 버티지 못하고 포기한다.

필자가 추천하는 방법은 일상에서 가볍게 시작하는 영상제작이다. 구매한 상품 리뷰, 오늘 점심에 먹은 메뉴, 휴가지와 여행지에서 찍은 영상 등 일상의 에피소드를 스마트폰으로 찍어 바로 올리는 것이다. 이렇게 하면 구독자와 누적시청시간을 미리 확보할 수 있다는 순기능이 있다. 어떤 영상이든 꾸준히만 올리면 조회 수와 구독자가 조금씩은 반드시 늘어난다.

최근 로직이 바뀌고 있지만 기실 진짜 노하우는 꾸준히 많이 올리는 것이었다. 앞서 유튜브에 광고를 달기 위해서는 구독자 1,000명과 누적시청시간 4,000시간이 필요하다고 했는데 가볍게 만든 영상을 계속 올리다 보면 심지어 추후 광고를 위해 필요한 구독자와 누적시청시간을 확보하는 데도 도움이 된다. 훗날 본격적으로 유튜브를 진행할 때 이미 일정 정도 확보된 구독자와 누적시청시간이 있기 때문에 광고를 더 빨리 붙일 수 있게 된다.

유튜브를 보는 시야도 넓어지게 된다. 독자들께서도 경험했겠지만, 필자가 좋아하는 돈가스를 예로 들면 돈가스 영상을 시청하거나 영상을 제작해서 올리면 곧 추천 영상으로 돈가스 관련 영상들이 뜰 가능성이 매우 높다. 추천영상은 유튜브 알고리즘에 있어서 재미있는 영상으로 분류된 것들이기 때문에 벤치마킹하기에두 아주 좋다.

다양한 분야의 영상들을 가볍게 올리면, 다양한 분야의 추천 영상을 통해 실제로 많은 것들을 배울 수 있다. 계속 시청을 하다 보면, 유튜브 영상을 어떤 식으로 기획, 촬영, 제작하고 편집해야 하는지 감을 잡게 될 것이다. 이렇게 감을 잡은 후에 본격적으로 시간과 노력을 투입해서 채널을 키운다면 성공 확률이 훨씬 높아진다. 단언한다. 처음부터 욕심만 앞서 너무 큰 목표를 잡게 되면 빨리 포기하게 된다. 처음에는 가볍게, 편집 없이 그냥 찍어서 올려 보기 바란다.

좋은 장비도 보유하고 있고, 편집 능력도 뛰어나면 유튜브를 시작할 때 큰 도움이 된다. 하지만 장비가 없고, 편집을 못하는 사람이 굳이 유튜브를 위해서 장비를 구매하고 편집을 배울 필요는 없다. 앞서 기술한 것처럼, 현재는 스마트폰과 무료 편집툴을 이용해 가볍게 시작하면 된다. 처음부터 다른 사람이 추천하는 카메라를 구입하거나 하면 정작 내게 필요한 기능이 없을 수 있고, 제대로 활용하지 못할 가능성이 크다.

영상편집도 마찬가지다. 일단 무료 편집툴을 활용해 영상편집을 하면 된다. 무료이기 때문에 발생하는 불편하거나 아쉬운 점을 잘 포착해 두었다가 나중에 프리미어 클래스를 통해 필요한 기능만 하나둘 배우면 된다. 처음부터 영상편집을 배울 경우 내가 올릴 영상에는 별 도움이 되지 않는 기능을 배우게 되거나, 나중에 영상을 올리려고 하면 배운 내용이 생각나지 않아서 다시 배워야 하는 일이 벌어질 수 있다. 필자도 상당한 시간과 비용을 허비했다. 처음부터 비용을 들여 카메라를 구입하거나 힘들게 영상편집을 배우지 말고, 스마트폰과 무료 편집툴을 활용해 가볍게 시작해 볼 것을 다시 한번 강조, 또 강조한다.

2) 스마트스토어

개인이 쇼핑몰을 운영하는 방법은 크게 3가지가 있다.

첫째, 자사 쇼핑몰을 만드는 방법이 있는데 플랫폼 수수료가 발생하지 않는다는 장점이 있다. 플랫폼에 입점하지 않기 때문이다. 하지만 홈페이지를 만들고, 서버를 구축하고 결제시스템을 등록하는 등 다양한 업무를 하나하나 직접 해야 한다. 이러한 과정을 전문가에게 외주로 맡길 경우 적지 않은 비용이 발생한다. 플랫폼을 통한 유입을 기대할 수 없기에 홍보에도 어려움이 따르게 된다. 쇼핑몰을 전업으로 하는 사람이 아닌 N잡으로 하기에는 적합하지 않은 방법이다.

둘째, 11번가와 G마켓, 쿠팡과 같은 오픈마켓에 쇼핑몰을 만드는 것이다. 오픈마켓에서 결제시스템과 여러 판매시스템을 제공해 주기 때문에 쇼핑몰 자체는 어렵지 않게 개설할 수 있지만, 10%가 넘는 플랫폼 수수료를 감수해야 한다. 물론 플랫폼 자체에서 고객이 유입되므로 홍보 측면에서는 좋은 방법이기도 하다. 하지만 판매대금이 빠르면 한 달 이후에야 정산되기 때문에 초기 자본이 넉넉하지 않은 개인이 N잡으로 시작하기에는 현실적으로 어려운 방법이다.

셋째, 필자가 권하는 방법이다. 네이버에 스마트스토어를 만드는 것이다. 필자는 교육생을 양성해서 판매할 상품까지 공급하고 물류도 대행하는 원스톱 서비스를 제공하고 있다. 스마트스토어는 네이버 쇼핑이 제공하는 쇼핑몰 솔루션이다. 스토어 개설부터 상품등록까지 모두 무료이며, 네이버가 결제시스템과 툴을 제공해 주고 있다. 블로그를 개설하는 것처럼 쉽게 쇼핑몰을 만들 수 있다. 입점과 등록도 쉬운 편이다. 네이버 쇼핑 매출 연동 수수료와 결제수수료가 약 5%로 타 플랫폼에 비해 매우 저렴하다. 무엇보다 고객이 구매확정을 누르면 돈이 익일 바로 입금된다는 장점도 있다. 직장인이 N잡으로 쇼핑몰을 운영하기에 가장 적합한 방법이다.

이러한 장점으로 인해 2018년 3월 스토어팜이 스마트스토어로 바뀌었을 때, 상당수 직장인들이 스마트스토어에 뛰어들었다. 이들이 쇼핑몰 사업에 뛰어들면서 이전과는 전혀 다른 양상이 나타났다. 기존 쇼핑몰은 전업 형태가 대부분이었다. 전업이다 보니 규모도 컸다. 의류를 판매하기 위해 동대문에서 원단을 떼고, 자신의 브랜드를 만들어 디자인을 하고 디자인한 옷을 생산할만한 공장을 찾고, 공장에서 생산한 옷을 직접 판매하고 배송하는 방식이었다. 이 모든 업무를 직접 관장해야 했던 것이다. 하지만 직장인들은 그럴 여유와 시간이 없기 때문에 그 방식으로 쇼핑몰을 운영하기가 어렵다. 그래서 연결만 해주고 돈을 버는 방식을 생각해 내야 한다.

예를 들어 고향에 계신 부모님이 사과를 생산하신다고 하면, N잡러는 사과를 숏컷영상(움짤)과 사진으로 예쁘게 찍어서 내가 개설해 놓은 스마트스토어에 등록하면 된다. 특정 고객이 주문을 하게 되면, 주소를 받아서 부모님께 고객 주소로 사과 상자를 택배로 보내달라고 연락드리면 된다. 판매자가 직접 재고를 보유하거나 매입 비용과 같은 초기 비용을 부담하지 않고, 구매자와 판매자를 연결만 해주고 수익화하는 것이 실제로 가능하다.

심지어 여행지에서 괜찮은 토산품을 발굴해서 이 상품의 공급자를 찾아 계약을 체결하고 스마트스토어에 올려놓고 판매하는 방법도 가능하다. 주문이 들어오면 공급자에게 연락해 배송지를 알려주고 현지에서 소비자에게 직접 배송하면 되는 것이다. 제품을 생산하고 직접 배송하는 등의 과정 없이 연결만 해주고 수익화가 가능해진다.

중국의 대표 쇼핑몰 타오바오나 1688에서 괜찮은 상품을 발견했을 경우에도 해당 상품을 내 스마트스토어에 올릴 수 있다. 이른바 구매대행으로서 주문이 들어오거나 하면 그때 타오바오 등지에서 상품을 구매하고 배송대행지를 통해 고객에게 직접 배송되도록 하는 것이다. 실제 무자본과 무재고로 매출을 일으킬 수 있다. 스마트스토어가 처음 생겼을 때 이 방식으로 매출액을 일으킨 쇼핑몰 운영자들이 다수 생겨났다.

물론 현실이 호락호락하지만은 않다. 스마트스토어를 하고자 하는 사람들은 스스로가 아래 3가지 조건에 부합하는 사람인지를 충분히 고민하고 고민한 후 도전해야 한다.

① 팔릴 상품을 고를 수 있는 안목이 있는가?
② 진입 장벽이 높은(거의 독점적으로 받을 수 있는) 공급업자를 발굴할 수 있는가?
③ SNS 마케팅 능력이 우수한가?

위의 3가지 조건을 고려해보고 자신이 모두 해당된다면 스마트스토어를 운영해도 좋다. 다만, 어느 한 가지라도 자신이 없는 요소가 있다면, 다른 Job을 검토하는 것이 좋을 것이다.

3) 블로그

블로그 잡이라고 하면 많은 분들이 이른바 파워블로거에게나 해당되는 것 아닌가 하고 생각한다. 초보블로거들도 수익을 낼 수 있는 방법이 있다. 블로그를 활용해 돈을 버는 방법은 일반적으로 4가지가 있다.

① 돈을 받고 포스팅을 해주는 원고료기자단

② 쿠팡파트너스, 텐핑, 애드픽 등 제휴 마케팅(고유링크를 부여받고 링크를 통해 구매 발생 시 일정 요율을 지급 받는 방식)

③ 네이버 광고프로그램 애드포스트 설치

④ 체험단 활동

원고료기자단의 경우, 초보자가 하기에는 쉽지 않다. 소규모 블로거에게 비용을 집행하면서 포스팅을 의뢰하는 업체는 많지 않기 때문이다. 블로그가 커져서 의뢰가 종종 들어온다 하더라도 기업 측이 보내주는 글을 그대로 올리게 되면 내 블로그의 품질이 저하될 우려가 있다. 직접 체험해 보고 솔직하게 리뷰하는 형태의 원고료기자단을 제외한 다른 방식은 추천하지 않는다.

(1) 제휴 마케팅

제휴 마케팅은 블로거가 포스팅을 통해 광고주가 희망하는 행동(구매, 가입, 클릭, 방문 등)을 이끌어내면 보상을 받게 되는 마케팅 방식이다. 최근 인기가 높은 쿠팡파트너스의 사례를 보자. 쿠팡파트너스에 가입 후, 블로그 포스팅을 할 때 쿠팡파트너스의 광고나 배너를 삽입하면 이후 방문자가 해당 광고를 클릭해 제품을 구입할 경우 구매 금액의 일정 %를 수익으로 받게 된다.

쿠팡에는 정말 엄청나게 많은 상품이 거의 다 있기 때문에 미리 쿠팡파트너스에 가입하고 해당 상품과 관련 있는 주제로 글을 쓸 때 광고나 배너를 삽입하면 된다. 상품 리뷰의 경우 심지어 쿠팡에서 구입하지 않았더라도 쿠팡에서 취급만 하면 해당 상품 링크를 걸어 수수료를 받을 수 있으니 잘 활용해 보는 것이 좋다. 쿠팡파트너스 외에 다른 제휴 마케팅 플랫폼으로는 텐핑, 애드픽, 링크프라이스가 있다.

애드포스트는 블로그 하단에 뜨는 텍스트 형식의 광고를 말한다. 초보블로거도 쉽게 설치할 수 있지만, 수익이 매우 적다. 파워블로거들도 애드포스트 수익은 미미할 정도다. 하지만 특별한 노력 없이 일단 최초에 설치해 놓으면 꾸준히 수익이 발생하기 때문에 블로그를 운영한다면 무조건 설치하는 것이 좋을 것 같다.

블로그체험단도 있다. 체험단은 상품과 서비스를 무료로 제공받고, 그 대가로 리뷰를 써주는 활동을 일반적으로 지칭한다. 체험단이 좋은 점은 초보블로거부터 할 수 있다는 데 있다. 실제로 초보블로거부터 파워블로거까지 각 단계에서 참여할 수 있는 많은 체험단 사이트들이 있다. 이 사이트를 잘 활용하면 돈 한 푼 안 쓰고 공짜로 이용할 수 있다. 사실 블로그로 돈을 버는 것보다, 체험단을 통해 돈을 아끼는 것이 훨씬 쉽다. 블로그를 처음 시작하는 분께는 체험단을 강력하게 추천한다.

(2) 네이버 블로그와 티스토리 블로그

블로그는 네이버와 티스토리, 두 가지 플랫폼에서 할 수 있다. 각기 장단점이 있는데 네이버 블로그의 경우 네이버 자체 방문자가 많기 때문에 블로그를 활성화하기 쉽다. 같은 글을 써도 티스토리에 비해 네이버 방문자가 훨씬 많다. 방문자가 많다는 것은 그만큼 영향력이 있다는 것으로 영향력이 생기면 원고료기자단, 체험단, 제휴 마케팅 등과 같이 추가할 수 있는 활동이 많아진다. 홍보 채널로 활용할 수도 있다. 하지만 네이버 블로그는 광고수익 측면에서는 약점이 있다. 네이버 블로그는 네이버의 광고프로그램인 애드포스트만 달 수 있는데 앞서 다룬 것처럼 텍스트 기반의 애드포스트는 수익이 미미하다. 영향력을 발휘해서 다양한 활동이 가능한 대신 직접적 수익은 적은 셈이다. 반면 티스토리는 네이버 블로그에 비해 방문자가 현저히 적지만 구글의 광고프로그램인 애드센스(유튜브에 다는 애드센스와 동일한 광고시스템)를 달 수 있기 때문에 직접적인 수익은 네이버 블로그보다 높은 경우가 일반적이다. 하지만 영향력이 적어서 직접적 수익을 제외한 다른 활동은 어렵다.

어떤 플랫폼을 선택할지는 독자의 자유지만, 가급적 네이버 블로그를 추천한다. 초기에 일정 정도 방문자가 생기면 블로그를 운영하는 재미가 있고, 블로그로 할 수 있는 활동도 많아지기 때문이다.

이번 공저 참여에서는 위와 같이 전통적이면서도 꾸준한 성과를 나타내고 있는 3가지 아이템에 대해 조금 더 상세히 기술해 보았다. 다음에 추가적인 기회가 된다면 다른 아이템에 대해서 상세히 소개할 예정이다. 일단 실행하자. 성공은 아이디어가 아닌 실행에 있다!

"자신의 미래를 믿는 사람은 타인의 삶을 부러워하지 않아."
- 메텔, 은하철도 999 주인공

참고문헌

- 김영기 외, 『N잡러 시대, N잡러 무작정 따라하기』, 브레인플랫폼, 2021.
- 김영기·김세진 외, 『신중년, N잡러가 경쟁력이다』, 브레인플랫폼, 2021.
- 마크로밀 엠브레인, 『직장인 재택근무 관련 인식조사』, 트렌드모니터, 2020.
- Flynn, Pat., 『Superfans The Easy Way to Stand Out, Grow Your Tribe, and Build a Successful Business』, Get Smart Pub, 2019.
- 이언 게이틀리, 『출퇴근의 역사』, 책세상, 2016.
- 사이먼 사이넥, 『나는 왜 이 일을 하는가』, 타임비즈, 2013.

저자소개

김세진 KIM SE JIN

학력
- 경영학박사

경력
- (사)한국유통과학회 부회장
- 국제융합경영학회 이사
- 한국웰빙융합학회 편집위원
- 서울시 서울기업지원센터 전문위원
- 서울산업진흥원 평가위원
- 경기도경제과학진흥원 평가위원
- 서울창업허브 창업멘토
- 경기·강원·제주 농촌융복합산업 코칭/평가위원
- 소상공인시장진흥공단 심의위원
- 오산시 공유경제위원회 위원
- 농촌진흥청 농촌융복합산업 평가위원

- 소상공인진흥원 자영업컨설팅 평가위원
- 한국서비스품질우수기업 인증평가위원
- 삼육대, 강원대, 숭의여대, 동서울대, 유한대, 우석대, 대전과학기술대 등 외래교수
- MBN, tvN, 한국경제TV, 팍스경제TV, 한국직업방송 등 컨설턴트 패널
- 전) 대형마트, 중소벤처기업부 공공기관 재직

자격
- 국제공인경영컨설턴트(CMC)

저서
- 『신중년, N잡러가 경쟁력이다』, 브레인플랫폼, 2021.(공서)
- 『창직형 창업』, 브레인플랫폼, 2021.(공저)
- 『유망기술과 경영』, 브레인플랫폼, 2021.(공저)
- 『언택트 시대 생존 방법』, 정보문화사, 2020.(공저)
- 『소상공인&중소기업컨설팅』, 브레인플랫폼, 2020.(공저)
- 『경영기술컨설팅의 미래』, 브레인플랫폼, 2020.(공저)
- 『인생 2막 멘토들』, 렛츠북, 2020.(공저)
- 『경영학원론』, 두남, 2017.(공저)